Être Juif et Français :
Jacob Kaplan, le rabbin de la République

Haïm Korsia

Être Juif et Français :
Jacob Kaplan,
le rabbin de la République

privé©

Ouvrage publié
sous la direction de Guy Birenbaum

LE PRÉSIDENT DE LA RÉPUBLIQUE

Il y a onze ans disparaissait une des figures les plus nobles et les plus attachantes de ce XXe siècle. Le Grand Rabbin Jacob Kaplan nous quittait, dans sa centième année, au terme d'une vie d'engagement, d'épreuves et d'espérance. Une vie qu'il avait placée, dès sa jeunesse, sous cette simple devise : « Faire honneur au judaïsme et à la France. »

En lui consacrant cet ouvrage qui constitue une magnifique somme sur la vie et l'œuvre de Jacob Kaplan, le Rabbin Haïm Korsia rend un très bel hommage à celui qui fut un guide parmi les hommes et un grand Français. Je m'en réjouis profondément.

Le Grand Rabbin Kaplan était un homme d'une qualité exceptionnelle. Sa haute spiritualité, son extraordinaire bonté, sa clairvoyance illuminaient ceux qui le rencontraient ; et cette chaleur, cette simplicité, cette sérénité grave et souriante avec lesquelles il vous accueillait vous allaient droit au cœur.

Sa foi, nourrie d'une immense culture, était profonde, fervente, exigeante. C'était en elle que l'homme et le chef spirituel puisait sa fermeté sur les devoirs et les principes, ceux du judaïsme et ceux de la République, qu'il a toujours su concilier ; son courage, chaque fois que ces principes se sont trouvés menacés ou bafoués ; mais aussi cet esprit de tolérance, cette volonté de conciliation et de dialogue, cette attention aux autres, cette générosité, cet humanisme admirables qui le firent œuvrer inlassablement au rapprochement des hommes, de tous les hommes de bonne volonté. Et tisser, dès l'Après-Guerre, alors que le judaïsme français était si douloureusement meurtri par l'Holocauste, ces relations de compréhension, de confiance et d'amitié qui unissent désormais, dans notre pays, les communautés juive et chrétienne.

L'action du Grand Rabbin Jacob Kaplan force l'estime et le respect. Il fut dans une période difficile, « ce roc contre lequel vint se briser l'iniquité ». Toute sa vie témoigne des combats que les hommes de bonne volonté ont eu à mener au cours de ce siècle. Et son parcours fut exemplaire, comme le fut sa double fidélité au judaïsme et à la France. Une double fidélité qui trouva chez lui son accomplissement le plus parfait, tant il a incarné cette osmose de pensée entre la philosophie du judaïsme et la vocation de la France. Oui, Jacob Kaplan fut un grand Juif et un grand Français dont le courage, la droiture, la bonté, la prudence, la modestie sont l'expression de cette vertu de Sagesse dont parle le Livre des Proverbes qu'il aimait citer.

J'avais une admiration et une affection profondes pour le Grand Rabbin Jacob Kaplan. Il m'avait fait le privilège de son amitié. Je l'ai rencontré souvent. J'entends encore sa voix douce, chaleureuse. Je me rappelle son regard direct, attentif, plein de bonté. Je me rappelle son sourire. Son souvenir que je garde indissolublement lié à celui de Fanny, son épouse, une femme exceptionnelle, vit à jamais dans mon esprit et dans mon cœur.

Jacques CHIRAC

Prologue

de M. le bâtonnier André DAMIEN
président de l'Institut de France,
membre de l'Académie des sciences morales et politiques

Peu de livres sont à même, comme celui que nous tenons entre nos mains, de nous faire traverser le siècle passé sur les pas d'une personnalité aussi exceptionnelle. Né en 1895, combattant de la Grande Guerre, élu grand rabbin de France en 1955, Jacob Kaplan a connu toutes les épreuves et toutes les espérances d'un XXᵉ siècle contradictoire. Il nous a quittés en 1994 dans sa centième année.

S'il est un lieu où sa mémoire n'est pas près de s'effacer, c'est bien l'Institut de France : comme chacun sait, l'immortalité n'y est pas un vain mot, non qu'elle puisse nous prémunir contre la disparition de nos corps mortels, mais parce que les académiciens, conscients d'être avant tout des successeurs, sont les gardiens zélés du souvenir de leurs grands devanciers. On parle beaucoup aujourd'hui du « devoir de mémoire ». Mais un devoir n'est pas toujours un *pensum* : évoquer le grand rabbin Kaplan est l'un de ces devoirs que l'on accomplit avec le plus de bonheur et de fidélité.

Je l'ai rencontré pour la première fois le 17 mai 1971, à l'occasion de la communication qu'il fit devant l'Académie des sciences morales et politiques conjointement avec le révérend père Michel Riquet sur le thème : « Juifs et chrétiens après

Vatican II. » Le grand rabbin Kaplan était membre de l'Académie depuis 1967. Il avait été élu au fauteuil de Georges Duhamel, dans la section « morale et sociologie ». J'ai été aussitôt frappé par l'ouverture d'esprit qu'il manifestait dans le respect des principes dont il était le gardien.

Dans cette communication devant l'Académie, il insistait sur le patrimoine spirituel commun des juifs et des chrétiens et sur l'unité des forces spirituelles issues d'Abraham et de Moïse. « Le *Pater noster*, disait-il, est d'inspiration biblique et rabbinique, d'abord par l'emploi de la forme du pluriel "*Notre* Père... donne-*nous* aujourd'hui... pardonne-*nous nos* péchés...*", c'est la manière habituelle de la prière juive, qui en général n'est pas une prière universelle, mais une prière collective, même pour la confession des péchés. [...] Mais voici plus remarquable, ajoutait-il, tout le magnifique début de la prière "Notre Père qui es aux cieux, que Ton nom soit sanctifié, que Ton règne arrive, que Ta volonté soit faite", est presque textuellement ce que nous disons dans nos anciennes prières et, particulièrement, dans le kaddish. » Et il rappelait l'ouverture d'esprit du judaïsme tel qu'il le comprenait. Ces paroles proclamées solennellement dans l'enceinte de l'Institut de France manifestent à la fois l'attachement profond à sa foi et à sa tradition, mais en même temps son libéralisme et son ouverture à toutes les valeurs religieuses. « Lorsque je parle de rapprochement, précisait-il, il ne s'agit pas d'une fusion des religions, il s'agit, chacun gardant sa religion particulière, de travailler ensemble. Il faut que les religions s'entendent et sympathisent. Nous pouvons très facilement, nous, juifs, sympathiser parce qu'aux yeux du judaïsme la religion chrétienne comme la religion musulmane ont une raison d'être, elles ont une mission divine. Il ne s'agit pas de fusion, de syncrétisme, nous pouvons travailler en restant chacun fidèle à sa religion. »

J'ai eu l'occasion d'étudier parallèlement avec lui une affaire célèbre et douloureuse, à laquelle il apporta sa hauteur de vue, son respect de ses principes et sa volonté de conciliation, je veux

parler de l'affaire Finaly[1]. Le rôle du grand rabbin Kaplan a été
fondamental dans cette affaire. Au lendemain de la guerre, la
communauté juive, qui avait perdu, par la lourde persécution
dont elle avait été la victime, le quart de ses membres, ne formait
pas un ensemble homogène. Divisée sur le plan politique et
socio-économique, éclatée en groupes régionaux encore peu
sensibles à l'attachement pour Israël, elle aspirait à prendre toute
sa place dans la société française et à se relever du malheur qui
l'avait frappée. C'est le grand rabbin Kaplan qui, joignant à une
inébranlable fermeté une volonté de conciliation et de dialogue
tout aussi admirable, a réussi à apporter une solution à cette
douloureuse affaire, et en même temps à rassembler autour de
sa personne et de sa doctrine la communauté juive française
tout entière. On aurait pu penser que tout dialogue fraternel
entre les juifs et les catholiques était compromis. Il fut d'un
avis contraire et son action efficace a permis de faire comprendre
à tous, et particulièrement aux catholiques, qu'une certaine
communauté de destin les reliait au judaïsme. Comme il l'a
écrit : « L'enseignement de l'estime a pris le pas sur l'enseignement du mépris. » Il sut tempérer les ardeurs des uns et des
autres pour laisser une porte ouverte à une réconciliation ; l'Histoire lui a donné raison.

Tel est le grand homme, le grand croyant dont l'action forçait
le respect, que j'ai connu grâce à l'Institut de France et que j'ai
eu le bonheur de rencontrer encore une fois, fatigué de corps
mais toujours aussi lucide et ardent d'esprit, quelques jours
avant sa mort, lors de l'inauguration du consistoire central.

Il faut savoir gré au rabbin Korsia d'avoir consacré de longues
recherches à la vie et à l'œuvre du grand rabbin Kaplan et de
les faire aujourd'hui connaître au public grâce à cet ouvrage.
Au fil de ses pages, Haïm Korsia montre à quel point Jacob
Kaplan peut être aujourd'hui une référence inépuisable pour le
judaïsme français. Mais on sent qu'il en a fait aussi une référence

---

1. Voir partie III, chapitre II, p. 203.

pour lui-même – et il faut l'en féliciter. Comme l'illustre grand rabbin avant lui, il s'efforce de concilier le service du judaïsme et celui de la France, la fidélité à sa foi et à son pays, le dévouement à ses frères comme au dialogue entre les religions et les opinions. Un autre siècle s'est ouvert ; une nouvelle génération arrive aux responsabilités ; mais l'héritage se transmet et nul ne s'en plaindra !

Car il y aura toujours au milieu des tempêtes
Quand le vent est si fort que vacille la flamme
Alors que la plupart préfèrent baisser la tête
Des hommes pour souffler sur les braises des âmes.

Philippe Saimbert

Les sages resplendiront comme l'éclat du firmament
et ceux qui auront dirigé la multitude dans le droit chemin,
comme les étoiles à tout jamais.

Daniel XII, 3

Veilleur, où en est la nuit ?

Isaïe XXI, 11

Introduction

Comment un homme peut-il à ce point épouser son siècle, en comprendre les enjeux et réussir à en orienter le cours ? Parler de Jacob Kaplan, c'est suivre l'histoire du judaïsme de France pendant cent ans ; c'est suivre l'histoire de France depuis l'affaire Dreyfus jusqu'à nos jours ; c'est porter un regard bon, courageux, grandiose sur l'histoire d'amour entre le judaïsme et la France.

Il incarnait, et il incarne toujours, cette double vocation de la France et du judaïsme, fidèle aux deux, non par une double allégeance, mais par une double filiation. Il fut le messager d'une certitude, celle de voir converger de manière extraordinaire deux grandes aspirations. Toute sa vie fut déterminée, de la plus belle des façons, par cette double espérance.

Il aima toujours passionnément la France, la véritable France, celle qui fait de ses enfants des frères, et il défendit toujours le judaïsme, le véritable judaïsme, celui qui a l'intelligence de s'inscrire dans le monde.

Il ne luttait pas contre l'antisémitisme, il préférait combattre pour rendre justice au judaïsme.

Jacob Kaplan était porteur de cette idéologie de la victoire : victoire de l'intelligence sur l'enfermement, du dialogue sur le rejet de l'autre, de la grandeur de la France sur la peur de l'étranger. Dans tous ses actes, il se situait à l'opposé absolu de l'idéologie de la défaite qui constitue le fond de l'antisémitisme.

Il était en même temps le visage de la France et le reflet du judaïsme. Il parvint toujours à faire les justes arbitrages entre ces deux pôles de sa vie afin d'être ainsi l'enfant d'une double fidélité.

C'est pourquoi, en partant d'un travail purement biographique, une évidence est vite apparue : le véritable sujet n'était pas – ou n'était pas seulement – la vie de Jacob Kaplan. Le sujet était autre. Ou plutôt, il était là, précisément, dans cette double identité qui pose problème pour beaucoup mais qu'il parvenait, lui, à unir dans une seule et même espérance.

Pourquoi, pour un catholique français, personne ne se pose-t-il la question de son positionnement par rapport à la France, la question de sa fidélité à la nation en cas d'opposition entre sa foi et sa citoyenneté, comme ce fut pourtant le cas, en 1905, lors du vote de la loi de séparation des Églises et de l'État ? Pour les juifs, cette question est récurrente, jadis chez leurs opposants et de nos jours, jusqu'au sein même du judaïsme. En fait, peut-on être juif, pleinement juif, et français, pleinement français ? Y a-t-il dans le judaïsme une telle force qui rende impossible d'être autre chose, de concilier deux identités ?

Pour un rabbin comme Jacob Kaplan, les références bibliques viennent évidemment à l'esprit. Au début de l'Exode, les Égyptiens disent des Hébreux : « Voici le peuple des enfants d'Israël qui est plus nombreux et plus puissant que nous. Usons de ruse contre lui de peur qu'il ne se multiplie et si une guerre survient, il s'ajoutera à notre ennemi et nous fera la guerre et nous supplantera sur notre terre. [1] » C'est littéralement le mythe de la cinquième colonne, la suspicion qui pèse sur les juifs d'être moins français que les vrais Français, à moins d'abdiquer leur judaïté. C'est ce que défendaient les tenants les plus fervents d'un franco-judaïsme qui se fracassa contre le statut des juifs du gouvernement de Vichy.

Jacob Kaplan fut confronté pendant toute son existence à

1. Exode, I, 9-10.

cette question qu'il portait comme un objectif de vie. Il fit le choix de ne répondre ni par cet excès de patriotisme qui poussait certains juifs à renier, ou tout au moins à oblitérer de l'espace public, la foi de leurs pères, ni par une affirmation exclusive du judaïsme qui aurait gommé toutes ses autres appartenances. Il était né au cœur de l'affaire Dreyfus, alors que, pour une bonne partie du pays, le traître à la France ne pouvait être que le juif. Celui qui, par définition, était moins français que les autres, était l'objet de toutes les suspicions. Puis vint la Grande Guerre où les juifs voulurent prouver, par le sens du sacrifice à la patrie, qu'ils étaient autant français que les autres, leurs concitoyens. Jacob Kaplan fit le même choix, lui qui refusa de devenir aumônier pour rester avec ses camarades de tranchée, pour faire et être comme les autres, comme tout le monde.

Sa fidélité à la France ne le détourna pas pour autant du sionisme naissant ni de ses frères d'Europe de l'Est. Ceux-ci arrivaient alors nombreux en France et certains juifs, y compris dans les institutions officielles du judaïsme français, voyaient en eux comme le reflet de leur propre identité qui pour juive qu'elle était n'en était pas moins essentiellement discrète.

Avec le gouvernement de Vichy, cette double fidélité qu'il voulait malgré tout faire sienne fut difficile à vivre. Jacob Kaplan se fit enregistrer comme juif, suivant la loi, mais il refusa de croire en cette France qui n'était pas La France. Et il la combattit pour la rappeler à sa mission, à sa fidélité envers tous ses enfants. Il le fit avec dignité et même une forme de respect. Il trouva surtout des hommes de foi, catholiques et protestants, pour porter le même regard de fraternité et d'amour de la France que lui. Il décida donc d'aller au cœur du conflit latent : on dit qu'il faut être chrétien pour être un bon Français ; discutons donc avec les catholiques et les protestants pour définir ensemble un point de rencontre et d'équilibre. C'est ce qu'il fit dès 1947, lors de la conférence de Seelisberg, puis en créant, avec d'autres, l'Amitié judéo-chrétienne de France.

Dans ce contexte, l'affaire Finaly ne sera pas seulement un combat pour récupérer deux enfants, elle sera également un test pour juger si la société française, l'opinion publique, suivrait l'Église dans son tort, ou si la fidélité à la justice serait la plus forte. Dit autrement, vivions-nous bien dans un État laïque où un citoyen juif peut avoir raison contre la puissance, toute de magistère moral, de l'Église ? Il y parvint en s'alliant aux forces de progrès au sein même du catholicisme, utilisant les contacts et les liens tissés sous l'Occupation.

L'accueil des juifs d'Afrique du Nord reposa la question de la visibilité du judaïsme en France, avec une population plus ancrée dans la pratique et dans une vie communautaire, qui changeait du modèle de l'israélite aspirant surtout à se fondre dans la masse de ses concitoyens.

Mais le grand moment de cette problématique survint en novembre 1967, à la suite des déclarations du général de Gaulle sur Israël et les juifs. Quelle position fallait-il adopter ? Plus largement, cette circonstance soulevait une question de fond plus ou moins latente depuis la création de l'État d'Israël. Les sentiments que portent les juifs à cet État, en France comme ailleurs, créent-ils une distorsion entre la fidélité au pays de résidence et la fidélité au pays des rêves ? C'est la suspicion de double allégeance. Le grand rabbin Kaplan sortit de cette vision manichéenne en parlant plutôt de double fidélité à la même vocation de justice, de liberté et de fraternité. Et il ne le fit pas contre le Général qui incarnait la France, mais avec lui. Tout en diplomatie, il trouva encore une fois un point d'équilibre entre la spécificité du judaïsme et celle de la France.

Il porta cette même double fidélité à l'Académie des sciences morales et politiques où il fut le premier rabbin à être élu.

Incontestablement, cette volonté de concilier deux identités différentes est une clef vitale pour notre société d'aujourd'hui. Pour le judaïsme, bien évidemment, mais plus largement pour toutes ces identités différentes qui oscillent entre un modèle anglo-saxon de communautés juxtaposées et un modèle français d'intégration. De quelle intégration s'agit-il ? Celle qui viserait à l'assimilation et à la dilution totale ? Ou plutôt celle que défendait Jacob Kaplan, et qui prône un apport de chacun, dans sa diversité, au projet commun qu'est la France ? Finalement, n'est-ce pas là tout le paradoxe du citoyen juif que d'être différent tout en étant comme les autres, parmi les autres ? Pour Jacob Kaplan, nourri par les textes bibliques, il était normal de chercher en chaque homme un frère, car si l'humanité a été créée à partir d'un seul homme, c'est pour nous dire que nous sommes tous du même père, que notre sang est le même et que nos espérances sont identiques. L'homme est créé à l'image de Dieu, car, comme Dieu, chaque homme est unique, et chaque homme se retrouve en fraternité avec son prochain, puisque se découvrant le reflet de la même image.

La fidélité de Jacob Kaplan à la France et au judaïsme est une tentative pour résoudre la tension entre deux pôles, tension qui, chez certains, ne trouve de solution que dans l'abandon de l'un ou de l'autre. Sa vie en est la démonstration : il naquit au moment du jugement du capitaine Dreyfus et aurait pu considérer que son pays en voulait au judaïsme ; mais il affirma toujours qu'un pays qui se déchirait pour un juif, tandis qu'ailleurs sa situation tragique n'aurait perturbé personne, ne pouvait être qu'un pays béni. C'est exactement ce qui poussa le père de Levinas à s'installer en France. Dans tout son siècle, Jacob Kaplan garda un cap. Par-delà les légitimes changements d'opinion, ce sera son « fil rouge » : la convergence de la France et du judaïsme auxquels il fut toujours loyal. Ce sont sa France et son judaïsme qu'il convient de comprendre pour justifier sa double fidélité.

Pour étudier toutes ces questions, les archives ne manquent pas à l'historien, que ce soit les Archives nationales, celles de l'armée, celles du consistoire de Paris et du consistoire central, les archives personnelles du grand rabbin Kaplan au CDJC[1], sans oublier tous les éléments que les acteurs de ce siècle ont

---

1. Centre de documentation juive contemporaine, 17, rue Geoffroy-l'Asnier – 75004 Paris.

conservés. Immanquablement, des questions restent sans
réponse : le lien de Jacob Kaplan avec tel ou tel, sa position sur
tel problème, ou encore l'opposition entre deux prises de parole
dans des revues différentes. Où est le véritable Jacob Kaplan ?
Le biographe n'a pas la prétention d'avoir toujours une réponse
à donner : de même que tout travail historique est, par nature,
une école de modestie, le genre biographique est, plus que tout
autre et à chaque instant, une école d'humanité.

I.

Une personnalité prometteuse

Chapitre I

Une enfance dans l'Histoire

> « J'avais l'intention de consacrer une partie de mon sacerdoce rabbinique à faire rendre justice au judaïsme par mes coreligionnaires et par les non juifs »[1].

Dans cette phrase du grand rabbin Jacob Kaplan, le mot « justice », qui est le cœur même de son propos, apparaît dans son sens biblique. Bien au-delà du principe du *suum cuique*[2] romain habituel, elle est ici un attribut de Dieu, elle représente la conformité de la conduite de l'homme à son dessein sur terre et intègre la notion de « vérité ».

Jacob Kaplan est né à Paris le 7 novembre 1895, au cœur d'une époque tourmentée par l'affaire Dreyfus. Né en France, ses racines sont ailleurs. Il devra résoudre cette première opposition pour intégrer cet esprit typiquement français fait de culture, de curiosité, d'espoir en la société, de doute aussi, sans renier quoi que ce soit de son héritage spirituel.

1. Jacob Kaplan, « Le judaïsme et la justice sociale », *Cahier de la Voix d'Israël*, 1937.
2. « À chacun le sien. »

L'héritage litvak

Il est issu d'une famille pieuse originaire de Minsk, aujourd'hui en Biélorussie, suivant les différents partages et aléas de l'histoire de cette région, mais qui fut jadis en Lituanie. La Lituanie de cette époque est appelée l'Athènes du judaïsme[1] car elle symbolise la passionnante gestation de la culture juive et litvak. Son père quitte le pays lors des grandes vagues de pogroms de 1881-1882. À cette époque, la communauté juive la plus importante du monde se trouve dans l'Empire russe ; 5 millions de juifs y vivent de l'artisanat et de petites industries (textile, commerce, usines). Au début des années 1880, une commission gouvernementale menée dans tout l'Empire relève que 90 % des juifs mènent une existence misérable et constituent une masse indigente. Entre 1881 et 1889, des campagnes antisémites, orchestrées par le pouvoir, accusent les juifs de tous les débordements sociaux. Leurs libertés et leurs droits sont restreints par 650 « lois d'exception ». Lorsque le pays plonge dans l'instabilité politique après l'assassinat du tsar Alexandre II par une organisation révolutionnaire, des violences contre les juifs sont signalées dans vingt-six localités. Un nouveau mot, « pogrom », identifie donc ces violences. Il décrit en russe une destruction, mais signifie aussi le tonnerre, la furie et l'anéantissement de l'ennemi. Il s'ensuit un exode d'1,7 million de juifs vers les États-Unis.

La Lituanie (ou Lité en yiddish) était la véritable carte spirituelle et intellectuelle du monde juif. C'était la patrie du Gaon (« génie ») de Vilna, Zalman Eliyahou (1720-1798), connu aussi sous le pseudonyme de Gra[2], l'une des figures les plus importantes du monde rabbinique à l'époque moderne. C'est dans ce pays que naît l'Union des ouvriers juifs de Russie,

1. Minczeles Henri, *Vilna, Wilno, Vilnius : la Jérusalem de Lituanie*, La Découverte, 2000.
2. Gra : acronyme pour Gaon Rabbi Eliyahou.

Pologne et Lituanie, le BUND, célèbre organisation politique qui professe un socialisme marxiste tout en tenant compte des douloureux problèmes nationaux que connaissent les juifs en cette partie de l'Europe. Créé en 1897 en Russie, le BUND réunit immédiatement 3 500 travailleurs juifs. Bien qu'il ait disparu de la scène politique, le BUND eut une influence considérable en Europe de l'Est et dans le monde entier. Dans sa doctrine figure la notion de *doykayt*, selon laquelle une communauté choisit de se développer là où elle est, pour s'enraciner dans sa terre natale. *Doykayt* signifie « être là ». Il s'agit d'un néologisme yiddish pour dire « vivre dans le pays où nous sommes nés ». L'influence des anarcho-syndicalistes juifs fut importante en Angleterre ou aux États-Unis. Le BUND regroupait des ouvriers juifs combatifs qui militaient pour les droits civiques, sociaux ou politiques. Des groupes d'autodéfense étaient organisés pour contrer les pogroms. Il est important de noter que le BUND ne prit aucune part au coup d'État de 1917, considérant qu'il revenait aux ouvriers et aux paysans de faire la révolution et non à une minorité militante. De nombreux marxistes, voyant d'un mauvais œil la liberté et l'indépendance du BUND, s'efforcèrent de le combattre et tentèrent de le discréditer. Dès 1920, Lénine envoya les principaux leaders du mouvement vers les goulags de Sibérie où il les fit assassiner. Le BUND continua son action jusque dans les années 1930 en Pologne, puis il fut liquidé définitivement par le parti communiste[1].

La Litvakie[2] fut aussi le lieu de la renaissance de l'hébreu et de l'épanouissement du sionisme et de la *yiddishkeit*, la culture yiddish. Cependant, les politiques s'employèrent à éradiquer une communauté décrite comme « indésirable », et dans les années 1880, à l'issue des vagues d'antisémitisme violent, beau-

1. Henri Minczeles, *Histoire générale du BUND, un mouvement révolutionnaire juif*, Denoël, 1999.
2. Lituanie juive qui englobe un espace plus large que le pays actuel.

coup de juifs litvakes s'embarquèrent à Reval (Tallin) ou à Riga pour l'Afrique du Sud, les États-Unis et la France.

La situation du judaïsme français

Le père de Jacob Kaplan découvre en France un judaïsme fortement sécularisé. Le paysage est totalement étranger à ce qu'il a quitté avec son pays d'origine. Cependant, il met en application son héritage personnel de juif litvak et sage en Torah. Il élève ses huit enfants dans les pratiques religieuses intemporelles du judaïsme, à l'inverse des pratiques courantes de la majorité de ses coreligionnaires et sans se soucier de ce que les autres peuvent en penser. Une anecdote extraordinaire illustre ce propos. Au moment où Jacob Kaplan partit pour la guerre, son père vint sur le quai de la gare, enveloppé de son châle de prière, pour bénir son fils avant son départ au front. Il est indéniable que ces pratiques religieuses et cette foi décomplexée ont imprégné Jacob Kaplan pour faire de lui l'homme de justice et de foi qui marquera son temps. Car son père, plus qu'un disciple et un érudit du Talmud, le *litvishe talmid hokhem*, est un homme pour qui la Torah ne constitue pas seulement un objet d'étude et de connaissance. Elle imprègne aussi et surtout sa vision du monde et sa relation avec lui.

Mais à cette époque, la grande majorité des juifs de France sont éloignés des préoccupations religieuses, voire ignorants de celles-ci. Depuis la Révolution et le 27 septembre 1791, l'accès des juifs à la société française s'est construit d'une génération à l'autre au détriment de l'éducation religieuse. La sécularisation, poussée à l'extrême dans le dernier quart du XIXᵉ siècle, menace l'existence même du judaïsme privé qui existait au sein de la famille et garantissait la pérennité de la culture juive. La religion, quasiment délaissée par les parents, est enseignée parfois en dehors du foyer. Les regains de piété en France proviennent très souvent de l'apport de la *yiddishkeit* issu des immigrants et des rabbins formés dans les célèbres yeshivot d'Europe orientale et centrale, à l'instar du père de Jacob Kaplan. Un regain d'intérêt de quelques intellectuels juifs pour la religion se fait jour, timidement. Parmi eux, le pionnier Salomon Munk, qui avait traduit *Le Guide des égarés* de Maimonide dès 1856 ; Henri Franck, dont le poème *La Danse devant l'arche*, qui chante la fierté et le bonheur d'être élevé dans le judaïsme, influença tant le jeune Jacob Kaplan ; et surtout Edmond Fleg, qui s'inspira de la Bible et des commentaires rabbiniques pour son recueil de poésies *Écoute Israël* paru en 1913. La création de l'association les Amis du judaïsme, dont l'objet est clairement la diffusion de la sagesse de la Torah, apparaît comme le signe concret du renouveau de la foi juive en France. Jacob Kaplan assiste, en 1913, avec Salomon Reinach de l'Institut, à l'une des réunions de cette association qui traitait du thème : « Le judaïsme est une grande personne morale. »

La fin du siècle est aussi l'époque des travaux de Bergson, Durkheim, Lévy-Bruhl, Meyerson, Halévy, qui ont conféré une grande notoriété européenne à l'Université française. La création de *La Revue des études juives* en 1880 en est une belle expression.

Sur le plan international, le judaïsme français connaît alors un rayonnement certain, grâce aux actions sociales et religieuses du grand rabbin Zadoc Kahn[1]. Il prend position en faveur des pionniers juifs russes, victimes des pogroms, partis en Terre sainte. Dans les années 1881-1882, il doit faire face à l'arrivée en France de nombreux immigrants, généralement démunis, en provenance de l'est de l'Europe. Zadoc Kahn présente alors au baron Maurice de Hirsch le projet d'implanter une partie d'entre eux dans une colonie juive en Argentine. Il crée dans ce but en 1891 l'ICA (Jewish Colonisation Association) qui doit aider à l'établissement des juifs en Argentine puis au Brésil, au Canada et finalement en Palestine.

---

1. Grand rabbin de France de 1889 à 1905.

Les conséquences de l'affaire Dreyfus sur les juifs de France

Le capitaine Alfred Dreyfus est condamné à la détention perpétuelle et à la dégradation, puis il est envoyé à l'île du Diable. Son procès est révisé en 1899 après une campagne qui divise l'opinion publique. Le grand rabbin de France Zadoc Kahn est l'un des premiers à soupçonner une volonté politique orchestrée en une véritable campagne antisémite. Il ne réussit cependant pas à persuader les dirigeants juifs français d'adopter une autre politique que celle du silence. La défense de Dreyfus est donc, malgré toutes ses tentatives, abandonnée aux initiatives individuelles. Zadoc Kahn est certainement le personnage le plus visé de la communauté parisienne pendant l'affaire Dreyfus, en raison des responsabilités qu'il exerce, de l'ancienneté de sa famille sur le sol français ainsi que du pouvoir qu'on lui suppose. Par un malheureux hasard, l'auteur véritable du bordereau qui fit condamner Dreyfus avait été, à plusieurs reprises, l'obligé du grand rabbin. En effet, par son truchement, Esterhazy avait reçu d'importants secours de la baronne Clara de Hirsch à l'époque où il passait pour un esprit philosémite. Lorsque le 10 novembre 1896 *Le Matin* publie le fac-similé du bordereau, le fils aîné de Zadoc Kahn, alors clerc d'avoué à l'étude Cahen, est frappé de la similitude d'écriture entre ce document et une lettre qu'Esterhazy avait envoyée à l'étude pour demander des délais de paiement. Mais Zadoc Kahn, consulté, repousse cette affirmation. Ce n'est que plus tard, en 1897, qu'il verse au dossier des poursuites intentées contre l'officier faussaire une lettre reçue de lui en juillet 1894. La presse nationaliste l'accuse alors de manipulation de preuve afin de sauver le « traître Dreyfus ». Il est mis en cause à la Chambre des députés le 21 janvier 1898, à l'occasion des débats sur le budget des cultes, quelques jours après l'acquittement d'Esterhazy. Deux députés proposent une réduction substantielle, puis juste symbolique, du traitement du grand rabbin, à titre d'avertissement. Un troisième député lit à la tribune l'article 24 de l'ordonnance du 23 mai 1844, ajoutant que « les rabbins sont mis au rang de fonctionnaires officiels d'un culte reconnu par l'État, mais que c'est surtout pour rappeler en toutes circonstances à leurs coreligionnaires l'obéissance aux lois, et notamment celles relatives à la défense de la patrie ». Malgré ce climat de forte hostilité contre lui, Zadoc Kahn restera ferme sur ses positions.

La IIIe République a été le temps du « franco-judaïsme », moment où le juif devient « israélite », ne se proclamant plus comme appartenant à un peuple. L'identification des valeurs juives aux valeurs républicaines se traduit alors par un culte de la patrie et par l'abandon de la notion de « peuple juif ». Ce franco-judaïsme se veut le passage du particularisme à l'universalisme et se réalise dans la devise de l'époque du consistoire : « Patrie Religion [1] ». Mais l'affaire Dreyfus provoque un incontestable changement des comportements au sein de la communauté juive de France. Trois cas exemplaires illustrent ces bouleversements.

Avant l'Affaire, Bernard Lazare (1865-1903), intellectuel juif totalement assimilé, est engagé dans une brillante carrière de journaliste et d'écrivain. Quelques semaines avant l'arrestation de Dreyfus, il publie un ouvrage important : *L'Antisémitisme, son histoire et ses causes*, qui suscite les louanges du ténor de l'antisémitisme Édouard Drumont, parce que Lazare y expliquait l'antisémitisme par l'insociabilité du juif. Drumont avait publié en 1886 *La France juive*, où il justifiait son combat contre la supposée prise des pouvoirs idéologique, politique et économique par les minorités protestante et juive en France. En 1895, Bernard Lazare est le premier à prendre la défense du capitaine Alfred Dreyfus, condamné à l'unanimité par le conseil de guerre

---

1. Pierre Birnbaum, directeur d'ouvrage, *Histoire politique des Juifs de France, entre universalisme et particularisme*, Presses de la fondation nationale des sciences politiques, 1990.

le 22 décembre 1894 pour espionnage au profit de l'Allemagne, à la déportation à perpétuité et à la dégradation militaire. Le choc suscité par l'Affaire ébranle la foi de Lazare dans l'assimilation. À la demande de Mathieu Dreyfus, frère d'Alfred Dreyfus, il écrit en 1896 une brochure prenant la défense du capitaine[1]. Il adhère un temps au sionisme politique de Herzl puis rompt assez vite avec lui, en particulier à cause de la création de la banque sioniste, la Jewish Colonial Trust. Il commence alors la rédaction d'un ouvrage sur son retour au judaïsme, *Le Fumier de Job*, qui ne fut édité, de manière fragmentaire, qu'en 1928. Le thème dominant de cet essai fulgurant est que le particularisme juif, même dans sa forme nationaliste, ne s'oppose nullement à l'humanisme universaliste. Il explique que le triomphe de l'État laïque sur l'État chrétien a fait germer l'antisémitisme. Une part radicale de l'Église a rendu les juifs responsables de sa propre défaite et s'est retournée contre eux. Puis, se sentant encouragée dans sa haine par l'inaction de ses adversaires juifs, l'Église est devenue plus audacieuse, et c'est contre le franc-maçon, contre le libre-penseur, contre le protestant qu'elle s'est dressée. Il achève sa démonstration sur ces mots qui nous interpellent toujours : « La démocratie a laissé grandir l'antisémitisme sans protester contre lui. »

Le poète André Spire a suivi un itinéraire semblable à celui de Bernard Lazare. Lorsque l'Affaire éclate, Spire commence une carrière d'auditeur au Conseil d'État. Le retour de Spire au judaïsme se manifeste d'abord comme le désir d'affirmer la dignité juive face aux injures antijuives énoncées quotidiennement par *La Libre Parole* de Drumont. En 1899, Spire provoque en duel le journaliste Nangis qui, dans *La Libre Parole*, avait dénoncé le grand nombre de juifs au Conseil d'État. Le duel a lieu mais Spire n'est que légèrement blessé. Il devient alors le champion involontaire de la cause juive. Il adhère d'abord au

---

1. Bernard Lazare, *Une erreur judiciaire, la vérité sur l'affaire Dreyfus*, Veuve Monnom, 1896.

mouvement territorialiste juif, JTO (Jewish Territorial Organisation), créé par l'écrivain juif anglais Israël Zangwill, qui veut
installer les juifs en Mésopotamie, en Angola, en Ouganda ou
ailleurs. Il milite ensuite au sein de mouvements sionistes, alors
que le judaïsme français officiel est à l'époque hostile au sionisme.

Le troisième exemple est celui d'Edmond Fleg, dont le retour
fut plus lent et plus discret. Au début de l'Affaire, Edmond
Fleg se considère comme un esthète déjudaïsé et se consacre
entièrement à l'écriture de pièces de théâtre. Bien que touché
par l'Affaire, il ne décide de se vouer totalement au judaïsme
que le 6 octobre 1908, le jour de la naissance de son premier
fils, Maurice. Il commence alors sa vaste épopée juive *Écoute
Israël* dont le premier volume fut publié dans *Les Cahiers de la
Quinzaine* de Péguy en 1913. Edmond Fleg publie ensuite de
nombreux essais, romans et drames consacrés aux aspects les
plus divers de la culture et de la vie juive, avec pour but constant
d'harmoniser dans son œuvre toutes les facettes d'Israël et d'en
retrouver l'essence dans l'âme française.

Ces trois exemples le montrent : pour beaucoup de juifs assimilés, l'affaire Dreyfus est un rappel brutal de leur condition
juive, et provoque une prise de conscience salutaire, notamment
dans les milieux intellectuels. On appelle les « intellectuels », à
partir de janvier 1898, des savants, des artistes et des universitaires qui ont signé une pétition en faveur de la révision du
procès Dreyfus. Clemenceau, dans une de ses allocutions
concernant la demande de révision du procès, dira : « Tous ces
intellectuels, venus de tous les coins de l'horizon, qui se grou-
pent sur une idée et s'y tiennent, inébranlables. » Léon Blum a
raconté dans ses *Souvenirs sur l'Affaire*, comment toutes les
bonnes volontés commencèrent à se fédérer, à la fin de 1897,
pour faire accepter la révision du procès. Tous ces intellectuels
donc, comme Charles Péguy, qui considère que l'Affaire relève
de la mystique chrétienne, André Gide, Marcel Proust, Daniel
Halévy, Lucien Herr, Émile Zola et d'autres, viennent renforcer
la minuscule équipe composée au début de la seule famille

Dreyfus. L'Université et l'École normale apportent leur appui, et leur autorité concourt à rassurer la famille Dreyfus. Si Scheurer-Kestner ne gagne pas le gouvernement à sa cause, comme il croyait pouvoir le faire, du moins s'est-il attiré la sympathie de quelques hommes influents. Ainsi Clemenceau, rédacteur au journal *L'Aurore*, de fondation récente, a-t-il fini par rejoindre le camp de la révision. Son parti une fois pris, il dit à Anatole France : « Nous serons seuls, mais nous vaincrons. » Le socialiste Jean Jaurès, d'abord hostile à un « juif » qu'il considère comme « riche et protégé par l'argent », commence à se poser des questions. Haïssant toute injustice, enclin par principe à chercher dans chacune d'elles une explication « symbolique des iniquités collectives », il est troublé par l'Affaire. Désormais, la famille Dreyfus n'est plus seule. Péguy, imité par un petit nombre de catholiques membres du Comité catholique pour la défense du droit (Anatole Leroy-Beaulieu, Paul Viollet...), considère que si Dreyfus s'avère coupable, comme chrétiens ils n'ont pas à l'accabler, et s'il est reconnu innocent, leur devoir est de contribuer à la révision de son procès et à sa réhabilitation. Dans l'ensemble, cependant, l'opinion catholique, influencée par des journaux comme *La Croix* et *L'Univers*, est antidreyfusarde, surtout par antisémitisme. Car, comme le déclare Maurice Barrès : « Que Dreyfus soit un traître, je le déduis de sa race [celle de Judas]. »

Parallèlement, l'énergie du grand rabbin Kahn assure au judaïsme français un nouvel éclat face à l'adversité. La vie religieuse et culturelle va dès lors s'intensifier et se développer.

De l'affaire Dreyfus sont nées deux ligues antagonistes (1898) : la Ligue des droits de l'homme, républicaine et anticléricale, et l'Action française, monarchiste, antidémocratique, antisémite, contre-révolutionnaire et ultranationaliste. Pour l'Action française, toutes les guerres, révolutions et troubles sociaux qui se sont déroulés dans l'histoire française sont imputés aux juifs. Le mouvement compte parmi ses plus fervents partisans des intellectuels – au sens, plus large, d'aujourd'hui –, des militaires, des membres du clergé, des commerçants ou des employés de bureau. L'Église catholique, qui voit dans les idéaux de la Révolution française l'origine de la perte de sa position ancienne, soutient ouvertement l'antisémitisme au travers des journaux catholiques *La Croix* et *Le Pèlerin*, diffusés au total à environ 500 000 exemplaires.

Mais l'affaire Dreyfus n'est pas seulement le paroxysme de l'antisémitisme en France. Elle est aussi l'un des grands moments de la résistance aux manifestations antijuives. Elle met en lumière les capacités de la société française à faire triompher la vérité et la justice malgré les déchaînements des antisémites. La mobilisation de tant d'écrivains, de savants, d'artistes, témoigne d'une réalité : la République a une avant-garde prête à prendre des risques pour sa défense. La Ligue des droits de l'homme en devient le symbole actif. Lors de son second procès, qui a lieu à Rennes en septembre 1899, le capitaine Dreyfus est de nouveau reconnu coupable, mais avec des « circonstances atténuantes ». Le président de la République le gracie. Mais en 1906, le recours auprès de la Cour de cassation aboutit ; le procès est cassé. Réhabilité, Dreyfus réintègre l'armée.

La jeunesse

Jacob Kaplan naît dans un milieu pratiquant où l'on observait strictement le shabbat et toutes les fêtes religieuses qui étaient aussi de grands moments de réunion familiale. Son père se marie avec une demoiselle Eidel Klein à Paris, et les huit enfants y naissent. Jacob, qui est l'aîné des garçons, est né rue des Écouffes, dans le IVe arrondissement, en plein Pletzel[1] où une plaque vient d'être apposée. Le Conseil de Paris a accepté à l'unanimité le principe de cette plaque. Le texte en est : « Ici est né le 7 novembre 1895 Jacob Kaplan grand rabbin de France de 1955 à 1980. »

---

1. Quartier juif.

La synagogue que son père fréquente se trouve rue du Figuier, l'une des plus orthodoxes de Paris. Plus tard, en 1921, tout juste jeune diplômé de l'École rabbinique mais toujours célibataire, Jacob Kaplan sera appelé à lire un passage de la Torah, celui des prophètes qui clôt la lecture. Il tiendra tête à l'officiant qui ne voulait pas lui donner l'appellation de *Morénou Harav*, « Notre Maître le Rabbin », et bloquera l'office jusqu'à obtenir gain de cause. Il s'agissait de défendre l'honneur du séminaire qui n'était pas reconnu par cette synagogue orthodoxe.

Ses parents l'orientent vers le rabbinat, ce qui est normal dans ce milieu où l'on considère comme un honneur que l'aîné des fils devienne rabbin. Il accepte cette tradition et, après avoir terminé ses classes à l'école communale de la rue des Hospitalières-Saint-Gervais – où l'on ne travaillait pas le samedi ni les jours de fêtes juives –, en 1908, à treize ans, Jacob entre au Talmud-Torah dans les cours préparatoires du séminaire, obtient son baccalauréat et intègre en 1913 le séminaire israélite de France de la rue Vauquelin dans le Quartier latin, où il se trouve toujours.

Porté par son éducation religieuse familiale, il est surpris de l'ignorance de sa génération. Au début du siècle, beaucoup de juifs ne savaient du judaïsme que les rudiments qu'ils en avaient appris avant leur majorité religieuse ou ce qu'ils en avaient lu dans des livres non juifs, dont les auteurs, pour la plupart, ne connaissaient pas le judaïsme et prenaient à leur compte les préjugés de l'époque. Il développera toujours, et dès ce moment, une volonté farouche de rétablir la réalité de l'enseignement juif authentique. En témoigne l'histoire de ce professeur juif de philosophie, enseignant à la Sorbonne, qui donnait des cours aux jeunes élèves de la rue Vauquelin quelques années avant l'entrée de Jacob Kaplan, et qui, citant un jour la parole célèbre « Tu aimeras ton prochain comme toi-même », pourtant clairement dans Lévitique, XIX, 18, l'avait attribuée à l'Évangile !

Pour Jacob Kaplan, la priorité est de lutter contre les préjugés dont est victime le judaïsme, et cet effort d'information doit se faire autant à l'égard des juifs qu'envers les non-juifs. Trop de

rumeurs (crimes rituels, déicide...), d'idées fausses et d'incompréhensions stigmatisent la religion juive et circulent sur les
juifs. Il suffit pour en être convaincu de considérer la manière
dont la Bible juive était caractérisée : par la rigueur, les actes
cruels, la punition que représente la loi du talion. À l'opposé,
les Évangiles étaient perçus comme symboles de douceur et
d'amour. C'est le principe même de justice envers la foi juive
que cherche à défendre Jacob Kaplan, au point d'en avoir fait
le titre de son livre d'entretiens.

Jacob Rodrigues Pereire

Dans la formation de la personnalité du jeune Jacob Kaplan,
il est une référence de premier plan, celle de Jacob Rodrigues
Pereire, qui inspirera son désir de promouvoir des échanges
harmonieux entre membres des religions juive et chrétienne.
Si le célèbre abbé de l'Épée est passé à la postérité pour avoir
été un des pionniers de l'éducation des sourds-muets, Jacob
Rodrigues Pereire (1715-1780), son contemporain et son pré-
curseur, est moins connu, sans doute parce que tenant des
oralistes il s'est vu supplanter par les adeptes de la langue des
gestes. Né à Berlanga, en Espagne, le 11 avril 1715, puis installé
au Portugal, Jacob Rodrigues Pereire rejoint la communauté
juive de Bordeaux en 1741. Il s'intéresse à l'éducation des
sourds-muets et dirige une pension spécialisée. Son premier
élève est un jeune garçon de treize ans sourd et muet de naissance, Aaron de Baumarin, auquel il apprend « en une centaine
de leçons à connaître et à nommer à certains signes la plus
grande partie des lettres, consonnes et voyelles, et même à
articuler plusieurs mots [1] ». Un second élève, fils d'un fermier
général de La Rochelle, lui est confié avec succès. Pereire est
alors invité à exposer ses résultats devant l'Académie royale des

---

1. *Journal des savants*, juillet 1747.

belles-lettres de Caen, puis devant l'Académie royale des sciences à Paris, en juin 1749.

Pereire utilisait le toucher afin que l'élève, en fonction de ses capacités auditives et phonatoires, distingue les différentes sonorités émises. Il invitait également à la lecture labiale. Par-dessus tout, ce pionnier poussait ses élèves à se mêler au monde des entendants et encourageait leur curiosité. Cette stimulante démarche d'ouverture explique probablement ses succès, autant que les techniques mises au point. La modernité de cette démarche a été saluée par Diderot, qui évoque Pereire dans sa *Lettre sur les sourds et muets*, 1751. À partir de 1756, Pereire s'installe à Paris. Sa notoriété devient nationale et internationale. Des quatre coins de l'Europe, on vient le consulter sur l'éducation des jeunes sourds. Il meurt le 15 septembre 1780.

Jacob Rodrigues Pereire est le modèle de Jacob Kaplan, car il est resté fidèle à sa vocation en œuvrant pour le bien de tous par-delà les différences religieuses ou sociales. Il porte sa vision juive du monde et la met au service du bien public. Et même s'il arrive à la société française d'être injuste et de ne pas reconnaître l'apport d'un juif, qu'à cela ne tienne.

En juillet 1898, à l'apogée de l'affaire Dreyfus, Théodore Reinach, un juif dreyfusard venu assister à la cérémonie très républicaine de remise des prix de fin d'année des écoles consistoriales israélites de Paris, prend la parole devant les élèves :

> « Ne confondez jamais la France avec l'écume qui s'agite impunément, mais passagèrement, à sa surface. Continuez à l'aimer, cette France, de toutes vos forces, de toute votre âme, comme on aime une mère, même injuste, même égarée, parce qu'elle est votre mère et parce que vous êtes ses enfants. »

Voilà l'esprit dans lequel naît Jacob Kaplan.

En dépit de *La France juive* de Drumont, ce best-seller de l'antisémitisme (65 000 exemplaires vendus la première année) dénonçant en 1886 « l'invasion » de notre pays par les juifs, alors que dans la réalité ils ne représentaient que 0,5 % de la population, et qui, prenant appui sur de vieux préjugés et sur une critique de la société moderne, devait donner le coup d'envoi d'une vaste campagne antijuive, la France resta, tout au long du XIXe siècle, aux yeux des juifs français et européens, sinon une « Jérusalem terrestre », du moins le pays de référence. C'est le sens de l'appel de Théodore Reinach devant les écoliers. Psychodrame de la nation française, l'affaire Dreyfus se conclut d'ailleurs par une seconde vague d'intégration des juifs à la France, que scella la guerre de 1914-1918. Bergson en appelle, face à l'Allemagne, à la lutte « de la civilisation contre la barbarie » et les Français « de confession israélite », comme on dit alors, payent un énorme tribut à cette cause. Un certain nombre d'entre eux, notamment alsaciens, deviennent officiers et généraux de l'armée française. Deux des plus violents antidreyfusards de jadis, Maurras et Barrès, font machine arrière en célébrant le grand rabbin de Lyon, Abraham Bloch, tué sur le champ de bataille par un obus, le 29 août 1914, au moment où il présentait un crucifix à un soldat catholique agonisant. C'est le temps de la grande réconciliation nationale, et le judaïsme n'est pas en reste, comme le montre cette note de Jacob Kaplan :

« Pour rester dans ce domaine des relations inter-confessionnelles, je tiens à mentionner l'Union civique des croyants créée en 1934. Elle rencontra l'adhésion de nombreux catholiques, protestants et juifs. Tout en restant fidèles à leur propre religion, ils tenaient à agir ensemble. En fait, c'était déjà avant la lettre comme une sorte d'amitié judéo-chrétienne. »

Nous voyons que le projet des Amitiés judéo-chrétiennes a longuement mûri dans l'esprit de Jacob Kaplan. De la même façon que la laïcité a pu se vivre plus sereinement après la fraternité des tranchées, le lien que les religions tissent entre elles se développe sur une base semblable. Il poursuit en effet :

« Cette amitié s'est manifestée de manière plus marquée en juillet 1939 à Montbéliard. Le grand rabbin Isaïe Schwartz, dont j'étais devenu l'auxiliaire, m'avait chargé d'aller rendre publiquement hommage à l'archiprêtre Jean Flory. Dans une lettre, le grand rabbin Isaïe Schwartz lui exprimait sa reconnaissance et celle de la communauté juive pour avoir, en 1917, sauvé trois rouleaux de la Loi pendant un violent bombardement à Settois où il était aumônier militaire. Sans se soucier du danger auquel il s'était exposé, il était allé jusqu'à la synagogue chercher les trois Torah qui s'y trouvaient et les avait mises en lieu sûr. »

Ce sauvetage des rouleaux par l'archiprêtre Flory a toujours été, dans l'esprit du grand rabbin Kaplan, le parallèle du sacrifice du grand rabbin Abraham Bloch [1]. Dans cette union des religions, il perçoit la solution à l'inquiétude du moment.

« Une association juive : l'Union patriotique des Français israélites, était venue aussi de Paris pour remettre à l'archiprêtre un missel magnifiquement relié.

Tout en ayant un caractère intime, cette cérémonie s'est déroulée en présence de plusieurs religieux connus dont le père Devaux, des vicaires de Montbéliard, du ministre officiant israélite de cette ville, de membres de la communauté juive et des communautés juives voisines ainsi que de plusieurs personnalités venues de Paris.

Elle fut empreinte d'un esprit de respect mutuel et d'union sacrée, particulièrement réconfortant en un tel monde où se précisaient déjà les menaces de la guerre qui quelques semaines plus tard allait se déchaîner sur le monde. »

---

1. Le 29 août 1914, à Taintrux sur le front des Vosges, le grand rabbin Abraham Bloch, est frappé à mort par un obus au moment où il présentait un crucifix à un soldat agonisant qui lui en avait fait la demande.

Cependant celui qui a toujours fédéré les bonnes volontés et emporté l'adhésion des plus réticents porte plus loin son combat pour rendre sa fierté au judaïsme. Il le fait en montrant comment la littérature française, pour lui la plus belle au monde, a rendu de tout temps hommage au judaïsme.

Mais lorsque les juifs sont en butte à l'hostilité des nations, c'est avant tout parce que celles-ci veulent voir dans le judaïsme la « part maudite » de leur propre identité. Force d'inquiétude, posant sans cesse la question de l'Être, les juifs sont le repoussoir que se créent à intervalles réguliers les antisémites pour refuser ou refouler, sous leur assurance d'identité, leur propre manque identitaire.

Dans un livre récent [1], Michel Winock développe une théorie sur l'antisémitisme en France. C'est pour lui une idéologie de vaincus qui apparaît sous sa forme moderne dès la Révolution française. Ses ennemis fantasment sur les causes forcément extérieures de l'événement, puisque l'ordre magnifique de l'Ancien Régime ne pouvait avoir disparu sans une cause extérieure, un complot. Surgit alors l'idée du complot franc-maçonnique, sur laquelle se greffe très rapidement l'antisémitisme. Ensuite, les nouveaux vaincus sont ceux qui, après l'effondrement du Second Empire, n'acceptent pas l'avènement de la république parlementaire, la IIIe République, surtout lorsqu'elle s'affirme laïque. De nouveau apparaît le thème du complot visant la déchristianisation de la France. Les juifs sont d'autant plus une cible qu'ils avaient été émancipés par la Révolution française et qu'ils vouaient dans toute l'Europe une grande vénération à Napoléon qui avait ouvert les ghettos sur la route de ses campagnes. De plus, à la fin du XIXe siècle, la société juive devient visible : des juifs sont hauts fonctionnaires, officiers, députés, ministres. La troisième strate de vaincus apparaît lors de la victoire du Front populaire. Pour la première fois, un juif, Léon Blum, est à la tête d'un gouvernement, de surcroît soutenu par

---

1. Michel Winock, *La France et les juifs, de 1789 à nos jours*, Le Seuil, 2004.

le mouvement ouvrier. Il ne peut être que diabolisé. Ces vaincus vont prendre leur revanche à l'avènement du régime de Vichy. Le statut des juifs de 1940 n'est pas une copie de ce qui a été fait en Allemagne, c'est le produit d'une volonté politique nationale inspirée par l'idéologie des vaincus d'hier et de toujours.

Plus près de nous, l'extrême droite s'inscrit pour partie dans ce registre. Son leader lui-même est un vaincu des guerres d'Indochine et d'Algérie. Il a rassemblé autour de lui les perdants de Vichy, les catholiques intégristes, vaincus par la République et par le concile de Vatican II, et leur bouc émissaire principal est l'immigration. Mais le fond antisémite demeure, comme le démontrent les jeux de mots aussi douteux que récurrents ou les allusions à la période de la Seconde Guerre mondiale. Dans un autre registre, l'antisémitisme arabo-musulman peut être assimilé à une idéologie de vaincus. Ceux de la colonisation du XIXe siècle d'abord. L'émancipation des seuls juifs d'Algérie par le décret Crémieux de 1870 a provoqué des réactions d'hostilité de la part des musulmans. Depuis, et dans un cadre qui n'est pas seulement français, ces sociétés traditionnelles sont confrontées au modèle occidental et se sentent écrasées. Enfin, cet antisémitisme se nourrit des défaites militaires successives dans le conflit israélo-arabe.

En fait, cet antisémitisme est toujours porté par des courants antidémocratiques, ou plus exactement, les poussées antisémites correspondent toujours à des crises démocratiques.

Le seul remède consiste à s'employer à ce que la France soit toujours certaine de la grandeur de son destin.

Jacob Kaplan va sans cesse œuvrer en ce sens, sans oublier de pousser le judaïsme à garder conscience de sa responsabilité devant le monde.

Chapitre II

Jacob Kaplan dans la Grande Guerre

La Grande Guerre donne aux juifs l'occasion de prouver leur attachement à la France, dans un environnement qui ne leur est pas favorable. Certes, l'antisémitisme n'a plus l'expression des pires heures de l'affaire Dreyfus. La loi de séparation des Églises et de l'État de 1905 a créé une équité entre les cultes et a consacré la défaite de forces politiques ou religieuses qui, par ailleurs, étaient les plus hostiles aux juifs. Mais les préjugés contre les juifs « sans terre » restent puissants, tandis que l'Église, traversée elle-même de courants antagonistes, garde dans l'ensemble ses distances avec la République et ceux qui la soutiennent. L'enjeu est donc crucial. Ces juifs français sauront-ils risquer leur vie pour la France ? Et ceux qui arrivent tout juste de l'Est sauront-ils défendre la patrie qui les accueille ? Feront-ils leur devoir ?

La Première Guerre mondiale et les juifs de France

En 1914, Jacob Kaplan a dix-neuf ans et il est élève du séminaire. Mobilisé, il fera toute la Grande Guerre dans le 411ᵉ régiment d'infanterie (RI). Le 2 août 1914 correspond au 9 du mois de Av du calendrier juif, date prédestinée aux grands malheurs comme la destruction des deux temples de Jérusalem, ce qui est un signe supplémentaire pour les juifs puisque l'agression contre la France est une agression contre le Bien, si ce n'est contre Dieu. Les juifs de France, au nombre de 185 000, ont le sentiment de leur totale intégration à la République. Ils ne représentent pas une minorité nationale comme en Pologne, où ils se distinguent par une langue (le yiddish) ou par des usages particuliers. Rien de tel en France, ni partis politiques porteurs de projets d'amélioration de la société juive, ni besoin de vivre ensemble dans une formule plus sécurisante comme le *shtetl*, même si la pauvreté y était coutumière. En revanche, les juifs de France ont connu plusieurs phases : assimilation, désassimilation et identité intermittente qui appartiennent à tous les juifs des sociétés dites modernes, comme en France, en Allemagne ou en Grande-Bretagne. En France, les juifs se répartissent dans toutes les couches de la société, en tant qu'individus et non pas en tant que juifs. Mais ils forment bien une communauté définie par l'appartenance au judaïsme à des degrés variables. Cette approche par les sociologues n'est pas celle du consistoire qui définit en 1947 la communauté comme étant une « institution à base religieuse qui a la synagogue comme centre cultuel, un centre autour duquel gravitent les œuvres philanthropiques et sociales ». Mais cette définition dont le fondement est religieux ne correspond pas vraiment au judaïsme français de la première moitié du XXᵉ siècle. Les juifs de France sont alors des « Français de confession israélite » ou, mieux, « judaïque ». Le terme habituellement employé est celui « d'assimilation » mais il ne signifie aucunement que les juifs se dissolvent totalement dans la nation. En 1920, le grand rabbin Maurice Liber parlait en ces termes :

« Le judaïsme français vit sur quelques principes qu'on peut formuler ainsi : les juifs sont devenus des citoyens comme les autres, c'est ce qu'on appelle l'émancipation, et ils doivent naturellement ressembler à leurs concitoyens, c'est ce que l'on appelle l'assimilation, pour tout ce qui n'est pas religion, car le judaïsme est essentiellement une religion et se conserve à ce titre.[1] »

Nourris d'une éducation républicaine, soucieux de récupérer les provinces perdues lors de la guerre de 1870 (40 000 juifs vivaient en Alsace et Moselle au moment de l'annexion à l'Allemagne, 10 000 juifs quitteront leurs foyers pour la France « de l'intérieur » et l'Algérie), animés d'un patriotisme fortement revendiqué, les juifs allaient ardemment participer à la Première Guerre mondiale. Ils sont appelés « les juifs de la revanche » et comptent symboliquement payer la dette de 1791 par le don de leur sang. Le 4 août 1914, les juifs immigrés clament en yiddish, lors du défilé des volontaires sur les grands boulevards de la capitale :

> « La France, pays de la liberté, de l'égalité et de la fraternité ; la France qui a libéré l'humanité ; la France qui, la première de toutes les nations, nous a reconnu à nous, les juifs, les droits d'homme et de citoyen ; la France où nous trouvons, nous et nos familles, un refuge et un abri ; la France est en danger. [...] Frères ! C'est le moment de payer notre tribut de reconnaissance au pays où nous avons trouvé l'affranchissement moral et le bien-être matériel. »

Le vieux proverbe yiddish « *Lebn vi Got in Frankraykh* »[2] est d'une résonance particulièrement forte pour les juifs. C'est pour cette raison que, lorsque la guerre éclate, les juifs français et 8 500 juifs engagés volontaires étrangers, célèbrent avec enthousiasme l'appel à l'Union sacrée, soucieux de pouvoir confirmer ainsi leur intégration à la patrie et de défendre la civilisation

---

1. Maurice Liber, *Foi et Réveil*, cité par Robert Sommer, « La doctrine politique et l'action religieuse du grand rabbin Maurice Liber », *Revue des études juives, historica judaica*, CXXV, 1966.
2. « Heureux comme Dieu en France. »

face à la « barbarie allemande ». Même pour ses détracteurs, le juif comme ses concitoyens, devient, face au danger, un Français. Les juifs en France sont environ 36 000 à être enrôlés ou volontaires (surtout les étrangers)[1], en plus des 14 000 juifs français d'Algérie dans les régiments de zouaves et de la division marocaine, tandis que 4 000 juifs d'Alsace et de Lorraine, tout comme leurs concitoyens non juifs, sont envoyés par leurs unités allemandes sur le front russe par crainte d'une trahison. Pour les juifs de vieille souche originaires d'Alsace ou de Moselle, il s'agit de reconquérir Strasbourg et Metz en repoussant le « Boche ». Voici comment un combattant juif l'exprime dans son carnet de guerre :

> « Avec quelle joie je m'en irai du côté de l'Alsace, et quels souvenirs en pénétrant en uniforme dans ce pays de nos rêves ! Nos pauvres papas en tressailliraient dans leurs tombes !... Tu peux comprendre pourquoi je voulais et devais partir, toute la tradition familiale n'est-elle pas avec moi ! »

La Première Guerre mondiale de Jacob Kaplan

Jacob Kaplan fait sienne la proclamation des juifs étrangers du 4 août 1914 à double titre : il est français, certes, et en tant que juif de France son patriotisme est inébranlable, mais son père est aussi l'exemple vivant de cette proclamation et il est lui-même un exemple d'une génération issue de l'immigration, qui est totalement intégrée à la nation.

Que le jeune Jacob Kaplan ait été combattant, alors qu'à l'époque il s'engageait sur la voie du rabbinat et aurait évidem-

---

1. En fait, il n'y a pas de chiffres officiels car l'armée française ne tient pas compte de la confession religieuse. Ces chiffres sont estimés d'après les archives du consistoire central, fonds Manuel, 1920-1924 et du dossier des anciens combattants, 1940-1941.

ment pu s'en prévaloir pour être aumônier et donc moins exposé au danger, est dû au fait qu'il soit parti comme fantassin et simple soldat. Pendant les classes puis au front, il s'est lié avec les hommes de sa compagnie et il s'était créé entre eux une vraie camaraderie telle que la connaissent tous ceux qui ont fait la guerre. Cette fraternité des tranchées, le grand rabbin Kaplan en était même fier. Plus de soixante-dix ans plus tard, il disait qu'il n'était pas un « planqué », et qu'il avait vécu une véritable et profonde camaraderie avec ces hommes qui, par-delà toutes leurs différences, avaient été ses frères d'armes. En septembre 1915, à la veille de l'offensive de Champagne, il reçut même une lettre datée du 20 août 1915 émanant du grand rabbin de France, Alfred Lévy, qui lui proposait un poste d'aumônier militaire sur un navire-hôpital qui faisait le trajet des Dardanelles jusqu'en France. On manquait cruellement d'aumôniers israélites à cette époque. Or, les années que Jacob Kaplan avait passées au Talmud-Torah de la rue Vauquelin et son année de séminaire l'avaient rendu apte à remplir les fonctions d'aumônier, bien qu'il n'y ait jamais songé. Mais son temps sous les drapeaux l'avait déjà « formaté » à certains réflexes typiquement militaires, et il ne se voyait pas, à moins de vingt ans, en aumônier assimilé à capitaine, lui qui était militaire du rang. La proposition du grand rabbin de France posa un réel problème à Jacob Kaplan car, d'un côté, comme aumônier il savait qu'il pourrait aider ses frères et, d'un autre côté, des considérations d'ordre moral l'obligeaient à rester au front sous peine d'être perçu, à cause de sa religion, comme un planqué. Il sentait profondément que, parce que juif, il devait demeurer avec ses camarades. Cependant, avant de prendre une décision, il voulut obtenir l'accord de ses parents qui étaient, comme tous les Français, dans l'ignorance de la réalité des tranchées et donc des dangers qu'il courait. Ils pensaient en fait qu'il était toujours à l'arrière et, quand il les mit au courant de la possibilité de devenir aumônier sur un navire-hôpital, ils ne furent pas favorables à ce changement d'affectation. Il est donc resté au 411e. Sur le moment, il n'en parla pas à ses camarades, car il aurait eu l'air de vouloir prouver sa bravoure auprès d'eux. Il a donc fait la guerre de 1914-1918 comme combattant avec le 411ᵉ régiment d'infanterie, sauf pendant une courte période de quelques semaines, le temps de se remettre d'une blessure au genou provoquée par un éclat d'obus, en avril 1916, dans les tranchées de Champagne.

Au cours de la guerre, ses états de service sont remarquables [1] :

- Il est mobilisé sur la classe 1915 le 20 décembre 1914 au 128ᵉ RI.
- Il est passé le 21 mars 1915 au 411ᵉ RI.
- Au front dès avril 1915, il fait la guerre comme combattant jusqu'à la fin dont quinze mois dans le secteur de Verdun avec le 411ᵉ RI.
- Il passe, en 1915, par la Champagne : Reims, Beauséjour, Butte du Mesnil.
- En 1916-1917, il arrive à Verdun : cote 304, Mort-Homme, cote du Poivre, cote 344.
- Il est blessé le 9 avril 1916 et cité à l'ordre du régiment le 12 avril 1916.
- En 1918, il passe par Moncel, Les Ervantes, Grougies, Êtreux et Robechies.

Il est enregistré comme simple soldat de la classe 1915 au 3ᵉ bureau de la subdivision de la Seine. Il est incorporé le 19 décembre 1914 au 128ᵉ RI, sous le matricule 1597. L'hiver 1914-1915 est la période pendant laquelle Jacob Kaplan fait ses classes, tandis que son régiment tient un secteur en Argonne. Il lui faut apprendre la manipulation des armes avant d'aller dans les tranchées. Le 20 mars, Jacob Kaplan passe au 411ᵉ RI qui vient d'être créé dans le Morbihan et qui est placé sous le commandement du lieutenant-colonel Lafitte. Jacob Kaplan va donc connaître dans ce régiment la fraternité des tranchées.

---

1. Dossier militaire de Jacob Kaplan. Archives SHAT (Service historique de l'armée de terre) 41/582 PR Kaplan. Il s'agit en fait d'un dossier reconstitué, car l'original a disparu.

Le 3 avril, le régiment quitte Auray à destination de la Champagne (avril-décembre 1915). Il arrive à Épernay dans la nuit du 13 au 14 avril 1915, pour cantonner dans les villages de Sacy, Ville-Dommange et Jouy-lès-Reims[1]. Dans la nuit du 22 au 23 avril, le 411ᵉ relève deux bataillons des 243ᵉ et 327ᵉ RI dans le secteur de Paissy. Pour Jacob Kaplan, le baptême du feu est immédiat, même dans ce secteur relativement calme. Sous la conduite du lieutenant-colonel Ducrot qui remplace le lieutenant-colonel Lafitte, il reprend position dans la tranchée de Sillery-Prunay et le bois dit des zouaves. Les échanges entre les Allemands et les Français deviennent violents. Le 1ᵉʳ septembre 1915, son régiment tient le secteur de Vaux-Varenne : obus, torpilles, balles pleuvent durant des heures sur les tranchées. Sous le commandement du lieutenant-colonel Charier, le 411ᵉ exécute les préparatifs en vue de la grande offensive de Champagne. L'offensive du 25 septembre est très meurtrière mais elle ne permet pas aux troupes françaises de faire une percée dans les lignes ennemies. Le 15 novembre 1915, Jacob Kaplan est nommé soldat de 1ʳᵉ classe. C'est son premier hiver au front et, comme ses camarades, il doit subir le froid, le gel, les tranchées boueuses, les travaux de terrassement de celles-ci et surtout les bombardements continuels.

Dans un petit journal tenu durant la guerre, Jacob Kaplan a recopié le chant de la 1ʳᵉ demi-section (qui était la sienne) :

« C'est nous qui sommes les voltigeurs
De farouches hommes tous pleins d'ardeur
Aimant à boire et tour à tour
Aimant la gloire, le vin, l'amour
Nous sommes l'équipe des voltigeurs
Rien que des gars qui n'ont pas peur

1. Jean-Noël Grandhomme, « La grande guerre de Jacob Kaplan », *l'Heure d'Haman, revue d'histoire de la Shoah*, CDJC, janvier-avril 2002 et CDJC, fonds Kaplan, Journal de marche du 411ᵉ RI.

Nous courons toujours les premiers
Sur le Boche pour le bousculer
À qui confie-t-on la mission ?
À la 1re demi-section ! »

Après cette période, le 411e est envoyé au nord-est de Beau-séjour qui est le lieu d'une attaque d'envergure, le 10 janvier 1916. Le 411e RI se distinguera lors de cette bataille. On compte 4 officiers tués, 5 blessés, 54 sous-officiers, caporaux et soldats tués et 265 hommes portés disparus.

Devenu agent de liaison, Jacob est nommé le 16 janvier 1916 caporal-fourrier, puis sergent-fourrier le 1er avril. Il répugne à se servir de son arme, et ses camarades font tout pour lui éviter de le faire, mais il encourt les mêmes dangers que ses compagnons. En tant que religieux, il ne pouvait se trouver a priori dans la position de tuer un homme, et cette affectation lui permet de faire son devoir tout en suivant ses convictions profondes d'homme de religion. Il s'en expliquera plus tard :

« Tout en courant les mêmes risques que mes camarades, je n'avais pas à tirer, je n'avais pas à causer la mort. Je ne pouvais supporter que moi, futur rabbin, je sois responsable de la mort d'un homme, fût-il mon ennemi. »[1]

Ce régiment était formé de Parisiens, de Bretons et de gens du Nord avec qui Jacob Kaplan s'entendait très bien. Lorsqu'ils avaient à creuser des tranchées, son manque d'expérience était patent. Les nordistes lui disaient que, lorsqu'il travaillait avec eux, il les gênait plus qu'il ne les aidait. Aussi lui proposèrent-ils de ne plus s'occuper de creuser des tranchées, mais d'aller, tous les matins, à l'arrière chercher le café et le ravitaillement[2]. Mais cela ne rend pas moins difficile cette période.

1. Jacob Kaplan et Pierre Pierrard, *Justice pour la foi juive*, Le Centurion, 1977, p. 25.
2. Entretien avec l'auteur 1983.

Il connaît les champs de bataille de Verdun pendant seize longs mois, d'avril 1916 à août 1917. Il est blessé par un obus à la cuisse gauche le 9 avril 1916. À l'issue de la bataille, au lieu d'aller au poste de secours, il prend le temps de rédiger son rapport au PC (poste de commandement) du capitaine. Cela lui vaut une citation reprise à l'ordre du régiment : « Sous-officier très brave, blessé en dirigeant le service de liaison sous un violent bombardement », et plus tard, la croix de guerre. Il quitte l'hôpital le 22 avril 1916 et rejoint son unité le 8 mai[1].

Jacob Kaplan partage donc le destin de la nation, à l'instar des autres Français, et il montre que les juifs payent un lourd tribut à la défense du pays. Le 29 mai 1916, le président de la République, Raymond Poincaré, assiste à une cérémonie en mémoire des morts de la communauté juive, à la synagogue de la Victoire. C'est le temps de l'Union sacrée qui servira de modèle permanent tout au long de la carrière de Jacob Kaplan.

À Verdun, de mai 1916 à août 1917, il retrouve son régiment, qui stationne au bois d'Avocourt, puis doit relever l'unité qui s'y trouve déjà. Il franchit le « ravin de la mort » avant d'atteindre la cote 304. Il y passera une « semaine infernale ». Le 8 juillet, c'est enfin le repos pour le 411e. Jacob Kaplan fait partie des soldats du 3e bataillon cités à l'ordre de la 123e division, le 4 juillet, pour avoir « pendant onze jours, sous un bombardement, fourni sous le commandement de leurs chefs, un labeur acharné ». Il écrit dans son carnet, le 30 août 1916 :

> « Fille de Babel bientôt en ruine
> Heureux qui te châtiera
> Pour les forfaits que tu as commis chez nous. »

On discerne dans cette interprétation du psaume 137 sa foi inébranlable dans la victoire française et sa volonté tout aussi

---

1. CDJC, fonds Kaplan. Entre ces deux dates, il a dû prendre une permission pour voir sa famille.

forte de justice contre l'Allemagne, ici comparée à l'orgueilleuse Babylone de la Bible. La France, elle, est bien entendu comparée à l'Israël biblique.

Le 411ᵉ reste sur la rive droite de la Meuse, à la cote 304, puis au Mort-Homme, jusqu'en octobre 1916. Il passe ensuite rive gauche, à Bras-sur-Meuse. Le 11 août, Jacob Kaplan reçoit la croix de guerre. Il notera dans son carnet :

« La cérémonie a été très simple mais non pas sans grandeur, à cause du terrain où cela se passait, sur la cote 304, à une centaine de mètres en arrière de la première ligne. Pour une remise de décoration, la cote 304, toute bouleversée par les obus, trouée partout d'entonnoirs, était tout à fait de circonstance ; et c'est une délicate idée de notre colonel de nous avoir décorés près des Boches, sur ce terrain qu'ils nous disputent depuis plus de cinq mois. Profitant du brouillard qu'il y avait ce matin, le colonel est venu à l'improviste pour nous réunir et nous remettre nos croix de guerre. Très simple, il nous a dit en deux mots qu'il trouvait "plus chic" de nous décorer ici, sans cérémonial, qu'au milieu de la plus belle prise d'armes, loin du champ de bataille. Il n'y a pas eu de musique, les trois couleurs ne flottaient pas, mais l'endroit était autrement saisissant que n'importe quelle parade : les obus ne sont pas venus troubler la fête : c'est dommage, ils n'auraient fait qu'ajouter plus de grandeur au lieu. »

Au mois de mars 1917, il écrit, toujours inspiré par une foi de chaque instant :

« Le bombardement a dû être formidable. Du grand bois[1] dont nous occupons la lisière il ne reste presque rien. Les arbres comme les hommes ont été tués ici. On rencontre encore parfois un arbre debout mais la plupart gisent à terre,

_____
1. Le bois d'Hardaumont, le 1ᵉʳ mars 1917.

arrachés, déchiquetés par les obus. Les quelques arbres qui restent sont pitoyables à voir, avec leurs moignons de branches, dirigés vers le ciel comme pour appeler la justice d'en haut. »

En mai 1917, le 411e tient le secteur des Chambrettes : les pertes humaines sont considérables. Après l'échec du Chemin des Dames (avril 1917) et les mutineries qui ont suivi, le général Nivelle est remplacé par le général Pétain. La stratégie mise en place concerne le site de Verdun. Le 411e RI s'empare de la cote 344. Le sergent Kaplan participe à l'attaque conduite par le général Guillaumat, chef de la IIe armée, et qui amène la reconquête des cotes 304 et 344 du Mort-Homme, de Samogneux et de la cote de l'Oie. Les Français ont presque retrouvé la ligne du front du 21 février 1916 au moment du déclenchement de l'offensive allemande. Le 411e est cité à l'ordre de l'armée (il le fut à quatre reprises).

Moins d'un mois après cette bataille, Jacob Kaplan est nommé sergent-major. Son régiment a déjà quitté Verdun où son nom figurera dans le livre d'or des défenseurs de la ville (numéro D 10013). Le régiment de Jacob Kaplan se déplace vers l'est, non loin de Nancy, puis s'établit dans le secteur calme de Moncel-lès-Lunéville où il passe l'hiver. Il se trouve sur le front de Lorraine d'octobre 1917 à mai 1918. Une action décisive sera menée le 20 février 1918 et le 411e gagnera une nouvelle citation. Fort de ce succès, le 411e régiment est autorisé à porter la fourragère aux couleurs de la croix de guerre.

Puis c'est la Picardie et le Nord, de juin à novembre 1918. Pour prêter main-forte au 6e régiment à Villers-sur-Coudun, le 411e intervient sur le secteur le 9 juin 1918. Les échanges sont violents : 800 poilus sont intoxiqués, 3 tués, 19 blessés. Après trois mois de combats ininterrompus, le 411e est enfin relevé. On le retrouve du côté de Saint-Quentin, et le 17 octobre 1918, le sergent-major Kaplan se distingue à nouveau [1]. De ces années

1. Certificat du lieutenant-colonel Chaillot, commandant du 411e RI, le 18 janvier 1919.

de guerre, il retiendra une leçon primordiale pour lui relatée dans *Justice pour la foi juive* :

« C'est l'inoubliable souvenir de la fraternité du front. La souffrance, la patience, le sacrifice, l'héroïsme étaient le pain quotidien. Tous ces soldats se sont éprouvés les uns les autres et la différence d'opinions, de croyances, ne compte pas. »

Il évoquera dans ces mêmes entretiens avec Pierre Pierrard sa vision de la mort :

« Quand on était au front, on ne savait pas à quel moment elle pouvait survenir. Je me rappelle plus particulièrement qu'un jour en montant dans les tranchées de Verdun, nous marchions à la queue leu leu, pendant la nuit. Je me trouvais derrière le capitaine : la compagnie suivait. J'entendis arriver un gros obus, un 210, je crois. Si j'avais été seul, je me serais immédiatement jeté à terre. Je ne voulais sans doute pas être le premier à le faire. D'avoir attendu quelques instants, la déflagration me précipita à terre. J'essaie de me relever, je ne peux pas. J'essaie une deuxième fois, je ne peux toujours pas. Je veux le faire, mais mon corps n'obéit pas. J'ai l'impression que le lien entre mon corps et mon esprit est rompu. Je me dis alors : "Je suis mort." Cela ne m'a pas trop frappé car alors on s'attendait à être tué à chaque instant. »

Une autre fois, il se trouvait dans une tranchée à l'entrée du coin du capitaine. Cette entrée était à peine protégée par du feuillage et une tôle ondulée. Le véritable abri était dans le fond. Ils étaient plusieurs à attendre à cet endroit. Jacob devait se rendre une centaine de mètres plus loin, à ce qui lui servait de bureau pour les rapports qu'il avait à rédiger. Il hésitait à partir parce que des obus tombaient sur le chemin qu'il devait prendre. Dans un cas pareil, les poilus essayaient de calculer la cadence de chute des obus. Jacob avait l'impression que s'il partait aussitôt après l'explosion d'un obus, il aurait le temps, en courant très vite, de rejoindre son abri. Mais il n'arrivait pas à se décider, par crainte que, dans l'intervalle, le rythme ne changeât. Il lui fallait quand même faire un choix. Alors, il se décida : « La prochaine fois, dès que l'obus aura éclaté, je partirai. » Malheureusement, l'obus est tombé près d'eux. Il y eut des blessés et un mort. Miraculeusement il ne fut pas touché.

Pour lui, comme pour beaucoup, la guerre le rapproche de Dieu. Jacob Kaplan écrit dans un de ses carnets, le 26 septembre 1918 : « Tu chercheras le Seigneur, ton Dieu, et tu le trouveras si tu le cherches de tout ton cœur et de toute ton âme. [1] »

Le 4 novembre, il participe à l'attaque générale du canal de la Sambre. C'est sa dernière grande bataille.

Plus que son devoir

Le patriotisme n'est pas un vain mot pour Jacob Kaplan. Il a toujours rappelé, à la façon d'un credo, l'ardente et unanime réponse portée par l'assemblée des notables juifs réunie par Napoléon Ier en 1806 qui, à la question de savoir si les juifs nés en France la regardent comme leur patrie et s'ils ont l'obligation de la défendre, répondirent : « Oui, jusqu'à la mort ! » L'enquête menée en vue de lui accorder une éventuelle promotion, à l'issue de la guerre, révèle à quel point il est apprécié de ses supérieurs. Il est nommé adjudant de bataillon le 22 avril 1919, puis mis en congé illimité de démobilisation le 27 septembre 1919. Il adhère dès sa fondation à la Société fraternelle des anciens combattants du 411e d'infanterie, devenue en 1926 Amicale des anciens du 411e régiment d'infanterie, et il y est très actif. Il en sera même plus tard président d'honneur. Il y côtoie plusieurs prêtres, l'abbé Brunay, l'abbé Kerbrat, et comme militant de la réconciliation judéo-chrétienne, il se sent

1. Deutéronome, IV, 29.

très à l'aise avec eux. Déjà il écrivait dans son carnet, dans la
nuit du 12 au 13 juin 1916 :

> « On est dans une demi-obscurité. On croirait une cave.
> C'est la synagogue et c'est aussi la chapelle. Et ceci n'est pas
> un des moindres exemples de l'Union sacrée (au front au
> moins) que, dans le même lieu, tour à tour, les aumôniers
> des deux cultes viennent célébrer leurs offices. Cela témoigne
> d'une largeur d'idées, d'une estime réciproque qui peut-être
> existait avant la guerre, mais il a fallu la guerre pour en voir
> de si frappants exemples. »

Lorsque Jacob Kaplan sera fait officier de la Légion d'honneur
par décret du 10 mai 1954, les vétérans du 411ᵉ viendront
partager sa fierté à la synagogue de la Victoire avec le fanion du
régiment. Après la remise de l'insigne par le général Henri
Zeller, gouverneur militaire de Paris, le colonel Jean Beray,
président de l'amicale, tint à dire quelques mots et rappela les
souvenirs du front. Dans ses propos, le grand rabbin en fit
autant. À cette occasion, tous ses camarades apprirent ce dont
il ne leur avait jamais parlé : sa décision en 1915 de rester avec
eux au lieu d'accepter de les quitter en devenant aumônier
militaire. Nous avons vu que, dès septembre 1915, le grand
rabbin de France lui avait proposé de le nommer aumônier
d'un bateau-hôpital et il avait refusé l'offre. René Cassin avait
agi de la sorte également en refusant de participer au conseil de
guerre, ce qui l'aurait dispensé d'aller au front, tout comme un
autre juge juif de sa compagnie. Ils incarnent tous deux ce
besoin qu'ont les juifs de l'époque de faire plus que leur devoir.
C'était le thème de l'exposition du musée d'Art et d'Histoire
du judaïsme en 2005 sur les juifs dans la Grande Guerre.
En mai 1939, Jacob Kaplan assiste à la cérémonie à l'ossuaire
de Verdun en compagnie du rabbin Meyer Jaïs, aumônier des
mouvements de la jeunesse juive, et des représentants des deux
cultes chrétiens, le père Moreau et le pasteur Lauga. Jacob
Kaplan relate à Pierre Pierrard :

« Rien n'était plus saisissant que de se trouver devant l'ossuaire où reposent mêlés dans la même tombe les restes innombrables de ceux qui tombèrent pour la patrie, et dont on ne saura jamais à quelle confession ils ont appartenu. Ce fut un moment impressionnant de fraternité française avec son message commun pour l'unité et pour la spiritualité. »

En juillet 1939, il se rend à Montbéliard au nom du grand rabbin de France, Isaïe Schwartz, pour un hommage à l'archiprêtre Flory qui avait sauvé en 1917 les trois rouleaux de Torah de la synagogue de Seppois-le-Bas (Haut-Rhin), qui ont échappé ainsi à la destruction.

Ce patriotisme, souvent méconnu, est cependant commun à tous les juifs d'Europe dans leurs pays respectifs, avec une place particulière pour la France qui reste pour tous le symbole de l'ouverture des ghettos et de la reconnaissance des juifs comme citoyens égaux en droits et en devoirs, le 27 septembre 1791. Jacob Kaplan veille auprès de sa communauté à ce que ce patriotisme ne dégénère pas en nationalisme ou en idolâtrie, ce qui serait contraire au judaïsme. Il aime à rappeler que plus de 400 000 juifs ont combattu dans les diverses armées pendant la Grande Guerre et se sont entretués, faisant taire leurs sentiments de fraternité religieuse ou humaine pour n'écouter que l'appel de la patrie.

Si on note quelques cas d'antisémitisme pendant les années de guerre, ils ne sont jamais le fait des autorités gouvernementales, mais plutôt d'officiers isolés, notamment dans le cas de la traduction en conseil de guerre et de l'exécution de 6 Arméniens et 3 juifs du 2ᵉ régiment de marche du 2ᵉ étranger, dont la seule faute fut de demander à être versés dans un autre régiment, car ne supportant plus les injures et vexations quotidiennes de leurs supérieurs. Jacob Kaplan lui-même est témoin de ce genre de comportement au sein des troupes polonaises qu'il doit encadrer.

Au cours de l'année 1919, Jacob Kaplan est affecté à Paris comme étudiant pour préparer une licence de lettres, série philosophie, à la Sorbonne. Cette licence revêt une importance capitale pour lui, car il veut savoir si, après cinq années d'interruption, il peut reprendre sans trop de difficultés ses études. Le test est concluant et il décide de retourner au séminaire. Il faillit cependant retarder encore son retour rue Vauquelin pour répondre à l'appel de ses frères en péril. Il se trouvait un vendredi soir de mai 1919 à l'office de la rue de la Victoire, et le grand rabbin Israël Lévi avait fait un sermon dans lequel il disait qu'en Pologne un sous-officier français avait pu empêcher un pogrom. L'idée lui vint qu'il pourrait lui aussi empêcher un pogrom s'il acceptait, puisqu'il n'était pas encore démobilisé, de signer un engagement militaire pour ce pays. Ce serait aussi pour lui un moyen de rester dans cette ambiance militaire qu'il aimait et qui avait fait de lui un homme à l'âge où d'autres étaient encore adolescents.

Cette idée l'a beaucoup travaillé, au point de se présenter à lui comme un devoir auquel il n'avait pas le droit de se dérober, d'autant qu'après la dissolution du 411ᵉ régiment d'infanterie il est affecté comme cadre français (il est alors adjudant de bataillon) à une compagnie polonaise qui se trouve en France, vers Vittel. Il n'y est pas resté longtemps d'ailleurs, mais suffisamment pour se rendre compte de l'antisémitisme qui y régnait. Il tenait à entrer en contact avec des soldats polonais juifs, mais un seul accepta de se présenter. Il lui demanda s'il y avait avec lui d'autres coreligionnaires. Le jeune homme n'en connaissait qu'un. Jacob Kaplan souhaita le voir, mais il ne vint pas car « chaque fois qu'il allait vers lui pour le voir, il se formait un rassemblement autour d'eux pour savoir ce que deux Moï-chélés [1] ont à se raconter ».

L'épisode le renforce dans son projet de se rendre en Pologne. Il lui fallait signer un engagement minimum de six mois qui repoussait d'autant la reprise de ses études rabbiniques. Mais il pensait que son devoir était de venir en aide à ses coreligion-

---

1. Moïchélé est un diminutif qui signifie « petit Moïse », façon de parler de juifs.

naires de Pologne en difficulté. Il informe de son intention l'un de ses maîtres, le rabbin Maurice Liber, qui en fait part au grand rabbin de France Israël Lévi et à Sylvain Lévi, président de l'Alliance israélite universelle et membre d'un comité constitué au ministère des Affaires étrangères pour les questions polonaises. Ils appuient ses démarches auprès du Quai d'Orsay et de la délégation polonaise de Paris en l'assurant de recommandations pour des autorités polonaises. Mais selon plusieurs juifs polonais membres du comité en question, ces recommandations, loin de faciliter la tâche, peuvent avoir pour effet de la contrarier. De plus, l'engagement comporte une clause selon laquelle le gouvernement polonais garde la latitude de modifier l'affectation prévue en fonction des besoins du service. Jacob Kaplan renonce alors à son projet qui comporte trop d'aléas et il reprend finalement le chemin du séminaire.

Il est étrange qu'il ait demandé ainsi son avis à un rabbin guère plus âgé que lui, mais le lien qui l'unit à Maurice Liber est très particulier. Ce sont deux rabbins pétris de judaïsme et de fidélité à la France.

Maurice Liber [1]

Mosché Liber naît à Varsovie en 1884, et, en 1888, son père décide de s'installer à Paris. Le jeune Maurice – c'est son nouveau prénom français – entre au Talmud-Torah de la rue Vauquelin encore animé par Lazare Wogue, avant d'intégrer l'École rabbinique et d'en sortir diplômé en 1907 après de brillantes études. De cette époque datent ses liens avec Julien Weill, de onze ans son aîné et le plus jeune de ses professeurs, et surtout avec Lucien Lazard qui lui enseigne le français et le latin tout en lui inculquant l'amour de la patrie et de Paris. Toute sa vie Jacob Kaplan fut littéralement épris de la capitale. Replié en Ardèche en 1943, il offre à ses enfants un livre intitulé *Paris*

---

1. Paul Levy, *Maurice Liber*, in *Rachi*, Pro-Arte, 2005.

1943, qu'il dédicace ainsi : « Leçon de conjugaison : j'aime, tu aimes, il ou elle aime, nous aimons, vous aimez, ils ou elles aiment Paris. »

Le grand rabbin Julien Weill lui confie très vite sa chaire d'histoire juive au séminaire avant de lui céder sa chaire d'histoire du judaïsme rabbinique à l'École pratique des hautes études. En 1920, il est nommé rabbin de la synagogue de la rue de la Victoire.

En 1932, à la mort de Jules Bauer, il est nommé directeur du séminaire israélite de France, poste qu'il conservera jusqu'en 1951. En 1935, alors que le grand rabbin de France est malade, Maurice Liber et Julien Weill assurent l'intérim. Cependant, lors de la mort du grand rabbin de France, c'est finalement Isaïe Schwartz, grand rabbin de Strasbourg qui est choisi. Liber n'était pas né en France et Weill avait donné à la presse une interview décriée où l'on pouvait croire qu'il était indifférent au sort des juifs d'Allemagne. L'un n'était pas assez français, et l'autre pas assez solidaire, pas assez juif !

Les anciens élèves de Maurice Liber évoquent souvent l'une de ses citations favorites : « Étudier pour enseigner, enseigner pour agir et réaliser. » Il n'aura de cesse de la mettre en pratique. En 1919, il fonde avec Suzanne Aron Chéma Israël, une association d'éducation religieuse qu'il animera pendant vingt ans. En 1932, il renouvelle de nombreuses définitions sur le judaïsme et le monde juif dans *Le Larousse du XXᵉ siècle*, et c'est Jacob Kaplan qui, trente ans plus tard, rédigera ces mêmes notices en les développant.

Aumônier militaire pendant la Grande Guerre, il reçoit deux citations à l'ordre de l'armée. Lors de l'exposition sur les juifs dans la Grande Guerre au MAHJ[1] en mars 2005, ses carnets dans lesquels il note tous les morts juifs, afin de prévenir les familles et de savoir où ils sont temporairement inhumés, sont exposés. Mais il ne reviendra pas indemne du front. Au contact des horreurs de la guerre, quelque chose en lui s'est brisé. Ce

---

1. Musée d'Art et d'Histoire du judaïsme, 71, rue du Temple – 75004 Paris.

sera Jacob Kaplan qui prendra le relais afin de porter ses vues pour le judaïsme français.

En 1939, lorsque le nouveau conflit mondial éclate, Maurice Liber s'engage et le grand rabbin de France lui confie la direction générale de l'aumônerie militaire israélite. Le 5 août 1940, il proteste auprès du ministre la Défense nationale contre la profanation de l'oratoire du séminaire par les troupes allemandes qui « ont pénétré dans la chapelle de l'École rabbinique, enlevé le candélabre devant le tabernacle et emporté la bibliothèque ». Il précise au ministre « Rien dans le droit des gens ni dans les clauses de la convention d'armistice ne justifie ni la profanation d'un temple ni la confiscation d'une bibliothèque scientifique. Dorénavant, je place l'école sous la sauvegarde des autorités françaises. » Il croit encore à une certaine légalité avant de déchanter deux mois plus tard avec le statut des juifs. Il se replie alors à Aubenas, dans l'Ardèche.

Lorsque la guerre prend fin, il se rend en Allemagne pour y récupérer une partie du fonds de la bibliothèque du séminaire et il se relance dans la formation des jeunes rabbins.

Le CRJF, Comité représentatif des juifs de France, est créé pendant l'Occupation. Cependant, bien plus tôt, dès la montée des périls, Maurice Liber avait perçu la nécessité de rassembler les divers courants du monde juif français. Le 21 février 1935, à la section permanente du consistoire central, il avait proposé la création d'une commission consultative du judaïsme français « afin d'éviter des démarches inconsidérées d'organisations non mandatées ». Du fait de cette clairvoyance et de sa grande expérience, le consistoire lui commande dès décembre 1943 une analyse sur la réorganisation du judaïsme français après la guerre. En mars 1944, il remet un mémoire au président Léon Meiss. Le grand rabbin Liber y évoque la longue tâche de reconstruction spirituelle et matérielle qui s'imposera à la Libération. Il conseille d'adjoindre aux rabbins des « missionnaires laïcs » en les entourant d'un groupe d'assistants ou d'assistantes religieux. C'est d'ailleurs la politique que mettra en œuvre Jacob Kaplan au grand rabbinat de Paris. Enfin, pour faciliter le recrutement de jeunes rabbins, il propose des réformes pédagogiques qui seront reprises par le consistoire central. L'école Maimonide devient un lycée d'enseignement général et dans le même temps une pépinière pour l'École rabbinique.

Maurice Liber décède en 1956. Le grand rabbin Kaplan s'est toujours appuyé sur son collègue et lui a toujours manifesté un grand respect, au point de refuser d'assurer l'intérim du grand rabbinat en janvier 1944 si Liber ne confirmait pas son refus catégorique du poste. De plus, l'analyse de la reconstruction de Liber fut la base de travail de Jacob Kaplan après la guerre. Il faut voir Maurice Liber comme l'inspirateur de celui qui, très tôt, fut séduit par la démarche de Chéma Israël et qui poursuivit toujours sur cette lancée. Mais il y avait des points de divergence entre eux, puisque, par exemple, Liber avait une réputation d'« antisioniste » mais de « propalestinien », c'est-à-dire qu'il voulait qu'il y ait des juifs en Palestine, mais pas d'État juif, contrairement à Jacob Kaplan. Il reprochera par exemple au général Geismar d'être président du KKL [1]. Pour lui, un Français, qui plus est un général, ne peut pas aider à installer des juifs ailleurs qu'en France. Jacob Kaplan résoudra cette équation, comme nous le verrons ultérieurement. Mais l'influence de Maurice Liber et de tous ces rabbins d'avant guerre qui étaient profondément français par la culture, y compris dans leur culture juive, sera très forte sur Jacob Kaplan.

1. Keren Kayemeth Leisraël, le fonds d'investissement pour le rachat des terres en Israël.

Chapitre III

De Mulhouse à Paris.
Les premières responsabilités

Jacob Kaplan retourne au séminaire en 1919. Il y a seize élèves sous la direction de Jules Bauer. Il obtient son diplôme en 1921. Commence alors un long sacerdoce rabbinique auquel il sera fidèle toute sa vie, pour que le judaïsme soit connu tant par les juifs que par les non-juifs. Après les événements exceptionnels de la guerre et la fraternité des tranchées, n'allaient-ils pas retomber dans les errements d'antan où les juifs étaient mis à l'écart de la communauté nationale ? Jacob Kaplan s'engage dans une direction surprenante : il décide d'œuvrer pour apprendre aux juifs qu'ils sont juifs et pourquoi ils le sont. S'il fait connaître sa foi à l'extérieur, il n'oublie pas ses frères qui ne savent pas ce qu'est le judaïsme. Sa pensée profonde est qu'il faut cultiver sa spécificité pour pouvoir alimenter de cette différence la France tout entière. Il va la mettre en œuvre dès son arrivée dans son premier poste.

La charge de rabbin de Mulhouse est déclarée vacante en janvier 1922, son titulaire, le rabbin Félix Blum, ayant atteint l'âge de la retraite. Un concours est ouvert et le choix de la commission administrative, réunie en séance le 11 avril 1922, se porte à l'unanimité sur Jacob Kaplan. Le consistoire du Haut-Rhin ratifie à l'unanimité l'élection de ladite commission et nomme le rabbin Jacob Kaplan titulaire du poste rabbinique de Mulhouse. Son installation a lieu le dimanche 17 septembre 1922 à 10 heures du matin. La cérémonie est présidée par M. Émile Lantz, président du consistoire israélite du Haut-Rhin. Le rabbin Jacob Kaplan fait son entrée, accompagné de Émile Lantz, du grand rabbin Weill de Colmar, de Jules Blum et de Fernand Dreyfus, membres du consistoire.

L'atout de Jacob Kaplan, par-delà son éloquence et ses qualités rabbiniques, est d'avoir combattu pendant la Grande Guerre dans l'armée française et d'y avoir mérité la croix de guerre par son dévouement et son héroïsme. Pour une communauté qui montra avec force ses sentiments de fidélité à la France pendant la guerre de 1914-1918, c'était un atout décisif. Armand Bloch l'exprime dans son discours :

« Je me réjouis d'accueillir un jeune rabbin, qui vient avec cette auréole du soldat qui a porté l'uniforme bleu horizon, emblème de la liberté, cette liberté que nous appelions de toutes nos forces, et ce n'est pas sans fierté que je tiens à vous rappeler que vos futures ouailles, vos frères israélites de Mulhouse, ont été les plus farouches piliers des idées françaises que quarante-sept ans de servitude n'ont pas ébranlés.[...] Brisant avec bien des traditions alsaciennes, c'est à Paris même, au cœur de notre France bien-aimée, que nous avons cherché celui qui va devenir notre directeur de conscience. »

Le rabbin Kaplan, dans son discours de réponse, remerciera aussi les autorités laïques :

« Les hautes personnalités civiles et militaires de notre cité, les premiers représentants du gouvernement, de l'armée, du département et de la municipalité dont la participation à cette fête en rehausse si grandement l'éclat et qui, par leur présence, étendent singulièrement la portée de cette cérémonie, nous montrent, par-delà les murs de cette enceinte sacrée, la ville tout entière s'associant à la joie de sa communauté israélite. »

Son allocution montre ce qui est essentiel à ses yeux : « Patrie et Religion ». En terminant, le rabbin Kaplan récite la prière pour la République.

Cependant, ses débuts sont difficiles. Sa première sollicitation officielle comme rabbin le place d'emblée dans une situation complexe, lors de la cérémonie d'inauguration du cimetière militaire de l'Hartmannswillerkopf (Vieil-Armand), haut lieu de la bataille d'Alsace. Ce lieu fut l'un des principaux enjeux des combats sur le front des Vosges de 1914 à 1918. De sa conquête dépendait le succès d'une offensive française en direction de Mulhouse et de la moyenne Alsace. Commencée le 31 décembre 1914, la lutte pour la possession de cette crête stratégique allait durer quatre ans. Les combats furent particulièrement meurtriers durant l'année 1915 où le sommet changea de mains à huit reprises. Or, la veille de cette première cérémonie officielle, le rabbin Jacob Kaplan reçoit une lettre lui apprenant que le grand rabbin de France, Israël Lévi, et le grand rabbin de Colmar, Ernest Weill, son supérieur hiérarchique, refusent de faire partie du comité d'honneur pour l'érection du monument aux morts et d'y prendre la parole, au motif que ce dernier ne portera qu'une croix. Cet emblème unique nie les différentes confessions religieuses des victimes. Jacob Kaplan, qui n'a pas été prévenu à temps, s'était déjà engagé à être présent. Au moment de prendre la parole, il précise qu'il parle au double titre de rabbin et d'ancien combattant. Il dit sa joie et sa fierté d'être au pied du mât surmonté du drapeau tricolore en précisant qu'il n'aurait pu l'être à l'ombre du futur monument porteur du seul symbole de la croix. Son audace surprend au départ, puis il est applaudi. C'était pour lui une façon de justifier l'absence des deux grands rabbins tout en expliquant sa présence. Fidèle à ses convictions religieuses comme à ses principes patriotiques, il agit avec intelligence, diplomatie et tact. Par sa présence à cette cérémonie, il rend hommage à l'histoire de l'Alsace et au sentiment patriotique français intimement liés à celui des juifs de cette région. En effet, non seulement lors des deux offensives des armées françaises en 1914 la communauté juive avait accueilli les réfugiés juifs du Sundgau puis en 1915 ceux de Cernay et de la région du Vieil-Armand, mais aussi lorsque les forces françaises parvinrent par deux fois à pénétrer dans Mulhouse elle mit l'hôpital israélite à la disposition du service de santé de l'armée. En représailles, le gouvernement allemand avait notifié au rabbin de Mulhouse l'interdiction de prêcher en français. Le rabbin Félix Blum dut se soumettre à cette injonction, non sans multiplier les allusions favorables à la cause des Alliés, ce qui lui valut à plusieurs reprises des ennuis avec les autorités allemandes. Plusieurs jeunes juifs, dont le futur député Alfred Wallach, parvinrent à traverser les Vosges pour s'engager dans l'armée française.

Le rabbin Jacob Kaplan sait subjuguer ses auditeurs grâce à la clarté et à la noblesse de son éloquence. Par sa piété, son ascendant et ses qualités de diplomate, il œuvre comme rassembleur. Stimulant la générosité, il est à l'origine de la création de diverses *Hévroth*, ces confréries des derniers devoirs aux défunts, qui jouent un rôle primordial dans la communauté juive. Il fonde aussi la Jeunesse juive de Mulhouse, ainsi qu'une section locale de Chéma Israël, l'association créée à Paris par le rabbin Maurice Liber afin d'accroître le niveau de la culture juive. Il patronne aussi la formation d'un groupe local du nouveau mouvement des Éclaireurs israélites de France (EIF), fondé à Versailles par Robert Gamzon. Il donne l'image d'un homme plein d'humour qui sait aussi ne pas transiger sur le chapitre des devoirs : à ce titre, il persuade les industriels juifs de Mulhouse, et en particulier le président de la communauté, de fermer leur entreprise le jour de Kippour, ce qui représente une révolution cultuelle de taille pour la communauté. C'est aussi une victoire étonnante pour un jeune homme qui hésitait à formuler sa demande à des notables.

L'épouse du grand rabbin

Jacob Kaplan se marie en 1925 avec Fanny Dichter, fille d'un talmudiste, fonctionnaire du consistoire de Paris. Jacob Kaplan est sollicité quotidiennement par des personnes ayant besoin d'une aide matérielle, cherchant une maison de retraite pour un parent âgé, un appartement, un peu d'écoute ou... un conjoint. Sa femme l'aide beaucoup dans toutes ses fonctions liées aux activités sociales et aux rapports humains dans la communauté juive, bien au-delà de ce que son rôle de femme de rabbin exige. Fanny Kaplan aime par-dessus tout aider son prochain, s'investir dans cet amour pour les autres qu'elle peut offrir.

Fanny Dichter avait été préparée, au sein même de son foyer, à sa mission d'épouse de rabbin. Son père, né en Russie, fit ses études rabbiniques dans ce pays. Il fuit les pogroms de l'époque tsariste et émigra en France, où il devint fonctionnaire du consistoire de Paris tout en dirigeant un oratoire du XIe arrondissement. La mère de Fanny s'occupait des pauvres, des immigrés qui venaient chercher un refuge en France.

D'une érudition très marquée, Lazare Dichter fait partie des personnes qui prirent part aux réunions sionistes de 1920. Son engagement sioniste est déjà très profond, et il signe de son titre de *chohet* (« sacrificateur ») du consistoire israélite de Paris un article écrit dans la tribune des lecteurs de *L'Univers israélite*[1], l'hebdomadaire communautaire le plus diffusé, titré « Le retour à Sion ». Il est intéressant et important car, au-delà de l'illustration familiale, il pose les questions que se posaient les juifs de France sur ce rêve bimillénaire qui commençait enfin à prendre forme.

« La prise de Jaffa et de Jérusalem, la Ville sainte, par l'armée anglaise, et la promesse du gouvernement anglais, par

---

1. Lazare Dichter, « Le retour à Sion », *L'Univers israélite*, tribune des lecteurs, 1920, p. 465, 466 et 467.

la voix du ministre des Affaires étrangères, M. Balfour, de rétablir en Palestine la nationalité juive, a soulevé une grande émotion dans le monde juif en général et en particulier chez les sionistes qui ont fêté avec allégresse cet événement grandiose.

C'est le moment pour nous de nous poser la question si le peuple juif peut enfin revenir à sa vie nationale et à sa gloire antique, s'il peut aussi compter comme peuple indépendant parmi les autres peuples, après son long exil de 1850 ans. Et si la ville sainte de Jérusalem peut secouer la poussière de ses ruines et redevenir comme jadis la reine des cités, le joyau de l'univers. En envisageant cette question, nous voyons qu'avec le mouvement sioniste créé par le docteur Hertzl s'est formée une scission dans le monde juif.

Une partie a embrassé avec enthousiasme son idéal, et, par la propagande, par des réunions, par des publications, a cherché à réveiller la masse et à lui faire comprendre que ce n'est pas en se croisant les bras et en répétant tous les ans "l'année prochaine à Jérusalem" que le peuple juif pourra de nouveau revenir dans son antique patrie, mais que c'est par l'action, par le travail, par sa volonté inébranlable qu'il pourra réaliser son idéal.

Contre eux sont ceux qui s'imaginent que ce n'est pas par l'action des hommes, par le concours d'événements naturels qu'Israël reviendra en Terre sainte, mais que c'est Dieu lui-même qui l'y ramènera. Nous n'avons donc à nous préoccuper de rien, il suffit d'attendre.

Des deux côtés on s'appuie sur des textes pour justifier les points de vue différents. Dans le Zohar[1], chapitre Vayikra, on donne au verset : "Elle est tombée et ne se relèvera plus, la vierge, d'Israël" le sens suivant : elle ne se relèvera plus, c'est-à-dire d'elle-même car c'est Dieu lui-même qui la relèvera. Comme il est dit ailleurs : "Et ce jour-là, je relèverai la

1. Texte tiré de la kabbale.

tente de David qui est tombée." Cela prouve donc que la *guéoula*[1] viendra par miracle.

Ceux qui prétendent le contraire prennent argument des paroles du prophète qui dit : "Le Sauveur viendra, ce sera un pauvre montant un âne."

Il en résulte que c'est par voie naturelle, par l'effort et l'action que la *guéoula* viendra. Mais comment concilier cette contradiction. Dans le Our-Achaim, section Balak, nous trouvons cette explication : "Si la *guéoula* vient parce qu'Israël l'aura méritée par ses bonnes actions, elle se fera alors en dehors de tout événement naturel. Dans ce cas, c'est le Sauveur qui apparaîtra du ciel monté sur des chevaux de flamme".

Mais si la *guéoula* doit arriver parce que ce sera son terme et non à cause des bonnes actions d'Israël, la chose se fera alors dans l'ordre naturel. Et c'est ce que nous voyons, en effet, de nos jours en considérant l'état moral d'Israël qui ne mérite pas un miracle, et le cours des événements naturels qui se déroulent devant nos yeux, la prise de Jérusalem arrachée au joug turc et la promesse solennelle faite par le gouvernement anglais de restituer la Palestine au peuple juif.

Le célèbre Gaon Malbim, dans son interprétation du livre de Daniel, a aussi trouvé par ses calculs qu'en l'an 5 673 sera le commencement de la *guéoula* et en l'an 5 688 sera rebâti le Temple.

Et nous voyons que les paroles du prophète se réalisent, en effet. Et voici que d'excellents amis essayent de contredire ces faits en s'appuyant sur ce verset des psaumes : "Si l'Éternel ne construit pas la maison, c'est en vain que les constructeurs se donneront du mal." Et ils prétendent que le Temple ne peut pas être reconstruit par les sionistes, dont les chefs ne sont pas religieux.

Qu'ils me permettent de leur dire que l'intention des sionistes n'est pas de reconstruire le Temple, car le troisième

1. Délivrance messianique ultime.

Temple doit être reconstruit pas Dieu lui-même, comme il est expliqué dans le Talmud Rosch-Hachana, feuille 30, page Ier, et comme l'a interprété Rachi. Et il est aussi expliqué dans le Talmud Jerouchalmi traité Masser Scheini, chapitre 5, michna 2, que la reconstruction du Temple se fera avant la restauration de la royauté de David quand nous serons encore sous la domination d'une puissance.

Comme preuve, on raconte que les juifs, ayant voulu reconstruire le Temple en l'an 4 349, les fondations ont été aussitôt dévorées par le feu qui a surgi de dessous la terre, et une peste a éclaté l'année suivante décimant la population.

Les sionistes veulent seulement, selon les paroles des prophètes se réunir des quatre coins de la terre pour reconstituer la nation juive sur la terre d'Israël et, en effet, le moment est favorable actuellement pour réussir. Loin de les empêcher et de les combattre, le devoir de tous les juifs qui veulent rester dans leur pays d'origine auquel les rattachent leurs intérêts ou leur patriotisme, est d'aider par tous les moyens en leur pouvoir les pionniers du second retour en Eretz Israël.

Et c'est après seulement que nous verrons la reconstruction du Temple et l'avènement de l'ère messianique. Amen. »

Il s'agit littéralement d'un sermon de rabbin, et nombre de ces arguments seront repris plus tard par le rabbin Kaplan. On perçoit le dilemme dans le monde religieux entre ceux qui veulent attendre tout de Dieu et ceux qui veulent se lancer dans l'aventure en ayant confiance en l'aide que le Seigneur leur accordera forcément par la suite. C'est une très ancienne polémique et ces thèses, qui ont des défenseurs jusqu'à nos jours, s'appuient toutes deux sur des preuves bibliques.

De l'union entre Jacob et Fanny Kaplan naîtront cinq enfants : Lazare en 1926, Francis en 1927, Benjamin en 1930, Myriam en 1932 et Régine en 1934, qui portent toujours les vertus d'union et de fraternité forte qu'ils ont connues au sein du foyer de leurs parents. Ils donneront plus tard huit petits-enfants au grand rabbin et à son épouse.

Fanny Kaplan affronte courageusement les années de guerre avec sa grande famille et son mari qui devient grand rabbin de France par intérim à partir de janvier 1944. Elle est la présidente du Bikour Holim, organisation qui rend visite aux malades, de la Wizo, de Charité-Vérité qui permet d'assurer une sépulture conforme aux préceptes à ceux qui n'en ont pas les moyens, de l'Association pour les aveugles israélites, et elle vient également en aide aux futurs mariés qui n'ont pas de ressources. Elle fonde bien plus tard, en 1972, *Judaïsme et Tradition* avec l'aide et le soutien de Mmes Meyer Jaïs, Jean-Paul Elkann, Henri Schilli et Solly Klappisch. Il s'agit d'aider les enfants démunis en Israël. Le credo de Fanny Kaplan est tout entier compris dans l'objectif de cette association qui donne la place centrale aux enfants. À l'époque de sa création, 300 000 enfants israéliens vivent en dessous du seuil de pauvreté, même s'il n'existe pas, en Israël, d'enfants qui meurent de faim. Face à cette crise et en raison de la situation économique ou sociale, des enfants sont retirés de leur famille naturelle et placés dans des orphelinats, où ils vivent dans une détresse affective constante. Il faut compter aussi avec les conséquences de la crise que traverse le pays : le chômage, les aides de l'État qui ont été réduites. Là aussi, les enfants sont le plus souvent les premiers touchés. Si les familles donnent le minimum vital (c'est-à-dire nourriture et vête-ments), il n'en est pas de même pour les activités extrascolaires, les excursions ou les colonies de vacances. Il s'agit d'un luxe que ces familles ne peuvent s'offrir. Sans parler des problèmes que les enfants peuvent rencontrer à l'école, et pour lesquels les parents ne savent pas donner de véritable réponse, sans même pouvoir payer une personne qui pourrait apporter une aide scolaire à leurs enfants. Bien plus qu'une détresse économique, c'est une véritable détresse sociale et éducative. C'est justement pour ces enfants que les centres Fanny Kaplan ont été créés : pour venir en aide à cette couche de la population, en leur donnant des repas chauds quand il le faut, mais aussi et surtout, une aide scolaire, des excursions, des colonies de vacances et des centres aérés pendant l'été. Fanny œuvre sans relâche pour ces associations, pour en définir les grands axes, pour en porter l'esprit et pour trouver des fonds.

Fanny Kaplan est décorée de la Légion d'honneur le 19 mai 1971 par le député Jacques Mercier, sur proposition du Premier ministre Jacques Chaban-Delmas, pour son dévouement aux œuvres sociales qu'elle anime et pour avoir permis la réalisation de centres franco-israéliens.

Faïgé bat Eliézer, de son nom hébreu, décédera le 23 décembre 1982. Les obsèques et les cérémonies tradition-nelles des trente jours rassembleront beaucoup de monde et de personnalités autour du grand rabbin et de ses enfants.

Rabbin de la synagogue de la rue Notre-Dame-de-Naza-reth à Paris

Jacob Kaplan quitte Mulhouse le 15 mars 1929 pour Paris, où il devient rabbin de la synagogue de la rue Notre-Dame-de-Nazareth. Bientôt, le contexte général devient tendu. La crise économique de portée mondiale provoque un retour de l'anti-sémitisme en tant que mouvement politique qui, fait notable et nouveau, s'ouvre même un chemin dans la classe ouvrière. Certes, il existe un antisémitisme de gauche, et la lecture de certains textes de Marx le souligne assez, mais les manifestations antisémites les plus visibles étaient jusqu'alors le fait de l'extrême droite. Deux événements tiennent lieu de révélateurs : l'affaire Stavisky en 1934 et l'arrivée au pouvoir de Léon Blum en 1936.

En janvier 1934, le suicide de Stavisky, courtier juif d'origine russe, et les révélations au sujet de ses liens avec des politiciens corrompus provoquent de graves émeutes antisémites qui dégé-nèrent en tentative de coup d'État. Confrontée à ces faits, la communauté juive française n'arrive pas à présenter un visage uni. Cent cinquante ans de « franco-judaïsme » ont fortement imprégné les esprits des responsables du Consistoire central. Est-il apte à élaborer une stratégie politique efficace contre l'antisémitisme ? La question se pose alors, même s'il faudra attendre d'aborder ici le rôle du consistoire dans la résistance juive pour tenter une réponse équilibrée.

Très vite, Jacob Kaplan se fait apprécier par sa nouvelle communauté et s'impose parmi les rabbins qui comptent dans la capitale. Son sacerdoce est très actif, fait notamment de nombreuses conférences. C'est à la synagogue de la rue de Nazareth que le rabbin Kaplan commence à regrouper des textes de grands écrivains français non juifs qui parlent en termes élogieux du judaïsme, de son histoire glorieuse et de sa culture séculaire. Il en fera son livre *Témoignages sur Israël dans la littérature française*, édité à Paris en 1938 aux éditions Lipschutz. Il place sur le même axe le génie de la France et le génie du judaïsme car, pour lui, l'un témoigne sur l'autre. Dans les six discours radiodiffusés qu'il consacra à l'antisémitisme, il présente cette perversion comme contraire à la foi chrétienne comme à l'esprit français [1].

Au décès du grand rabbin Dreyfuss, le grand rabbin Julien Weill alors en poste à la synagogue de la rue de la Victoire est élu grand rabbin de Paris. Il s'ensuit un jeu de chaises musicales rabbiniques. Le consistoire de Paris, dans sa séance du 25 octobre 1933, ouvre la succession pour désigner un nouveau rabbin à la rue de la Victoire. Jacob Kaplan est élu le 7 novembre. En décembre, le rabbin Kaplan rejoint la plus grande synagogue de Paris.

À la synagogue de la rue de la Victoire

La synagogue de la rue de la Victoire, où Jacob Kaplan est nommé rabbin en 1933, lui confère une visibilité accrue. Dès

1. Jacob Kaplan, *Racisme et Antisémitisme*, Fernand Sarlat, Paris, 1940.

cette époque, le rabbin Kaplan donne plusieurs conférences à Chéma Israël sur le thème des relations judéo-chrétiennes. Plusieurs personnalités religieuses s'investissent alors sur ce thème novateur, puisque c'est la première fois que les rabbins en France font connaître à leurs fidèles leurs positions sur la doctrine chrétienne. La première conférence de ce type fut confiée au grand rabbin de France Israël Lévi. Jacob Kaplan est fermement convaincu du bien-fondé de ces conférences. Il estime de son devoir d'informer les juifs, exposés aux fréquentes tentatives de conversion, sur les divergences fondamentales qui existent entre les deux religions. Cela lui permet également d'affirmer clairement la spécificité d'être juif et la fierté d'appartenir à cette foi. Il peut alors plus fortement marquer les points convergents des deux religions. Jacob Kaplan étant très favorable aux relations interconfessionnelles, il participe à plusieurs reprises à des réunions organisées par l'Union civique des croyants créée en 1934.

Les Croix-de-Feu à la synagogue

En tant qu'ancien combattant, le rabbin Jacob Kaplan se fait aussi un devoir de participer à des cérémonies patriotiques, même s'il n'est pas habituel alors pour un représentant religieux juif de figurer dans de telles manifestations qui prennent parfois une connotation politique. Le consistoire de Paris ne pouvait refuser l'entrée de la synagogue à des associations d'anciens combattants qui, chaque année, venaient honorer la mémoire de leurs camarades juifs tombés au champ d'honneur, indépendamment de leurs options politiques. La polémique naît avec les Croix-de-Feu, association fondée en 1927 qui regroupe des anciens combattants français décorés pour leur héroïsme. Ouverte également aux membres de leurs familles, elle s'impose de fait comme l'organisation numériquement la plus importante. Présidée à partir de 1930 par le lieutenant-colonel François de La Rocque, elle s'affirme nationaliste et ne fait pas mystère de sa proximité avec la droite.

Alors qu'il s'est toujours détaché d'une affiliation politique quelconque, Jacob Kaplan est accusé d'éprouver de la sympathie pour les Croix-de-Feu sous prétexte qu'il prenait la parole au cours des cérémonies organisées en la grande synagogue. Il est vrai que s'il énonçait clairement que ce groupe n'avait pas le monopole du patriotisme – compte tenu de sa guerre, il était crédible pour le dire –, il n'hésitait pas à s'affirmer dans ses sermons comme « l'un des leurs ». Sa participation aux cérémonies organisées par les Croix-de-Feu lui fut sans cesse reprochée. Toutefois ces cérémonies étaient organisées, non pas à sa demande, mais par la volonté du consistoire[1]. En outre, les Croix-de-Feu étaient à l'époque légitimées par des autorités militaires et soutenues par Foch, Weygand, Lyautey, grandes figures morales des anciens combattants qui avaient permis à La Rocque de prendre le contrôle des Croix-de-feu. Lors des cérémonies publiques de cette organisation, de hautes personnalités parlementaires et gouvernementales étaient présentes. À Reims, la section des Croix-de-Feu organisa la remise de son fanion en même temps que l'inauguration du monument aux morts, en présence du maréchal Pétain et du ministre de la Guerre Maginot. À cela s'ajoutaient les autorités religieuses qui présidaient des offices et bénissaient des fanions : M. Liobet à Avignon, M. Louis à Périgueux, M. Luçon à Reims. « La représentation des Croix-de-Feu aux cérémonies de chacun des trois principaux cultes et la publication de ces offices est une caractéristique de l'association.[2] »

Dès 1931, une « messe des maréchaux » fut célébrée et reconduite chaque année, à la mémoire des maréchaux Gallieni, Mau-

1. Archives du Consistoire central, B127, ch b, 1933 : En séance du bureau du consistoire de Paris, du 20 juin 1933, le compte rendu note juste « L'association des Croix-de-Feu fera célébrer au Temple de la rue de la Victoire un service religieux le 2 juillet prochain, la date du 11 novembre proposée n'ayant pas pu être retenue ».
2. Richard Millmann, *La Question juive entre les deux guerres. Ligues de droite et antisémitisme en France*, Armand Colin, 1992, p. 105.

noury, Fayolle, Foch et Joffre, à laquelle assistaient Weygand, Lyautey, Pétain, les représentants du président de la République, ainsi que des ambassades des pays alliés de la guerre de 1914-1918 et des académiciens. Il s'agissait bien d'une accréditation franche et explicite du mouvement Croix-de-Feu par les élites de France.

Pour le judaïsme, les cérémonies à la synagogue de la Victoire, organisées dès 1931, semblent légitimer le lien avec les Croix-de-Feu. Même si l'on trouve « des propos désobligeants à l'égard des juifs [1] » dans la revue du mouvement, l'antisémitisme n'est pas le fonds de commerce des Croix-de-Feu. Le colonel de La Rocque n'hésite pas à présenter l'antisémitisme comme un sentiment anti-français mettant en péril l'union sacrée construite dans les tranchées. Séduits par les valeurs du mouvement, de nombreux juifs en sont membres. En 1934, Edmond Bloch, un avocat juif très patriote, membre actif de l'Association générale des mutilés de guerre et proche de la droite maurrassienne de Xavier Vallat, un député de droite, proche de l'Action française, fonde l'Union patriotique des Français israélites (UPFI) qui regroupe près de 3 000 juifs membres des Croix-de-Feu. Pendant la guerre, il poursuit ses activités anticommunistes et soutient la politique de Pétain, en distinguant les « bons juifs français » et les autres, ceux de l'Est. Il sera malgré tout arrêté et Vallat intervint pour le faire libérer. Il se convertit au catholicisme après la guerre. Sans avoir été une caution juive des Croix-de-Feu, il incarnait un courant du judaïsme qui soutenait Pétain et trouvait que les étrangers étaient la cause de leurs propres déboires.

Mais revenons à 1934. Jacob Kaplan, seul rabbin ancien combattant non aumônier, est l'homme idoine pour assurer le service lors des cérémonies des Croix-de-Feu à la synagogue. Ce n'est qu'à partir de 1934 et son arrivée à la grande synagogue que cette cérémonie choque certains dans la communauté juive.

---

1. Richard Millmann, *La Question juive entre les deux guerres, op. cit.*, p. 113.

Par la proximité affichée, il veut rappeler la fraternité de tous ceux qui ont combattu ensemble. Mais cela lui vaut un courrier important. On lui reproche d'avoir rompu avec la tradition de neutralité et plus encore de soutenir un mouvement « antiré-publicain et fasciste [qui] a menacé l'ordre public en février [1] ». Il répond à tous qu'il n'y a rien de tel dans leur programme : « J'y ai lu au contraire : Nous ne sommes ni fascistes ni casques d'acier, ni royalistes ni bonapartistes ni révolutionnaires. [2] »

Le 17 mars de la même année, le rabbin Kaplan prononce une conférence devant les femmes des Croix-de-Feu, en pré-sence du colonel de La Rocque, avant d'en transmettre le texte pour parution à *L'Univers israélite* [3] :

> « Il n'est personne d'entre eux, d'entre nous, devrais-je dire – car tout en n'ayant pas l'honneur d'être inscrit à votre groupement, je ne puis m'empêcher de me considérer comme l'un des vôtres – qui ne se voit aujourd'hui en présence d'un grand devoir national à accomplir en vue d'assurer le redres-sement moral du pays. »

Il condamne la corruption et les heures troubles et incertaines que la France traverse, en espérant un retour à l'honnêteté dans les mœurs et dans les affaires et à la rigueur morale dans le but sacré de redresser un pays qui est toujours pour lui « la vivante incarnation du droit » :

> « L'esprit ancien combattant [...] n'a rien de guerrier, rien de belliqueux, mais [...] reste fidèle à son idéal : à une France grande, belle, forte, rayonnante de dignité et de pureté. [...] Les femmes sont le véhicule essentiel de la morale et des valeurs religieuses dans le foyer. La France doit aussi se

1. CDJC, fonds Kaplan, lettre du 28 mars 1934 de Marius Kahn, administrateur démissionnaire du consistoire.
2. CDJC, fonds Kaplan, réponse du 27 mars 1934 à une lettre de Julien Meyer.
3. *L'Univers israélite*, « La femme française et le devoir national », 23 mars 1934.

redresser en s'appuyant sur les valeurs spirituelles et religieuses qu'elle véhicule. »

On conçoit que ce discours puisse prêter à confusion même s'il n'est pas surprenant dans la bouche d'un rabbin épris de la France. Le 14 juin 1936, pourtant, a lieu la dernière cérémonie des Croix-de-Feu à la Victoire. L'opposition du mouvement au nouveau gouvernement est manifeste et d'ailleurs leur interdiction officielle interviendra quatre jours plus tard. Mais le consistoire ne veut pas annuler, sans doute pour ne pas donner le sentiment de défendre le gouvernement dirigé par un juif. Le rabbin Kaplan demande à ne pas célébrer l'office et à en être déchargé, mais il est tout de même désigné afin de ne pas en compromettre un second, dira-t-il quarante ans plus tard à *L'Express*[1]. En 1936, il est clair qu'il devient compromettant de fréquenter les Croix-de-Feu. Il y a des heurts à l'extérieur de la synagogue entre des Croix-de-Feu et des militants de la LICA[2], et le rabbin Kaplan martèle qu'il est grave de diviser les Français entre eux.

En 1979, dans ce même entretien accordé au journal *L'Express* où il s'explique encore sur cette cérémonie et son lien supposé avec les Croix-de-Feu, c'est surtout la présence de Léon Blum à la tête de l'État qu'il replace dans la vision juive de l'époque :

« On s'est dit : s'il réussit, le judaïsme n'en tirera aucun profit moral, et s'il échoue, c'est le judaïsme qui trinquera. »

Et s'il ne conteste pas les attaques honteuses contre Blum, il les relativise :

« C'était avant tout des insultes de partis. Cela n'a pas empêché Léon Blum d'être président du Conseil. [...] Cette année-là, il y avait une sorte de guerre civile dans le pays. »

1. *L'Express*, du 8 au 14 septembre 1979.
2. Ligue internationale contre l'antisémitisme.

Le judaïsme français était donc traversé alors de tendances différentes. Pendant la guerre et l'occupation allemande, La Rocque mit son espoir en la Révolution nationale de son ami Pétain contre l'impérialisme nazi. Mais il fut arrêté par les Allemands le 9 mars 1943 et déporté en Allemagne dans le cadre des « internements d'honneur ». À la Libération, il fut maintenu par le général de Gaulle dans un internement plus politique que judiciaire jusqu'au 28 avril 1946. Il n'a jamais été un « collabo » ; il eut au contraire des liens avec le réseau Klan, monté par les services secrets américains voulant concilier Vichy et un certain patriotisme.

Les analyses faites sur le nationalisme ont ouvert une importante réflexion sur le fascisme français. Les polémiques entre historiens ont été relancées par la publication des ouvrages de l'historien israélien Zeev Sternhell[1]. Elles peuvent éclairer la position du grand rabbin Kaplan. Dans une étude sur La Rocque, Didier Leschi a rappelé que l'attaque « fut rude pour défendre l'idée d'une "allergie" française au fascisme[2] ». Le colonel de La Rocque et son mouvement les Croix-de-Feu sont au cœur du débat. Ce mouvement, composé d'un grand nombre de personnes (en novembre 1935, La Rocque revendique 700 000 membres et en juin 1937, 2 millions), n'avait pas son équivalent, en masse, dans la France de l'époque. Malgré sa force numérique, certains comme René Rémond ont toujours considéré qu'il fallait en minorer l'importance politique. La synthèse publiée par Jacques Nobécourt en 1996[3] se place clairement dans le prolongement des thèses qui mettaient en avant

1. Zeev Sternhell, *Maurice Barrès et le nationalisme français*, Complexe, 1972 ; *La Droite révolutionnaire 1885-1914. Les origines du fascisme*, Seuil, 1978 ; *Ni droite, ni gauche. L'idéologie fasciste en France*, Seuil, 1983.
2. Michel Dobry, *Le Mythe de l'allergie française au fascisme*, Albin Michel, et Didier Leschi, « L'étrange cas La Rocque ». C'est cette contribution qui est chaque fois citée pour Didier Leschi.
3. Jacques Nobécourt, *Le Colonel de La Rocque, 1885-1946 ou les pièges du nationalisme chrétien*, Fayard, 1996.

l'allergie française au fascisme. Le « nationalisme chrétien » du colonel de La Rocque a-t-il été une sorte de variante au conservatisme ou au christianisme social de droite qui existait dans l'entre-deux-guerres ? A-t-il exprimé une « potentialité de type franquiste ou salazariste [1] » ? Ou bien, selon la formule de Zeev Sternhell, il représente : « Un fascisme embourgeoisé, plus prudent parce que contraint à opérer en terrain moins favorable, face à un régime infiniment mieux enraciné que ne l'était la démocratie dans les pays voisins ? »

Selon la thèse avancée par ce que l'on appelle « l'école Siegfried-Rémond », il ne pouvait exister de fascisme français en raison de la culture politique dominante. René Rémond considère que la permanence des courants structurant la vie politique française (l'orléanisme libéral, le bonapartisme et le conservatisme) empêchait l'existence du fascisme. Aucune des tendances qui forment la « matrice » des divers courants politiques de droite n'a fait naître un phénomène de masse comparable au fascisme. Cette analyse est contestée par Zeev Sternhell qui présente le fascisme comme une production intellectuelle française. Nous pensons, à la suite de Bernstein et de René Rémond – et comme semblait le penser le rabbin Kaplan –, que la culture politique et les traditions françaises faisaient obstacle au fascisme et que les Croix-de-Feu n'étaient pas un mouvement fasciste. Serge Bernstein qualifie la pensée du colonel de La Rocque de « vide doctrinal », incapable – à la différence de Maurras – de créer un programme intellectuellement cohérent. Le mouvement des Croix-de-Feu a abandonné dans les années 1930 toute intention putschiste. Entre 1935 et 1936, le colonel aurait pu tenter une insurrection, mais n'en a à aucun moment manifesté la volonté. On peut penser que l'imprégnation républicaine a été la plus forte. Jacques Julliard s'est interrogé sur ce « fascisme qui ne se réalise jamais » : pour lui, la relecture de l'histoire par Zeev Sternhell révèle plutôt un fascisme imaginaire.

1. Propos de Didier Leschi.

Notre rabbin célébra donc l'office en hommage aux morts pour la France organisé par les Croix-de-Feu et s'en expliquera pendant de longues années[1]. Pour lui, il n'était, en fait, pas question de laisser le monopole du patriotisme à d'autres.

1. Voir son discours intégral en annexe, p. 385.

Chapitre IV

La montée des périls.
Sentinelle, qu'en est-il de la nuit ?

L'avant-guerre est une période très difficile pour les théories de Jacob Kaplan. Le rabbin veut faire connaître le judaïsme, mais la priorité du judaïsme reste alors l'accueil des juifs de l'Est. Il veut tisser des liens avec le monde chrétien, mais l'Église se débat avec ses dogmes plutôt antisémites et peine à s'engager dans une voie de rapprochement. La fièvre nationaliste qui s'empare de la France, sous couvert de défense des anciens combattants, suscite des rêves de retour à l'ordre moral. Les antisémites redressent la tête et font entendre leur voix. Au cœur même de la communauté juive, certains se font l'écho du rejet des juifs arrivant de l'Est, car ils sont « vraiment trop juifs ». En fait, Jacob Kaplan ne reconnaît plus ni sa communauté juive ni sa France, ce qui ne l'empêche pas de toujours œuvrer pour faire se rejoindre les deux, en particulier avec son ouvrage[1] sur les grands auteurs français qui se sont exprimés sur le judaïsme.

Avec l'arrivée massive de juifs fuyant le nazisme ou les régimes antijuifs, le personnage du juif immigré est au centre de très nombreux débats de l'époque. Il est même possible de dresser brièvement un tableau de l'image de ce juif immigré, bouc

---

1. *Témoignages sur Israël dans la littérature française*, éd. Lipschutz, 1938.

émissaire de tous les maux de la société française de l'avant-guerre.

Entre 1919 et 1939, la France compte 150 000 juifs d'Europe centrale. Ce chiffre qui semble important est à relativiser au regard des vagues d'immigrants de toutes nationalités qui arrivent en France à la même époque. Parmi eux, les juifs ne représentent que 10 %. La propagande antisémite développera cependant les thèmes de l'invasion juive dès 1930.

En 1939, 0,5 % de la population française est juive ou d'origine juive. À Paris, le pourcentage s'élève à 4 %. La communauté juive est composée de 300 000 juifs dont 90 000 sont français. On compte dans ce nombre beaucoup de juifs polonais et russes anciennement en France mais dont la naturalisation est longue à venir. 2 908 seulement ont été naturalisés en 1929 et 597 seulement en 1936. Ces naturalisations sont très peu nombreuses si on les compare aux autres catégories d'immigrants : de 10 % en 1929, elles ne sont plus que 2,7 % en 1938. Les juifs français se distinguent eux-mêmes très nettement des juifs appelés « *yid* » car parlant yiddish. Démunis matériellement, isolés moralement, les « *froums Polaks*[1] » qui viennent solliciter l'aide du consistoire se sentent mis à l'écart. Ils ne se reconnaissent guère dans le culte consistorial français si éloigné du mysticisme hassidique, voire de la pratique simple en usage dans leur pays d'origine :

« Les juifs du ghetto étaient fiers du grand rabbin et ils le détestaient, lui et sa synagogue. Ils lui reprochaient de parler aux femmes, de sortir le samedi avec une canne, de ne jamais vérifier le couteau du *chohet* (sacrificateur), de bénir les fidèles alors qu'il n'était pas Cohen. Quant à la synagogue, ce n'était pas une synagogue, mais une église ! À quoi bon l'orgue ? Et pourquoi le chœur ? Et pourquoi des femmes dans le chœur ? Elles ne sont même pas juives, notez bien. Et le *hazan*, est-il

1. Pieux Polonais.

juif lui ? Avez-vous déjà vu un *hazan* avec une gueule rasée ? Il prononce l'hébreu comme un goy. Il ne comprend pas ce qu'il dit. Dieu seul comprend. Il ne se tient pas droit devant l'Arche. Et pendant qu'il officie, il regarde les galeries où sont les femmes ! Et le *Mizrach*[1] ? Où est leur *Mizrach*, à ces juifs "allemands" ? À l'Occident ! La tête en bas et les pieds en l'air... sans doute Dieu est partout. Il entend tout, voit tout, bien sûr. Mais quand on prie, il faut avoir le visage tourné du côté de Jérusalem.[2] »

Pourtant, les juifs ne sont pas toujours mal perçus par la population française, qui compatit à ce qu'ils ont vécu dans leurs pays d'origine. Un exemple remarquable et frappant est celui de l'affaire Schwartzbard en mai 1926. Un jeune horloger d'origine russe abat en pleine rue un autre immigré russe, du nom de Petlioura. Ce qui ne semble être qu'un simple fait divers au départ prend une réelle dimension médiatique lorsque la presse s'intéresse à cette affaire et enquête sur les raisons de cet assassinat. Il apparaît alors que Petlioura est un ancien chef de l'armée populaire en Ukraine et qu'il s'est distingué durant la révolution russe par une attitude d'une sauvagerie extrême à l'égard des juifs. Schwartzbard, qui vit en France depuis des années, étant arrivé bien avant la Grande Guerre, s'est engagé volontaire dans la Légion en 1914 pour servir la France, alors même qu'il est encore russe. Sa conduite exemplaire et héroïque lui vaut la croix de guerre. À la fin de la guerre, il décide de rejoindre sa famille en Ukraine et assiste alors, impuissant, au massacre des siens par Petlioura et son armée. Le jury écouta solennellement le récit des témoins survivants de ce massacre et décida à l'unanimité d'acquitter le jeune Schwartzbard. Cet acquittement prend réellement une valeur symbolique comme

---

1. L'Est, direction de Jérusalem vers où sont orientées les synagogues.
2. La Revue juive de Genève.

le dit le physicien Albert Einstein dans une lettre adressée à
Me Torrès, défenseur de l'accusé :

> « Le procès Schwartzbard a démontré que le peuple français
> est resté fidèle à ses nobles traditions et qu'il est toujours le
> champion des droits de l'homme. Sa justice est toujours saine,
> chevaleresque, sensible et sait se libérer de la lettre inflexible
> du texte. »

Et Me Torrès répond : « Si je n'avais pas été entendu, la
France n'eût pas été la France. » Le message fort de ce procès
donnera des signaux contradictoires aux juifs de France et de
toute l'Europe. Mais la compréhension pour Schwartzbard n'est
pas la preuve de l'absence d'antisémitisme en France.

Après ces arrivées massives de l'Est, le deuxième événement
qui exacerbe l'antisémitisme est la victoire de Léon Blum et du
Front populaire en juin 1936. Ariel Danan a étudié le comportement des Français israélites face à l'accession au pouvoir de
Léon Blum, premier juif à diriger l'exécutif en France, à travers
L'Univers israélite[1], l'hebdomadaire communautaire le plus diffusé. Durant la campagne électorale, afin de répondre aux attaques antisémites, *L'Univers israélite* s'attache à bien marquer la
séparation entre politique et religion : il invite ses lecteurs à ne
pas voter a priori pour Léon Blum. Après la victoire du Front
populaire, les réactions juives sont d'abord mitigées. Le journal
consistorial consacre peu de place aux premières réformes du
président du Conseil. Il ne rend compte que d'une assemblée
de commerçants, industriels et artisans s'inquiétant, au sujet de
la loi sur les 40 heures de travail hebdomadaires, de ne pouvoir
continuer à respecter le shabbat. La neutralité de *L'Univers
israélite* est cependant contestée par une partie des juifs, notamment les membres de la LICA, qui souhaitent voir le judaïsme

1. *Archives juives*, 2004.

officiel défendre Blum. La controverse se fait virulente lorsque, le 14 juin 1936, le consistoire de Paris accepte d'organiser la cérémonie en souvenir des israélites tombés au champ d'honneur en 1914-1918, à la demande des Croix-de-Feu.

Les partis de droite se déchaînent contre Blum. Charles Maurras, l'inspirateur de cette vague de haine antisémite, écrit : « C'est en tant que juif qu'il faut voir, concevoir, entendre, combattre et abattre Blum. » Une tentative d'attentat confirme la violence des meneurs de l'Action française. Léon Blum ne veut pas fuir ses responsabilités. Il forme son gouvernement le 5 juin et devient le premier juif à assurer la direction du gouvernement de la France. Le 6 juin, il présente son cabinet à la Chambre des députés. C'est Xavier Vallat qui lance à cette occasion l'attaque la plus blessante : « Votre arrivée au pouvoir marque incontestablement une date historique. Pour la première fois, ce vieux pays gallo-romain va être gouverné par un juif. »

Léon Blum lui répondra plus tard qu'il ne se vante ni ne se cache d'appartenir à « une race » qui doit à la Révolution française la liberté et l'égalité humaines. Après une année très difficile, il démissionne le 21 juin 1937. Léon Blum revient à l'hôtel Matignon, pour une présidence éphémère, en mars 1938. C'est l'époque de l'*Anschluss*. Nul ne paraît en mesure d'arrêter les progrès d'Hitler. En 1940, après le désastre militaire qui frappe la France, le gouvernement de Vichy défère Léon Blum à la Cour de justice de Riom en qualité de « responsable de la défaite ». Devant ce tribunal créé dans le seul but de l'humilier et de le jeter en pâture à l'opinion publique, il réussit malgré tout à confondre le maréchal Pétain. Celui-ci décrète, par décision du 7 avril 1942, la suspension des séances de la Cour de Riom, et condamne Léon Blum à la prison à vie. D'avril 1942 au 31 mars 1943, il sera détenu à la maison d'arrêt de Bourrasol, puis Vichy le livre à Hitler. Il est déporté au camp de concentration de Buchenwald, où il réussit à survivre malgré les conditions terribles.

La prise de conscience du drame allemand

Il y a 5 874 versets dans la Torah et, d'après le Gaon de Vilna, chaque verset de la Torah correspond à une année : le premier verset « Bereshit Bara » correspond à l'an 1, et ainsi de suite. Certaines personnes ont établi un parallèle qui rappelle des événements historiques marquants de chacune de ces années, sans prétendre y déceler réellement une prophétie issue du texte de la Torah. D'ailleurs, beaucoup de choses, bonnes ou mauvaises, peuvent avoir lieu la même année. Les années sont en fait celles du calendrier hébraïque, et, par exemple, l'année 1933, qui correspond à l'an 5 693, renvoie au verset 5693 de la Bible[1], qui dit : « Le Seigneur enverra contre toi la disette, le trouble, la menace dans toute œuvre de ta main que tu feras. » En 1933, Hitler reçoit les pleins pouvoirs du gouvernement allemand. On assiste au boycott des magasins juifs dans toute l'Allemagne.

Jacob Kaplan, comme tous ses contemporains, voit avec stupéfaction l'avènement politique en Allemagne d'un homme qui élève l'antisémitisme au niveau d'une doctrine officielle. Le fait est d'autant plus stupéfiant à ses yeux qu'il se produit en Allemagne :

> « Quand la persécution, comme un feu mal éteint, reprenait dans certains pays, nous nous disions que les habitants de ces régions étaient encore arriérés, incultes, que leur mentalité n'avait pas évolué avec les siècles. Mais que, au centre de l'Europe, un grand peuple, fier de sa culture et qui a donné, on doit le reconnaître, de purs génies à l'humanité, rejette les juifs de son sein et se permette à leur égard les pires violences, c'est là un fait sans précédent et qui bouleverse toutes nos idées.[2] »

1. Deutéronome, XXVIII, 20.
2. Discours du 21 septembre 1933 à la synagogue Notre-Dame de Nazareth.

Un autre motif d'étonnement est à ses yeux le prétexte qui sert à justifier la discrimination des juifs :

« Et on a vu quelque chose de plus réconfortant encore : le monde civilisé prendre fait et cause pour les opprimés d'Israël. [...] Ce qui est nouveau aussi, c'est le prétexte dont on se sert pour accabler Israël. Certes tous les prétextes sont bons quand il s'agit de s'attaquer aux juifs. Mais voici la dernière trouvaille : l'antisémitisme affublé d'oripeaux pseudo-scientifiques, la biologie, la théorie des races, appelée à la rescousse. Faut-il dire qu'il n'y a pas plus de vérité dans la prétention d'un peuple d'être resté une race pure au XXᵉ siècle, qu'il n'y en a dans l'accusation d'infériorité portée contre nous ?[1] »

Il réagit surtout en tant que rabbin et appelle les juifs à revenir vers le Seigneur. C'est d'ailleurs le thème de son discours de Roch Hachana lors du nouvel an en 1933, « Reviens, ô Israël »[2], car il lui semble évident que tout problème dans la vie doit avant tout s'analyser comme un appel à mieux agir : « Revenir à Dieu, tel est le devoir le plus urgent à l'heure actuelle », dit-il. Chaque juif doit pouvoir se placer en situation d'agir en tant que citoyen et en tant que juif pour lutter contre le nazisme : le citoyen dispose de la politique et le juif de sa foi. Même si certains s'étaient éloignés de la pratique de leurs pères, ils doivent revenir dans le giron de la religion et, tel le symbole du loulav[3], se retrouver ensemble autour de leurs racines. Cette

---

1. Discours du 30 septembre 1933 à la synagogue Notre-Dame de Nazareth.
2. Discours du 21 septembre 1933 à la synagogue Notre-Dame de Nazareth.
3. Le loulav est le bouquet que l'on utilise pendant la fête des cabanes : une branche de palmier dattier, du myrte, du saule pleureur et un cédrat. Sont ainsi représentés tous les types de pratiquants, celui qui sait et pratique, celui qui pratique sans savoir, celui qui sait et ne pratique pas et enfin celui qui ne sait ni ne pratique. On les réunit pour signifier qu'ils sont tous solidaires et indissociables.

vision spiritualiste qui met en cause la perte de foi dans la montée de la haine nazie peut être rapprochée de celle portée par une partie importante de l'Église catholique – c'est dans ce sens que Laborie analyse les discours de monseigneur Saliège dans *L'Opinion française sous Vichy*[1]. Cependant, il est clair que le rabbin Kaplan place dans le même camp tous les croyants de toutes les religions. Il est d'ailleurs sur la même ligne que le consistoire central qui en octobre 1935, après les lois de Nuremberg, dénonce plus la persécution antireligieuse que la chasse aux juifs, prenant d'ailleurs le risque de gommer l'obsession antijuive du régime nazi :

> « En persécutant aujourd'hui les fils d'Israël dont le génie religieux a donné au monde l'exemple d'honorer un seul Dieu, le racisme allemand assouvit sa haine contre toutes les religions, toutes les morales qui aspirent à rapprocher les hommes dans un idéal commun de paix, de justice et d'amour...[2] »

Fin analyste de la situation politique, Jacob Kaplan est d'abord un rabbin soucieux de ne pas perdre de vue sa mission de pasteur, qui est d'engager ses frères à une pratique renouvelée. Mais en recherchant toujours cette union des croyants, il risque lui aussi de minimiser la spécificité raciste d'un nazisme naissant et qu'il espère encore mettre au ban des nations. Les événements ne répondent pas à cette attente. Immédiatement après leur arrivée au pouvoir en 1933, les nazis font de l'exclusion des juifs de la société allemande l'une de leurs priorités. En 1935 sont promulguées les lois de Nuremberg qui retirent l'égalité conférée par les lois aux juifs.

Jacob Kaplan ne reste pas indifférent aux tourments des juifs

---

1. Pierre Laborie, *L'Opinion française sous Vichy*, Seuil, 1990, page 169-170.
2. *Paix et droit*, octobre 1935, page 3, cité par David Weinberg, *Les juifs à Paris de 1933 à 1939*, Calmann-Lévy, 1974, p. 99.

persécutés en Allemagne. Fidèle au précepte de Moïse à Josué : « Sois fort et vaillant[1] », il a le courage de nommer le danger et de désigner l'ennemi. Le premier jour de Pessah, la Pâque juive, le 12 avril 1933, il prêche à la synagogue sur le texte de la Haggadah, la sortie d'Égypte. Après avoir rappelé qu'à chaque génération on a tenté en vain d'exterminer les juifs, il dénonce dans son sermon les premières persécutions des juifs d'Allemagne. Dans un discours vibrant, il fustige le « vieux Dieu allemand » qui n'a rien de commun avec le Dieu d'Israël qui donna les dix commandements. Il accuse les fanatiques d'Hitler d'élever le meurtre, le vol, le mensonge et la convoitise au rang de devoir national, de livrer tous ceux qui ne partagent pas leur doctrine de haine à la brutalité des bandes déchaînées de SS. Le rabbin Kaplan évoque alors, avec une terrible acuité, les persécutions subies par les juifs allemands. Si, à ce moment, la rouelle moderne qu'est l'étoile jaune n'est pas encore d'actualité, les inscriptions telles que « magasin juif » se multiplient. Mais il fait retentir la parole traditionnelle du soir de Pâque : « Si cette année les Juifs étaient esclaves, l'année prochaine ils seraient des hommes libres. L'Éternel, fidèle à son alliance, affirme Jacob Kaplan, n'abandonnera pas son peuple cette fois non plus. »

La mobilisation du judaïsme français

La position du rabbin Kaplan rejoint celle du consistoire central qui multiplie les protestations publiques contre les persécutions antijuives en Allemagne et, le 1er avril 1933, en appelle « à toutes les consciences éclairées, à toutes les forces spirituelles du monde pour obtenir le respect du droit et de la liberté ».

En avril 1933, devant la masse de réfugiés juifs allemands, les dirigeants des communautés juives, le baron Edmond de

1. Deutéronome, XXXI, 23.

Rothschild, président du consistoire de Paris, et Israël Lévi, grand rabbin de France, prennent l'initiative de créer un Comité français d'aide et d'accueil aux victimes de l'antisémitisme allemand, et reçoivent le soutien de Paul Painlevé, de Justin Godart et d'André Honorat. Un appel est lancé à toute la communauté juive du pays pour venir en aide aux juifs allemands. En juin 1933, près d'un million et demi de francs sont recueillis à Paris pour l'hébergement de 4 500 réfugiés. Le 11 juillet 1933, le baron Edmond de Rothschild s'adresse aux juifs de France :

« Dans le sombre et cruel Moyen Âge, c'est grâce à la solidarité qu'une partie des juifs chassés d'Espagne put trouver un refuge à l'étranger. Tous les sefardim répandus dans le monde sont leurs descendants. En présence de l'horrible catastrophe qui frappe les juifs d'Allemagne, nous devons travailler de toutes nos forces à atténuer le mal autant que cela est possible. De nombreux fugitifs viennent en France, dans cette terre bénie du libéralisme et des nobles sentiments. Nous devons agir, comme l'ont fait nos ancêtres, et aider ces infortunés. [...] En France, on a déjà créé des maisons où l'on reçoit ces malheureux qui arrivent dénués de tout. On les y nourrit autant que l'on peut. Ils étaient plus de 5 000 hier, et tous les jours il en vient de nouveaux. Mettons même que leur entretien ne revienne qu'à 5 francs par jour, ce qui est peu, cela représente 25 000 francs. Mais il faut trouver à chacun un emploi, et cela n'est pas facile. [1] »

En janvier 1938, une manifestation de soutien et de sympathie envers les juifs persécutés en Allemagne se déroule à Paris, salle Japy. Sont présentes 1 500 personnes, avec en particulier l'abbé Viollet, fils de Paul Viollet qui fut un important défenseur du capitaine Dreyfus. Dans son discours, le rabbin Kaplan

---

1. Plaquette du discours avec préface du grand rabbin Israël Lévi, édité par le Comité national de secours aux victimes de l'antisémitisme en Allemagne.

insiste sur le fait que, lutter contre l'antisémitisme, c'est lutter contre toutes les doctrines de haine et de violence. Par ce combat, le monde se protège lui-même. Le 22 novembre 1938, la LICA organise à la Mutualité une autre manifestation de masse en présence de nombreuses personnalités politiques et religieuses dont, bien entendu, le rabbin Kaplan, qui prend à nouveau la parole. Il perçoit parfaitement la réalité du système nazi et le décrit tel qu'il est. Même s'il a du mal à accepter intellectuellement que l'Allemagne ait pu produire une telle négation de l'homme, il sait voir les évidences, et la « Nuit de cristal » laisse peu d'espoirs. Il vient d'écrire son livre *Témoignages sur Israël* – qui sera envoyé au pilon par les Allemands pendant la guerre – et il a compris que l'enjeu – un combat sans merci entre le bien et le mal – n'en est qu'à ses prémices. Si les Maximes des Pères affirment que le sage est celui qui voit ce qui va advenir, alors Jacob Kaplan est le prophète de sa génération. Pour lui, les dernières violences en Allemagne ne sont ni des actes sporadiques, ni des paroxysmes de la haine ; il prévoit leur extension et leur développement futur :

« [L'Allemagne] a pu abuser ceux qui volontairement fermaient les yeux aux visions d'horreur de ces camps de supplice que sont les camps de concentration d'où souvent les malheureux ne sont rendus à leur famille qu'une fois réduits en cendres... L'incendie des synagogues annonce des temps d'angoisse, non pas seulement pour nous, mais pour tous les hommes.

Actuellement le sort des juifs est le plus terrible. Dépouillés de leurs droits, de leurs biens, mis hors la loi, à la merci du premier venu, ils n'ont plus qu'une seule étape à franchir, une seule, pour que le programme du racisme soit réalisé point par point : l'extermination par la violence ou la mort par inanition. »

Il parle bien de cendres et d'extermination comme s'il voyait ce qui allait advenir. Il englobe tous les hommes dans les victimes du nazisme, fidèle qu'il est à sa vision universaliste. Et c'est parce qu'il est aux avant-postes de la civilisation humaniste qu'Israël est attaqué[1] :

> « Nous considérons les israélites comme victimes de la foi. [...] Pour qu'Israël ait été le premier à subir le choc de la barbarie, c'est que, malgré sa faiblesse, il est le meilleur rempart contre la barbarie. [...] Précisément [grâce] à sa foi religieuse et sa Bible. »

Le rabbin Kaplan a toujours voulu mener ce combat en lien avec les autres communautés religieuses et il est normal qu'il parle de politique antireligieuse pour les inviter à faire front commun. Mais il n'est plus dupe après l'*Anschluss* et surtout la « Nuit de cristal » : il est alors l'un des seuls à percevoir un plan « démoniaque » – il utilise le mot – dont le but n'est pas, comme certains le prétendent, la diminution du supposé pouvoir économique des juifs allemands, mais leur extermination pure et simple. Son analyse prémonitoire est pourtant peu entendue par les juifs français qui, confiant dans les lumières de la France, pétris de démocratie, de république et de droits de l'homme, sont convaincus que la dette de la patrie après le sacrifice consenti en 1914 les protégera de tout. Pis, ils sont certains que l'Allemagne ne peut être l'enfer que les pessimistes décrivent, ils ne peuvent imaginer qu'un chef d'État européen, même aussi dangereux et imprévisible qu'Hitler, puisse ne respecter aucun traité. Le grand rabbin de Paris, Julien Weill, déclare dans le journal *Le Matin* du 19 novembre 1938 :

> « Nul ne compatit plus que moi, vous pouvez l'imaginer, à la misère des 600 000 israélites allemands. Mais rien non plus ne m'apparaît plus précieux et plus nécessaire que le maintien de la paix sur terre. [...] Il ne nous appartient pas,

---

1. Jacob Kaplan, « Lève-toi ô Éternel », *L'Univers israélite*, 2 décembre 1938.

en ces temps, de prendre une initiative qui risquerait, à plus d'un titre, de troubler les démarches actuelles en cours visant à une initiative franco-allemande. »

Lorsqu'il s'agira de remplacer le grand rabbin Israël Lévi, on fera appel au rabbin Schwartz plutôt qu'à lui, en partie à cause de cette déclaration. En 1938, la voix de Jacob Kaplan est bien seule pour faire entendre raison à ceux qui, comme dit le psalmiste auquel le rabbin Kaplan ne peut pas ne pas penser : « Ils ont une bouche et ne parlent pas. Ils ont des yeux et ne voient pas, des oreilles et n'entendent pas. [1] »

Contre la propagande antijuive, le rabbin Kaplan publie en 1938 *Témoignages sur Israël*, c'est-à-dire sur le judaïsme, l'État d'Israël n'existant pas encore. C'était un recueil de textes provenant de célèbres écrivains français parlant du judaïsme, de la Bible ou du message du peuple d'Israël au monde. Il présentait un ensemble de réfutations des calomnies antisémites, réfutations qui avaient d'autant plus de valeur qu'elles émanaient d'auteurs non juifs faisant la fierté et la grandeur de la France. Le sénateur Dreyfus avait envoyé un exemplaire de ce livre au pape Pie XI, dont on admirait avec raison les déclarations courageuses contre le racisme et qui avait proclamé, en parlant des chrétiens eux-mêmes : « Nous sommes spirituellement des sémites. » Pensant que c'était Jacob Kaplan lui-même qui lui avait adressé l'ouvrage, le pape le fit remercier par le cardinal Pacelli, son secrétaire d'État, dans une belle lettre où il écrivait notamment :

« En vous remerciant de cet envoi et de la délicate attention qui l'a inspiré, le Souverain Pontife implore, en retour, du Maître de tous les biens, pour vous et les vôtres, les grâces de la Protection d'En Haut. » [2]

1. Psaume, CXV, 5, 6.
2. Lettre en annexe p. 380. Monseigneur Pacelli deviendra le Pape Pie XII.

Jacob Kaplan et le sionisme

Devant l'intensification des persécutions en Allemagne, le Foyer national juif, créé en Palestine par la Société des nations et dont le mandat avait été confié à la Grande-Bretagne en 1923, apparut comme un pays d'asile où pourraient se rendre les juifs allemands. Mais la puissance mandataire limita arbitrairement et considérablement leur immigration en Terre sainte, malgré les protestations des sionistes.

À ce moment-là, le sionisme ne comptait que peu de partisans en France. Les juifs français s'en tenaient à l'écart à cause du caractère politique du mouvement qui avait une coloration très proche du parti communiste. Pourtant, les événements montraient à quel point l'existence d'un Foyer national était nécessaire. Jacob Kaplan suivait depuis quelques années avec attention et sympathie l'activité des sionistes, dont son beau-père était partisan, et participait souvent à leurs réunions. Dans son sermon du 2 avril 1937, septième jour de Pâque, il expose les motifs pour lesquels la communauté juive française doit apporter son concours à ce mouvement qui concerne à la fois les racines et le futur du peuple juif. Ce discours assez extraordinaire place l'espérance bimillénaire du judaïsme – l'an prochain à Jérusalem – sur le même plan que la nouvelle donne portée par la Révolution française :

« Le retour en Palestine pour mettre fin à l'oppression dont souffre Israël, voilà l'espérance formulée par nos anciens rabbins... Mais dans le cours des temps, une autre solution se présenta devant eux, apportée par la Révolution française : l'émancipation, l'octroi aux juifs des droits de l'homme et du citoyen. Ce fut un magnifique geste libérateur, comme une nouvelle sortie d'Égypte... Félicitons-nous de l'existence du Foyer national juif à une époque où les pays d'immigration ferment leurs portes devant l'exode des juifs malheureux. Je suis même tenté de voir dans la résurrection de la Palestine le grand miracle de notre temps... Pendant des siècles et des siècles, Israël a appelé de ses vœux le miracle ; le miracle est là, et il ne le distingue pas. »

Dans ces paroles se reconnaissent toujours ses deux sources d'inspiration que sont le judaïsme et la France. À ceux qui ont des réticences parce qu'ils ne veulent pas sembler être de mauvais Français en aimant la Palestine, il dit en substance : Nous n'avons pas le droit d'être timorés à ce point. À ceux qui reprochent au Foyer national son manque de religiosité, il répond en citant le défunt rabbin Kook, leader du sionisme religieux pour qui « l'hébreu mène à la Bible, et la Palestine à Dieu ». Enfin à ceux qui pensent qu'il y aura trop de difficultés pour cet embryon d'État, il répond que « le sionisme depuis quarante ans a fait son chemin ». Sa position suscite des réactions positives parmi les fidèles. Certains décident de former alors une association appelée Groupe sioniste français et de publier un manifeste signé de trois personnalités juives notoires : André Spire, Edmond Fleg et Léonce Bernheim. Ce texte cite un passage du sermon de Jacob Kaplan à l'appui de leurs prises de position.

Mais c'est seulement après l'horrible révélation des camps d'extermination et de la réalité tragique de la Shoah que les instances officielles du judaïsme français prendront fait et cause pour le sionisme, avec toutefois une certaine modération, tout au moins jusqu'à la guerre des Six-Jours, comme nous le verrons ultérieurement. Mais dès l'avant-guerre, Jacob Kaplan avait perçu l'enjeu d'avenir, dans l'obscurité des années 1930, comme le veilleur guette l'aurore. « Sentinelle, qu'en est-il de la nuit ? »

II.

La résistance à Vichy

Chapitre V

Du combattant à l'exclu

Tout au long de son sacerdoce, Jacob Kaplan a su conjuguer sa foi juive profonde avec un attachement fort à la France et à ses institutions. Ce pays démocratique et généreux, qui a donné aux juifs la nationalité française en partage à la Révolution, ne pouvait un siècle et demi plus tard la leur retirer. Une telle idée, qu'aucun juif de France ne pouvait envisager, ne l'a jamais effleuré avant la guerre. La montée de l'antisémitisme en Allemagne est perçue comme un phénomène étranger. Comme l'ensemble de la communauté juive, Jacob Kaplan se montre solidaire de ses frères persécutés, sans penser que ces maux allaient un jour franchir le Rhin. Telle est probablement la clef de leur incompréhension devant le destin impensable qui les attend. Il suffit de penser à ceux qui se cacheront, tout en laissant femmes et enfants à la maison, sûrs que personne ne peut s'en prendre aux enfants.

Verset de la Torah renvoyant à l'an 1938 : « Le Seigneur te livrera vaincu devant tes ennemis : par un chemin tu sortiras contre lui et par sept routes tu fuiras devant lui. [1] »

L'année 1938 est celle de la « Nuit de cristal » en Allemagne. En une nuit, 191 synagogues sont détruites, 7 500 magasins et

---

1. Deutéronome, XXVIII, 25.

autres établissements juifs sont saccagés et pillés. Puis 80 000 juifs sont expulsés et 30 000 internés dans des camps de concentration.

Parallèlement, en France, l'antisémitisme ne désarme pas. Le 5 avril 1938, l'Action française relance le débat houleux sur le patriotisme des juifs pendant la Grande Guerre : « Juifs tués : 1 350, soit 1 sur 35 mobilisés. Français tués : 1,75 million soit 1 sur 5 mobilisés. » Mais ces chiffres sont faux. Le grand rabbin Kaplan l'écrira dans sa fameuse lettre à Xavier Vallat du 31 juillet 1941, en citant le ministre de la Marine César Campinchi qui, lors de l'inauguration du monument de Douaumont, avait évoqué les 6 500 juifs français ainsi que les 2 000 juifs étrangers morts au combat, soit un total de 8 500 morts sur 44 000 mobilisés.

Depuis la Grande Guerre, forts du sacrifice consenti sur les champs de bataille, les israélites français se considèrent désormais, avec fierté, comme intégrés définitivement à la République. Marqués par le souvenir de l'Union sacrée et de la fraternité des tranchées, les anciens combattants juifs de France et leurs familles, mais également les rabbins et intellectuels, sous-estiment les signes avant-coureurs de la menace antisémite qui gagne peu à peu leur pays. Ils restent obnubilés par la barbarie nazie qui sévit au-delà des frontières. À l'instar de leurs camarades de la Grande Guerre, les anciens combattants juifs fondent des associations dans lesquelles ils défendent leurs intérêts et affirment leur patriotisme. Deux organisations de sensibilités politiques bien différentes sont créées au cours des années 1930, diffusant leurs objectifs par un organe de presse : l'Association des engagés volontaires juifs (AEVJ) publie *Le Volontaire juif* (1931-1935), l'Union patriotique des Français israélites (UPFI) un *Bulletin* (1935-1938). Les deux journaux témoignent des contradictions de la société française et des tourments qui assaillent déjà la communauté juive avant la Seconde Guerre mondiale. Toutefois, ils témoignent de la vigueur et de la diversité du franco-judaïsme. La chute de la IIIe République, en juillet 1940, puis les lois antijuives du régime de Vichy ruinent définitivement tous les espoirs de « l'israélitisme ».

Jacob Kaplan dans la drôle de guerre

Verset de la Torah correspondant à l'année 1939 : « Ton cadavre sera la pâture de tous les oiseaux du ciel et des animaux de la terre ; nul ne les troublera. [1] »

Le 7 juin 1939, le bureau du consistoire central désigne Jacob Kaplan comme grand rabbin, auxiliaire du grand rabbin de France. Dans le même temps, le président de la communauté de Strasbourg, dont le rabbin vient d'être élu au grand rabbinat de France, lui propose de venir en Alsace. Le président Lazare Blum lui explique que la succession du grand rabbin Schwartz est une œuvre extraordinaire dans un judaïsme aussi emblématique que celui de Strasbourg. Mais il refuse. Comme il l'expliquera plus tard lors du repas donné à l'occasion de ses soixante-dix ans, Jacob Kaplan sentait alors que son devoir l'appelait à Paris, précisément aux côtés d'Isaïe Schwartz.

L'engagement et la détermination de Jacob Kaplan s'affirment et se renforcent à mesure que s'aggravent les épreuves pour la France et pour l'Europe. Le 1er septembre 1939, les troupes allemandes envahissent la Pologne. Le 3 septembre, la France et le Royaume-Uni déclarent la guerre à l'Allemagne : c'est le début de la Seconde Guerre mondiale. C'est aussi le début des déportations vers la Pologne, fraîchement conquise par Hitler, des juifs d'Autriche et de Tchécoslovaquie.

En 1939 et 1940, l'activité militaire de Jacob Kaplan est intense. Réserviste depuis 1936, il accepte d'être aumônier et se trouve affecté au 18e corps d'armée, dont l'état-major avait son siège à Dun-sur-Meuse. En septembre 1939, il est mobilisé. Le 27 mai 1940, il est muté à la XXXVIIe armée – autrement dit sur le front – alors que, père de cinq enfants, il aurait pu, dès novembre 1939, demander à être démobilisé. Dès le 19 avril 1940, le général commandant le 18e CA envoie l'aumônier israélite à Verdun, du 22 au 30 avril, afin d'y assurer le culte

1. Deutéronome, XXVIII, 26.

lors des fêtes de Pâque[1]. Le 27 mai 1940, il rejoint la IIIᵉ armée à Metz et le 6 juillet il est affecté au 303 EMI (école militaire d'infanterie). Mais tout en accomplissant son devoir de citoyen, il conserve à l'esprit ses devoirs envers le judaïsme français.

Dès l'automne 1939, les populations proches des frontières du Nord-Est sont évacuées vers le Centre et le Sud-Ouest. Environ 15 000 juifs de l'est de la France se retrouvent en Haute-Vienne et en Dordogne ainsi qu'en Indre, Corrèze, Vienne et Charente. Parmi ces évacués, on compte environ 10 000 juifs de Strasbourg et d'Alsace et un peu moins de 3 000 de la Moselle. Une centaine de diamantaires d'Anvers s'installent à Marseille. L'offensive allemande du 10 mai 1940 entraîne immédiatement des mesures nouvelles. Le 19 mai, une séance exceptionnelle se tient en présence du consistoire central et du consistoire de Paris, du JOINT[2] et de la Jewish Colonization Association. Il est décidé que tout le corps rabbinique, sauf un rabbin, sera évacué. Marcel Sachs, secrétaire général du consistoire central propose un lieu de repli à Vertheuil-Médoc, en Gironde. Le 3 juin, des décisions sont prises ; il faut assurer le culte en province, sauvegarder les objets de culte en envoyant les sefarim, les rouleaux de la Torah, en Gironde. Le consistoire rend leur liberté à tous les rabbins et aux fonctionnaires, et seuls les volontaires restèrent à Paris. Le 9 juin, le baron Robert de Rothschild, président du consistoire de Paris, donne l'ordre à Marcel Sachs de replier le consistoire central et le corps rabbinique de Paris. Il demande au grand rabbin de France de quitter au plus vite la capitale. Le 14 juin, les Allemands sont à Paris et le 22 juin Pétain accepte l'armistice à Rethondes.

Le 11 juin le service de santé des armées, dont relève l'aumônerie et auquel appartient le rabbin Kaplan, se replie vers le sud. L'aumônier décide de rester à Metz pour respecter et célébrer Shavouoth. En effet, il est interdit de prendre le train un

1. SHAT, dossier 41/582 PR Kaplan.
2. American Jewish Joint Distribution Committee.

jour de fête. Le lendemain, le service militaire de santé ne pouvant venir le chercher comme prévu, il prend en main l'acheminement d'un train de blessés. Le 15 juin, il réussit à faire admettre les grands blessés dans les hôpitaux de Lunéville et fait en sorte que les autres blessés soient soignés.

Dès les premiers jours de l'armistice, une dizaine de milliers de personnes sont évacuées des départements frontaliers, parmi lesquels figurent de nombreux juifs. En ce mois de juin 1940, le rabbin Kaplan fait partie des 5 000 juifs d'Alsace et de Moselle qui quittent la région pour se rendre vers le sud. Le 16 juin, les Allemands ayant beaucoup progressé, il choisit de poursuivre sa route et trouve un camion qui l'emmène vers le sud. Il rejoint le grand rabbin de France à Vichy où s'est établi le grand rabbinat. En 1942, le grand rabbinat s'installera définitivement à Lyon, lorsque Vichy deviendra la nouvelle capitale de l'État français. Selon son dossier du SHAT, il est démobilisé le 13 novembre 1940 par le Centre de Riom et se retire au 2 bis, rue Carnot, à Cusset (Allier).

Dès avril 1940, le général commandant le 18ᵉ corps l'avait proposé pour une nomination dans l'ordre de la Légion d'honneur à titre militaire. Ironie du sort, le grand rabbin Kaplan est nommé chevalier par un arrêté du 4 octobre 1940, le lendemain de la parution au Journal officiel du décret d'application du statut des juifs.

En attendant sa démobilisation, il reprend donc ses fonctions d'auxiliaire auprès du grand rabbin de France, Isaïe Schwartz.

Les premières conséquences de la défaite pour les juifs

À partir du 10 juillet 1940, la République française devient officiellement l'« État français ». La zone occupée au nord et celle non occupée au sud, créées par l'armistice, ainsi que l'intégration forcée des départements alsaciens et mosellan dans le Reich, renforcent la présence des juifs dans le Sud. Fin juillet

1940, la plupart des juifs expulsés d'Alsace et de Lorraine se retrouvent à Lyon et à Lons-le-Saunier, en attendant leur répartition dans les départements du Sud. Tandis que les 7 millions d'évacués et de réfugiés de l'exode regagnent leur foyer, une circulaire allemande du 10 septembre 1940 préconise aux patrouilles de la ligne de démarcation de refouler les juifs qui veulent remonter vers le nord. L'interdiction qui leur est faite de revenir en zone occupée est officialisée le 27 septembre 1940. Le rabbin Kaplan reste donc à Vichy.

Début août, à Vichy, le grand rabbin Isaïe Schwartz a un entretien avec le général Bricard, secrétaire général de Pétain. Le 8 août, une séance du consistoire central est convoquée. À l'unanimité, les pleins pouvoirs sont remis au grand rabbin de France. Il résulte de cette réunion que l'activité du rabbinat devait être développée. L'assemblée adopte un projet de motion qui est proposé au maréchal Pétain « en qui la France en détresse a mis son espoir » :

> « Le rabbinat donne au chef de l'État l'assurance que, s'inspirant toujours des commandements du judaïsme, il exhorte les fidèles à servir la patrie, à favoriser la famille et à honorer le travail. Avec l'aide de Dieu, sous la direction de leurs chefs spirituels, les Israélites de France auront à cœur de collaborer à la rénovation du pays dans un esprit de concorde civique et de fraternité humaine.[1] »

Cette position de la part des autorités juives peut paraître naïve et inadéquate au regard de ce que l'on sait de la politique de Vichy envers les juifs. Mais à cette époque, on peut avancer sans trop se tromper, comme Henri Amouroux, que la quasi-totalité des Français étaient plus ou moins pétainistes[2]. La réfé-

---

1. Rapport sur les activités du grand rabbin de France depuis juin 1940, présenté à la séance annuelle du consistoire central le 2 décembre.
2. Henri Amouroux, *Quarante millions de pétainistes*, Robert Laffont, 1977.

rence au triptyque « Travail, Famille, Patrie » est claire et démontre les pièges de l'assimilation qui poussent certains juifs de France – et ici, le premier d'entre eux – à être le bon juif et à se conformer à l'idéologie dominante, y compris lorsqu'elle vise à l'exclusion des juifs. Bien entendu, il ne s'agit pas forcément d'une position choisie, mais plutôt d'une stratégie visant à maintenir un dialogue avec les autorités. Mais les mots sont terribles.

Un mois à peine après cet épisode, Vichy élabore une législation sur les juifs. Comme la notion de « race » ne correspond à aucune catégorie juridique ou administrative en France, le grand rabbin de France Isaïe Schwartz proteste avec vigueur : « Nous ne sommes ni une minorité raciale, ni une minorité politique, mais une communauté religieuse. » La ligne de défense adoptée à ce moment-là par la quasi-totalité des juifs de France révèle les illusions qui persisteront très longtemps, la croyance que la justice et le bon sens peuvent encore l'emporter.

Dans ses témoignages, le grand rabbin Kaplan rapporte qu'à Vichy, durant les dernières semaines d'octobre, des haut-parleurs diffusaient continuellement dans toute la ville des propos injurieux et diffamatoires sur les juifs, tenus pour responsables de la débâcle de 1940 ainsi que de tous les maux du pays.

Dans ces circonstances, la réorganisation du consistoire se fait progressivement. Contrairement à la logique de fonctionnement qui existait avant la guerre, c'est au grand rabbin de France de prendre les premières initiatives. En effet, en septembre 1940, Édouard de Rothschild, président du consistoire central, s'est exilé aux États-Unis suivi de Robert de Rothschild, président du consistoire de Paris, se refusant à servir d'otage entre les mains ennemies. La présidence temporaire du consistoire central est assurée par Jacques Helbronner. Mais celui-ci se trouve installé à Royat comme l'ensemble du Conseil d'État auquel il appartient, et il se fait temporairement remplacer jusqu'en décembre par Georges Wormser, qui règle à Vichy avec Isaïe Schwartz toutes les affaires courantes.

Le consistoire se trouve face à une tâche gigantesque. Au début du mois de septembre 1940, une assemblée générale du rabbinat français se tient à Lyon, en la synagogue du quai de Tilsits. Les rabbins examinent la nouvelle situation du judaïsme français. Pour l'instant, il ne s'agit que d'analyser une réorganisation géographique. Les exodes et mouvements de populations imposent une redistribution des postes rabbiniques. L'assemblée arrête la liste des circonscriptions rabbiniques : Agen, Annecy, Béziers, Brive, Cannes, Châteauroux, Clermont-Ferrand, Grenoble, la Châtre, le Puy, Montauban, Montpellier, Pau et Perpignan. Dans certaines d'entre elles où il n'existait pas encore de communautés, la présence importante de réfugiés juifs a conduit à leur création.

Cependant, cette réorganisation ne suffit pas. Dans le contexte nouveau créé par la défaite, les rabbins doivent redéfinir leur rôle face à des populations déplacées, sans racines et souvent sans ressources. Assurer le bon fonctionnement du culte n'est plus suffisant ; ils doivent désormais assurer la protection matérielle de leurs ouailles, pour devenir de vrais pasteurs au sens étymologique. Dans l'entre-deux-guerres, ce débat avait eu lieu entre les jeunes rabbins et leurs collègues plus anciens. Les événements ont donné raison aux premiers, qui souhaitaient devenir les animateurs spirituels et les guides de leurs communautés et non plus seulement les gardiens de la pratique synagogale. Désormais les rabbins comme les institutions juives se sentent concernés non seulement par les juifs qui fréquentent les temples, mais plus largement par tous ceux qui, en raison de leurs origines, sont victimes de mesures d'exclusion puis de persécutions.

Une première campagne financière est organisée entre décembre 1940 et février 1941, au cours des tournées pastorales organisées par le grand rabbin de France, assisté des grands rabbins Kaplan et Hirschler. Elle permet de recueillir des dons d'un montant de 1,3 million de francs de l'époque.

Les 16 et 17 mars 1941 se tient à Lyon la première séance plénière du consistoire central, réunissant les membres du

consistoire fixés en zone sud. Après plusieurs mois de réorganisation, le consistoire central peut à nouveau jouer son rôle
d'information, de représentation et d'intervention, soulageant
ainsi le travail initial du grand rabbin de France et enlevant à
la commission centrale des œuvres une partie de ses attributions
originelles. Cette commission centrale, dont l'une des tâches les
plus importantes est alors la constitution d'un fonds d'assistance
et d'entraide, fonctionnera jusqu'à sa dissolution légale le 8
mars 1942, à la suite de la création de l'UGIF (Union générale
des israëlites de France). Mais l'esprit de coopération entre les
œuvres se prolongera à travers l'UGIF même, et facilitera la
création de l'aumônerie générale des camps et, plus tard, celle
du Fonds social juif unifié.

Le consistoire face à la politique antijuive de Vichy

Pendant ce temps-là, le gouvernement de Vichy élabore sa
politique antijuive. La loi du 2 juin 1941 précise que sera
considéré comme étant « de race juive » celui dont deux grands-
parents ont appartenu à la religion juive. Ce statut étend donc
le nombre des juifs. Trois grands-parents juifs déterminent toujours l'appartenance d'un individu à cette confession, mais pour
celui qui n'a que deux grands-parents, il suffit d'avoir un
conjoint issu de deux grands-parents — contre trois précédemment — pour être considéré comme juif. Tout individu est juif
s'il appartenait à cette religion avant le 25 juin 1940. Cette date
vise à déjouer les baptêmes postérieurs.
Le 27 septembre 1940, l'administration allemande en France
ordonne aux juifs de la zone Nord de se faire recenser sur un
registre spécial à la sous-préfecture de leur lieu de résidence. Au
21 octobre, 149 734 juifs sont recensés à Paris, dont 86 664
sont Français et 63 070 étrangers. Dans le reste de la zone
occupée, 20 000 juifs se sont inscrits en particulier à Bordeaux,
à Nancy, dans l'Est et dans la vallée de la Seine. Le régime de

Vichy imite les procédés allemands en ordonnant, un peu plus tard, son propre recensement. Le grand rabbin Jacob Kaplan se déclare, avec sa famille, auprès de la mairie de Cusset le 31 juillet 1941. Le même jour, il écrit à Xavier Vallat une lettre extraordinaire de courage[1]. Le grand rabbin Kaplan lui déclare qu'il est fier d'être juif, mais qu'il a conscience que, aux yeux de celui qui a décidé de faire une loi pour marquer une personne comme juive, c'est une tare. Il pose la question de savoir s'il est possible qu'un Français sincère dans sa foi chrétienne soit capable de renier les principes mêmes des droits de l'homme issus de la Révolution française. Il invoque l'hommage rendu au judaïsme par la quintessence de l'esprit français que sont Pascal, Bossuet, Montesquieu ou Rousseau. Puis il démontre que le fait de critiquer ou d'insulter le judaïsme revient à critiquer et à insulter le christianisme. Sa conclusion est d'une témérité qui s'approche de la prophétie :

« [Vous] reconnaissiez avec moi que le jour où la raison reprendra ses droits (et elle les reprendra sans aucun doute dans le pays de Descartes et de Bergson) l'antisémitisme, lui, perdra les siens. »

C'est une manière très claire de lui dire que ce régime n'est qu'une parenthèse dans l'histoire de la France et que le gouvernement de Vichy sombrera bien vite avec tous ses séides. De façon inattendue, le chef de cabinet de Xavier Vallat lui répond. Il tente d'abord de justifier les mesures prises à l'encontre des juifs, puis insiste sur le fait que le gouvernement français n'éprouve aucun antisémitisme mais applique seulement la « raison d'État ». Le grand rabbin Kaplan lit cette lettre lors de son sermon du vendredi soir suivant. L'impact est fort parmi les membres de sa communauté. Des copies circulent dans toute la métropole et jusqu'en Algérie et au Maroc. Toutes propor-

---

1. Lettre en annexe p. 381.

tions gardées, c'est un équivalent de l'appel du 18 juin pour les juifs de France : le combat spirituel continue.

Peu après, une délégation est mise en place par le général André Boris afin de rencontrer Xavier Vallat. Elle est composée de 18 anciens combattants parmi lesquels le grand rabbin Kaplan. Tous sont décorés de la Légion d'honneur à titre militaire. Jacques Meyer est désigné comme porte-parole du groupe. En préambule, il signale à Xavier Vallat que la délégation ne sollicite ni faveur ni dérogation pour elle-même. Il rappelle ensuite, devant un Xavier Vallat méprisant puis désireux de se justifier, les calomnies qu'il avait émises à l'encontre des juifs. Le discours illustre la force et la dignité de toute la délégation. Mais rien ne sort de cette réunion.

Le 31 mars 1941 est promulguée la loi créant pour l'ensemble du territoire un Commissariat général aux questions juives (CGQJ), qui devra délivrer les certificats de non-appartenance au judaïsme. Le premier responsable en est Xavier Vallat, auquel succédera Louis Darquier de Pellepoix. Le Commissariat général œuvre à l'aryanisation des entreprises et surveille l'application des mesures antisémites. L'objectif affiché est de rétablir la souveraineté et le pouvoir d'initiative de Vichy en zone occupée, et d'empêcher l'Allemagne de mettre la main sur l'économie du pays à la faveur de l'aryanisation. Mais cette politique s'appuie sur un fond d'antisémitisme très présent chez les nouveaux maîtres de la France. Selon Paxton, Vichy a tendu le bâton pour se faire frapper par l'occupant, puisque, loin de rétablir la souveraineté française sur la zone occupée, l'antisémitisme officiel ouvre très largement les portes qui permettront aux Allemands d'agir sur le gouvernement de Vichy. Quelques jours après la création du CGQJ, Jacques Helbronner prend contact avec Vallat, sur l'invitation de Pétain. Vallat lui indique qu'il tiendra compte des services rendus par les juifs à la nation. Il demande ensuite à Helbronner divers renseignements statistiques [1]. Le 19 avril, Vallat dénonce « la grande masse des étrangers juifs d'Europe centrale, juifs d'Orient qui, ces dernières années, sont venus en véritables légions sur notre pays pour son plus grand malheur [2] ». Dès juin 1941, la dégradation des rapports entre le consistoire central et le CGQJ est flagrante. Vallat multiplie les interviews calomnieuses dans toute la presse française et poursuit la politique de mise à l'écart des juifs.

Mais le consistoire central est pris entre deux tendances contradictoires : la volonté d'assurer à tout prix la défense des juifs, et la répugnance à continuer d'entretenir des rapports avec le CGQJ. Jacques Helbronner, président du consistoire central, avait la possibilité de créer des liens plus personnels avec Pétain, ayant servi sous ses ordres comme aide de camp lors de la Première Guerre mondiale. Mais il se rend compte assez rapidement que le gouvernement de Vichy se sert des juifs comme d'otages de sa politique de collaboration avec les Allemands. Dès le 7 septembre 1941, il fait part de ses doutes : la politique d'entente avec les pouvoirs publics qu'il a préconisée est un échec total. Dans ces conditions, il considère que le judaïsme français doit mettre fin aux relations avec les autorités. Malgré tout, les contacts se poursuivent, surtout à partir de mars 1942, avec le début des déportations en France. De novembre 1941 à octobre 1943, le président du consistoire central dispose à Vichy d'un représentant officieux, Me Robert Kief, qui négociera directement avec l'administration de Vichy. Pour le consistoire central comme pour la quasi-totalité des organisations juives, en 1941, « l'heure est encore à la résistance légale ».

À Vichy, lors de ses sermons du vendredi soir, le grand rabbin Jacob Kaplan s'élève fortement contre ces mesures et souligne devant les membres de sa communauté la fierté d'être juif justement au moment où frappent les mesures d'exclusion et diverses interdictions. Durant cette période, le grand rabbin

1. Conseil du consistoire central du 20 avril 1941.
2. Journal parisien *Émancipation nationale*, 19 avril 1941.

Kaplan est inscrit sur la « liste Otto » des auteurs d'ouvrages interdits, en particulier pour *Témoignages sur Israël*. Ce sera pour lui un motif de fierté et un titre de gloire.

On estime en juillet 1941 que la moitié des juifs de France est en situation de précarité économique. Demander une aide officielle n'est pas sans risque car la préfecture enquête sur la famille, et les services officiels envoient en général les familles juives loin des villes. Pour le grand rabbin Jacob Kaplan et les siens, c'est la même vie que pour tous les juifs de France avec en plus la précarité liée à sa visibilité officielle et sa façon de tenir tête avec dignité. Et pourtant, sur les photos de famille de cette période à Cusset dans l'Allier, tout le monde sourit. Il intervient pour tous ceux qui sont dans le besoin et prend des risques démultipliés, car il se pense encore protégé par son statut de rabbin.

L'UGIF

Les statuts des juifs édictés par le gouvernement de Vichy ainsi que les ordonnances allemandes de 1940 sont autant d'étapes d'une course de vitesse entre l'occupant qui dicte sa loi et l'occupé qui veut sauver les apparences de l'indépendance. En zone occupée se pose surtout la question d'un organisme central des juifs. À partir de 1941, le Judenreferat SS (service de la Gestapo préposé aux juifs) tente d'organiser une communauté juive à partir des œuvres d'assistance de plus en plus sollicitées. En zone Nord, du comité de coordination des œuvres de bienfaisance juives créé en janvier 1941 par Dannecker naîtra le 2 décembre 1941 l'Union générale des juifs de France, issue d'une loi d'État décrétée par Pétain et signée par l'amiral Darlan. Mais les débats sont tumultueux à l'intérieur des institutions juives, les représentants et les responsables du consistoire central ne pouvant concevoir l'équivalent d'un Judenrat (Conseil juif) à la française.

L'un des aspects les plus odieux de la persécution antisémite du régime de Vichy est sa volonté de se voir seconder dans son entreprise d'oppression par les juifs eux-mêmes. Le système du Judenrat ordonné par Heydrich en Pologne s'applique désormais en France. Dès l'été 1940, les premiers contacts mis en place par Théo Dannecker, dirigeant du service antijuif de la Gestapo, avec la communauté juive de Paris s'établissent par l'intermédiaire de Marcel Sachs, secrétaire général du consistoire central. Sachs tente de faire comprendre à Dannecker que le consistoire central n'a de qualité que pour représenter les communautés juives sur le seul plan confessionnel. Dannecker demande alors au consistoire central d'envisager la création d'un organisme central couvrant tous les organismes israélites, qu'ils soient sociaux, cultuels et culturels, de la région parisienne. Lors de la réunion qui se déroula le 28 octobre 1940 en présence d'un représentant de la préfecture de police, il fut exposé aux autorités allemandes que la loi du 9 décembre 1905 limite de façon stricte l'activité des associations cultuelles au seul exercice du culte. En conséquence, il peut être envisagé d'une part une union des associations cultuelles et d'autre part une fédération des œuvres de charité et de soutien. Feraient partie de la première les israélites pratiquants, et de la seconde les israélites s'occupant de charité, chacun restant libre d'adhérer ou non à l'une ou à l'autre. Les autorités allemandes demandèrent alors à la préfecture de police de contraindre tous les juifs à faire partie de l'association envisagée. Le représentant de la préfecture de police répondit qu'il n'était pas possible de modifier la législation et que seule une ordonnance des autorités allemandes pouvait permettre d'atteindre l'objectif désiré. À la suite de ce débat, le consistoire central fut sollicité pour indiquer sur quelles bases pourrait être envisagée une organisation centralisée. Un projet fut élaboré par le consistoire de Paris prévoyant quatre sections : culte, charité, jeunesse, travail.

Dans cette affaire, la position du consistoire de Paris est claire : protéger à tout prix son indépendance en s'arc-boutant sur les obligations de la loi française du 9 décembre 1905, afin de retarder autant que possible la mise en place d'un organisme unique de la communauté juive. Cependant, les dirigeants juifs comprennent très rapidement qu'il faudra bien en arriver à la création d'un organisme représentatif. Sous la pression des autorités allemandes, le consistoire de Paris décide de participer à la création du comité de coordination des œuvres juives d'assistance et le 30 janvier 1941, M. Sachs consent à le constituer. Le consistoire informe les autorités françaises des pressions dont il fait l'objet et sollicite l'appui de Vichy. Ainsi, le consistoire de Paris continue de jouer Vichy contre les Allemands. Cette politique semble porter ses fruits puisque la préfecture de police, s'abritant derrière la loi de 1905, soutient que le consistoire ne peut s'occuper que des questions religieuses.

Tandis qu'une coopération se développe entre les différentes œuvres juives, les membres du comité de coordination ne veulent absolument pas créer eux-mêmes cette association unique exigée par Dannecker. Faisant face aux pressions de Dannecker, Sachs continue de faire traîner la procédure. Au mois de mars 1941, Dannecker annonce la création imminente d'un Haut-Commissariat des questions juives et l'arrivée de deux conseillers techniques juifs autrichiens, Israélowicz et Biberstein, sur lesquels les autorités allemandes comptent pour être leur « regard » au sein du comité de coordination. Cependant, s'ils prennent des décisions parfois dénoncées par le comité lui-même, les deux hommes sauront également établir des garde-fous. Un jeu difficile qui finira par les emporter : arrêté le 29 juillet 1943, Israélowicz mourra en déportation. Le 31 mars 1941, les statuts du comité de coordination sont finalement adoptés. Les membres du consistoire présents au comité de coordination ne le sont qu'à titre personnel et individuel et s'efforceront de séparer leurs responsabilités pour éviter toute confusion. Un conseil d'administration est organisé, présidé par André Baur avec pour secrétaire général Marcel Stora. Mais les jours du comité de coordination sont comptés. Les autorités allemandes poursuivent leur but de créer un organisme unique et elles savent que cela devra se faire par Vichy même. En août 1941, Vallat accède aux demandes de Dannecker et élabore l'Union générale des israélites de France, créée par la loi du 29 novembre 1941.

Avant d'examiner la position du consistoire face à cette création, il convient de revenir sur diverses interprétations qui ont été formulées suite à la mise en place de cet organisme. Certains estiment que la stratégie « de recours à la légitimité » imaginée par l'ACIP (l'Association consistoriale israélite de Paris) s'est révélée inefficace. Les juifs français, en voulant défendre leurs intérêts particuliers, ont tout simplement offert à Dannecker l'occasion attendue de créer une représentation imposée avec à sa tête des notables juifs pour lui donner une crédibilité. Pour d'autres, le comité de coordination a été créé de toutes pièces en janvier 1941 par Dannecker pour faire adhérer toutes les organisations juives en zone occupée, ainsi que les particuliers. Tous deux reflètent la double vision provoquée par la mise en place de ce comité. On peut constater que ce dernier n'a jamais pris d'autres décisions que celles d'assistance. C'est parce qu'il est impossible de faire évoluer ce comité dans la direction souhaitée que Dannecker est conduit à passer par Vichy pour atteindre ses objectifs.

La création de l'UGIF n'était voulue que par les autorités allemandes. Toutefois, Vallat pense qu'en organisant lui-même ce projet pour les deux zones il pourra renforcer l'autorité du CGQJ – donc de Vichy – en zone occupée. Dans son idée, l'organisme doit gérer avant tout l'assistance économique aux juifs nécessiteux en faisant en sorte que l'argent spolié aux juifs permette de prendre en charge ces derniers. Vallat convoque le 6 octobre le président du consistoire central. Malgré son désir de ne plus avoir de contacts avec les pouvoirs publics, Helbronner accepte de le rencontrer. Au cours de l'entretien, il réclame à Vallat un exemplaire du projet qui lui sera remis le 10 octobre. Le 13 octobre, Helbronner fait part à Vallat de son indignation devant ce texte « monstrueux », reproduction pure et simple des lois allemandes.

Le grand rabbin Kaplan, lui, reste en dehors de l'UGIF, car il agit sous l'autorité du grand rabbinat de France, ce qui lui laisse une grande marge de manœuvre.

Malgré la précarité et la paupérisation induites par les rafles, le gouvernement de Vichy annonce qu'une amende de 1 milliard de francs est imposée aux juifs de la zone occupée, la toute nouvelle UGIF étant chargée de réunir cette somme. Sur ces entrefaites, l'exécution de 53 otages juifs et l'annonce de prochaines déportations achèvent de faire prendre conscience à tous de la gravité des événements. Les membres du comité de coordination de Paris se retrouvent sous la menace au conseil d'administration de l'UGIF, répondant de la sorte aux injonctions de Vallat.

Les camps d'internement

La loi du 4 octobre 1940 sur les ressortissants juifs étrangers permet à l'État français de les interner dans des camps spéciaux sur simple décision du préfet du département. Dès l'automne 1940, la zone non occupée compte 7 camps principaux dont plusieurs ont servi en 1938 de « terre d'accueil » aux républicains espagnols, ce qui explique leur implantation située en majeure partie dans le Midi. En décembre 1940, on estime à 35 000 le nombre de juifs étrangers internés dans les camps administrés par Vichy. Très tôt, Jacob Kaplan est informé de la situation des juifs internés dans les camps. Le rabbin Kapel a pu pénétrer dans le camp de Saint-Cyprien près de Perpignan. Il y découvre des milliers d'internés juifs originaires d'Allemagne, vivant dans le dénuement le plus absolu. Des universitaires, des savants, des hommes de lettres allemands ou autrichiens, juifs ou démocrates, sont parqués de la pire façon qui soit. Le rabbin Kapel en décrit la situation lors de l'assemblée des rabbins qui se déroule à Lyon dans les premiers jours de septembre. Face à ces drames, bien que rabbin de Mulhouse, Kapel reçoit la mission de s'occuper des internés du Sud-Ouest.

Au début de l'Occupation, les institutions juives ne savent comment répondre à tous ces internements. Les premiers qui peuvent intervenir dans les camps sont les aumôniers militaires. Jusqu'en 1940, n'étant pas encore démobilisés, ils réussissent à s'introduire avec beaucoup de courage dans ces « camps de la honte » afin d'aider leurs coreligionnaires derrière les barbelés. Par la suite, leurs actions s'avèrent plus difficiles. À l'intérieur de l'UGIF existe une direction des camps, mais le grand rabbin de France ne souhaite pas que cet organisme centralise l'aide aux internés. Jacob Kaplan partage cette méfiance envers l'institution, même s'il a du respect pour les hommes, et en particulier pour le président Baur, neveu du grand rabbin de Paris.

À l'instigation du préfet Faure, alors inspecteur général des camps d'internement, qui cherche un aumônier général des camps « d'une haute valeur spirituelle et morale qui apporterait un témoignage, celui de l'esprit chrétien et celui de l'esprit biblique [1] », le consistoire central décide de créer l'aumônerie générale des camps, dont le grand rabbin René Hirschler prend la direction. Il organise l'aumônerie générale en trois échelons. Au plan national, lui-même assure les représentations et la coordination. Au niveau régional, il désigne 6 régions dirigées chacune par un aumônier régional : Salzer à Marseille, Kapel à Toulouse, Schilli à Montpellier, Deutsch à Limoges, Schönberg à Lyon et Soil à Clermont-Ferrand. Chacun de ces aumôniers choisit à son tour, à l'intérieur des camps, un auxiliaire de sorte à disposer d'aumôniers dans chacun des camps.

Sous l'impulsion de René Hirschler, l'aumônerie générale israélite dans les camps et centres de résidences surveillées obtient des résultats appréciables. Des offices religieux y sont célébrés, des cantines améliorent l'ordinaire des internés et des médicaments permettent de soulager bien des souffrances physiques. Après l'arrestation de René Hirschler en décembre 1943,

1. Simon Schwarzfuchs, *Aux prises avec Vichy*, Calmann-Lévy, 1998, p. 222 à 224.

le grand rabbin Henri Schilli lui succède et poursuit son action. Il maintient les services religieux dans les camps, l'enseignement aux enfants, ainsi que la distribution des vivres et des habits.

En mai 1971, le grand rabbin Kaplan évoqua devant la Société des études juives l'œuvre accomplie par ces aumôniers :

> « Leur tâche fut à la fois spirituelle et sociale. Ils organisèrent des services religieux dans les camps, ils dispensèrent l'enseignement du judaïsme à la jeunesse, distribuèrent des vivres et des vêtements. Ils entreprirent de nombreuses démarches auprès des autorités intéressées en vue de la libération de certains internés et obtinrent dans ce domaine d'appréciables résultats. [1] »

Les aumôniers des camps se rendaient-ils compte qu'ils pariaient sur le respect de la dignité humaine de la part du régime ? Mais celui-ci avait déjà prouvé qu'il ne respectait rien, si ce n'est une réglementation tatillonne dans laquelle, avec beaucoup de courage, ces rabbins vont s'engouffrer afin de sauver ce qui pouvait l'être.

Conséquence inattendue de l'Occupation, les institutions communautaires reconnaissent désormais la pluralité du judaïsme français. En effet, « l'héritage d'Israël » représente à la fois une religion, une civilisation et une forme de pensée, avec en arrière-fond une histoire commune. Désormais, les institutions n'auront de cesse de rassembler et d'unir tous les juifs, qu'ils soient pratiquants, croyants ou incroyants, français ou étrangers, sionistes ou non. Au fond, c'est cette diversité qu'elles devront défendre face à l'ennemi nazi.

---

1. Paul Levy, *Hommes de Dieu dans la tourmente*, Safed, 2005, p. 220.

Chapitre VI

Jacob Kaplan et la persécution
des juifs en France

Verset correspondant à l'an 1942 : « Tu iras, tâtonnant en plein midi, comme va à tâtons l'aveugle dans les ténèbres. Tu ne seras, sans cesse, qu'opprimé et spolié sans que personne ne vienne à ton aide.[1] »

Pour Jacob Kaplan, c'est le temps de l'action où il faut sauver des vies avant de pouvoir espérer sauver des âmes. S'il ne perd jamais de vue son objectif de revenir à un judaïsme authentique dans une France retrouvée, pour beaucoup de juifs, le sentiment dominant est que la France a trahi ses engagements moraux. Nombreux sont ceux pour qui le lien historique aura été irrémédiablement rompu, et qui voudront soit quitter la France, soit y rester tout en développant une méfiance qui, plus de soixante ans plus tard, n'est pas totalement éteinte.

En juin 1942, le rabbin Kaplan est expulsé de Vichy à cause de son activisme, avec défense de résider dans les départements de l'Allier et du Puy-de-Dôme. Il s'établit alors à Villeurbanne, près de Lyon où se trouvait le siège du grand rabbinat et du consistoire central de France, et prend de facto la direction de la communauté juive de Lyon.

---

1. Deutéronome, XXVIII, 29.

Aggravation de la situation des juifs en France

Dès l'année 1941, la situation s'aggrave. Les premières arrestations visent les juifs étrangers, mais les Français sont rapidement touchés à leur tour. Une étape importante est franchie avec le départ du premier convoi de déportés. Le 27 mars 1942, un convoi de 1 112 déportés composé pour moitié de détenus de Drancy – des juifs étrangers – et pour moitié d'internés de Compiègne – en grande partie des personnes arrêtées le 12 décembre 1941 – quitte Drancy pour Auschwitz. Il s'agit là du premier convoi de déportation organisé en France, marque concrète de la collaboration du gouvernement de Vichy à la solution finale. À ce moment-là, l'extermination des juifs d'Europe désignée par l'expression de « solution finale », décidée à la conférence de Wannsee et ordonnée par Hitler le 20 janvier 1942, aurait été plus difficile à réaliser sans la collaboration des gouvernements des pays occupés, comme le montre le cas du Danemark où le gouvernement et la société s'unirent pour sauver la petite communauté juive qui y vivait. En France, cette collaboration se renforce le 16 avril avec le retour de Laval à la tête du gouvernement : le 18, il nomme René Bousquet secrétaire général de la police et le 6 mai, Darquier de Pellepoix succède à Vallat comme nouveau commissaire général aux questions juives. Quatre nouvelles déportations ont lieu en juin.

L'ordonnance du 27 mai 1942 émanant du commandement militaire allemand en France prévoit qu'à compter du 7 juin les juifs de zone occupée devront porter en public une étoile jaune cousue sur leurs vêtements. Ils doivent se rendre au commissariat pour y retirer trois insignes par personne. L'étoile jaune à six pointes, bordée de noir et de la taille de la paume de la main, porte une inscription noire « juif ». Les juifs en France redoutent que l'insigne n'entraîne des agressions, en particulier contre leurs enfants à l'école. Pourtant, 92 600 juifs viennent chercher leurs étoiles en affrontant dignement leur pénible première sortie en public le 7 juin.

D'autres mesures d'exclusion s'imposent à eux : ils sont relégués dans la dernière voiture du métro ; leur est réservé un créneau bref et incommode – de 15 heures à 16 heures – pour effectuer leurs achats dans les magasins ; leur est interdit l'accès aux lieux publics comme les salles de spectacles, les jardins, les monuments et les bibliothèques ; les cabines téléphoniques ne leur sont plus accessibles et leurs téléphones personnels sont confisqués, les privant de la sorte de tous contacts rapides avec l'extérieur.

C'est à Lyon que le grand rabbin de France tient sa première réunion avec quelques membres du consistoire, les 16 et 17 mars 1942, sous la présidence de Jacques Helbronner. Le grand rabbin de France énumère alors toutes les mesures prises contre les juifs par l'occupant et par le gouvernement de Vichy. Le consistoire, sous l'impulsion d'André Weil, lance la collecte du grand rabbin de France et réunit des fonds importants. Avec ceux du JOINT américain, qui doublait automatiquement les sommes perçues sur place, ils aident toutes les organisations qui participent à des sauvetages de juifs en lien avec les Éclaireurs israélites et l'Amitié chrétienne.

Les autorités consistoriales établissent avec Vichy une politique faite de rencontres et d'envois de rapports ou autres documents juridiques, espérant faire fléchir les autorités par un argumentaire légaliste. Un exemple édifiant est ce projet, très lucide, envoyé par Louis Kahn à Pétain, mais qui semble avoir été rédigé en juin. Cette longue missive décortique les mesures d'exclusion prises par le gouvernement de Vichy, se plaçant sur le plan juridique et sur le plan moral. Il trace les lignes directrices de cet antisémitisme gouvernemental qui ne dit pas son nom et se dissimule derrière la raison d'État.

Dans cette lettre à Pétain, il lui est rappelé qu'il a signé la première loi antisémite le 3 octobre 1940. Dans un premier temps, beaucoup de Français, et parmi eux la plupart des juifs, n'ont voulu voir dans ce texte qu'un effet de la volonté allemande imposée au gouvernement français. Désormais, des témoignages démontrent aujourd'hui qu'il n'en est rien. Ces lois n'ont pas été imposées par l'armistice. Ainsi, l'Allemagne n'avait nul besoin d'imposer des lois antisémites, celles-ci étant déjà mises en place par le gouvernement de l'État français. Tout au plus cherche-t-on à convaincre le pays que l'antisémitisme est une doctrine de salut public, en multipliant dans la presse et à la radio les nouvelles défavorables aux juifs. Par les mêmes méthodes, on vise à prévenir les révoltes de conscience de la population en affirmant, contre la réalité des textes, contre la réalité des actes, de prétendus sauvetages. Cet antisémitisme affiché par le gouvernement de Vichy ne sera pas sans consé-quence. Les Allemands s'engouffrent dans la brèche ouverte pour appliquer leur politique raciale conduisant à la « solution finale ».

Les premières déportations et la rafle du Vél' d'Hiv

En zone occupée, les premières vérifications d'identité ont lieu le 14 mai 1941 : 6 694 juifs de Paris sont convoqués au gymnase Japy, à la caserne Napoléon ou à celle des Minimes. Un peu plus de la moitié se présentent. Des convois partent pour Pithi-viers et Beaune-la-Rolande. Le 20 août 1941, dans le XIᵉ arron-dissement, 4 230 juifs (étrangers et français) sont envoyés en proche banlieue parisienne, à Drancy. Le 12 décembre 1941, 743 juifs français de la capitale sont arrêtés et regroupés dans le camp de Compiègne avec 300 détenus extraits de Drancy.

Les déportations de 1942 ont un aspect aussi nouveau qu'inattendu : les Allemands n'ont déporté les juifs que parce que le gouvernement les leur a livrés. À la suite des attentats commis contre les troupes allemandes d'occupation, le gouver-nement, à défaut de coupable, désigne les juifs comme les res-ponsables collectifs. Aucun gouvernement n'a livré à l'ennemi sur le sol de la patrie plusieurs milliers de ses nationaux. Celui-ci le fit uniquement car ils étaient coupables d'être juifs.

Pour les juifs de France, l'été 1942 est terrible. On assiste à la multiplication des actes antisémites (à deux reprises contre la synagogue de Nice, les 2 mai et 3 juin). Les mesures législatives se multiplient également : entre autres, les restrictions dans la zone Nord abordées précédemment excluant les juifs de la vie publique[1]. En réalité, les négociations entre les responsables allemands de la question juive et les responsables français de Vichy ont commencé dès la fin du mois de mai. Ces négociations aboutiront à la déportation de dizaines de milliers de juifs.

La rafle du Vél' d'Hiv marque un tournant tragique. Le 4 juillet 1942, le secrétaire général de la police René Bousquet propose au général SS Oberg de prêter main-forte aux Allemands en leur concédant les forces de police et l'administration de Paris pour réussir une grande rafle contre les 22 000 juifs de Paris, en majorité des femmes et des enfants, les 16 et 17 juillet 1942. Les fichiers de la préfecture de police permettent une préparation minutieuse, mobilisant un grand nombre d'auxiliaires. Un si grand nombre d'intervenants provoque quelques fuites. Des hommes vont pouvoir se cacher avant la nuit du 16 juillet mais, malheureusement, les femmes, qui n'avaient jusque-là encore jamais été arrêtées, sont restées dans le logement familial. Les arrestations commencent à 4 heures du matin le 16 juillet. Les personnes sans enfant sont emmenées à Drancy, d'où elles partiront pour l'Est dès le 19 juillet, tandis que les familles sont conduites au Vél d'Hiv. Sont arrêtées 12 853 personnes, ce qui est très inférieur aux prévisions et sera fatal aux 4 051 enfants livrés par Laval et que les Allemands n'avaient pas réclamés. D'abord envoyés à Pithiviers et à Beaune-la-Rolande en attendant que les Allemands décident de leur départ, les enfants sont ramenés à Drancy[2] avant d'être envoyés à Auschwitz où ils sont exterminés à leur descente du train. Le

1. Neuvième ordonnance du 8 juillet 1942 : Interdiction dans les cafés, théâtres, cinémas, horaires particuliers pour se déplacer, acheter.
2. Paul Levy, *Élie Bloch, être juif sous l'Occupation*, Geste Éditions/Histoire, 1999.

« mauvais résultat » de la rafle du Vél' d'Hiv incite les responsables français à s'emparer de juifs dans les camps d'internement et dans les zones d'assignation à résidence de la zone libre.

La France s'est déshonorée en livrant les siens et il faudra attendre cinquante-trois ans et le discours du Président Jacques Chirac à l'occasion de la cérémonie commémorative du Vél' d'Hiv en juillet 1995 pour le reconnaître.

À la séance de la section permanente du consistoire central qui se réunit le 27 juillet, Helbronner rédige une protestation destinée à Laval. À ce moment-là, les dirigeants du consistoire n'ont pas connaissance des accords passés entre Laval et les autorités allemandes. Toujours est-il que Helbronner déclare avoir sollicité l'intervention de Laval pour transférer en zone non occupée les juifs français qui le désirent. Le projet de transfert n'aboutit pas. Il restait pour les juifs français une possibilité de se mettre à l'abri : le refuge niçois contrôlé par les Italiens, peu disposés à appliquer toutes les mesures discriminatoires.

Les rafles et déportations dans la zone Sud

Les Allemands et Bousquet[1] avaient décidé de concert d'arrêter et de déporter 10 000 juifs de la zone non occupée en plus des 20 000 juifs de la zone occupée. Dannecker en profite pour faire, du 11 au 19 juillet, la tournée des camps de la zone Sud.

Dans la seconde quinzaine du mois de juillet, le grand rabbin Hirschler, aumônier général des camps, apprend qu'au cours d'un Conseil des ministres tenu à Vichy la déportation en Allemagne des juifs étrangers résidant en zone libre a été décidée : on parle de 30 000 personnes. Hirschler décide alors

1. René Bousquet était un haut fonctionnaire français, ayant notamment exercé la fonction de Secrétaire général de la police du régime de Vichy de mai 1942 au 31 décembre 1943.

de se rendre lui-même à Vichy, où il séjourne les 23 et 24 juillet. Il apprend par le biais de conversations avec certains fonctionnaires qu'une déportation massive des juifs étrangers semble décidée. Après avoir informé le consistoire central et se rendant compte que toutes les protestations qui pourraient être faites auprès de Vichy seraient vaines, le grand rabbin Hirschler s'informe du mieux qu'il peut des modalités selon lesquelles elle se déroulera. Malgré la grande discrétion qui entoure ces mesures, Hirschler réussit à obtenir des copies des différentes circulaires faisant état des instructions aux chefs des camps. Six cas d'exemption sont prévus. Il réussit à en faire accepter une douzaine auprès du service des étrangers. De retour à Marseille, avec l'aide de sa femme et de volontaires, il rédige des instructions très détaillées qui sont immédiatement expédiées grâce à de jeunes éclaireurs israélites à tous les aumôniers régionaux et auxiliaires. La connaissance de ses instructions permet aux aumôniers d'intervenir pour que les exemptions soient appliquées :

> « Mais les aumôniers veillaient ; ils empêchèrent le départ des enfants, des femmes enceintes, des vieillards, des anciens combattants [...] ; ils luttaient pied à pied contre la mauvaise volonté de certains chefs (de camp). Ils arrachèrent ainsi à la déportation des centaines et probablement des milliers de juifs car, lorsqu'on a fait le triste bilan de ceux qui partirent, au lieu des 20 000 qui avaient été prévus par Vichy, il n'y eut que 13 000 environ. [1] »

La première vague de déportations se déroule du 6 au 13 août, à Gurs, Le Vernet, Recebedou, Noé, Rivesaltes et les Milles. Les 3 et 4 août, l'aumônier général réunit les trois rabbins

---

1. *L'activité des organisations juives en France*, 1947. D'après Serge Klarsfeld, le nombre total des déportés depuis la zone Sud entre le 7 août et le 22 octobre 1942 est de 11 005.

intéressés, Salzer, Schilli et Kapel. Après avoir reçu des instructions précises, ils se rendent dans les camps menacés tandis que Hirschler reste à Marseille pour assurer la coordination. À Rivesaltes, le même jour, un autre convoi est formé. Le rabbin Schilli obtient que les internés parqués dans des wagons à bestiaux soient au nombre de 25 et non de 30. Se tenant au quai d'embarquement jusqu'à 3 heures du matin, le rabbin Schilli accompagne ensuite le train jusqu'à Montpellier, lieu au-delà duquel l'autorisation de l'intendant de police n'est plus valable.

La deuxième vague de déportations concerne les juifs des « groupes de travailleurs étrangers ». Dès le 17 août, une nouvelle réunion des aumôniers permet de mettre en place la défense de ces personnes. Le 21, les aumôniers et les rabbins sont tous présents dans les centres de départ, 13 au total.

La troisième vague de déportations débute le 26 août. Le 22 août, l'aumônerie générale apprend que des rafles vont se dérouler, visant essentiellement les juifs étrangers entrés en France après 1936. De nombreux juifs étrangers touchés par ces arrestations peuvent être prévenus. Mais pas tous. Le 26 août à 4 heures du matin, dans la région de Grenoble, d'importantes forces policières et de gendarmerie munies de listes de juifs étrangers se présentèrent aux domiciles de ces derniers. Les arrestations vont se poursuivre dans la journée, et même dans les tramways. Hommes, femmes et enfants sont conduits dans une caserne de Grenoble. 500 personnes sont arrêtées, ce qui représente à peu près 50 % de l'effectif prévu. Le lendemain, le préfet de l'Isère réquisitionne les appartements vides et ordonne le départ immédiat des juifs arrêtés à 2 heures du matin.

Dans un rapport qu'il adresse au grand rabbin Hirschler le 31 août, Paul David annonce que dans la région d'Agen, la rafle devait porter sur 800 personnes. Mais dans les principales villes, des visites domiciliaires faites la veille de la rafle par la police ou la gendarmerie ont attiré la méfiance des personnes et le lendemain, « seuls » 400 juifs ont été arrêtés. À Agde, Béziers, Marseille, entre autres, des malades sont arrachés de leur lit d'hôpital, des logements sont pillés, quelquefois les gens n'ont même pas le temps de faire leurs valises.

Le 25 août, le grand rabbin Hirschler est appelé d'urgence à Vichy. Il apprend que les catégories d'exemptés repassent à six, et non douze comme il l'avait obtenu. Ainsi la possibilité de laisser les enfants de moins de dix-huit ans en zone libre est supprimée. Les départs doivent commencer le 29 août, dans 24 lieux différents. Munis de ces renseignements, Hirschler repart pour Marseille où il arrive le jeudi 27. Il n'y a pas de temps à perdre pour essayer de défendre les malheureux. Dès 8 heures du matin, 5 dactylos confectionnent des dossiers complets (avec les instructions précises et copies des circulaires officielles) pour les 24 centres de rassemblement prévus, afin que les rabbins puissent faire valoir leurs arguments auprès de la commission de criblage. Les 24 rabbins sont choisis et les jeunes éclaireurs israélites sont chargés de leur apporter les dossiers. Une liaison téléphonique quotidienne est maintenue pour que le grand rabbin Hirschler puisse suivre l'ensemble des opérations. Les aumôniers vont accomplir un travail colossal avec un dévouement total. Leurs interventions seront déterminantes. Ils sont chargés également de missions par les déportés : des enfants leur sont confiés, ils doivent prévenir des familles, reçoivent des objets à transmettre...

On connaît la suite, les conditions déplorables du transport vers les camps, et la mort au bout du chemin si ce n'est en cours de route. Sur le parcours des trains, les rabbins essaient de ravitailler les déportés, mais avec beaucoup de difficultés, comme le raconte le grand rabbin Kaplan, le 11 août 1942 à Lyon :

« J'ai été prévenu qu'un train d'environ 400 déportés venant de Rivesaltes devait passer à la gare de Perrache vers 18 heures et y rester une demi-heure. Je me suis rendu à la gare et suis allé au quai n° 3 où se trouvait le train. L'accès de ce quai était interdit par la police. J'ai demandé à un agent l'autorisation d'aller voir le commissaire de police qui se trouvait sur le quai. L'autorisation m'a été accordée et je me suis présenté au commissaire de police en lui disant ma qualité et en ajoutant que j'aimerais bien pouvoir apporter une parole de réconfort aux déportés. Il m'a été répondu que, par ordre du ministère de l'Intérieur, aucun contact n'était possible. Des vivres avaient été apportés sur le quai pour être distribués ; j'espérais tout au moins pouvoir assister à la distribution. Mais un agent m'a intimé l'ordre de me retirer, sans égard pour ma qualité. J'en ai été alors réduit à me rendre sur le quai n° 4, dans le compartiment d'un train longeant le convoi des déportés, dans l'intention de voir ces malheureux et de leur donner un témoignage de sympathie.

Le spectacle était déchirant ; dans des wagons à bestiaux se trouvaient parqués, sous la surveillance d'un garde mobile, des personnes de tous âges, même des vieillards, dans un état d'affaiblissement physique lamentable. Ils étaient à peine vêtus, l'un d'entre eux était d'une maigreur squelettique. Tous semblaient épuisés de fatigue. Un vieillard de quatre-vingts ans était, au dire de ses compagnons de voyage, couché dans un wagon. En plus des gardes mobiles qui se trouvaient dans chaque wagon, un cordon de police montait la garde entre le train des déportés et le train de voyageurs où je me trouvais. Il était interdit de parler aux déportés, et, à différentes reprises, j'ai été prié de ne pas engager de conversation avec eux.

[...] Si le trajet dure plusieurs jours, comme il faut s'y attendre, il y a tout lieu de craindre de très nombreux décès. [1] »

Les 20 et 21 août, des rafles massives sont encore opérées dans Paris, plus particulièrement dans le XIe arrondissement. Les juifs français ou étrangers sont arrêtés et dirigés sur Drancy.

1. Jacob Kaplan, *Les Temps d'épreuves*, Minuit, 1952.

L'intensification des persécutions en 1943 et 1944

L'occupation de la zone Sud par les Allemands se traduit par une intensification de la lutte contre les juifs et des déplacements de la population juive. Albert Lévy est chargé par le consistoire de voyager à travers la zone Sud pour dresser un état du judaïsme français. Il est utile pour le consistoire et pour le rabbinat de savoir où sont les juifs et où il est urgent de concentrer les moyens. Après l'armistice italien, les Allemands prennent la relève. Une nouvelle dispersion des juifs commence. Elle est particulièrement bien réussie pour les enfants grâce à la collaboration de l'OSE (Œuvre de secours à l'enfance) et de nombreux chrétiens. À la différence de l'UGIF (Union générale des israélites de France) qui refuse d'évacuer ses foyers d'enfants – ce qui leur sera fatal –, l'OSE comprend le danger que courent les 800 jeunes qui lui sont confiés dans des foyers aux adresses bien connues. Aidée par les œuvres chrétiennes et parfois par l'administration, l'OSE ferme ses centres et disperse les enfants dans des familles d'accueil et dans des pensionnats religieux, où ils changent d'identité.

À titre d'exemple, le grand rabbin Kaplan cite un épisode qui eut lieu à Lyon : lors des arrestations du mois d'août 1942, certaines familles internées en zone Sud purent confier leurs enfants à l'OSE. Ainsi, 80 enfants sont remis à l'OSE de Lyon. L'Amitié chrétienne, organisation dont le cardinal Gerlier était le président d'honneur, accepte de prendre en charge ces enfants. Mais l'intendant de police réclame les enfants. Quand la police se présente au local de l'OSE, les enfants n'y sont plus. L'intendant de police et le préfet de région se rendent alors à l'archevêché pour obtenir les enfants. Le cardinal Gerlier répond qu'il garde les enfants. Ils lui annoncent alors que le père Chaillet, secrétaire général d'Amitié chrétienne, dont le rôle a été prépondérant dans le sauvetage des enfants, sera interné. Le cardinal répond que lui seul devrait être interné. Finalement, aucune mesure n'est prise contre le primat des Gaules, mais le père Chaillet est envoyé en résidence surveillée pendant quelques semaines. Ceci créa une grande proximité entre le grand rabbin Kaplan et le père Chaillet qui sera fort utile lors de l'affaire Finaly.

Du 22 au 27 janvier 1943, les Allemands passent Marseille au peigne fin : 782 juifs, dont 600 Français, sont arrêtés. Le 19 avril, des arrestations ont lieu à Avignon, Carpentras, Aix-en-Provence, Nîmes. Le grand rabbin Kaplan, désespéré par son impuissance à aider ses coreligionnaires, dira : « De même que nous sommes hors d'état de faire quelque chose pour eux, de même, si un jour nous sommes déportés nous-mêmes, d'autres, à leur tour, nous regarderont sans pouvoir nous venir en aide... »

Les rabbins eux-mêmes ne sont plus intouchables : certains sont menacés, d'autres arrêtés, d'autres échappent par miracle à la police ou à la Gestapo.

Fin novembre 1943, les tournées d'Albert Lévy prennent fin, les déplacements devenant trop risqués. Mais les relations entre le consistoire central et les communautés persistent grâce à des agents de liaison, la plupart du temps de jeunes éclaireurs israélites appartenant à la « sixième », l'organisation clandestine des EIF (Éclaireurs israélites de France) destinée à cacher les enfants juifs.

Dans le même temps, les attaques antisémites visent désormais aussi les synagogues. Les actes de vandalisme se multiplient : déjà 7 synagogues attaquées dans la nuit du 2 au 3 octobre 1941, puis celle de la Victoire dans la nuit du 20 au 21 juillet 1942, et bien d'autres. En zone Nord, une quarantaine de synagogues sont détruites ou gravement endommagées. L'attaque du 10 décembre 1943, à Lyon, aurait pu conduire à un lourd bilan. Alors que le grand rabbin Kaplan célèbre l'office du vendredi soir, trois grenades sont lancées dans la synagogue, faisant plusieurs blessés. Touvier est reconnu plus tard par la fille du gardien comme étant un des membres du commando. Appelé à Lyon pour diriger l'unité régionale de la Milice (10 départements), il est inspecteur national puis, en janvier

1944, chargé de mission au secrétariat d'État au Maintien de l'ordre. Il infiltre la Résistance, interroge des prisonniers, dirige des rafles, pille des biens et venge Philippe Henriot, le ministre de l'Information exécuté par la Résistance en juin, en faisant fusiller 7 juifs à Rillieux-la-Pape, le 29 juin 1944. En août 1944, Touvier reste au siège de la Milice à Lyon, 5, impasse Cathelin.

Telle est la trame historique dans laquelle Jacob Kaplan a perçu, très tôt, où était la France, celle qui ne se trompe pas, celle de Londres, qui n'a rien à voir avec celle du gouvernement de Vichy, et qui sera la base d'une reconstruction lorsque la guerre prendra fin.

Chapitre VII

La résistance du grand rabbin

Devant la faillite de la France qu'il vénère, le grand rabbin Kaplan va-t-il faire le choix de la fuite, de l'abandon, de la résistance, ou va-t-il porter le combat là où personne ne l'attend, c'est-à-dire en tenant envers et contre tout à représenter le judaïsme avec force et vigueur et avec une confiance en cette France, la véritable, celle qu'il voit toujours derrière le fantôme que brandissent ceux qui se font appeler l'État français ? Son choix est de défendre ses idéaux avec un partenaire surprenant pour l'époque : il se tourne vers l'Église, qui pourtant ne cachait pas son soutien au régime en place.

Sa position, comme celle de la plus grande partie du judaïsme officiel, est très complexe. Fidèle à son héritage « franco-judaïque », le consistoire estime en effet qu'il faut continuer à exister légalement. La ligne de conduite des dirigeants consistoriaux demeure donc légaliste. La seule exception notable est l'OSE qui fait le choix de la clandestinité.

Un fait étrange mérite d'être mentionné : pendant tout le mois d'août 1942, le président du consistoire est absent, pour cause de « vacances » ! Raymond-Raoul Lambert, l'un des grands dirigeants du judaïsme d'avant-guerre, a écrit dans ses carnets [1] qu'aux premiers jours du mois d'août, au moment où

---

1. Raymond-Raoul Lambert, *Carnet d'un témoin, 1940-1943*, Fayard, 1984.

courent les bruits des déportations en zone Sud, il obtient la possibilité d'un rendez-vous avec Helbronner et Albert Lévy chez Laval. Lambert écrit :

« Le président du consistoire central ose prononcer d'abord cette phrase criminelle : si M. Laval veut me voir, il n'a qu'à me convoquer, mais dites-lui bien qu'à partir du 8 août et jusqu'en septembre je pars en vacances et que rien au monde ne pourra me faire revenir. »

Il semble en fait qu'il partait se faire soigner. Sur ces entre-faites, un télégramme du 30 août de Bousquet exige une inten-sification de la traque, en particulier près des frontières espagnole et suisse. Les arrestations deviennent trop nombreuses pour être toutes mentionnées. Face à cette situation, le consis-toire effectue des démarches auprès de Vichy. Un projet de protestation élaboré par le secrétaire général et par Mᵉ Kiefe est soumis à la section permanente le 23 août 1942. S'y retrouvent Adolphe Caen, le grand rabbin de France Isaïe Schwartz, le docteur Bernheim, le grand rabbin Jacob Kaplan, René Meyer, Jacques Meyer, Léon Meiss, R. A. Olchanski, René Worms et Georges Wormser. Après un rappel des événements et la pré-sentation de nombreux témoignages, notamment ceux de Mᵉ Robert Kiefe et du grand rabbin Kaplan, le texte est adopté le 24 août. En voici un extrait significatif :

« Le consistoire central proteste de toute son énergie, tant contre cette atteinte portée au principe du droit d'asile que contre les conditions inhumaines dans lesquelles cette mesure a commencé d'être exécutée par les autorités de la zone non occupée. Le consistoire central ne peut avoir aucun doute sur le sort final qui attend les déportés après qu'ils auront subi un affreux martyre. Le chancelier du Reich n'a-t-il pas déclaré dans son message du 24 février 1942 : "Ma prophétie, suivant laquelle, au cours de cette guerre, ce ne sera pas l'humanité aryenne qui sera anéantie mais les juifs qui seront exterminés, s'accomplira. Quoi que nous apporte la bataille et quelle qu'en soit sa durée, tel sera le résultat final."

Ce programme d'extermination a été méthodiquement appliqué en Allemagne et dans les pays occupés par elle, puisqu'il a été établi par des informations précises et concordantes que plusieurs centaines de milliers d'israélites ont été massacrés en Europe orientale, ou y sont morts, après d'atroces souffrances, à la suite des mauvais traitements subis. [...] Le consistoire central demande au moins, pour le cas où il ne serait pas possible d'obtenir la révocation de l'ensemble de ces mesures, de maintenir la totalité des exemptions qui avaient été appliquées aux premiers convois et notamment d'en exclure tous les anciens combattants et volontaires étrangers et leurs familles, les enfants de moins de dix-huit ans isolés et, en tout cas, les jeunes filles pour qui ces déportations risquent d'avoir les conséquences les plus révoltantes.

Demande également de décider que les parents d'enfants âgés de moins de cinq ans ne soient pas déportés ainsi que toutes les femmes enceintes. »

Des exemplaires de ce texte sont envoyés à tous les membres du consistoire, aux présidents des communautés et rabbins, à Pétain, au nonce, au pasteur Boegner (président de l'Église réformée), au président de la Croix-Rouge, aux prélats, aux ministres, aux préfets et aux journalistes. Il semble que ce texte soit la première protestation publique contre l'extermination des juifs diffusée pendant la guerre. On ne peut mesurer l'impact de la diffusion de ce communiqué. Seuls ceux qui savaient déjà et se sentaient concernés ont poursuivi leur combat, sans qu'il y ait de réel retournement de la collectivité en faveur des juifs. Ainsi, dès 1942, les Français ont pu être informés, dans les grandes villes du moins, par les tracts et les journaux qui circulaient. Ainsi, *J'accuse* n° 3 de novembre 1942 décrit-il les rafles de façon précise, sous le titre explicite : « La chasse aux hommes, femmes et enfants juifs bat son plein. Ils sont entraînés à la déportation donc à la mort. » Et *J'accuse* n° 14 de juin 1943 titre : « Par le feu et le fer, les hitlériens achèvent l'extermination totale de 4 millions de juifs en Pologne ! »

Le grand rabbin Kaplan et le cardinal Gerlier

À côté de ses fonctions d'auxiliaire du grand rabbin de France, Jacob Kaplan exerce également celles de grand rabbin de Lyon par intérim, le rabbin Bernard Schonberg étant déporté.

Le 17 août 1942, le grand rabbin Kaplan engage une démarche auprès du cardinal Gerlier à Lyon pour l'inciter à intervenir auprès du gouvernement de Vichy contre les arrestations des juifs et leur déportation en Pologne. Il parvient à toucher le cardinal Gerlier qui pourtant n'était pas réputé pour sa proximité avec le judaïsme. « Je lui dis que le grand rabbin de France est absent, que c'est d'accord avec lui à qui j'ai téléphoné que je fais cette démarche. Je suis venu jeter un cri d'angoisse et le supplier d'intervenir. »

Il est très choqué par les scènes auxquelles il a assisté en gare de Lyon-Perrache lors du passage de convois de déportés. « Malheureux qui sont déportés [qui] ne sont pas en état de travailler. Ils ont été pris dans des camps et on peut deviner quel est leur état physique. J'en ai vu passer des centaines à Lyon. » Il s'agit probablement des 400 déportés venant du camp de Rivesaltes dont nous avons déjà parlé. Le rabbin Kaplan, à ce moment-là, a conscience qu'il ne s'agit pas de les regrouper dans un pays lointain, mais de les y exterminer. Le cardinal Gerlier croit encore à un regroupement ethnique, mais le rabbin Kaplan lui répond que la volonté exprimée par Hitler est d'exterminer les juifs.

Le cardinal lui déclare que le cardinal Suhard a déjà protesté au nom de l'Église en général, et que lui-même par conséquent ne devrait intervenir qu'au sujet des seuls événements qui se sont produits ou se produisent dans son diocèse lyonnais. Le cardinal étant absent au moment des regroupements à Lyon, il lui répond qu'il entend savoir ce qui se passe exactement dans son diocèse pour intervenir en faveur des juifs. Cependant, il rappelle que son interlocuteur est le préfet de région et non pas le maréchal Pétain. Kaplan revient à la charge, lui demandant d'intervenir en faveur de tous les juifs de la zone libre. Il lui annonce qu'environ 400 juifs sont alors internés au stade des Iris et au fort Chapeley dans l'attente d'être emmenés en déportation vers l'Allemagne. Ces 400 personnes appartiennent sans aucun doute au groupe de 10 000 juifs que la France veut livrer à l'Allemagne, se faisant ainsi complice de la déportation, alors même qu'il n'y a pas encore d'Allemands en zone Sud. Il souligne que la voix du primat des Gaules s'élevant contre la livraison à l'Allemagne de milliers de juifs ne pouvait pas ne pas être entendue. Ébranlé par le discours du grand rabbin Kaplan, Gerlier accepta d'écrire au maréchal, au nom de l'Église de la zone libre, mais non pas au nom du Vatican, considérant que le pape Pie XII serait perçu par Hitler comme son grand ennemi. Kaplan le remercie avec force mais lui demande de faire également une « démarche personnelle à Vichy » auprès de Pétain. Gerlier lui répond qu'une lettre lui semble mieux convenir et serait plus efficace. Kaplan lui rétorque qu'à son avis Hitler se livre à une sorte d'épreuve de force, pour savoir jusqu'à quel point il peut aller dans l'horreur, sans recevoir en retour plus qu'une réaction scandalisée de la conscience chrétienne.

À la mort du cardinal Gerlier, en 1965, le grand rabbin Kaplan déclarera dans *Le Monde* :

« J'apprends avec émotion le décès du cardinal Gerlier. Je vous prie d'agréer mes déférentes condoléances religieuses et l'expression de ma reconnaissance pour l'action religieuse du grand prélat en faveur des juifs pendant l'Occupation.[1] »

1. *Le Monde*, 19 janvier 1965.

L'archevêque de Lyon, pourtant, avait clairement marqué son peu de sympathie pour le judaïsme lorsque, rendant compte le 31 août 1940 d'une réunion de l'assemblée des cardinaux et archevêques de France, il déclarait :

« Des dispositions graves seront sans doute décidées prochainement contre les juifs. L'existence d'une communauté juive internationale peut obliger un État à prendre des mesures de protection au nom même du bien commun. [...] Il peut paraître légitime de la part d'un État d'envisager un statut légal particulier contre les juifs (comme l'avait fait la papauté à Rome). Mais ce statut doit s'inspirer des règles de la justice et de la charité, ne pas être animé d'un esprit de haine ou de vengeance politique et tendre à ce double objectif : sauvegarder les droits de la personne humaine, tout en empêchant tout mode d'activité susceptible de nuire au bien commun du pays. »

Le même Gerlier sera présent le 1ᵉʳ juillet 1944 aux obsèques de Philippe Henriot, le zélé pétainiste exécuté par la Résistance. Il reste toutefois que la rencontre du 17 août 1942 entre le cardinal Gerlier et le grand rabbin Kaplan aura été décisive dans le réveil de la conscience chrétienne.

Le réveil de la conscience chrétienne

La prise de conscience de l'Église au sujet de la condition des juifs doit beaucoup au grand rabbin Jacob Kaplan. Longtemps, en cette terrible époque de l'Occupation, l'Église a semblé pour le moins indifférente au sort réservé aux juifs par le gouvernement de Vichy. Jusqu'au début 1943, les propos de l'Église étaient très mesurés, évitant le contact frontal avec Vichy. Il faut dire qu'en 1940 l'Église avait clairement trouvé un écho à certains de ses principes et dogmes dans le fameux triptyque

« Travail, Famille, Patrie » – tout comme le rabbinat, d'ailleurs, comme nous l'avons vu – et de manière générale dans le principe d'ordre que prônait la Révolution nationale élaborée par Pétain. Une partie de l'Église est en accord avec la Révolution nationale qui lui permet de retrouver une place perdue depuis longtemps. On ne perçoit aucune volonté de faire pression sur le maréchal pour empêcher les lois et décrets antisémites. Les plus courageux se bornent à définir des valeurs chrétiennes sans pour autant aller plus loin. Certes, les évêques veulent faire entendre leur voix, mais ils ne menacent pas le régime de mesures extrêmes telles que l'excommunication de certains des membres les plus antisémites. Quand l'Église parle de déportations qui ne concerneraient que des hommes valides, c'est encore se leurrer sur la réalité, et il faut que le grand rabbin Kaplan rappelle l'évidence : les femmes comme les enfants et les vieillards sont déportés. On peut s'interroger sur ces propos nuancés alors que certains prêtres et pasteurs (pour ne pas parler des organisations résistantes tous partis confondus) parlaient déjà d'assassinats de familles juives entières à l'Est en 1941, et que certains aidaient les juifs à se cacher.

On ne peut cependant considérer le positionnement de l'Église de façon trop manichéenne. Certains hommes d'Église ont tenu, par un engagement et par un comportement héroïque, à sauver des juifs en France. De très nombreux religieux et religieuses sont Justes des Nations. En sauvant des juifs, ils ont sauvé l'âme de l'Église et celle de la France. Le 2 juin 1941, lors du second statut des juifs, les pères Chaine, Richard, Bonsirven et de Lubac ont élaboré le texte de protestation suivant :

« Devant la propagande antisémite aujourd'hui déclenchée dans le pays et les mesures législatives concernant les juifs qui viennent d'être promulguées, il ne nous est pas permis de nous taire. L'Église est intervenue plus d'une fois au cours de ces dernières années pour condamner l'antisémitisme. L'Église ne saurait oublier que les israélites sont les descendants de ce peuple qui fut l'objet de l'élection divine dont

Elle est le terme, de ce peuple dont est issu le Christ, notre Sauveur, et la Vierge Marie, et les Apôtres. »

Mais cette belle réaction n'est pas assez forte pour émouvoir l'Église comme le montre un extrait du rapport du 2 septembre 1941 de Léon Bérard, ambassadeur de France près le Saint-Siège, envoyé de la cité du Vatican à Pétain :

« Il ne m'a jamais rien été dit au Vatican qui supposât, de la part du Saint-Siège, une critique ou une désapprobation des actes législatifs et réglementaires dont il s'agit. Maintenant, je puis affirmer, en outre, qu'il n'apparaît point que l'autorité pontificale se soit à aucun moment occupée ni préoccupée de cette partie de la politique française et qu'aucune plainte ou requête venue de France ne lui en a, jusqu'à présent donné l'occasion. »

Les catholiques de gauche sont à la pointe de ce combat. Voici un extrait des *Cahiers de Témoignage chrétien* de mars-avril 1942 :

« Dans la "demi-liberté" qui nous est laissée, en face de l'Allemagne hitlérienne qui cherche parmi nous des complices pour nous diviser et mieux nous asservir, l'antisémitisme avec ses exclusives est plus qu'une honte, c'est une trahison dont la France unanime devra un jour demander justice.

Profitant de la défaite de nos armes et de la protection du vainqueur pour faire passer dans nos institutions des textes de lois et de décrets qui déshonorent leurs victimes sans défense pour mieux frapper d'interdit la vie française, les antisémites interprètent le silence forcé de la Nation comme un acte d'acquiescement. Français et Chrétiens ! Nous venons rompre solennellement ce silence... La France chrétienne n'entend pas davantage être complice. »

Ceci porte témoignage sur l'opinion du Vatican, et malgré ce silence de l'Église de France envers sa tutelle, certains trouvent qu'elle en fait encore trop. Brasillach accuse monseigneur Saliège de « révolte quasi ouverte contre l'ordre nouveau [1] » et la presse de l'ultra-collaboration se déchaîne contre monseigneur Gerlier :

« Du fait de son autorité sacerdotale qu'il prostitue, cet homme est un danger public et il est un de ceux qui méritent immédiatement le poteau. Au nom de la France, au nom de ma Patrie chérie, de la chrétienté tout entière, je réclame la tête de Gerlier, cardinal, talmudiste délirant, traître à sa foi, à son pays, à sa race ; Gerlier, je vous hais. [2] »

Ce n'est pas un certificat de bonne conduite, mais une telle haine ne peut provenir que du sentiment que si les grands prélats s'opposent publiquement à la politique de chasse aux juifs, les Français seront plus nombreux à leur apporter de l'aide.

Le protestantisme semble avoir eu une réaction plus prompte. Dès l'automne 1940, le pasteur Marc Boegner, président de l'Église réformée, entreprit des démarches auprès des autorités de Vichy contre le statut des juifs et la politique menée envers les juifs étrangers. Son message est très fort, rempli de compassion et manifeste la dignité et le courage de ce pasteur. Le 20 août 1942, il écrit à Pétain au sujet des rafles, pour en dénoncer fortement à la fois le principe et les conditions. Il termine en s'adressant au maréchal :

« Je vous supplie, Monsieur le Maréchal, d'imposer des mesures indispensables pour que la France ne s'inflige pas à elle-même une défaite morale dont le poids serait incalculable. »

1. *Je suis partout*, 21 août 1942.
2. *Au Pilori*, 8 octobre 1942.

Il faudra attendre le traumatisme provoqué par la rafle du Vél' d'Hiv le 16 juillet 1942 pour que les autorités catholiques affirment leur désaccord[1]. Le 22 juillet 1942, assemblés à Paris, les cardinaux et archevêques de France rompent enfin le silence et adressent, sous la signature du cardinal Suhard, archevêque de Paris, une lettre de protestation à Pétain :

« Monsieur le Maréchal,

Profondément émus par ce qu'on nous rapporte des arrestations massives d'israélites opérées la semaine dernière au Vélodrome d'Hiver, Nous ne pouvons étouffer le cri de notre conscience.

C'est au nom de l'humanité et des principes chrétiens que notre voix s'élève, pour une protestation en faveur des droits imprescriptibles de la personne humaine.

C'est aussi un appel angoissé à la pitié pour ces immenses souffrances, pour celles surtout qui atteignent tant de mères et d'enfants.

Nous vous demandons, Monsieur le Maréchal, qu'il vous plaise d'en tenir compte, afin que soient respecté les exigences de la justice et des droits de la charité. »

On peut noter que la lettre se révèle un peu plus respectueuse dans le style envers le maréchal que celle du pasteur Boegner, qui est, elle, plus directe, plus politique, et qui « supplie » le maréchal alors que les évêques et cardinaux « demandent ». Le cardinal Gerlier notifiera également son désaccord au maréchal, le 19 août 1942. Cependant, il faut noter que le cardinal Gerlier ne rejette pas en bloc la politique antisémite de Vichy.

Le 24 août 1942, Woehring, diplomate allemand, fait un résumé assez juste de la situation des rares récriminations officielles contre le traitement des juifs :

1. Dès l'été 1941, monseigneur Saliège, archevêque de Toulouse, avait fait entendre sa voix, mais il fut un exemple rare.

« Laval confirma que cette manière de procéder contre les juifs avait conduit à différentes reprises à des protestations du gouvernement américain, du Saint-Siège et aussi du mouvement Quakers. Il ajouta en riant qu'il acceptait volontiers de telles leçons de morale, mais qu'il ne se laisserait pas influencer le moins du monde par ces dernières dans ses actes... »

Cependant, on peut légitimement penser que ce réveil de l'Église a pu être dicté par le traumatisme de l'été 1942 qui amena un début de réveil dans l'opinion publique française. À travers les rapports des préfets par région et par département, on voit apparaître un mécontentement à peu près unanime des Français de zone libre, confrontés à ces brutales mesures anti-juives. Les Français sont choqués par les souffrances des familles juives et par la violation des traditions d'asile et d'hospitalité. On peut avancer l'idée que ces rapports préfectoraux sont sans doute tous parvenus sur le bureau de Laval dès les premiers jours de septembre et ont dû le convaincre de l'impopularité de ces mesures. Si l'on ajoute la réaction du clergé, on comprend que dès le 2 septembre Laval ait pu modifier son attitude.

Le 21 août 1943, l'Église réagit à la menace de dénaturalisation des juifs naturalisés après août 1927. Monseigneur Chappoulie, représentant de l'épiscopat à Vichy, écrit ainsi à Jean Jardel, secrétaire général du chef de l'État français :

« Si les juifs qui ont reçu la nationalité française en 1927 s'en voient privés en vertu d'un texte signé par le chef de l'État, ils deviendront du coup apatrides. Les autorités d'occupation procéderont alors à leur arrestation en masse et à leur déportation (au moins en ce qui concerne les hommes valides) vers l'Est européen. [...]

L'Église se considère comme tenue de prendre la défense des faibles et des opprimés. Elle se tient pour la gardienne du droit naturel et c'est attenter à ce droit que de disloquer les familles, d'arracher des enfants à leur père et à leur mère quand on ne formule point contre eux d'autres griefs que leur appartenance à une "race" déterminée.

Aujourd'hui de nouvelles déportations provoqueraient parmi les catholiques une vague accrue d'émotion et de tristesse et il est probable que les évêques se croiraient tenus une fois encore de faire entendre leur voix. »

À la suite de cette lettre, Pétain refusa la dénaturalisation massive de dizaines de milliers de juifs, ce qui démontre que la voix de l'Église portait lorsqu'elle s'exprimait. Son silence n'en est que plus lourd. Le 1er octobre 1997, l'épiscopat de France a fait une déclaration de repentance pour confesser son silence pendant la Shoah et pour avoir failli dans sa mission éducative en ayant laissé se développer « l'enseignement du mépris ».

Nouveaux contacts avec la hiérarchie catholique

Était-ce par tactique vis-à-vis du cardinal Gerlier, afin d'amener l'Église à agir ? Ou la réflexion était-elle profonde ? Tentant d'analyser la haine d'Hitler envers les juifs, le rabbin Kaplan explique qu'elle serait uniquement le reflet d'une haine de la Bible, de la religion et de la morale biblique, et non exclusivement du judaïsme. Il précise au cardinal lors de son entretien que, en défendant les juifs, ce sont les chrétiens qui sont également défendus. Le rabbin Kaplan pense qu'Hitler ne pouvant attaquer de front le christianisme a cherché à l'atteindre de biais en prenant comme cible les juifs. Cette position, pour humaniste qu'elle soit, paraît contestable au vu des études récentes menées sur les fondements de l'antisémitisme qui a conduit au meurtre organisé de tout un peuple.

Jacob Kaplan remercie le cardinal Gerlier et, avant de le quitter, lui remet différents documents : la relation signée sur le passage des déportés à la gare de Perrache ; la relation d'une assistante sociale sur ce qu'elle a vu au vélodrome d'Hiver ; une note sur les arrestations de Paris ; une note sur le massacre de 380 000 juifs en Roumanie ; un article de *La Gazette de Lausanne* sur le droit d'asile. Le cardinal le prie de rester en contact avec lui. Le prélat tient parole et, le 19 août, Gerlier écrit à Pétain au nom des archevêques de la zone libre. Il s'associe à la démarche faite par le cardinal Suhard et lance un appel au grand esprit « de justice et à la profonde bonté » de Pétain. Ce texte est très vite mis en circulation auprès des dirigeants juifs. Il semble qu'à la suite de cette lettre Laval ait demandé aux autorités d'occupation de ralentir leur campagne de déportations. Le cardinal a-t-il quand même effectué une démarche personnelle auprès de Pétain comme il l'avait promis à Kaplan ? Aucune trace n'en a été conservée, mais cela ne signifie pas pour autant qu'elle n'eut pas lieu. Le 6 septembre suivant, un communiqué concernant les mesures de déportation est lu dans tout l'archidiocèse de Lyon. Le cardinal Gerlier prend donc position, et ces gestes, après ceux des archevêques de Toulouse et de Montauban, contribuent à inverser la tendance de l'Église de France. Le grand rabbin Kaplan par sa force de persuasion y est pour beaucoup.

De leur côté, les milieux consistoriaux refusent de se satisfaire de la démarche faite auprès de Gerlier. Dès le 19 août, Jacob Kaplan rencontre le père Gillet, supérieur français des Dominicains. Il est accompagné de l'avocat Léon Netter et de R. A. Olchanski. Le père Chenu assiste également à cet entretien. Le but de la démarche est d'informer le père Gillet avec la plus extrême précision au sujet des mesures prises contre les juifs français et étrangers. Le père Gillet s'indigne et dit qu'il allait au plus vite rencontrer Pétain et Laval, afin de leur signifier ce que l'Église et le pape – qu'il compte mettre au courant – pensent de ces persécutions. Il exprime son vif étonnement en découvrant toute l'aide que les autorités allemandes ont obtenue de la France pour appliquer leur politique d'extermination des juifs. Olchanski lui remet des documents sur ce qui se passait en Pologne et en Roumanie, peut-être les mêmes que ceux remis par Kaplan à Gerlier.

Le 17 septembre, une autre rencontre eut lieu entre le père Gillet, Kaplan et Olchanski. Les résultats se révèlent beaucoup moins satisfaisants. Il n'y a plus de forte indignation, mais l'acceptation du fait de guerre, du *vae victis* comme le remarque Kaplan dans le compte rendu qu'il rédige à la suite de cet entretien. Le père Gillet a vu Laval et lui a parlé du trouble provoqué dans les consciences chrétiennes. Le père Gillet explique que Laval ne pouvait pas agir autrement : il reçoit des ordres de l'occupant et il doit obéir. Le grand rabbin Kaplan lui rétorque qu'il entend partout la même réponse : toutes les personnes sollicitées sont personnellement disposées à lui donner satisfaction, mais elles ne peuvent le faire en raison des ordres reçus. Gillet répond qu'il y avait une limite que Laval ne laisserait pas dépasser. Il est clair qu'il avait reçu une confidence de ce dernier. Gillet donne l'assurance que dans la pensée de Laval, il n'est pas question d'aller plus loin que la déportation des juifs étrangers et confirme qu'il n'y aurait pas de mesures prises contre le culte. Quant aux juifs déportés, il lui a été dit qu'ils étaient envoyés en Pologne, entre Lublin et Cracovie, pour y travailler. Le grand rabbin Kaplan lui demande alors pourquoi, s'il en est ainsi, des vieillards avaient aussi été déportés. Gillet répond qu'il s'agissait de vieillards qui se trouvaient dans les camps. L'Allemagne, qui les avait expulsés de chez elle, ne faisait que les reprendre, car leur présence en France lui portait un préjudice moral. Il ajoute que Pétain est très peiné de cette situation. Kaplan et Olchanski sortent très déçus de cet entretien.

D'autres visites de Helbronner chez le cardinal Gerlier eurent lieu par la suite. Le grand rabbin de France écrivit plusieurs lettres. Il y eut des interventions, notamment en faveur des juifs français raflés à Marseille. Le 23 septembre 1943, Helbronner, toujours fidèle à ses anciennes amitiés, écrit à Gerlier une lettre dans laquelle il lui exprime son émotion après l'occupation de Rome par les Allemands. Gerlier lui répond qu'il est très touché des termes dans lesquels les dirigeants israélites lui ont fait connaître la part qu'ils prenaient en ces jours noirs de l'Église.

Il sera beaucoup moins prolixe lorsqu'on l'informa de l'arrestation de Helbronner et de sa femme.

Le pasteur Boegner, président de l'Église réformée, adopte quant à lui une position nettement plus énergique que celle du cardinal. Le protestantisme démontre son engagement par les risques qu'il prend, en particulier au Chambon-sur-Lignon, dans le Vivarais, où toute une région cache des juifs. C'est le seul village qui est Juste des Nations collectivement, et c'est au Chambon que le président de la République Jacques Chirac a symboliquement choisi de faire, en 2005, son grand discours à l'occasion du 60ᵉ anniversaire de la libération des camps.

C'est un combat pour la vie que celui du grand rabbin Kaplan. S'appuyant sur ses relations d'ancien combattant, il s'emploie à entraîner les chrétiens sur une voie qui conduira, plus tard, à la confiance, et qui permettra de poser les bases d'une révolution des esprits par le rapprochement des frères ennemis du monothéisme. En attendant, l'essentiel est de sauver le judaïsme, attaqué physiquement mais aussi spirituellement. Et dans ce combat pour la vie et pour l'esprit, le grand rabbin Kaplan s'efforce de maintenir vivant, malgré tout, un judaïsme religieux.

Chapitre VIII

La vie culturelle et religieuse en temps de guerre

En 1944, la physionomie de la communauté juive française n'a plus grand-chose de commun avec ce qu'elle était au début de la guerre. Les déportations l'ont réduite et les survivants se sont déplacés. En juin 1944, il ne reste que 60 000 juifs à Paris. En zone Sud, devenue terre de refuge, la population juive atteint 140 000 individus en 1943 et 150 000 en 1944. En février 1943, on en compte 40 000 dans la région de Lyon, 32 000 à Marseille, 25 000 à Toulouse, 15 000 à Nice, 12 000 à Limoges, 8 000 à Montpellier et autant dans la région de Clermont-Ferrand.

Pour tous ceux qui ont survécu aux années de guerre, d'occupation et de persécution, le culte et la vie culturelle juive se sont poursuivis dans les conditions les plus difficiles. C'est dans cette activité que se sont souvent dessinées les voies du renouveau qui prévaudront une fois la paix revenue.

Dès le lendemain de la défaite, il apparaît indispensable aux autorités consistoriales de poursuivre la vie cultuelle et de mettre en place une instruction religieuse adaptée à la situation et dirigée principalement vers la jeunesse. Une commission dirigée par Edmond Fleg se penche sur cette question. Elle instaure un programme de cours et le jeune rabbin Samy Klein est chargé d'en organiser la mise en route et l'application. Lui-même rédige plusieurs cours que complètent Edmond Fleg. Il s'agit de cours dactylographiés adressés à 64 centres en France touchant environ 4 000 jeunes. Ces enseignements sont prodigués par des chefs scouts ou par des responsables de mouvements de jeunes choisis par Samy Klein. Ils insistent sur le patrimoine spirituel et culturel juif, une manière de réagir au courant de déjudéisation d'avant guerre.

Samy Klein informe régulièrement Jacob Kaplan de l'évolution de cet apprentissage en France mais également en Algérie. Les juifs des départements algériens, privés désormais de la nationalité française et exclus de l'enseignement public, doivent organiser leur propre formation. Samy Klein y effectue une tournée d'inspection afin de trouver la réponse cultuelle la mieux adaptée à la situation des juifs d'Algérie. Il décrit à Jacob Kaplan la force potentielle que représente le judaïsme algérien.

Malgré les persécutions, la pratique religieuse a pu se maintenir, même si elle varia suivant l'intensification des déportations. Dans certaines régions elle fut réduite et disparut même dans d'autres. Aucune interdiction légale n'empêche le culte juif d'être pratiqué, mais de telles restrictions sont imposées qu'il paraît très difficile de vivre un judaïsme religieux. Il y a un seul rabbin à Paris lorsque les Allemands y entrent et seul le grand rabbin de Paris Julien Weill revient dans la capitale. Dans l'est de la France, des synagogues sont détruites, comme à Strasbourg ou Sarreguemines, ou utilisées en tant que dépôt par l'envahisseur, comme à Nancy, Reims ou Verdun. Ailleurs, en général, les lieux de culte restent ouverts sauf lorsque, sans raison véritable, leur fermeture est décrétée, comme à Boulogne-Billancourt ou encore rue Vauquelin. Il est vrai que ce dernier lieu est symbolique puisqu'il s'agit du séminaire de formation des rabbins, dont toute la bibliothèque est pillée et amenée en Allemagne. Tel est d'ailleurs le sort de très nombreux objets du culte et rouleaux de la Torah, dispersés ou volés par les Allemands, soit par simple lucre, soit pour alimenter le musée du judaïsme défunt que les nazis avaient en tête. De nombreux objets de culte sont dispersés, pour être vendus ou mis à l'abri. Par exemple, le grand séminaire catholique de Reims possède une décoration de Torah faisant la paire avec un *yad* servant à suivre sur le rouleau de la Torah que possède toujours la synagogue de Reims.

À Lyon, les offices religieux journaliers ont persisté jusqu'au mois de juin 1944. Mais la Gestapo arrête les personnes venues pour la prière, et le consistoire entre alors dans la clandestinité. À Clermont-Ferrand, l'école rabbinique, sous la direction du grand rabbin Maurice Liber, continue son enseignement aux élèves rabbins. À Limoges également, l'école préparatoire au séminaire, sous la direction d'Abraham Deutsch, reste ouverte.

Paradoxe désagréable et hypocrisie criante, le gouvernement de Vichy, qui établit un statut particulier pour les juifs, prône toujours officiellement la liberté religieuse. C'est d'ailleurs sur la base de l'article 2 de la loi du 29 novembre 1941 qui instituera l'UGIF et qui reconnaît toujours l'existence légale des consistoires que se basera le consistoire central pour... ne pas adhérer à l'UGIF :

« Toutes les associations juives existantes sont dissoutes, à l'exception des associations cultuelles israélites légalement constituées. »

Dans les grandes villes, l'abattage rituel des animaux pour alimenter les boucheries cacher est maintenu. Des pains azymes sont toujours fabriqués chaque année pour Pessah.

Le grand rabbin Kaplan a été confronté lui-même à la question des pains azymes. Il fait des démarches auprès de l'administration pour obtenir la farine nécessaire à la fabrication des *matsot*, les pains azymes. Il est renvoyé de délai en délai par un fonctionnaire qui ne comprend pas son impératif. Lorsqu'il se trouve au dernier délai au-delà duquel la fabrication ne sera plus possible, il se met en colère contre lui et dit : « Je sais pourquoi vous ne me donnez pas de farine, c'est parce que je suis juif. Mais, vous, qu'avez-vous fait pendant la guerre, en lui montrant le revers de sa veste, vierge de toute décoration, et celui de sa propre veste, décorée de la croix de guerre et de la Légion d'honneur. »

Le plus étonnant, après une telle réplique, est que le fonctionnaire se soit excusé : « Je vous assure, monsieur le rabbin, qu'il n'y a aucun antisémitisme dans ces retards ; je vais tout faire pour que vous ayez la farine à temps. »

Jacob Kaplan a obtenu la farine et a pu faire les pains azymes nécessaires à la fête de Pessah. Nous retrouvons chez Jacob Kaplan à la fois sa confiance en la France authentique qui ne saurait reconnaître officiellement son antisémitisme, et sa confiance en Dieu puisque, selon la tradition juive, les envoyés pour une bonne action ne sont pas importunés.

De même, un effort particulier est accompli pour continuer l'éducation religieuse des jeunes. Il est d'ailleurs stupéfiant que, en un temps de danger extrême, Jacob Kaplan, puisque c'est lui qui se charge de ce programme, consacre autant d'efforts à protéger l'enseignement religieux. Cela renvoie à la situation du judaïsme sous le joug de Rome qui, malgré l'interdiction formelle, continuait, à l'image de Rabbi Aquiba, à enseigner la Torah.

Dans cet effort d'organisation, la résistance active n'est pas oubliée. Le rabbin Jean Eichinski crée la première officine de faux papiers avec la couverture du préfet qui lui permet aussi de poursuivre les enseignements religieux. Le 28 avril 1943, rue Bizanet, à Grenoble alors occupé par les Italiens, est créé le Centre de documentation juive contemporaine. L'initiateur en est l'homme d'affaires prospère Isaac Schneersohn, immigré de Russie. Les usines du groupe qu'il dirigeait ont été aryanisées. Dès 1942, il sillonne la zone libre pour prendre des contacts afin de créer un centre de documentation. L'historienne Annette Wieviorka a tenté de définir les motivations qui ont amené Schneersohn à créer ce centre. Elle reprend la suggestion de Raymond-Raoul Lambert qui évoquait la préparation d'un nouvel organisme communautaire pour l'après-guerre. L'historien Léon Poliakov pense qu'il tente de rassembler une documentation pour récupérer les biens juifs « aryanisés » et pour témoigner de la persécution. C'est pendant les heures les plus noires de l'Occupation qu'est créé le premier lieu français d'histoire et de mémoire du génocide.

Même si les principaux textes législatifs régissant la liberté de culte sont officiellement conservés, il existe dans les faits une forêt d'obstacles administratifs qui réduisent considérablement les possibilités de pratique des juifs. Pour la *matsa*, le pain azyme de Pâque, en dehors des difficultés que nous avons vues pour le grand rabbin Kaplan, il est exigé des tickets pour 1,5 kilo de pain... pour seulement 1 kilo de *matsa*. À Cannes, le rabbin Léon Bermann exhume les statuts d'une ancienne association israélite et met en place un oratoire où il célèbre des offices religieux. Mais un jour de shabbat, la police intervient et chasse les fidèles en prières, sous prétexte qu'il ne s'agissait pas d'un lieu de culte. Le pasteur Charles Monod lui prête alors une salle des fêtes pour y célébrer les offices du jour de Kippour. En 1941, le rabbin Bermann comptait environ 400 familles juives réfugiées à Cannes. Il réunit, à l'occasion des fêtes de Tichri, en moyenne 300 personnes. Son action ne se limita pas aux seules pratiques du culte. Grâce aux dons de ses fidèles, il versa des aides au CAR (Comité d'Aide aux Réfugiés) de Nice et à celui de Montpellier afin de confectionner des colis pour les internés des camps.

Menaces contre les autorités du judaïsme

L'année 1943 a marqué la dégradation de la situation. Les actions menées contre le grand rabbin de France en sont les signes. Mais c'est aussi l'arrestation de Jacques Helbronner et celle d'André Baur, président de l'UGIF-Nord, le 22 juillet, qui sont suivies un mois plus tard, le 21 août, par l'arrestation de Raymond-Raoul Lambert à Marseille. Les dernières démarches des organisations juives auprès de Vichy datent du mois d'août 1943 et concernent l'arrestation d'André Baur. Il y eut probablement encore des démarches entreprises par Léon Meiss en octobre.

Helbronner se savait menacé. Nous ignorons quelles ont été les causes de son arrestation et de celle de sa femme le 28 octobre 1943. Il semblerait, d'après le récit de Léon Meiss, qu'un ordre soit venu de Berlin. Le même jour, Léon Meiss avise Pétain, Laval et le vice-président du Conseil. Toutes ces démarches restent vaines. M. Helbronner et sa femme seront assassinés dès leur arrivée au camp d'Auschwitz, le 23 novembre 1943. Léon Meiss devient président du consistoire central. Jusqu'à la fin de la guerre, il indiquera sur tous ses actes signés, en signe de respect et pour rappeler les événements, la mention « pour le président déporté ».

Après ce tragique événement, c'est au tour du grand rabbin de France d'être menacé par un groupe de collaborateurs de la police allemande, sous la direction de Francis André, surnommé « Gueule tordue ». Le dimanche 9 janvier 1944, vers 20 heures, le grand rabbin et sa femme trouvent deux miliciens chez eux venus pour l'arrêter et l'emmener au sinistre fort de Montluc. Le grand rabbin engage une discussion de plusieurs heures avec eux, leur faisant remarquer que la victoire allemande ne semble plus être évidente, que les Alliés gagnent du terrain. Ils acceptent de dire à la Gestapo que le grand rabbin n'était pas chez lui. Isaïe Schwartz et sa femme en profitent pour s'échapper et entrer dans la clandestinité jusqu'à la Libération. La rapidité de son évasion prouve qu'il avait déjà prévu une solution de repli.

Désormais, il appartient à Jacob Kaplan d'assumer seul les fonctions de grand rabbin de France. En janvier 1944, Léon Meiss nomme Jacob Kaplan grand rabbin de France par intérim. Il décline d'abord cette offre, puisque le vote de l'Association des rabbins français de 1941 avait désigné le grand rabbin Liber à cette fonction en cas d'empêchement du grand rabbin Schwartz. Le grand rabbin Kaplan voue une admiration sans borne à Liber depuis l'époque où celui-ci éditait la revue *Chéma Israël*. Devant l'obstination de Kaplan, Meiss décide d'organiser une rencontre avec Liber qui accepte de se désister. C'est seulement à cette condition que le grand rabbin Kaplan accepta sa désignation. Sur sa proposition, le rabbin Samy Klein, aumônier de la jeunesse, lui fut adjoint. La section ratifia ces propositions dans sa séance du 21 janvier 1944.

La création du CRJF

Jacob Kaplan, toujours auxiliaire du grand rabbin de France mais grand rabbin de facto, accompagne Léon Meiss aux réunions qui aboutissent à la création d'un Conseil représentatif des juifs de France, le CRJF, qui deviendra le CRIF[1]. Un accord est conclu entre les trois composantes principales de la communauté juive : les sionistes, les communistes, le consistoire. Le BUND est représenté mais son poids dans la Résistance reste faible[2]. C'est surtout grâce à l'action diplomatique de Jacob Kaplan et aux encouragements qu'il prodigue à Léon Meiss que fut créé le CRJF.

C'est une nouveauté historique : le CRJF est à l'origine d'une idée nouvelle pour les Français israélites, celle d'être représentés politiquement. Ainsi, ce n'est plus le consistoire ou le rabbinat seuls qui représentent les juifs, mais un comité où se fédèrent des organisations qui ne se rattachent pas toutes au judaïsme en tant que religion. Le consistoire conserve toutefois un poids important puisqu'il possède la majorité des délégués et que le premier président du CRJF, Léon Meiss, est en même temps le sien. Désormais sont réunis tous les juifs de France, qu'ils soient religieux, sionistes, communistes, bundistes, où tout simplement athées, pour combattre le nazisme et le régime de Vichy. Le rabbin Liber (qui présida au consistoire la commission spéciale chargée de l'élaboration de la charte du CRIF) suggéra que la création du CRIF soit temporaire. Pour lui, il s'agissait d'un organisme transitoire destiné à régler les problèmes de

1. Conseil représentatif des israélites de France.
2. En dehors de son berceau, la Pologne-Russie, le BUND n'a pas réussi à se développer.

l'après-guerre, dont ceux de la réinsertion des juifs dans la société française, la récupération des biens aryanisés et la recherche des enfants dont les parents étaient morts.

Sur le plan social, Léon Meiss décide de suspendre la collecte du grand rabbin pendant l'intérim, Kaplan ayant fait savoir qu'il ignorait tout de son fonctionnement et qu'il ne serait pas en mesure de s'en occuper. Ce sera d'ailleurs une constante de sa vie qu'une distance avec les flux financiers. Le consistoire prit alors à sa charge les dépenses de l'aumônerie générale et de l'instruction religieuse, couvertes jusqu'alors par la collecte. Kaplan et Klein furent priés d'utiliser sur place les sommes qu'ils pourraient recueillir au titre de la collecte, celles destinées particulièrement à l'aumônerie et à l'instruction religieuse devant être transmises au consistoire central par l'intermédiaire de Jacob Kaplan.

Le grand rabbin Kaplan avait remarqué d'emblée que le grand rabbinat n'avait rien fait pour empêcher le recensement des juifs et le marquage par la mention « juif » des cartes d'identité. Il ignorait la position prise dans ce dernier cas par le grand rabbin Schwartz – et on pouvait se demander si le rabbinat n'avait pas eu tort de se taire. En fait, Schwartz avait envoyé une circulaire où il préconisait de se faire recenser mais en adressant une lettre de protestation au préfet, au maire ou au chef de l'État. C'était toute l'ambiguïté de l'époque où les juifs, et nombre de leurs chefs, croyaient dans les lois de la France. Mais désormais, Jacob Kaplan n'est plus dupe.

Faut-il fermer les synagogues ?

Depuis la fuite d'Isaïe Schwartz, Jacob Kaplan assure donc l'intérim du grand rabbin de France et engage vivement ses collègues encore en fonction à se mettre à l'abri. Le rabbinat est malgré tout décimé : 25 rabbins sont déportés, un autre a été fusillé et un second abattu par la Milice, 35 ministres officiants sont déportés. Face à cette situation et aux menaces qui se précisent, le consistoire se demande s'il ne vaut mieux pas suspendre les offices. Le grand rabbin Kaplan, très marqué par l'agression de la synagogue de Lyon, se rend bien compte que la Providence a fait qu'il n'y a pas eu de victimes. Dans son sermon de Shabbat de la semaine suivant l'attaque de la synagogue, il en parle en ces termes :

« Certains de vous ont pu voir, au premier abord, une ironie du sort dans le fait qu'à l'instant même où l'on s'attendait à saluer le Shabbat, au moment précis où nous nous tournions vers la porte et que nous prononcions les souhaits de bienvenue en l'honneur du Shabbat[1], ce furent ces engins de mort qui ont éclaté dans la synagogue.

À la réflexion, vous découvrirez dans cette coïncidence une intention providentielle. Les assaillants avaient soigneusement préparé leur coup, toutes les mesures prises par eux en témoignent. Ils avaient fermé la grande grille de l'entrée ; les uns avaient pénétré dans la loge du gardien, immobilisant sous la menace de leurs armes ceux qui s'y trouvaient, puis coupé les fils téléphoniques ; les autres s'étaient postés dans la cour, leur préoccupation principale était d'empêcher de donner l'alarme à l'intérieur du temple.

Représentez-vous maintenant l'homme qui s'avance avec ses grenades. Son dessein est évidemment de les jeter aux endroits où se trouve l'assistance la plus nombreuse. Il sait qu'il pourra agir tranquillement en raison de l'inattention générale, puisque personne ne peut se douter d'une menace quelconque. Il ouvre la porte. Sa surprise est extrême. Toute l'assemblée, tournée vers lui, le regarde, semble même l'attendre, ne manifestant aucune crainte. Ce spectacle imprévu le trouble, l'effraye même. Il ne tient pas à être vu

---

1. Au moment du dernier couplet de *lekha dodi*, l'assistance fait un demi-tour, tournant le dos à l'arche et faisant face, en général, à la porte d'entrée.

car il ne veut pas être reconnu un jour et il n'a plus qu'une pensée : se débarrasser de ses grenades. Il les lance hâtivement, près de la porte, là précisément où il y a peu de monde.

Ainsi il a suffi d'une minute. Une minute plus tôt, une minute plus tard, nous nous trouvions dans l'attitude habituelle de la prière, tournée vers l'arche sainte, et quelles pertes nous aurions eu à déplorer parmi nous ! »

Au vu des incidents graves qui se multiplient, la question du maintien des offices et de l'ouverture des synagogues se pose avec de plus en plus d'acuité. Jacob Kaplan a dû intervenir personnellement lors de l'attaque de la synagogue de Toulouse par des miliciens en août 1943. Ces derniers ont menacé pendant toute une nuit de fusiller les fidèles qu'ils retenaient en otages. La séquestration ne finit que le lendemain vers 14 heures à la suite de l'intervention de l'abbé Laroche. À Nice, le grand rabbin Josué Pruner et sa communauté affrontent fréquemment les agressions des miliciens. Le 3 juin 1942, une trentaine de jeunes armés de barres de fer pénétrèrent dans la synagogue de la rue Dubouchage, assommèrent les bedeaux, brisèrent l'armoire sainte qui abritait les rouleaux de la Torah et contraignirent la vingtaine de fidèles à sauter par les fenêtres. Certains d'entre eux se brisèrent les jambes et furent transportés à l'hôpital Pasteur et à la clinique Sainte-Croix. La police finit par arriver sur les lieux, arrêta des assaillants qu'elle relâcha aussitôt. Les témoins et victimes conduits au commissariat ne seront relâchés qu'à une heure avancée de la nuit. Le rabbin Pruner s'entretient avec monseigneur Rémond, l'évêque de Nice, de ces méfaits, mais le prélat s'avoue impuissant.

La question de la fermeture des synagogues suscite de nombreux débats au cours de deux réunions rabbiniques tenues à Lyon les 10 et 11 janvier 1944. Y participent les grands rabbins Champagne, Kaplan, Liber et Salzer et les rabbins Apeloig, Hosanski, Klein, Poliatschek et Sal. Le grand rabbin de France Isaïe Schwartz n'a pu lui-même assister à ces deux réunions. Étant recherché par la Gestapo, il était de fait mis dans l'impossibilité d'exercer ses fonctions, selon l'expression du grand rabbin Kaplan.

Le grand rabbin par intérim insiste pour dire que le judaïsme tout entier est désormais visé, et il pose la question de savoir si, en laissant les synagogues ouvertes, on ne risque pas d'exposer les fidèles. Les rabbins ne seraient-ils pas taxés d'aveuglement s'ils ne les fermaient pas ? Le 28 décembre 1943, une quinzaine de juifs avaient été arrêtés en plein office dans une synagogue à Marseille. Le grand rabbin Liber demande le maintien du culte sous toutes ses formes. Léon Meiss pense qu'il est impossible de fermer les synagogues, que le précédent de Marseille est isolé et que la fermeture provoquerait l'interruption des récitations du kaddish, des mariages, bar-mitsva et enterrements.

Un vote a lieu : sur les 9 présents, 5 votent pour la suppression des offices publics. La motion adoptée est rédigée par Kaplan :

« L'Assemblée consultée sur la question de savoir s'il y a lieu de fermer les synagogues qui fonctionnent encore dans la zone Sud ;

Considérant que le maintien des offices publics dans les synagogues est un danger pour les fidèles ;

Considérant que le maintien des offices publics dans les synagogues, loin de servir les intérêts spirituels de la religion, favorisait les agissements des ennemis du judaïsme, lesquels derrière cette façade que constitue pour eux le respect du culte israélite, portent journellement atteinte à la vie et à la liberté de nos coreligionnaires ;

Considérant que le maintien des offices publics dans les synagogues donne à nos coreligionnaires un sentiment de fausse sécurité ;

Considérant qu'au point de vue religieux, il n'est pas interdit, en cas de danger, de suspendre le fonctionnement des offices publics ;

Pour toutes ces raisons, est d'avis qu'il y a lieu de décider, en principe, la fermeture des temples après avoir pris toutes dispositions pour assurer la sécurité de nos coreligionnaires, dans la mesure du possible, et la sauvegarde des Sepher Torah.

En vérité de cette décision de principe, chaque rabbin sera autorisé, quand à son avis, les circonstances l'exigeront, à proposer au consistoire central la fermeture de sa synagogue.

La présente décision sera communiquée aux membres absents et ne sera adoptée que si elle obtient les trois quarts des voix des membres de l'association se trouvant en zone Sud. »

L'association s'était donc trouvée dans l'impossibilité de trancher sur la fermeture des synagogues. En conséquence, chaque rabbin prit seul sa décision en son âme et conscience. En fait les synagogues restèrent ouvertes, peu de rabbins acceptant de les fermer.

Un mois plus tard, le 4 février 1944, a lieu la dernière rafle de juifs à Paris. Au début de l'année 1944, 18 rabbins seulement sont encore en activité. Lors de l'assemblée générale qui nomme Jacob Kaplan, 10 seulement ont pu se déplacer. Le 7 juillet, Samy Klein est pris par les Allemands alors qu'il rejoignait le maquis. Il est fusillé en compagnie de deux compagnons d'armes. Les risques sont donc grands et, jusqu'au bout, tout peut basculer. Ainsi, le dernier convoi de déportation quitte Drancy pour Buchenwald le 17 août 1944.

Jacob Kaplan arrêté

Le 1er août, alors que le débarquement des Alliés en Normandie a eu lieu deux mois auparavant et que la libération du territoire a commencé, Jacob Kaplan est arrêté par des policiers français auxiliaires de la police allemande et gardé sept heures durant. Ils le relâchent le même jour contre rançon. Il raconte lui-même comment il a négocié avec ses ravisseurs de façon absolument surréaliste ou plutôt miraculeuse.

« C'était le 1er août au début de l'après-midi. Je m'étais rendu à la gare de Saint-Paul pour l'arrivée de ma femme et d'une de mes filles. Il y eut une alerte d'avion. Je me mis à l'abri à l'entrée du funiculaire, tout proche, taillé sous le roc où se trouvait beaucoup de monde. À côté de moi se trouvait un groupe de trois hommes. Brusquement, l'un d'eux me demanda mes papiers. J'avais ma vraie carte d'identité avec le tampon "juif" et mon titre rabbinique. Il l'examina avec une visible satisfaction, puis me dit qu'il appartenait à la police allemande et qu'il m'arrêtait.

Je lui fis remarquer que la Gestapo connaissait mon adresse et que si elle avait voulu m'arrêter, elle l'aurait fait depuis longtemps. Il n'en tint nul compte.

C'est une sensation étrange et tragique de se trouver au milieu d'une foule et de se voir retranché d'elle du fait d'être en état d'arrestation. Un autre juif nommé Cerf avait été arrêté aussi. L'alerte terminée, les gestapistes m'amenèrent dans un café face à la gare. J'ai su dans la suite qu'ils attendaient une voiture de police. Pour passer le temps, ils voulurent savoir ce que contenait ma sacoche. J'avais emporté avec moi, entre autres objets religieux, un livre de prières hébraïques avec traduction française. J'en pris prétexte pour leur dire que les préjugés contre les juifs étaient sans fondement et que, pour s'en rendre compte, il suffisait d'ouvrir un de mes livres de prières. Il est évident que nous nous montrons devant Dieu tels que nous sommes. Feuilletant le livre, j'en lisais divers passages. Un d'entre eux évoquait la miséricorde divine et son contenu correspondait si bien à mon état d'âme, qu'en le lisant c'était ma prière même que je faisais. J'avais aussi avec moi une lettre de neuf pages destinée au docteur Alexis Carrel où je réfutais des inexactitudes sur le judaïsme figurant dans un livre qu'il venait de publier sur la prière. La voiture de la Gestapo ne venant toujours pas, ils tinrent à prendre connaissance de la lettre entière. Ils s'y intéressèrent au point de poser de temps en temps des questions. Personne, en entrant dans ce café, n'aurait pu se douter que j'étais arrêté ; on m'aurait pris facilement pour un professeur faisant un cours.

Après diverses péripéties trop longues pour être racontées, les doriotistes vinrent perquisitionner chez moi. Ils ne trouvèrent rien de compromettant. Ils me firent alors savoir qu'ils me libéreraient à une condition : c'était de leur donner les adresses des juifs. Il ne pouvait absolument pas en être question pour moi. C'est ce que je m'efforçais de leur faire admettre, invoquant mes décorations militaires et mon titre rabbinique. Sans succès. "Nous avons le moyen de vous le faire dire."

Le chef de groupe avait, peu auparavant, en pleine rue, chargé son revolver devant moi. En cet instant dramatique, la réponse que je lui fis me parut dictée par une sorte d'inspiration : "C'est entendu, vous avez le moyen de tenter de me le faire dire, mais je suis sûr que vous ne le ferez pas."

Ces quelques mots eurent un effet magique. Se sont-ils sentis flattés d'être considérés par moi comme des hommes incapables d'agir avec violence à mon égard, je ne sais, mais la question ne se posa plus.

Ils en vinrent finalement à me demander une rançon, ce que j'acceptai volontiers. Ce qui a compté, surtout, c'était que les troupes alliées avaient commencé à libérer le pays et que ces agents de la Gestapo avaient intérêt à me relâcher pour pouvoir en faire état, le cas échéant.

Ils furent arrêtés, en effet, mais ils avaient livré tant de juifs à la Gestapo qu'ils ne purent échapper au châtiment.[1] »

Ce que le grand rabbin ne dit pas, c'est que leur promettant de leur payer une rançon, il se rend auprès des instances consistoriales pour réunir l'argent. On lui déconseille fortement d'aller retrouver ses ravisseurs qui s'empresseront de le faire disparaître comme ces cadavres charriés par le Rhône et la Saône. Les

---

1. CDJC, fonds Jacob Kaplan. Note de synthèse du grand rabbin sur sa guerre.

rançonneurs très nombreux à ce moment ne veulent pas laisser derrière eux des témoins de leurs méfaits. Cependant Kaplan refuse, et par respect pour la parole donnée, serait-ce à un méchant, il retourne les voir et paye sa rançon. De peur d'être désigné comme rabbin par sa barbe, il se rase complètement pour la seule fois de sa vie [1]. Après la libération de la ville, lorsque les ravisseurs sont arrêtés, ils sont confrontés au grand rabbin qui refuse de les identifier car sa morale lui interdit de dénoncer quiconque. Ce sont eux qui vont insister : « Mais enfin, monsieur le grand rabbin, vous ne nous reconnaissez pas ? », pour prouver qu'ils ont épargné un rabbin.

Le bilan en 1945 est terrible pour cette communauté meurtrie mais non anéantie. 76 000 juifs ont été déportés. Seulement 2 500 sont revenus. Il faut ajouter les victimes décédées dans les camps du gouvernement de Vichy, ainsi que les résistants juifs et les morts de la guerre. Au total, 80 000 à 90 000 juifs français d'origine et immigrés ont péri entre 1940 et 1944. Ainsi, à la fin de la Deuxième Guerre mondiale, le nombre de juifs en France était compris entre 180 000 à 200 000, selon les estimations.

Jacob Kaplan est même envoyé officiellement par le gouvernement aux États-Unis, fin 1944, pour présenter cette tragédie. C'est son premier voyage en avion. Il explique aux juifs américains la situation du judaïsme en France et l'ampleur des massacres [2].

Pour son comportement général durant l'Occupation, Jacob Kaplan fut cité à l'ordre de la Brigade pour faits de résistance par le ministre des Armées le 15 avril 1946.

1. Voir cahier photo p. 4.
2. Voir document en annexe p. 386.

III.

L'artisan du renouveau

Chapitre IX

L'après-guerre : entre douleurs et projets

Le 27 janvier 1945, l'entrée de l'Armée rouge dans le camp d'Auschwitz révèle au monde l'ampleur du crime commis par les nazis et leurs complices. Plus tard, ce que personne ne pouvait ou ne voulait croire est établi : un génocide d'au moins 6 millions de juifs a été perpétré. Winston Churchill, Premier ministre du Royaume-Uni, avait dénoncé l'extermination des juifs dans son discours à la nation du 24 août 1941, soit au tout début des massacres :

« Depuis les invasions mongoles au XIIe siècle, on n'a jamais assisté en Europe à des pratiques d'assassinat méthodique et sans pitié à une pareille échelle. Nous sommes en présence d'un crime sans nom [...]. Quand sonnera l'heure de la libération de l'Europe, l'heure sonnera aussi du châtiment. »

Cette simple phrase est terrible pour ceux qui prétendaient ne pas savoir et pour ceux qui affirmeront plus tard que cette extermination ne fut qu'un détail de l'histoire.

Pourtant, au lendemain de la guerre, l'attitude dominante est celle du silence. Pendant longtemps, ce silence ne sera brisé qu'occasionnellement, lors de certains événements littéraires (le prix Goncourt à André Schwarz-Bart pour *Le Dernier des Justes* en 1959) ou politiques (le procès Eichmann à Jérusalem et les polémiques à propos du livre de Hannah Arendt sur la « banalité du mal[1] »). Réaliser la signification des camps d'extermination et des chambres à gaz, d'une machine administrative, bureaucratique et industrielle mise au service du massacre systématique d'un peuple devient beaucoup plus difficile lorsque ces faits s'inscrivent dans un contexte global de destruction et de mort. Dans une certaine mesure, les camps nazis sont cachés par le siège de Leningrad, par la disparition de Varsovie et de Berlin sous un tas de ruines, par les souffrances endurées par les populations civiles, par les bombardements qui anéantissent des villes entières, de Coventry à Dresde. Peu de gens percevaient encore le caractère unique du génocide.

Le temps des bâtisseurs : la prophétie de Samy Klein

À l'instar du pays tout entier, la communauté juive panse ses blessures et œuvre à sa propre restauration. La dernière lettre écrite par le rabbin Samy Klein avant sa mort en fixe les lignes. C'est un véritable testament communautaire, un tableau de ce qu'il attendait et espérait des organismes juifs pour l'après-guerre :

« Si je suis devenu rabbin, c'est que depuis longtemps j'ai le sentiment qu'un corps rabbinique honorable peut modifier la misérable allure de notre judaïsme et d'autre part, que le judaïsme français a besoin d'un rude coup d'épaule. Certes, j'avais quelque chose à dire et à faire dans ce domaine. Mais d'autres l'accompliront aussi bien si vous savez les former. Après la tourmente, comptez-vous, unissez-vous et mettez-vous au travail, vous les jeunes, mes frères à qui mes convictions puis ma fonction m'attachèrent par des liens indissolubles. [...] Si les circonstances le permettent et si vous désirez encore m'associer à vos débats, invitez Marguerite à vos délibérations : sa timidité de femme ne l'empêchera pas

1. Hannah Arendt, *La Banalité du mal, Eichmann à Jérusalem*, Gallimard, 1966.

de refléter avec exactitude ma pensée et l'essentiel de mes
projets. [...] C'est le judaïsme traditionnel qui devrait demain
inspirer les chefs du judaïsme français. Aussi serait-il souhai-
table que les EIF resserrent leurs liens avec Yechouroun[1] et
Mizrahi. Quelle force, spirituelle et matérielle, représenterez-
vous ensemble si, au lieu de vous jalouser mesquinement,
vous ne formez plus qu'un bloc. C'était mon idée en créant
la commission de jeunesse, en travaillant pour le CCJJ[2]. [...]
J'ai mis par écrit, en différents rapports, l'essentiel de mes
projets concernant l'école rabbinique, pièce angulaire de tout
le travail juif en France, la réforme de l'instruction religieuse
et la réorganisation des services de la jeunesse. Je désire que
les fonctions d'aumônier de la jeunesse ne tombent pas en
désuétude et que, le cas échéant, elles ne soient pas liées à
l'égocentrique Paris (cela dépendra d'ailleurs surtout du titulaire de ce poste, et de la manière dont il concevra et organisera sa tâche). Il appartient aux mouvements de jeunes,
plus dynamiques que les adultes, de déceler le candidat le
plus indiqué, de le soutenir et, si c'est nécessaire, de le guider.
Durant ces quatre années j'ai toujours trouvé cet appui et ces
critiques auprès des jeunes, en particulier à l'équipe nationale
et à Yechouroun : c'est cela qui m'a mûri, m'a amélioré un
peu et m'a permis de faire calmement mon métier. Maintenant que ce pauvre Aron (que la paix soit sur lui), n'est plus
là[3] [...], veillez sur Blima et son enfant : c'est un vœu que je
me suis fait. *Quid ibi dicam ?* Il est pénible de ramasser en
quelques instants ce que l'on aurait voulu dire pendant une
vie. Je serais heureux que vous reveniez à une conception de
la vie plus XVIIe siècle, où l'esprit et l'honneur et le charme

1. Mouvement éducatif fondé en 1926 par des hommes de la communauté
orthodoxe de Strasbourg, dont les activités se sont poursuivies et étendues pendant la guerre.
2. Comité de coordination de la jeunesse juive de France.
3. Épisode catastrophique de la ferme de Saint-Germain ; 4 juifs y sont fusillés
le 19 mai, et parmi eux, Aron Wolff, élève de l'école rabbinique, ami de Samy.

– le fameux *"hène"* – avaient une place prépondérante.
D'autre part, je vous supplie de rééduquer les jeunes et de
vous rééduquer vous-mêmes [...], après le terrible bain de
fausseté et de lâcheté dans lequel nous avons trempé. Soyez
durs avec les jeunes : ne tolérez aucun mensonge, aucune
compromission. [...] Le centre de documentation et les cours
par correspondance doivent être confiés à Yechouroun. [...]
N'oubliez pas les prisonniers [...] qui doivent être "incor-
porés" à leur retour. Battez-vous pour le consistoire : si nous
le voulons, celui de demain ne rappellera que par le nom
celui d'hier. Je me flatte – peut-être suis-je immodeste –
d'avoir contribué à le changer un peu, à le rajeunir, à le
judaïser. Il faut intensifier ce mouvement. Les jeunes sont
assez forts et assez... vieux aujourd'hui pour le faire. Le public
et le consistoire lui-même n'attendent que cela. [...] Au fur
et à mesure que j'écris, je m'aperçois que la tâche est grandiose. Et j'ai comme un regret de ne pouvoir y participer dès
maintenant ou jamais. Mais, quoi ? Vous le ferez bien tout
seuls si, après vous être négligés vous-mêmes au profit
d'autrui pendant des années, vous rattrapez le temps perdu.
Et rappelez-vous que rien ne vaut l'étude : la Torah importe
plus que tout. Enfin, à tous, aux miens et à mes amis, à ceux
que j'aime et qui me le rendent, à mes enfants surtout, je
lègue cette ultime pensée : accomplir son devoir et l'accomplir entièrement, sans défaillance ni lâcheté, tel est le but
suprême de la vie. Que Dieu vous bénisse ! Au revoir. Je vous
embrasse.[1] »

Ce texte hors du commun est un programme d'avenir, un
projet d'espérance. Jacob Kaplan n'aurait pas choisi d'autres
mots pour décrire le futur qu'il a pu, lui, bâtir. Cette proximité
des deux hommes est manifeste dès janvier 1944, lorsque le
grand rabbin de France par intérim fait du jeune Samy Klein

---

1. Samy Klein, lettre écrite à Lyon, le 24 mai 1944.

son auxiliaire. Nous pouvons également y trouver un message toujours actuel, une incitation à l'unité, au travail avec les jeunes, autour d'un séminaire à rebâtir, pour un consistoire plus proche de la réalité, et le tout, avec un rabbinat fort, porteur d'un judaïsme authentique, tourné vers tous les fidèles dans la volonté de les rapprocher de la Torah.

En 1945, les institutions communautaires restent pour l'essentiel celles de 1939, à part le CRJF. De retour à Paris, après la Libération, le consistoire central reprend son activité et se consacre à la reconstruction spirituelle et matérielle des communautés juives de France. Il veille à la rénovation des synagogues détruites et à la réorganisation du Séminaire rabbinique de France. Il reçoit une importante contribution du JOINT. Le Conseil représentatif des israélites de France (CRIF) fondé en 1943 par Jacques Helbronner et Léon Meiss, devient le Conseil représentatif des institutions juives de France. Le Comité de bienfaisance israélite de Paris voit son budget augmenter de 1945 à 1950. L'Œuvre de secours aux enfants (OSE) réorganise son réseau de maisons pour accueillir 1 500 orphelins. Elle prend en charge également 427 jeunes libérés de Buchenwald, parmi lesquels Élie Wiesel et Israël Meïr Lau, le futur grand rabbin d'Israël, qui, visitant la crypte du mémorial de la déportation à la pointe de l'île Saint-Louis lors d'un séjour à Paris, se reconnut sur une photo[1]. En mars 1945, le Comité juif d'action sociale et de reconstruction est créé. Il héberge 30 000 étrangers venus des camps allemands et polonais.

Dans les premières semaines de l'après-guerre, les juifs, comme tous les Français, comptent leurs morts puis entament la reconstruction du judaïsme. Certains retours sont plus simples que d'autres, et le grand rabbin, par exemple, doit batailler durement pour récupérer son appartement de la rue Andrieux dont il avait pourtant toujours payé le loyer[2].

---

1. Visite en avril 1998 en compagnie de l'auteur.
2. La plaidoirie de son avocat figure en annexe car elle est typique des arguments des uns et des autres à l'époque, voir annexe p. 388.

Durant cette période, le grand rabbin Kaplan est toujours grand rabbin de France par intérim. Soucieux du devoir de reconstruction du judaïsme français qui s'impose à lui, il refuse de nombreuses propositions de poste dont, le 19 décembre 1945, celle de grand rabbin de Genève pour succéder à Polia-koff[1]. Après le retour d'Isaïe Schwartz[2], il demande par lettre du 14 juin 1946 au président Meiss, avec copie à son supérieur, d'être relevé de ses fonctions d'auxiliaire du grand rabbin de France car il est normal, écrit-il, « qu'après sept ans de présence à mon poste, je reprenne ma liberté ».

Lors de la cérémonie du 14 juillet 1945 à la synagogue de la Victoire, le grand rabbin Jacob Kaplan prononce un sermon, « Des ténèbres à la lumière ». Il y célèbre la victoire, l'amour de la France, la réintégration des juifs dans la nation :

> « C'est la première fois qu'il nous est possible de célébrer ouvertement, officiellement la fête nationale, et quand je dis nous, je n'entends pas seulement les israélites qui ont été tenus à l'écart par le gouvernement de Vichy de toute mani-festation, mais j'englobe aussi tous nos concitoyens. Mais ce 14 juillet est trop chargé de tristesse pour que nous puissions nous livrer entièrement à la joie. Il y a trop de deuils, trop de vides autour de nous... qu'il me soit permis de dire ici...

1. CDJC, fonds Kaplan, lettre de proposition du président Lévy Walich et réponse du grand rabbin le 19 décembre 1945.
2. Le retour du grand rabbin Schwartz est l'un de ces moments sur lequel un voile pudique a toujours été jeté. De retour de Suisse où il avait fui, il veut reprendre ses fonctions, mais le consistoire, sous la pression de son président, et en conformité avec ce que pensent la plupart, sinon tous les rabbins, préférerait garder le grand rabbin Kaplan qui avait si bien tenu le poste. C'était déjà ce que disait Samy Klein qui, en militaire, parlait ouvertement de la conduite du grand rabbin Schwartz comme « une fuite devant l'ennemi ». Le grand rabbin Kaplan refuse par fidélité et loyauté envers son collègue. De plus, ce serait contraire aux statuts et il ne voulait pas qu'on puisse penser qu'il avait accepté cette charge de l'intérim – avec les immenses dangers qu'elle impliquait – par ambition. Il ne parlera plus jamais de cet épisode, sauf une fois à son fils Francis.

la grande part de la communauté juive dans les sacrifices consentis en commun. Nous avons eu nos soldats tombés au champ d'honneur, comme les autres, nous avons eu nos otages fusillés, comme les autres, nous avons eu nos victimes des atrocités allemandes, comme les autres. Mais plus nombreux que les autres, beaucoup plus nombreux, ont été les juifs déportés... le tiers de la population juive du pays a été déportée, combien reviendront ?... s'il est vrai que ceux qui sont tombés sous les coups de l'ennemi ont été le rachat de la délivrance... je voudrais avoir la certitude que notre pays ne l'oubliera jamais. »

Avec lucidité, il perçoit bien la terrible spécificité du martyre juif durant la guerre, mais il conclut en écho au mythe alors en construction :

« Le gouvernement de Vichy qui a abandonné les juifs et qui les a livrés à l'Allemagne n'a pas représenté la vraie France. [1] »

Ainsi, pour le grand rabbin Kaplan comme pour beaucoup de juifs de France, Vichy n'était pas la France... Et pourtant, même si la France est une terre d'asile, celle qui les a émancipés, elle a pu prendre aussi le visage de l'antisémitisme de Drumont et de Darquier.

Officiellement, Jacob Kaplan affiche une position politique de la déportation qui se comprend à l'époque où on ne célébrait que l'armée des ombres. Le 11 novembre 1945, il met en avant Renée Lévy, résistante condamnée à mort, une femme « déportée » à Cologne, puis exécutée. Ainsi, ce jour-là, la seule figure de « déportée » honorée dans une synagogue par la France est celle d'une résistante, certes juive, mais qui n'a pas connu les camps d'extermination. Jacob Kaplan conforme son discours

---

1. Jacob Kaplan, *Les Temps d'épreuves*, Minuit, 1952.

d'alors au dogme de ce temps-là qui magnifie la Résistance. Même s'il parle du martyre du peuple juif avec des mots terribles, il fait de la déportation et de l'extermination un prolongement de l'acte de résistance qui a pour but ultime la défense de la patrie. Lorsqu'il évoque l'unicité du génocide, il l'englobe dans les souffrances que tous ont subies, comme s'il ne souhaitait pas distinguer la communauté juive de la communauté nationale. Jacob Kaplan est dans l'air de son temps, de la même façon que le général de Gaulle voulait oublier les luttes fratricides pour bâtir une France unie. Dans son esprit, il s'agit d'ancrer totalement la communauté juive aux préoccupations de la société française de l'époque.

Mais Jacob Kaplan est lucide. Lorsqu'en juin 1945 l'*American Jewish Year Book* le sollicite pour analyser la situation des juifs français sous l'Occupation, il donne pour titre à son article : « Quatre années de persécutions. » Après un récit qui reprend ses principales théories, il conclut par cette phrase si juste : « Tous les juifs de France étaient des rescapés. » En fait, il est bien l'un des premiers à estimer qu'il y a une spécificité du sort des juifs durant cette période. Un peu plus tard, en 1947, sans doute plus informé de la tragédie, il s'exprime plus clairement. Prenant la parole à la synagogue de la Victoire au cours d'une cérémonie organisée en souvenir de la déportation des rabbins et des ministres du culte, il explique que les bourreaux avaient manifesté une haine unique dans l'histoire : par-delà leur désir de tuer tous les juifs, ils avaient une volonté d'annihilation de l'esprit du judaïsme. La plus belle revanche consiste donc à faire vivre ce même judaïsme.

> « L'hitlérisme n'a jamais révélé le vrai motif de son acharnement contre les juifs, mais nous savons... qu'il en voulait à l'esprit du judaïsme que nous reconnaissons hautement.[1] »

1. *N'oublie pas*, Stock, 1984. Original Archive Kaplan CDJC.

Le grand rabbin pose le postulat que toutes les grandes religions monothéistes s'inspirent du judaïsme, y compris le catholicisme :

« Nous invoquons le témoignage du grand pape qui, avant la guerre, faisait face à l'antisémitisme hitlérien, a tenu à déclarer, parlant des croyants qui se réclament de l'Église : "Nous sommes spirituellement des Sémites." »

On peut lire dans cette claire allusion à Pie XI, pape de 1922 à 1939, une critique a contrario de son successeur Pie XII.

Le 27 février 1949, à l'occasion de l'inauguration du monument commémoratif à la synagogue de la rue de la Victoire, en présence du président de la République Vincent Auriol, le grand rabbin s'oppose à Georges Wormser, le président de l'ACIP (Association consistoriale isréalite de Paris). Celui-ci accueille les autorités en disant :

« Par-delà nos propres morts et confondus avec eux, nous entendons honorer aujourd'hui, sans distinction de confession ou d'appartenance, tous ceux qui sont tombés pour elle, sur les champs de bataille, dans les maquis, en déportation, dans les camps de travail ou dans les prisons de la répression.[1] »

Le grand rabbin Kaplan réagit, lui qui a déjà perçu la différence fondamentale entre une persécution pour quelque chose ou pour quelque action, et une persécution pour le simple fait d'être. Il dissocie ceux tombés au combat et qui en ont accepté les risques, de ceux déportés parce que juifs, dont nous ne pouvons même pas honorer les corps. Plus tard, cette divergence

---

1. Georges Wormser, « Accueil du président de la République dans le temple de la rue de la Victoire lors de l'inauguration du monument à tous les Martyrs », in *Français israélite. Une doctrine, une tradition, une époque*, Minuit, 1963, p. 15.

d'interprétation entre les deux hommes se manifeste à nouveau à propos du monument de la rue Geoffroy-Lasnier, auquel Wormser s'oppose, considérant qu'il n'y a pas de raison de faire un monument distinct. Kaplan est au contraire sur la ligne que René Mayer exprime au consistoire central :

« La persécution antisémite a été suffisamment caractérisée pour que cela ne soit pas un malheur de le reconnaître.[1] »

Les deux hommes s'opposeront toujours à fleurets mouchetés, y compris lorsque tous deux s'intéresseront à une candidature à l'Académie des sciences morales et politiques. Georges Wormser s'effacera finalement devant le grand rabbin.

L'émouvante cérémonie de février 1949 s'achève, certes, sur la prière traditionnelle de la République, mais dans une formulation typiquement « kaplannienne » où il place le judaïsme sur le même plan spirituel que la France :

« La France est de tous les pays celui que Tu sembles préférer parce qu'il est le plus digne de Toi. »

C'est l'élection de la France en parallèle à l'élection du peuple d'Israël.

État d'esprit des juifs de l'après-guerre : entre conversion et « rejudaïsation »

Deux tendances lourdes s'opposent au sein du judaïsme d'après-guerre. En 1950, le journaliste Georges Altman est l'un des rares à affirmer son identité juive après la Shoah. Pour lui, les juifs ne sont plus libres de ne plus être juifs depuis la guerre ; l'état de rescapé lie les juifs entre eux ; la « présence juive dans le monde, c'est d'abord le souvenir de l'immense absence juive

1. Archives CC, section permanente du 22 juin 1952.

que furent les charniers et les crématoires ». Cependant, rester juif du fait d'Auschwitz ne touche qu'une minorité en dehors du monde religieux. Pour la majorité, l'idée dominante est qu'il faut au contraire effacer sa judéité, par la discrétion absolue, parfois par le changement de nom, et cela peut même aller jusqu'à la conversion. Pour Jacob Kaplan, les défections deviennent trop importantes et il cherche à « mettre un terme à ce mouvement de fuite qui ne témoigne pas du courage moral de ces juifs déserteurs du judaïsme ».

Cet état d'esprit inquiète véritablement les responsables du judaïsme, qui se réunissent de plus en plus souvent sur ce thème en 1947. Comment reconstruire le judaïsme français dans son authenticité ? Le grand rabbin Jacob Kaplan propose de faire venir en France les juifs rescapés des camps qui vivent encore en Europe centrale et orientale. La première raison est d'ordre moral ; la seconde, d'ordre religieux. Cela permettrait de combler les vides dus à la déportation, et de pallier une certaine indifférence religieuse des juifs français.

Quant aux conversions, Jacob Kaplan distingue parmi elles plusieurs cas. Le premier est celui des conversions pendant la guerre dans le but d'obtenir un certificat de baptême afin d'échapper aux persécutions et qui étaient annulées devant le *beth din*[1] à l'issue du conflit. Jacob Kaplan rappelle que, dès le premier congrès rabbinique de l'après-guerre, l'association des rabbins s'est préoccupée de cette question afin de faire savoir à ces personnes qu'elles n'ont en rien rompu avec la communauté d'Israël. Le deuxième type de conversion dont parle Jacob Kaplan est celle des enfants qui doivent absolument retourner au judaïsme. Enfin, les conversions d'adultes, dont certains sont sincères et dont Jacob Kaplan dit :

« Il s'agit d'âmes mystiques élevées dans des milieux non juifs a-religieux ou dans des familles où la religion juive est

---

1. Tribunal rabbinique.

à peine observée, qui n'y trouvent pas la vie spirituelle dont elles ont besoin pour apaiser leur soif d'infini. Un judaïsme inexistant ou un squelette de judaïsme.[1] »

La conversion n'est pas non plus une réponse car ni Spinoza en son temps, ni Bergson au cœur de cette dernière épreuve, ne se sont convertis. Pour Jacob Kaplan, il est important de montrer aux jeunes que la persécution qui a touché les juifs n'est pas le châtiment de Dieu.

À chacune des crises politique, morale ou spirituelle, d'origine extérieure ou intérieure, que traverse le judaïsme, il se produit parmi les juifs assimilés une prise de conscience de leur identité, qui suscite soit un retour à un particularisme culturel laïque, soit un retour à l'orthodoxie religieuse. Ainsi, la « rejudaïsation » des intellectuels juifs lors de l'affaire Dreyfus ou après la Shoah a été une réaction contre une recrudescence de l'antisémitisme et contre les persécutions. Elle a pris la forme d'un combat visant à montrer que les juifs voulaient continuer à s'affirmer comme tels, malgré toutes les humiliations et les souffrances. Dans l'après-guerre, il faut distinguer, d'une part les universitaires renommés et déjudaïsés qui ont pris conscience de leur judéité, tels Georges Friedmann (1902-1977), Raymond Aron (1905-1983), Vladimir Jankélévitch (1903-1985), et d'autre part les trois maîtres qui ont renouvelé profondément les études juives par un retour aux textes fondateurs : Emmanuel Levinas (1905-1995), André Neher (1914-1988) et Léon Askénazi (1922-1996), plus connu sous le nom de son totem scout de Manitou.

Universitaires illustres ayant déjà publié avant 1934 des ouvrages sociologiques et philosophiques importants, Friedmann, Aron et Jankélévitch prennent conscience de leur judéité lorsqu'ils sont révoqués de l'Université par les lois de Vichy. Mais ils pensent alors que le responsable de leur exclusion est

---

1. Jacob Kaplan, *Les Temps d'épreuves*, Minuit, 1952.

un gouvernement soumis à l'occupant et non la vraie France. C'est donc en tant que défenseurs de cette France trahie qu'ils participent à la résistance contre les Allemands. Dans ses éditoriaux de la revue *La France libre* publiée à Londres et dont il était rédacteur en chef, Raymond Aron évite toujours d'évoquer les persécutions contre les juifs, afin de ne pas faire le jeu de la propagande allemande qui qualifia le conflit de « guerre des juifs ». Ce n'est que plusieurs années après la Libération, grâce aux colloques des intellectuels juifs de langue française, créés par la section française du Congrès juif mondial, que Friedmann, Aron et Jankélévitch commencent à manifester un réel intérêt pour le judaïsme.

Le cas d'Emmanuel Levinas est différent. Toute sa famille, restée en Lituanie, a été massacrée. Sa femme et sa fille avaient pu se réfugier chez les sœurs de Saint-Vincent-de-Paul, près d'Orléans. La question se pose à lui de savoir comment survivre. Sa réponse, il la cherche en revenant aux textes juifs. Au vu des conditions extérieures, rien n'aurait pu laisser présager le rapprochement entre Emmanuel Levinas et Léon Askénazi, dissemblables par le lieu de naissance : l'Algérie, pétrie de culture française dans un environnement musulman d'un côté, la Lituanie, pays de culture russe dans un environnement chrétien de l'autre. Les familles également étaient différentes. Léon Askenazi appartient à une lignée rabbinique, et son existence se déroule donc au centre même d'une communauté juive structurée et unie. Sa culture juive est traditionnelle, avec le Talmud et la Loi, complétée par l'enseignement du Midrash et de la kabbale. Léon Askenazi est intégré à la communauté, au peuple juif. En revanche, la famille d'Emmanuel Levinas a quitté le quartier juif de Kovno, son père tient une petite librairie. Emmanuel Levinas reçoit certes lui aussi un enseignement juif, mais il s'agit seulement de connaître l'hébreu et de lire la Bible. Ni Talmud, ni philosophie juive, ni à plus forte raison kabbale. La famille n'est pas assimilée, mais ce n'est plus le judaïsme traditionnel. L'éloignement d'Emmanuel Levinas du judaïsme va encore s'intensifier de manière significative. En 1923, il arrive

à Strasbourg à dix-huit ans pour étudier la philosophie et per-
fectionner sa connaissance du français par les auteurs classiques.
Ses maîtres s'appellent Carteron, Blondel et Bergson. Il mène
la vie estudiantine d'un juif assimilé. Le judaïsme est bien loin
et les premiers écrits de Levinas n'en font aucune mention. Avec
la guerre, ces destins vont se rapprocher. Ils en sortent miraculeusement vivants, Léon Askenazi, grièvement blessé, et Emmanuel Levinas, paradoxalement protégé de la déportation et de
la mort par quatre ans de captivité en Allemagne. Devenu
sioniste, Léon Askenazi a adopté des positions radicales par
rapport à son milieu, tandis qu'Emmanuel Levinas a retrouvé
ce à quoi il était destiné. Il est devenu professeur d'université
puis, tout en conservant ses fonctions de directeur d'école, il
s'est consacré à son travail philosophique.

Le rapport de 1947 sur l'avenir du judaïsme français

Le grand rabbin Kaplan, comme l'ensemble du rabbinat, ne
reste pas en retrait dans cette immense entreprise visant à réen-
semencer le judaïsme en France. Dans un rapport anonyme de
1947[1] contenant un début de plan opérationnel, nous décou-
vrons la trame d'un certain nombre des chantiers futurs du
judaïsme français qui seront lancés. Jacob Kaplan n'en est pas
l'auteur, car il y est cité, mais il est clair qu'il se trouve au cœur
de ce dispositif expérimental :

« PROJET DE DÉVELOPPEMENT DES COURS
DE CONNAISSANCE DU JUDAÏSME

A – Premiers résultats obtenus
Un premier essai de "cours de connaissance du judaïsme"
a eu lieu cet hiver chez M. le grand rabbin Kaplan.
Ayant pensé d'abord rassembler quelques jeunes qui, en

1. CDJC, fonds Kaplan.

raison de la guerre ou pour d'autres raisons, ignoraient tout du judaïsme, afin de leur en donner quelques notions, je me suis rendu compte, à la réflexion, que cette tâche dépassait mes possibilités.

Monsieur le grand rabbin Kaplan a bien voulu alors me dire de lui adresser ces jeunes.

Ces cours, organisés d'abord le soir, commencés avec sept élèves n'ont pas eu au début le succès espéré. Interrompus, puis repris à une heure plus pratique avec un effectif plus nombreux (onze à quatorze élèves, jeunes gens et jeunes filles), ils ont pleinement réussi.

Le programme, élaboré d'un commun accord par le professeur et les élèves, traitait des sujets suivants : histoire juive, littérature juive, croyances juives, judaïsme et christianisme, les pratiques juives, le calendrier et les fêtes juives, la morale juive, l'immortalité de l'âme d'après le judaïsme, le sionisme, l'antisémitisme.

Les dix conférences ont été suivies assidûment. Prévues pour une durée d'une heure, elles duraient souvent deux en raison de l'intérêt que comportaient la causerie et les discussions qui s'ensuivaient. Ces discussions constituaient une partie importante du programme. Public surtout estudiantin, n'ayant du judaïsme que les connaissances les plus vagues et semblant avoir puisé dans cet enseignement le désir d'approfondir cette connaissance.

Un effort sera fait pour ne pas rompre le fil et tâcher que ces jeunes persévèrent dans leur étude sur le judaïsme.

B – Essais à tenter
1. Organisation de nouvelles séries de ces conférences.
2. Organisation de cours pour plus jeunes, de quatorze à seize ans, demandés par les frères et sœurs des élèves du premier cours.
3. Organisation de conférences d'adultes, demandées par les parents des élèves, désireux à leur tour de s'éclairer.

Ces divers cours sont déjà à l'état de préparation. Il ne

s'agit pas tellement de s'adresser au public qui fréquente les temples qu'à celui qui justement les délaisse. Il s'agit, plus particulièrement, d'essayer d'atteindre les membres de la vieille communauté parisienne qui constitue un élément si intéressant pour le judaïsme et qui, sous des influences et pour des raisons multiples, semble s'en détacher de plus en plus. »

Tel est le charisme personnel du grand rabbin Kaplan qui permet de s'adresser aux jeunes et de les captiver. Mais c'est un programme assez classique qui leur est proposé. Les jeunes eux-mêmes veulent étendre la transmission aux plus jeunes et aux adultes – leurs parents en fait – afin de pouvoir avancer ensemble dans la redécouverte des traditions perdues et du savoir oublié.

Pour trouver un langage moderne et pédagogique adapté aux jeunes, le rapport poursuit sous le titre : « Organisation d'une littérature juive enfantine s'adressant plus particulièrement au jeune public français, d'origine parisienne ou alsacienne-lorraine » :

« Absence presque totale de cette littérature enfantine, absence totale de livres illustrés.

Nécessité de cette littérature qui s'adresserait aux tout-petits et créerait dans leur esprit un "climat" favorable à l'éclosion et au développement de sentiments religieux.

Littérature destinée plus particulièrement aux enfants de cinq à douze ans, des livres pour ces différents âges paraissant de préférence au moment des étrennes, ainsi qu'à l'époque des grandes fêtes juives.

Littérature de livres d'images, où le texte tiendrait moins de place que le dessin, celui-ci conçu dans un esprit moderne, dans les styles de la jolie imagerie des livres d'étrennes.

Littérature dont la parution ne serait pas onéreuse, puisqu'à partir d'un certain nombre relativement bas d'exemplaires les frais sont couverts, et bien au-delà.

Littérature où l'amour de la France serait exalté en même temps que l'amour de la religion, afin que se réalise dans l'âme du petit Français israélite la fusion des deux idéaux qui doivent guider sa vie et faire de lui un homme complet. »

Il est remarquable que le point fort soit précisément le concept central de toute la démarche du grand rabbin Kaplan : le recoupement absolu entre les idéaux de la France et du judaïsme. Sans être l'auteur du rapport, il l'a sans nul doute fortement influencé.

Le rapport poursuit avec une analyse de la nécessité de rebâtir certaines synagogues, puis, dans la dernière partie, plus prospective, nous trouvons l'idée de répartir les juifs sur tout le territoire plutôt que de les voir regroupés dans des conditions difficiles à Paris. Il s'agit d'un mythe récurrent qui perdurera jusqu'à l'arrivée des rapatriés d'Afrique du Nord.

« PROJETS À ÉTUDIER

— Susciter des fondations en mémoire des morts de la guerre.

— Étudier d'autres formes encore d'hommages à leur rendre, pour perpétuer à travers les âges, autrement que par des plaques et des monuments, le souvenir de leur héroïsme et de leur martyre. (Institution d'un jour de fête, qui ferait en quelque sorte le pendant de la fête des Macchabées. Institution de prières s'inscrivant dans la tephilah [1].)

— Étudier la possibilité de faire émigrer en province (à Agen notamment) certaines des familles juives entassées dans les taudis parisiens. Tâche ardue et ingrate mais qui se doit, peut-être d'être tentée.

— Étudier plus particulièrement la lutte contre l'antisémitisme sous la forme d'un enseignement de la connaissance

---

1. Rituel de la synagogue.

du judaïsme dans les milieux d'étudiants de toutes confessions, tout spécialement dans le centre de la cité universitaire, d'où cette connaissance pourrait rayonner au loin.

— Étudier la possibilité d'amener à une activité juive les membres des diverses œuvres qui, pour une raison ou une autre, n'ont pas l'intention de se reconstituer.

— Étudier la question de la suralimentation des élèves de l'école rabbinique (l'effort intellectuel fourni par eux serait facilité par un supplément approprié de nourriture, dépense restreinte pour un bon rendement).

— Susciter l'organisation d'une vente (projet récemment soumis à l'une des dernières séances de la commission de rénovation religieuse). Cette vente représenterait pour la communauté, ou du moins pour certaines branches de son activité, un rendement annuel important. Elle aurait, en sus, l'avantage de créer un mouvement d'intérêt pour la communauté, celui aussi d'attirer les dons des personnes qui, pour une raison ou une autre, ne font pas partie de l'association cultuelle.

— Étudier la possibilité d'agrandissement de la maison Léon, et plus spécialement l'organisation d'une maison pour messieurs. La nécessité de nouveaux établissements de retraite s'imposant d'urgence, à Paris ou dans les environs (utilisation possible du toit familial). »

Se trouvent ici tous les problèmes d'une communauté organisée : les jeunes, les anciens, l'étude, l'action sociale, les collectes, la nourriture des élèves rabbins, et surtout une mention du lien entre le judaïsme et le souvenir des morts pour la France. On note une comparaison édifiante entre cette résistance et celle d'il y a deux mille cent cinquante ans contre les Grecs, qui porte la liturgie de la fête juive de Hanoukka où les juifs furent sauvés par les miracles de l'Éternel et la vaillance des héros. La libération de la France est du même ordre religieux, sacré.

À la même époque, le grand rabbin Kaplan se donne également une mission qui lui tient énormément à cœur : former la jeunesse juive à une connaissance approfondie de la doctrine juive dans un environnement juif. Nous avons vu comment il ramenait les jeunes à la connaissance des textes, mais il veut aller plus loin et conçoit le projet d'une école juive en France. Déjà, en 1927, il publiait un article[1], qui révèle à quel point ce projet était ancien dans son esprit et mûrement réfléchi. Au lendemain de la Shoah, il espère préserver le judaïsme et ses survivants en réconciliant « les cœurs et les esprits » des jeunes avec leurs traditions religieuses et culturelles. Pour le grand rabbin, seule l'école peut être en mesure de former les nouvelles générations juives et devenir le « foyer » juif qu'elles ne trouvent plus chez leurs parents. Il anticipe l'argument des adversaires de l'école juive, qui craignent de voir s'installer un nouveau particularisme, en répondant par avance que si l'on est fidèle à l'enseignement donné par le judaïsme, on ne peut qu'être ouvert aux hommes et promouvoir l'entente entre les différentes confessions religieuses du pays.

Ainsi, le rabbin Kaplan est l'un des fondateurs de l'école Yavné, ouverte à Paris en 1948 et troisième école juive de France. Existait déjà auparavant l'école Maimonide créée avant la Seconde Guerre mondiale et la yeshiva d'Aix-les-Bains, fondée après la guerre. Mais Jacob Kaplan ne négligera jamais pour autant les jeunes scolarisés dans l'enseignement public en organisant pour eux des services d'aumônerie.

La reconstruction

En cette même année 1947, il faut lever des fonds dans la communauté pour aider le consistoire à lancer tous ses projets. Le grand rabbin Kaplan et les représentants des consistoires se trouvent souvent invités dans des réunions afin de tracer un tableau général de la situation. Les débats sont parfois houleux. Les rescapés demandent des comptes pour ceux qui ne sont pas

---

1. Jacob Kaplan, « L'école juive et le judaïsme français », *Univers israélite*, 1927.

revenus. C'est le cas lors d'une soirée où Edmond Lang pose une question terrible :

> « Vous dites que vous avez défendu les intérêts de tous les juifs de France pendant l'Occupation. J'ai traversé Drancy et j'ai eu le bonheur d'en revenir. Je ne pourrai jamais oublier le cauchemar, pendant mon séjour là-bas, d'avoir vu arriver des petits enfants juifs, de les avoir vu déporter. À ce moment, le consistoire n'est pas intervenu, n'a pas fait son devoir. Je voudrais savoir si les membres sont toujours les mêmes et si des sanctions ont été prises. [1] »

L'un des orateurs répond en prenant pour exemple l'action de sauvetage à Lyon par le grand rabbin Kaplan. De manière étonnante, le texte de ce compte rendu dactylographié cite le rabbin Kaplan ; dans la version corrigée, son nom est rayé et n'y figure plus, comme s'il avait refusé d'être mis en valeur et de porter seul l'âme du consistoire. De plus, la mention de son action à Lyon revient dans la bouche de l'orateur suivant. Le texte final se présente comme suit :

> « Le consistoire ne pouvait pas intervenir dans la question. Il était à Lyon, dans la zone dite libre, et ne pouvait essayer d'agir qu'à Vichy. Vous devez confondre avec des reproches qui ont été formulés contre l'Union générale des israélites de France, tout à fait indépendante du consistoire, puisque c'était une création allemande à laquelle le consistoire avait refusé de participer. »

Revenant sur le sauvetage des enfants en gare de Perrache (ce qui laisse supposer que le précédent en avait déjà parlé), le docteur Bernheim ajoute :

1. CDJC, fonds Kaplan, année 1947.

« J'étais à Lyon pendant la guerre et peux vous dire ce qui s'est passé. Il est arrivé à Vénissieux un train uniquement composé d'enfants dont les parents avaient été déportés. Aussitôt informé, le consistoire central, aidé du consistoire de Lyon et du consistoire de Paris, s'est porté au camp de Vénissieux où étaient les enfants, et on s'est arrangé pour que les enfants soient pris à la barbe des Allemands, emmenés à la Croix-Rousse au local des israélites, recueillis, logés, couchés. L'intendant de police a fait prévenir que des cars venaient pour chercher les enfants. Les cars sont arrivés mais les enfants n'étaient plus là.

Ce que je dis de Lyon s'est produit dans toutes les villes de France. Partout où le consistoire a pu agir il a sauvé les parents et les enfants, les Français et les étrangers. »

Le débat porte ensuite sur l'avenir du judaïsme, sur la pratique des jeunes et sur leur formation, et sur une éventuelle réforme des offices dans le but de les « moderniser ». Prenant la parole, Jacob Kaplan déclare :

« S'il y a un détachement des choses religieuses de nos jours, ce n'est pas parce que les jeunes gens sont devenus plus intelligents. Dans le temps, ils étaient très intelligents aussi. Dans le temps, les juifs savaient ce que c'était que d'être juifs. Ils connaissaient la philosophie et la théologie juives.

De nos jours, ils ne savent rien du tout, vivent dans une ambiance plutôt antisémite et partagent tous les préjugés répandus sur la religion. Ils croient que c'est une religion momifiée.

Pour lutter, le consistoire a ses cours, les rabbins font des cours d'adultes. J'ai groupé des jeunes gens. Il y a parmi eux des licenciés, de futurs docteurs, etc.

Mais vous voudriez, je crois, une modification plus importante du culte, qu'il n'y ait pas beaucoup de différence entre la religion juive et les autres religions.

Si le judaïsme avait voulu se mettre à la mode, il n'y aurait plus de judaïsme aujourd'hui.

Les israélites qui avaient été en Égypte auraient adoré Apis. En Grèce, ils auraient été séduits par l'hellénisme.

Les juifs n'ont pas accepté. Ils ont eu raison. Ils ont eu raison car s'ils n'avaient pas résisté, ils auraient été fondus dans la masse.

Le judaïsme a encore besoin de tenir. La religion est son cadre, un cadre imperméable aux influences extérieures. Ce cadre est indispensable car il maintient le judaïsme.

Croyez-vous que le monde où nous sommes est un monde où règne la fraternité ? Non. Le judaïsme, qui a cela dans son programme, doit tenir.

Il y a quelque chose d'étonnant. Il aurait dû disparaître depuis tant de persécutions, mais il tient.

Quand on voit comment les juifs ont été attaqués, les périls auxquels nous avons échappé, nous sommes obligés de reconnaître que l'effort juif est un miracle constamment renouvelé.

Si vous voulez rompre les barrières, le judaïsme disparaîtra.[...]

Quelques-uns d'entre vous ont parlé de l'antisémitisme et des moyens de le combattre.

Il y a des méthodes qui conviennent mieux. C'est de faire connaître le judaïsme, indirectement, par la presse, par des journalistes qui accepteraient d'écrire dans des journaux très lus, par des écrits sur le judaïsme, des petites brochures, des ouvrages qu'on mettrait entre les mains du public. »

Le grand rabbin replace le débat sur le thème de la connaissance et de la fidélité au message biblique. Sa défense d'un modernisme dans la tradition est toujours d'une grande actualité. Il sera avec Levinas et Manitou l'un des grands acteurs d'un retour au judaïsme authentique tout en étant pleinement ancré dans son temps. En soulignant ce passage du texte, nous avons mis en valeur un axe capital de l'idéologie de Jacob Kaplan qui préfère faire parler indirectement du judaïsme dans tous les cénacles plutôt que de se limiter à la seule vie synagogale. Il sait qu'il importe de créer toute une bibliothèque accessible à tous et en particulier aux jeunes, pour répondre à leur besoin d'engagement. C'est d'ailleurs à l'engagement qu'il invite les donateurs afin de dépasser le simple apport financier et aller jusqu'à une véritable implication dans la vie communautaire.

De 1952 à 1979, Jacob Kaplan inaugurera 52 synagogues ou centres communautaires construits ou reconstruits. Mais bien plus qu'un bâtisseur de murs, Jacob Kaplan est un bâtisseur des âmes, et il va s'atteler avec sa détermination coutumière à reconstruire les ponts entre le judaïsme et le christianisme en se servant des contacts pris dans la tourmente.

Le combat pour les enfants

Nous avons vu le portrait de ces hommes pour qui l'affirmation de leur judaïsme est passée par différentes étapes. Cette affirmation, pour le grand rabbin Jacob Kaplan, passe donc par un but essentiel : reconstruire le judaïsme et promouvoir la création d'un lien clair et authentique avec l'Église catholique, perçu comme primordial car seul garant de la fin de « l'enseignement du mépris » dans lequel il voit une des raisons majeures de l'antisémitisme. Il va s'y atteler de toutes ses forces, et, très vite, il doit œuvrer pour la tâche essentielle de retrouver les enfants juifs placés pendant l'Occupation dans des institutions et des familles chrétiennes, et dont les parents ne sont pas revenus des camps d'extermination. La tâche était d'autant plus ardue que le consistoire ignorait le nom de beaucoup d'entre eux ainsi que le lieu où ils avaient été cachés. Malheureusement, nombre de personnes qui gardent ces enfants refusent de livrer le moindre renseignement alors même qu'elles savent que ces enfants ne leur ont été confiés que pour éviter la déportation et non pas pour être placés définitivement ni pour être convertis. Légalement, ou du moins selon le droit canon, ces organismes se trouvent dans l'impossibilité de convertir les enfants juifs. Une interdiction spécifique émise par les évêques concerne la zone Sud jusqu'à l'expiration d'une année après la Libération, ce qui prouve que la question n'était pas anecdotique. Devant le mutisme qu'on lui oppose, Jacob Kaplan considère que ces personnes et organismes attendent peut-être volontairement la fin du délai imparti pour pouvoir ensuite convertir légalement ces enfants juifs.

Dès avril 1945, le gouvernement provisoire prend une ordonnance qui concerne la tutelle des enfants de déportés, chargeant de leur surveillance l'organisme des pupilles de la nation. Cet organisme adresse aux préfets de région une circulaire soulignant le caractère urgent et impératif du respect de la croyance de ces enfants. Malgré cela, un an après la fin de la guerre, il est nécessaire que le grand rabbin de France, Isaïe Schwartz, qui a repris ses fonctions, et Léon Meiss, président du consistoire central, écrivent au nonce pour obtenir le retour de 30 enfants que Notre-Dame-de-Sion garde toujours sous sa tutelle.

Le père Roger Braun s'engage à rappeler l'interdiction du baptême des enfants juifs dans tous les couvents et presbytères, ainsi qu'aux familles chrétiennes qu'il visitait, et apporte spontanément son aide au rabbin Kaplan dans son combat pour retrouver les enfants. On ne percevra les échos de ce combat qu'au moment de l'affaire Finaly, mais il ne s'agit que de la partie émergée de l'iceberg. En fait, nous pouvons établir, selon des documents et de longues recherches que nous avons menées, qu'il y avait de très nombreux enfants dans des situations litigieuses, et que l'action du grand rabbin a forcé les familles d'accueil à se décider à signaler les enfants dans la majorité des cas. Mais il y a eu d'autres situations plus complexes et plus sordides.

La question est bien plus large encore puisqu'il s'agit de repenser profondément les relations judéo-chrétiennes, ce qui sera le cas lors de la conférence de Seelisberg.

Chapitre X

Jacob Kaplan inspirateur de l'amitié judéo-chrétienne

Il existe chez Jacob Kaplan une forme de « traçabilité » de sa pensée. Rien ne vient chez lui par hasard, et sa participation à l'élaboration de rapports nouveaux entre juifs et chrétiens vient de loin. C'est Péguy qui montrait qu'un catholicisme fort pouvait se faire le défenseur de Dreyfus. C'est, plus que tout autre, le profond souvenir des tranchées, où il vécut la fraternité des religions qui explique cette attitude chez Kaplan. C'est encore le double souvenir du geste du grand rabbin Bloch et de celui de l'archiprêtre Fleury sauvant les rouleaux sacrés. C'est encore la proximité avec les prêtres parmi les anciens combattants et parmi les aumôniers militaires. Ses liens lui ont été utiles, pendant la guerre, pour tenter de sauver ce qui pouvait l'être. Il tient à poursuivre sur cet élan en trouvant une fraternité religieuse nouvelle entre juifs et chrétiens. La conférence de Seelisberg, dès la fin de la guerre, lui offre l'occasion d'avancer sur cette voie.

La conférence de Seelisberg

La conférence de Seelisberg, qui se déroule en Suisse, du 30 juillet au 5 août 1947, représente un tournant décisif dans les relations judéo-chrétiennes. Son caractère multiconfessionnel et international fait suite à la conférence d'Oxford, sur le même thème, l'année précédente. Dès 1945, l'idée d'une conférence internationale des chrétiens et des juifs surgit comme une nécessité historique. Oxford est choisi comme centre de cette conférence. C'est alors que se fait jour, pour la première fois, l'idée de constituer un Conseil international de chrétiens et de juifs. À la veille de la conférence, une rencontre publique devant une foule nombreuse avait réuni l'archevêque de Canterbury, Geoffrey Fisher, le professeur Reihold Niebuhr, qui parla de la « bonté potentielle de l'individu, et de la cruauté de la collectivité humaine », ainsi que lord (rabbin) Butler, lord Reading et le rabbin docteur Léo Baeck. Ce dernier, alors qu'il portait encore les stigmates des souffrances subies dans le camp de concentration de Theresienstadt, fit un appel à la tolérance et à la compréhension.

La conférence de Seelisberg a pour thème : « Liberté, justice et responsabilité », et met en lumière la responsabilité de l'Église dans le génocide perpétré par des hommes qui sont des chrétiens. Elle rassemble une soixantaine de représentants. Les principaux participants du côté catholique étaient :

— Le père Calliste Lopinot, ecclésiastique romain qui recommanda pendant la guerre aux supérieurs des églises et couvents d'Italie d'accepter de cacher et de sauver les juifs chassés par les Allemands.

— Le père Paul Démann, qui a exercé une grande influence sur la réflexion de l'Église. C'est à Seelisberg que le père Démann fait la connaissance de Jules Isaac auquel le lia une étroite amitié, ponctuée de nombreux échanges épistolaires, jusqu'à sa mort. Il a publié, entre les années 1948 et 1965, plusieurs études sur les relations entre le judaïsme et le christianisme.

— L'abbé Journet, directeur du grand séminaire catholique de Fribourg. Cet homme est aussi connu pour ses dialogues avec le grand rabbin Alexandre Safran de Roumanie à qui il fit part d'un problème religieux qui le hantait : quelle est la situation religieuse d'un croyant conscient de son devoir d'aider les hommes en danger de mort, et qui pourtant ne s'acquitte pas de ce devoir en raison de la place qu'il occupe en tant qu'ecclésiastique ? Il pria le grand rabbin Safran de lui dire sa pensée, notamment à la lumière de l'enseignement de la Torah. Le grand rabbin répondit en se référant au Deutéronome, chapitre XXI :

« Si on trouve un cadavre en plein champ, et que l'auteur du meurtre soit resté inconnu, les Anciens (de la ville la plus proche) s'y transporteront et ils diront : Nos mains n'ont point répandu ce sang-là et nos yeux ne l'ont point vu répandre. Pardonne à ton peuple, Seigneur ! »

Le Talmud renchérit sur ce texte en ce qui concerne les Anciens rendus responsables d'un meurtre commis par un inconnu, en effet les rabbins y expliquent :

« Ceux parmi les notables religieux qui auraient pu protester et n'ont pas protesté, pourraient être marqués au front d'un trait de sang.[1] »

Cette question posée au grand rabbin Safran était bien plus qu'une recherche académique. En effet, après la conférence, le grand rabbin dit : « Au fond, cette question que s'est posée l'abbé Journet dévoilait le grave problème religieux qui aurait dû se poser à l'Église tout entière après la Shoah. Ce grave problème d'ordre purement religieux aurait dû se poser également à la conférence de Seelisberg, mais celle-ci ne lui a pas accordé la place centrale qui lui revenait. »

Les participants juifs sont :
— Le grand rabbin Herskovitz de Hongrie.

---

1. Talmud de Babylone, Shabbat, p. 55a.

– Le rabbin Rosenblum du conseil national américain de l'UNESCO.

– Le rabbin Georges Vadnaï, secrétaire général de l'Union mondiale des étudiants juifs, à Lausanne. Il passa son enfance en Yougoslavie puis en France durant la guerre, notamment en tant qu'interné dans les camps de Gurs et de Vernet. En 1948, il devint le rabbin de Lausanne.

– Le grand rabbin Jacob Kaplan qui, comme à son habitude, fera un compte rendu de cette conférence, avant de l'annoter un peu plus tard.

Aux autorités religieuses s'ajoutent Jules Isaac, professeur et historien ; Selig Brodetzki, président du Board of Deputies of British Jews de Londres ; Neville Laski, ancien président du consistoire de Bulgarie ; et le professeur Jacques Nathan, de l'université de Sofia.

Cette conférence a pour but de trouver des moyens de lutter contre l'antijudaïsme chrétien. Le rapport, établi préalablement par Jules Isaac grâce à de nombreuses recherches et réflexions sur ce thème, est pris comme point de départ de la discussion à l'unanimité des membres de la commission. Elle approuve une série de thèses concernant l'enseignement religieux chrétien. Ensemble, les participants définissent ce que l'on appelle : « Les dix points de Seelisberg ». L'animateur de la conférence est Jules Isaac.

Historien français, issu d'une famille assimilée, il ne se rend compte de ce que signifie « être juif » que pendant la Seconde Guerre mondiale. Sa femme, sa fille et son gendre furent arrêtés par la Gestapo et déportés sans retour. Ses travaux sur les relations judéo-chrétiennes démontrent que la tradition chrétienne, en ce qui concerne le peuple juif, porte la marque de ce qu'il appelle l'« enseignement du mépris » qui peut aller jusqu'à faire de la haine des juifs un devoir de conscience. Il faut donc reconnaître la part de responsabilité qui pèse sur l'Église dans la préparation lointaine du climat antijuif sans lequel le génocide de 6 millions de juifs n'aurait pas pu se produire. Il y avait dans le peuple chrétien trop peu d'amour pour les juifs pour éviter la Shoah. Aux autorités spirituelles de l'Église de France durant l'Occupation est adressé le reproche d'avoir adopté une attitude de docilité vis-à-vis du pouvoir politique, dans l'intention de préserver ses intérêts au préjudice du respect dû à tout être humain. Aveuglée par une longue tradition d'antijudaïsme, la hiérarchie de l'Église n'a pas pris la mesure de la Shoah. Déjà, à l'occasion des statuts des juifs d'octobre 1940 et juin 1941, les évêques de France ne s'étaient pas exprimés publiquement, acquiesçant par leur silence aux violations flagrantes des droits de l'homme. Ils ont laissé se développer une variante cruelle de l'« enseignement du mépris » à l'endroit des juifs.

En dépit des mouvements de charité chrétienne (les évêques de Toulouse, de Lyon et de Montauban), l'Église de France a montré que l'indifférence l'avait largement emporté sur l'indignation et que devant la persécution des juifs, en particulier devant les mesures antisémites édictées par Vichy, le silence avait été la règle et les paroles en faveur des victimes l'exception. C'est pourquoi les orientations adoptées à Seelisberg sont révolutionnaires. Il ne s'agit pas, pour les représentants du judaïsme, d'obtenir une faveur de la part de l'Église, mais de mettre plutôt celle-ci face à ses responsabilités, en l'engageant à ne plus favoriser l'« enseignement du mépris ». Si ce terme revient souvent, c'est qu'il est la base même de toute la discussion. Il donnera d'ailleurs naissance au concept que le grand rabbin Kaplan portait déjà depuis de nombreuses années d'« enseignement de l'estime ». Il a toujours préféré combattre pour une cause que contre une dérive ; ainsi, il lutte pour faire connaître le judaïsme plutôt que contre l'antisémitisme, pour l'enseignement de l'estime plutôt que contre « l'enseignement du mépris » et pour Israël plutôt que contre les antisionistes. C'est même le cœur de la stratégie d'action de Jacob Kaplan.

Dans son compte rendu de la conférence, cette idée apparaît essentielle. Le principe sous-jacent est d'insister sur les liens étroits qui existent entre le judaïsme et le christianisme, et de prendre garde à ne plus, à l'avenir, présenter la Passion de Jésus de manière à provoquer la haine envers les juifs. Il serait également juste de rappeler que Jésus lui-même était juif, issu de la « race de David et du peuple d'Israël », et d'éviter dorénavant toute mention du mot « juif » comme synonyme d'ennemi de Jésus. De leur côté, les autorités religieuses juives ont tenu à manifester leur approbation par une décision visant à éviter tout ce qui pourrait heurter l'Église dans leur enseignement. Élaboré conjointement par les membres chrétiens et juifs de la commission, le texte a été soumis à l'assemblée par les premiers. Il a reçu l'approbation des autorités religieuses chrétiennes.

« Les dix points de Seelisberg » sont les suivants :

1. Rappeler que c'est le même Dieu vivant qui nous parle à tous, dans l'Ancien comme dans le Nouveau Testament.

2. Rappeler que Jésus (Yéshoua) est né d'une mère juive, de la race de David et du peuple d'Israël et que, pour les chrétiens, son amour éternel et son pardon embrassent son propre peuple et le monde entier.

3. Rappeler que les premiers disciples, les apôtres et les premiers martyrs étaient juifs.

4. Rappeler que le précepte fondamental du christianisme, celui de l'amour de Dieu et du prochain, promulgué déjà dans l'Ancien Testament et confirmé par Jésus, oblige chrétiens et juifs dans toutes les relations humaines, sans aucune exception.

5. Éviter de rabaisser le judaïsme biblique et post-biblique dans le but d'exalter le christianisme.

6. Éviter d'user du mot « juif » au sens exclusif d'« ennemi de Jésus » ou de la locution « ennemis de Jésus » pour désigner le peuple tout entier.

7. Éviter de présenter la Passion de telle manière que l'odieux de la mise à mort de Jésus retombe sur tous les juifs ou sur les juifs seuls. En effet, ce ne sont pas tous les juifs qui ont réclamé la mort de Jésus. Ce ne sont pas les juifs seuls qui en sont responsables, car la Croix, qui sauve tous les chrétiens, révèle que c'est à cause des péchés de tous que Jésus est mort. Rappeler à tous les parents et éducateurs chrétiens la grave responsabilité qu'ils encourent du fait de présenter l'Évangile et surtout le

récit de la Passion d'une manière simpliste. En effet, ils risquent par là même d'inspirer, qu'ils le veuillent ou non, de l'aversion dans la conscience ou le subconscient de leurs enfants ou auditeurs. Psychologiquement parlant, chez des âmes simples, mues par un amour ardent et une vive compassion pour le Sauveur crucifié, l'horreur qu'ils éprouvent tout naturellement envers les persécuteurs de Jésus tournera facilement en haine généralisée des juifs de tous les temps, y compris ceux d'aujourd'hui.

8. Éviter de rapporter les malédictions scripturaires et le cri d'une foule excitée : « Que son sang retombe sur nous et sur nos enfants », sans rappeler que ce cri ne saurait prévaloir contre la prière infiniment plus puissante de Jésus : « Père, pardonne-leur, car ils ne savent pas ce qu'ils font. »

9. Éviter d'accréditer l'opinion impie que le peuple juif est réprouvé, maudit, réservé pour une destinée de souffrances.

10. Éviter de parler des juifs comme s'ils n'avaient pas été les premiers à être de l'Église.

Un texte sort de ces débats, intitulé « Propositions des membres chrétiens ». Il devait, au départ, rester confidentiel jusqu'à son approbation par le Vatican et les autorités protestantes. Quelques semaines plus tard, il fut publié dans *Les Cahiers sioniens*, par les prêtres de Notre-Dame-de-Sion, dans *La Revue du Christianisme social* (protestante) et dans *La Terre retrouvée* (juive).

À la suite de la conférence, un comité interconfessionnel est créé, l'Amitié judéo-chrétienne dont le président est l'historien catholique Henri-Irénée Marrou, professeur à la Sorbonne, le vice-président est M. Martin, responsable de *La Revue du Christianisme social*, le secrétaire Samy Lattes, membre de la commission administrative de la synagogue de la rue Buffault. Edmond Fleg en fait également partie, tout comme Jacob Kaplan, bien entendu. L'une des premières réalisations de ce comité est un débat public engagé autour du livre de Jules Isaac, en présence de l'auteur, de Samy Lattes, d'un pasteur, d'un prêtre, d'un orthodoxe ainsi que d'un professeur catholique. Les discussions se sont achevées sur la nécessité, voulue par tous les assistants non juifs de cette controverse, de changer l'enseignement chrétien en éliminant toute attaque et provocation à la haine contre les juifs.

Les discussions qui ont eu lieu durant cette semaine à Seelisberg furent souvent très vives, mais bénéficièrent, toujours selon le rapport du grand rabbin Kaplan, d'une franchise de parole totale de part et d'autre, surtout au moment de commenter les documents numéros 16 et 17[1]. Au départ, le grand rabbin Kaplan rédige pour son usage personnel un compte rendu de ses journées dans une production littéraire presque instantanée. Il en souligne « l'esprit de sincère compréhension réciproque ». Mais, par la suite, il raya cette mention. Était-ce une façon de nuancer son enthousiasme d'alors, à la lumière des événements qui ont suivi avec les enfants Finaly[2] ? Pour le rabbin Kaplan, il ne faut pas attendre des miracles de ces discussions, même si les avancées ont été notables, car ces textes n'engagent que ceux qui les ont signés, et les principales autorités ecclésiastiques n'avaient pas, jusqu'alors, fait connaître leur positionnement face à ces propositions. Cependant, il se réjouit des mesures prises relativement à l'enseignement du catéchisme chrétien qui, pour la première fois dans toute la longue histoire du christianisme, reconnaît qu'il y produit des facteurs réels de l'antisémitisme. Le grand rabbin Kaplan parle à ce propos de « charte » de Seelisberg. Il souligne dans ses écrits que ce résultat a surtout été dû au travail de la délégation française, en raison des études préliminaires méthodiques et très importantes qui furent entreprises à Paris au CDJC et également avec Edmond Fleg, Jules Isaac et Samy Lattes.

Cependant une controverse surgit à l'issue de cette confé-

1. Document 16 rédigé par le rabbin Safran : « Considérations sur l'enseignement religieux chrétien ».
Document 17 rédigé par Jules Isaac : « L'antisémitisme chrétien et le moyen d'y remédier en transformant l'enseignement chrétien ».
2. Voir chapitre consacré à l'affaire Finaly.

rence. Macina en a rappelé le détail[1]. Tout ne fut pas harmonieux lors de ce rassemblement. On ne peut, en effet, passer sous silence un incident révélateur de la survivance des soupçons chrétiens à l'égard des juifs, différend censé avoir opposé entre eux les membres juifs et chrétiens de la commission des Églises. Même si, comme nous le verrons, la polémique a peut-être été surestimée par celui qui la rapporte, il est indéniable qu'elle a bien eu lieu. La version des faits du grand rabbin Kaplan et celle du père Démann ne coïncident absolument pas. Voici le récit du grand rabbin, tel que le rapporte Pierre Pierrard :

« La commission des Églises qui eut à s'occuper de la question [de la responsabilité de l'enseignement de l'Église dans l'antisémitisme] était composée de quinze membres, dont onze n'étaient pas juifs. Les délégués français du judaïsme suggérèrent comme base de discussion les propositions de Jules Isaac et demandèrent à la commission de faire connaître dans quelle mesure elle serait disposée à en tenir compte. Nous n'étions pas venus pour solliciter une faveur, mais pour mettre les Églises chrétiennes en face de leurs responsabilités, et exiger qu'elles ne favorisent plus elles-mêmes l'antisémitisme par la manière dont elles dispensent leur enseignement religieux. Les discussions franches furent un moment très vives. C'était un après-midi. Notre commission s'était réunie en plein air sous la présidence du père Calliste Lopinot [capucin venu de Rome]. Du côté chrétien, on était d'accord pour reconnaître une responsabilité dans la propagation de l'antisémitisme par l'éducation donnée, au catéchisme, aux jeunes chrétiens. On voulait, en contrepartie, que nous aussi, d'une certaine manière, nous reconnaissions quelque tort de notre part envers le christianisme de par notre enseignement

---

1. Menahem Macina, « Le syndrome de Seelisberg : persistance du soupçon d'un enseignement du mépris rabbinique envers le christianisme », *Tsafon, revue d'études juives du Nord*, n° 24, hiver 1995-1996, p. 95 à 107.

religieux. Or, sur ce point, on ne pouvait rien nous reprocher.

Nos livres d'instruction juive en portent témoignage. Nous ne disons aucun mal du christianisme, nous n'en parlons pas. Malgré cela, en vue d'obtenir sans doute une déclaration commune équilibrée, on ne cessait d'insister auprès de moi pour obtenir satisfaction. L'insistance était déplaisante, mais j'avais le sentiment que, pour certains de mes interlocuteurs, c'était mon obstination qui l'était. Quel ingrat ! devaient-ils penser. Nous chrétiens, nous sommes sur le point de faire notre *mea culpa*, et ce rabbin ne veut reconnaître aucun grief de sa part à notre égard ! Si j'avais eu un tort quelconque, même insignifiant, à évoquer, il aurait été démesurément grossi. Or, dans le domaine de la formation de nos jeunes, nous n'avions pas la moindre peccadille à nous reprocher envers les chrétiens. J'estimais donc qu'il valait mieux que notre commission se séparât sans rédiger de résolution commune plutôt que de concéder quoi que ce soit d'inexact qui ne pourrait que nuire au judaïsme. De guerre lasse, le père Calliste Lopinot, dépité, abandonna son fauteuil présidentiel et partit. Mais il fut remplacé presque aussitôt par le père de Menasce[1], professeur à l'université catholique de Fribourg. Pour moi, dans un esprit de conciliation, j'étais disposé à donner suite à toute formule d'accord, à condition qu'elle ne mît pas en cause notre enseignement religieux, où, encore une fois, on ne trouve aucune attaque contre le christianisme. Cette formule, on chercha longtemps avant de la trouver. Finalement, elle consista à prendre l'engagement, de part et d'autre, de promouvoir le respect mutuel des valeurs sacrées de nos conditions respectives.[2] »

Voici la mise au point du père Démann suite à l'article de Macina :

1. Jean de Menasce est un juif d'Égypte converti au catholicisme et devenu dominicain.
2. Jacob Kaplan, *Justice pour la foi juive, op. cit.*

« Les quelques confusions et erreurs qui appellent ces remarques proviennent d'un texte posthume (paru en 1995, alors que son auteur est mort en 1994) du regretté grand rabbin Kaplan, cité par M. Macina, confusions et erreurs dont je n'arrive absolument pas à m'expliquer l'origine. Voici les principaux points à rectifier :

1 – Organisée par le American Council of Christians and Jews, avec l'aide du British Council of Christians and Jews, la conférence de Seelisberg ne comportait aucune délégation nationale, ni française, ni autre. Les invitations étaient individuelles. En fait, la conférence comprenait trois Français, le grand rabbin Kaplan, Jules Isaac et Marie-Madeleine Davy. Parmi les membres actifs de la commission qui nous intéresse ici, il n'y avait pas de Français. À l'époque, le père Jean de Menasce enseignait à Fribourg, en Suisse, et n'avait pas la nationalité française, pas plus que l'auteur de ces lignes, qui, à l'époque, résidait à Louvain.

2 – La commission des Églises était composée, comme c'était naturel, uniquement de chrétiens. Nous étions, bien sûr, en relations constantes (et très cordiales) avec les principaux membres juifs de la conférence, notamment avec Jules Isaac (avec qui j'ai lié, à Seelisberg, une amitié profonde qui n'allait prendre fin qu'avec la mort de l'historien, en 1963). Je le tenais au courant de nos travaux et discussions, et lui, à son tour, par déférence, tenait au courant le grand rabbin Kaplan.

3 – Les propositions de Jules Isaac, qui étaient en fait les conclusions de son *Jésus et Israël*, déjà terminé mais pas encore paru, s'imposaient évidemment comme point de départ des discussions de la commission des Églises. Les points les plus délicats de ces débats tenaient moins aux relations entre juifs et chrétiens qu'à la difficulté, pour les catholiques, de trouver des formulations acceptables pour Rome (à l'époque !) et, pour les protestants, de trouver des formules acceptables pour tous entre eux.

4 – La commission des Églises était effectivement présidée par le père Calliste Lopinot, un des deux franciscains français qui s'étaient illustrés à Rome, pendant la guerre, dans l'aide aux juifs persécutés. (L'autre, le P. Marie-Benoît Peteul, est rentré plus tard en France et n'est disparu qu'il y a quelques années.)

5 – Quant à l'incident relaté dans le texte cité dans l'article de M. Macina, je suis formel : cet incident n'a jamais eu lieu, et je me demande par quelle confusion ce souvenir a pu surgir. Le P. Lopinot n'a jamais abandonné la présidence de la commission, suivant le formalisme très anglo-saxon qui régnait à la conférence, il aurait automatiquement été remplacé par le vice-président de la commission, monseigneur Novak, évêque d'une petite église dissidente tchèque, qui n'a joué aucun rôle dans la commission et qui devait son poste de vice-président à son titre de Monseigneur, très respecté par les organisateurs américains de la conférence.

6 – À propos de la présidence du P. Lopinot, il est peut-être utile de souligner que les organisateurs de la conférence tenaient beaucoup à la présence d'une personnalité romaine. Mais, en fait, pour être notre porte-parole à Rome (surtout après la conférence), nous comptions surtout sur Jacques Maritain, à cette époque ambassadeur de France auprès du Saint-Siège et, par ailleurs, bien connu des Américains, ayant passé la période de guerre aux États-Unis. Ceci se concrétisait d'ailleurs dans la lettre adressée par Jacques Maritain à la conférence et qui allait figurer en tête de la brochure résumant les actes de la conférence.

7 – Je voudrais ajouter, pour finir, que je suis désolé de contredire indirectement les propos attribués au regretté grand rabbin Kaplan, que j'ai bien connu et pour qui j'avais une grande estime, et qui, hélas, n'est plus là pour en discuter. Mais la vérité doit passer avant l'amitié. »

Il ne s'agit pas de trancher ici entre les deux versions, mais de montrer que tout ne fut pas simple, et que les points de tensions étaient réels. Nous pouvons juste remarquer que la date de parution n'est pas 1995, mais 1977, date de l'édition originale, époque où le grand rabbin était bien vivant. Nous pouvons également constater que la version du grand rabbin Kaplan livre un thème marquant de sa pensée quant aux relations avec les chrétiens : il ne faut pas céder sous prétexte d'avancées ultérieures à la moindre tentation de parallélisme. Le changement radical qu'il instaure est l'égalité dans la discussion.

En conclusion, l'impact des travaux de la conférence de Seelisberg sur le changement d'attitude de l'Église envers le peuple juif fut réel et trouva son expression officielle dans la déclaration *Nostra Aetate* du concile Vatican II. « Les dix points de Seelisberg », largement inspirés des propositions de Jules Isaac (au nombre de 18), qui figurent à la fin de son ouvrage *Jésus et Israël*, paru en 1948, ont exercé une influence considérable.

Une seconde conférence se réunit à Fribourg, quelques semaines après la déclaration d'indépendance de l'État d'Israël. La réaction des intervenants de la conférence fut favorable. Voici un extrait cité par Jacob Kaplan :

« Sans vouloir aborder les problèmes proprement politiques que pose l'établissement de l'État d'Israël, nous tenons à rappeler à la conscience chrétienne qu'aucune raison théologique certaine, qu'aucun enseignement biblique incontestable n'impose aux chrétiens une attitude négative à l'égard d'une restauration d'un État juif en Palestine. Nous plaçant au point de vue de la lutte contre l'antisémitisme, nous saluons avec joie l'espoir qui se lève pour les juifs d'échapper enfin à l'humiliation et aux persécutions. Nous pensons particulièrement à ceux qui subissent encore l'existence de « personnes déplacées » ou la menace imminente de nouvelles violences. D'un point de vue purement religieux, nous espérons aussi qu'en reprenant racine dans le pays de la Bible, Israël connaîtra une nouvelle vigueur spirituelle et réalisera la plénitude de sa vocation. »

Ce discours préfigure la reconnaissance de l'État d'Israël sans l'envisager vraiment, mais il exprime surtout des vœux sincères pour l'avenir spirituel d'Israël. Le grand rabbin verra en 1993 dans la reconnaissance *de jure* de l'État d'Israël par le Vatican comme un écho, certes tardif, puisque un demi-siècle plus tard, à ses propositions d'ordre spirituel. Il a perçu ce qui devait advenir et il a créé les conditions d'un changement de mentalité tel, que nous avons du mal aujourd'hui à imaginer ce qui fut.

Chapitre XI

L'affaire Finaly

Les édifices des hommes sont fragiles. Alors même qu'un vent nouveau soufflait enfin sur les relations judéo-chrétiennes, une tempête faillit bien tout anéantir. L'affaire Finaly ne concernait pas seulement le destin de deux jeunes garçons, elle engageait toute une communauté, et posait, avec fracas, la question des relations futures avec l'Église catholique.

Sans la main de fer que Jacob Kaplan sut maintenir dans son gant de velours, gageons qu'il n'y aurait pas eu l'avancée historique de Vatican II envers les juifs. Mais dans le déroulement de cette affaire, la véritable question fut à chaque instant l'état de l'opinion publique. Pour le grand rabbin Kaplan, il était essentiel de savoir si le peuple français en était encore à s'aligner sur l'Église, quelle que soit la justesse ou l'injustice de ses logiques, ou si les arguments de « la défense » pouvaient trouver grâce aux yeux d'une France attentive, plus que jamais et plus que tout, à la justice et au bon droit. En filigrane, on devine cette question : peut-on être un Français indiscutable, au-dessus de tout soupçon, si l'on est juif ?

Les origines de l'affaire

L'affaire Finaly toucha l'opinion mondiale surtout en 1952 et 1953. Mais l'histoire de cette famille juive commence bien plus tôt, par la tragédie de l'*Anschluss*. À l'aube du samedi 12 mars 1938, l'armée allemande franchit les postes frontières autrichiens. En tant que juifs, le docteur Finaly et sa femme sont les premières cibles du nazisme conquérant. Fuyant l'Autriche, ils s'installent en France, à La Tronche (Isère). C'est pour eux un véritable havre de paix, loin des violences de leur pays. Le choc est d'autant plus terrible, lorsque l'État français impose à son tour des lois antisémites. Avec tant d'autres, les Finaly sont trahis dans cette espérance. Après la guerre, le grand rabbin Kaplan, en s'occupant de l'affaire, aura certainement la volonté de réhabiliter la confiance que les parents avaient placée en la France.

Après leur arrivée en France, deux garçons naissent, Robert, le 14 avril 1941 et Gérald, le 3 juillet 1942. Comme la famille Finaly est religieuse, ou tout au moins attachée aux principaux rites, elle fait circoncire ses deux enfants, en pleine Occupation, malgré les dangers que cela pouvait représenter. Ils reçoivent un prénom juif supplémentaire, Réouven pour Robert, et Guédalya pour Gérald. Le docteur Finaly a le temps de déclarer la nationalité française pour Robert, mais ne le fait pas pour Gérald. Le 14 avril 1944, le docteur Finaly et sa femme sont déportés vers l'Est. Ils ne reviendront pas. Leurs deux enfants sont mis à l'abri par leurs parents dans une crèche municipale de Grenoble dirigée par une demoiselle Brun.

C'est là que l'affaire se noue. Le 9 février 1945, après la Libération, les deux orphelins sont réclamés par leur tante, Mme Fischel, qui vit en Nouvelle-Zélande. Celle-ci demande par courrier au maire de La Tronche des nouvelles de sa famille qu'elle recherche désespérément et apprend ainsi la disparition des Finaly. Le 15 mai, elle obtient une réponse favorable à ses démarches administratives, au sujet de la prise en charge des neveux en Nouvelle-Zélande. Elle écrit à Mlle Brun pour lui exprimer sa reconnaissance et pour lui faire part de son désir de venir chercher les enfants. En novembre 1945, Mlle Brun lui répond de remettre le voyage à plus tard. Le 12 du même mois, Mlle Brun se fait nommer tutrice provisoire, en dissimulant l'existence de la tante des enfants au juge de paix qui a constitué le conseil de famille. En dehors d'elle, ce conseil est composé uniquement de juifs, ce qui démontre que les enfants étaient perçus comme juifs. Mais aucun représentant de la famille des enfants n'en fait partie, Mlle Brun n'ayant pas informé Mme Fischel de la création de ce conseil de famille.

Trois ans passent. Par l'intermédiaire du maire, des autorités judiciaires ainsi que par des demandes de Mme Fischel, Mlle Brun est mise en demeure de rendre les enfants. Mais elle multiplie les délais pour éviter de les ramener à leur famille. Aucune des interventions de Mme Fischel auprès des officiels n'aboutit (ministère français des Affaires étrangères, municipalité de La Tronche, Croix-Rouge, jusqu'à l'évêque d'Auckland). En 1948, une autre tante, Mme Rossner, qui habite Israël, demande à l'une de ses connaissances qui habite Grenoble, Moïse Keller, d'être son mandataire auprès de Mlle Brun, afin de lui faire entendre raison. C'est alors que l'intraitable tutrice avoue à Keller qu'elle a fait baptiser les deux garçons. Le 27 décembre 1948, Moïse Keller, agissant comme mandataire de Mme Rossner, dépose une plainte au parquet de Grenoble.

Un événement récent éclaire l'affaire Finaly d'un jour nouveau. C'est la découverte dans les archives de l'Église de France d'une lettre circulaire du nonce apostolique aux évêques français datant du 23 octobre 1946. Dans ce document, le nonce apostolique en France, monseigneur Angelo Roncalli, futur pape sous le nom de Jean XXIII, reprend une décision du Saint-Office approuvée par le pape Pie XII, qui dirigeait directement cette institution. Il s'agit des enfants juifs confiés pendant la guerre à des institutions catholiques pour échapper à la déportation et qui sont réclamés par leurs parents, famille ou communauté. La note précise qu'il faut surtout éviter de répondre par écrit et que, de toute façon, « si les enfants ont été baptisés, ils ne pourront être confiés à des institutions qui ne sauraient en assurer l'éducation chrétienne ». Il est donc exclu de les confier à des juifs, même si cela ne figure pas noir sur blanc. Rien de très surprenant : la position est dans la ligne du droit canon, comme l'avait démontré le cas du jeune Mortara en 1858. Cette année-là, un enfant juif, malade, avait été baptisé secrètement par une domestique de la famille. La police pontificale de Pie IX avait enlevé l'enfant à sa famille et l'avait placé dans un couvent malgré une mobilisation internationale. Le jeune Mortara est même devenu prêtre sans jamais renouer avec sa famille. Un enfant baptisé appartient à l'Église quelles que soient son origine ou les circonstances de son baptême [1]. Les évêques de France en avaient conscience et avaient donné des instructions pendant la guerre pour éviter de baptiser les enfants juifs. Mais pour ceux qui l'avaient été malgré tout, la règle était claire : ils appartenaient à l'Église. Il s'agissait donc dans l'affaire Finaly non plus de l'obstination de quelques personnes, mais d'une politique plus générale.

La seule surprise vient de la personne du nonce. Celui qui sauva des juifs en Grèce et en Turquie pendant la guerre en leur donnant des visas de transit, celui qui sera plus tard connu sous son surnom de « bon pape Jean », celui qui sera l'initiateur du concile Vatican II qui redéfinira des relations plus fraternelles entre juifs et catholiques semble être un autre homme. Sur ce même thème, il est d'ailleurs remercié par les juifs de France par une lettre du 19 juillet 1946, soit trois mois avant sa circulaire, pour avoir autorisé le grand rabbin de Palestine, Isaac Herzog, à traiter avec nombre d'institutions catholiques qui avaient des enfants juifs *en usant de son autorité*. En fait, Angelo Roncalli est un diplomate qui remet de l'ordre dans l'Église de France, très compromise avec le pouvoir de Vichy, mais qui porte les dogmes de son Église et négocie avec le général de

---

1. Article 750, paragraphe 1 du droit canon : « On peut baptiser licitement les enfants des infidèles, même contre le gré de leurs parents, lorsque, en raison de l'état de santé où ces enfants se trouvent déjà, on prévoit prudemment qu'ils mourront avant d'avoir atteint l'usage de la raison. Si l'enfant ne meurt pas, la nécessité d'assurer l'éducation chrétienne rend indispensable la séparation d'avec les parents. L'Église est aussi une mère. Elle ne peut pas laisser les baptisés exposés au danger prochain d'apostasie. »

Gaulle la grâce d'évêques collaborateurs dont la France exigeait le renvoi. Il lui reste du temps et un long chemin pour devenir l'homme de la réconciliation. La seule différence, mais de taille, entre Pie IX en 1858 et Pie XII, est que le premier assume son acte, alors que le second, conscient de l'inhumanité à encourager ni plus ni moins que le kidnapping, suggère le recours au secret, à la ruse, la dissimulation et au mensonge. Dans sa plaidoirie devant la cour d'appel de Grenoble pour l'affaire Finaly, Me Maurice Garçon s'était adressé à Mlle Brun en lui disant : « Je regrette profondément pour la religion qui est la mienne, que vous lui donniez, au lendemain des horreurs nazies, ce visage d'intolérance. Vous la rendez odieuse. »

C'était peut-être l'enjeu majeur de ce combat pour récupérer deux garçons que de montrer que l'Église avait intégré sa part de responsabilité dans la nuit qui s'était abattue sur l'Europe, et qu'elle avait su en tirer les conséquences. Les atermoiements de l'Église en cette affaire et sa mauvaise volonté évidente démontrèrent que la route était encore longue, mais la conduite courageuse et humaine de certains démontra que cette même Église était en chemin.

Les choses évolueront en effet douze ans plus tard, avec le concile Vatican II.

Les deux stratégies possibles

Même si le grand rabbin rend hommage, dans le livre qu'il a consacré à l'affaire Finaly, à Moïse Keller, il est notoire que leurs relations furent difficiles et tendues. Deux options s'opposent. D'un côté, le grand rabbin négocie et espère, tant qu'il n'y a pas impasse, aboutir à un résultat. De l'autre, Keller veut utiliser les médias, mobiliser l'opinion publique, quitte à adopter des positions de rupture. La restitution des enfants donnera raison rétroactivement au grand rabbin, y compris dans le fait qu'il ait, par tactique, brandi comme une menace la violence du clan Keller. Mais dans son livre paru en 1960[1], Moïse Keller critique le grand rabbin – sans le nommer – pour avoir été trop complaisant à l'égard de l'Église. Il n'est d'ailleurs pas le seul à mettre en cause l'action du grand rabbin, mais les reproches sont divergents. Certains contestent sa fermeté face à l'Église, par crainte d'un retour de l'antisémitisme. D'autres pensent qu'il est vain d'affronter la toute-puissance du Vatican. Au sein du consistoire central, cette position avait des partisans, au point que certains membres n'adressaient plus la parole au grand rabbin. La tendance Keller, à l'opposé, tenait le raisonnement suivant : « Peut-on admettre, dans une société civilisée, que des gangsters, une fois leur forfait accompli, demandent l'ouverture de négociations ? Ce serait en contradiction flagrante avec la loi morale et la conception du droit dans la société moderne ; ce serait accepter que les droits des juifs – en l'espèce, ceux de la famille juive – soient négociables. »

Cette lutte interne n'est pas anodine, puisque Germaine Ribière[2] mettra en exergue la démarche du grand rabbin Kaplan : « Il faut distinguer le monde religieux juif représenté par le grand rabbin Kaplan du monde juif sioniste qui demandait la punition de l'ordre de Notre-Dame-de-Sion tout entier. »

Le 28 juillet 1949, la décision est prise de remettre les enfants dans un délai de un mois à Mme Rossner ou à son mandataire, décision entérinée par le conseil de famille. Dans une lettre à Mlle Brun, Mme Rossner lui exprime, comme l'avait fait auparavant Mme Fischel, sa vive reconnaissance et s'engage à lui rembourser tous les frais occasionnés par l'entretien des deux enfants. Mais Mlle Brun attaque la décision du conseil de famille pour vice de forme, et réussit à se faire confirmer dans le rôle de tutrice de famille. Pourtant, Mlle Brun n'a jamais gardé chez

---

1. Moïse Keller, *L'affaire Finaly telle que je l'ai vécue*, Fischbacher, 1960.
2. Cette grande figure de la Résistance et de l'Amitié judéo-chrétienne fut de 1941 à 1944 une interlocutrice de premier ordre du père Pierre Chaillet, fondateur du mouvement Témoignage chrétien.

elle les enfants, placés dans diverses institutions, se contentant de leur rendre visite à peine une ou deux fois par an. Quant au baptême, il date de 1948, c'est-à-dire après que la famille s'était fait connaître en demandant le retour des enfants. Mlle Brun écrivait, en 1945, à l'une des tantes : « Vos neveux sont juifs, c'est-à-dire qu'ils sont restés dans leur religion. »

Le 11 juin 1952, trois ans et demi après l'arrêt de la cour d'appel, une décision de justice oblige Mlle Brun à rendre les jeunes Finaly à Mme Rossner. Mais les enfants ont déjà disparu, avec la complicité de la supérieure de Notre-Dame-de-Sion de Grenoble, la mère Antonin. Au lieu de demander avis à sa congrégation, la supérieure interroge le cardinal Gerlier, archevêque de Lyon, qui se tourne vers le Saint-Office, à Rome. La réponse ne tarde pas : le cardinal Pizzardo confirme par écrit que tout enfant baptisé doit être protégé par l'Église. Une nouvelle affaire Mortara est en route.

En janvier 1953, Mlle Brun est incarcérée sous le motif de rapt d'enfants, mais les enfants sont toujours introuvables. Ils sont signalés à Bayonne, puis à la maison de Notre-Dame-de-Sion à Grenoble. La supérieure est arrêtée à son tour le 4 février. Puis les autorités religieuses consistoriales apprennent que les enfants sont quelque part en Espagne.

À Jacob Kaplan, grand rabbin de Paris depuis 1950 puis grand rabbin de France par intérim, revient la mission de dénouer l'imbroglio. Il va prendre appui sur cette affaire non seulement pour réunifier le judaïsme français, mais aussi pour imposer le consistoire central comme porte-parole du judaïsme organisé, alors que, au lendemain de la guerre, ce dernier avait du mal à se faire entendre, en particulier par ceux qui lui reprochaient sa passivité supposée pendant la guerre.

Tout d'abord, le grand rabbin Kaplan prend contact avec monseigneur Touvet, qu'il connaît pour avoir servi avec lui à l'armée. Le prélat lui apprend que l'archevêque de Paris a déjà entrepris des démarches en écrivant aux évêques de Bayonne et de Grenoble. Le grand rabbin Kaplan demande alors à l'évêque de Grenoble de l'introduire auprès de la supérieure générale de

Notre-Dame-de-Sion. Celle-ci est déchirée, mais convaincue, et elle accepte de tout faire pour que les enfants lui soient rendus.

L'opinion publique se divise

La France se retrouve à nouveau divisée par un « conflit religieux », qui n'est pas sans rappeler l'affaire Dreyfus. La presse catholique prend le parti de Mlle Brun, prétendant que les Finaly souhaitaient la conversion de leurs enfants, affirmant que si les enfants sont donnés – et non pas « rendus », car ces groupes catholiques nient leur appartenance au judaïsme – à la communauté juive, ils seront enfermés dans un orphelinat en Israël. Jacob Kaplan a la difficile mission de démentir, tout en évitant d'enflammer les médias. Le quotidien *Le Monde*, dont la tendance est, à l'origine, plutôt conservatrice et catholique, est divisé au point que la rédaction choisit de n'adopter aucune position. Le journal rend compte des péripéties, mais ne s'engage pas. Les protestants, de leur côté, prennent position en faveur du retour des enfants dans leur famille. Pour certains, l'affaire est l'occasion de régler des comptes avec les catholiques.

Le 13 février 1953, le grand rabbin d'Angleterre, Israël Brodie, propose au grand rabbin Kaplan l'appui de la War Orphans Commission. Le 26 février, le grand rabbin d'Israël, Isaac Herzog, lui propose de faire une démarche auprès du Vatican. À chaque fois, le grand rabbin les remercie et refuse, privilégiant un règlement local.

Certaines démarches intempestives irritent le grand rabbin, comme celle du rabbin André Zaoui, de la synagogue libérale de la rue Copernic, qui, profitant d'un voyage à Rome, tente d'entrer en contact avec le Vatican, perturbant d'autant le difficile équilibre du processus engagé par le grand rabbin. Celui-ci est surtout exaspéré par les articles laissant supposer qu'aucune solution négociée n'est possible, que les positions de l'Église et celles de la famille sont inconciliables. Recevant un jour deux journalistes qui lui demandent de ne pas chercher d'accord avec l'Église mais d'engager l'épreuve de force avec elle, il leur répond que par un accord, il y a quelque chance d'avoir les enfants, alors que, sans accord, même si le procès est gagné, les enfants seront perdus et resteront en Espagne. Il doit donc trouver un point d'équilibre diplomatique.

Des comités Finaly sont fondés un peu partout ; de grandes organisations, telles que la Ligue des droits de l'homme et la Ligue française de l'enseignement, interviennent ; des conférences sont faites par Me David Lambert à la salle Wagram et à la Mutualité de Paris ainsi qu'à Grenoble et dans d'autres villes ; des motions de protestation signées par des intellectuels paraissent dans les journaux. Accompagné du grand rabbin Schilli, Jacob Kaplan est reçu en audience par le ministre de la Justice le 24 février 1953. Les autorités juives ne peuvent laisser se répandre, sans réaction officielle, les mensonges et la haine qu'une certaine presse colporte.

La négociation d'un accord

Dans ce contexte houleux, une motion du consistoire confie la gestion de l'affaire au grand rabbin Kaplan exclusivement. En définitive, Jacob Kaplan agit comme il l'a toujours fait par le passé. Il fait le pari de la rectitude morale de ceux auxquels il fait confiance : le cardinal Gerlier, le père Chaillet, Germaine Ribière et d'autres, catholiques ou protestants engagés, ou laïcs. Il se donne la tâche de rester à la fois patient, modéré et ferme. Certains partisans de Keller pensent que le grand rabbin est en train de se faire berner. Mais les faits lui donnent raison. Le 12 février 1953, l'évêque de Grenoble, avec l'appui du cardinal Gerlier, archevêque de Lyon, publie un communiqué dans lequel il demande « formellement à toute personne ou groupement religieux ou laïque qui connaîtrait le lieu de séjour des enfants Finaly, ou serait susceptible de fournir un renseignement à ce sujet, de se faire connaître, soit à l'autorité judiciaire, soit de toute autre façon ».

Cette prise de position officielle, la première en ce sens, était depuis le début attendue par la famille des enfants Finaly et par toute la communauté juive. Jacob Kaplan sait bien que ses démarches discrètes sont seules à pouvoir aboutir à un résultat. Effectivement, malgré un premier échec d'accord direct entre l'Église et la famille, probablement à cause des positions trop entières de Moïse Keller, le cardinal Gerlier cherche à renouer le dialogue et contacte le grand rabbin Kaplan par l'intermédiaire du père Chaillet. Ce dernier décide de rendre visite à Jacob Kaplan afin de mettre en place un protocole d'accord entre les partis. Jacob Kaplan soumet 4 points incontournables au père Chaillet :

1. Les enfants doivent être rendus à Mme Rossner elle-même comme l'a décidé la cour d'appel.

2. Aucune ingérence de l'Église dans l'éducation des enfants ne sera mise en place.

3. Il ne saura être question pour les enfants de rester en France jusqu'à leur majorité.

4. Enfin, les autorités juives acceptent d'attendre la décision de la Cour de cassation (en raison du pourvoi en cassation), mais le délai d'attente ne devra pas excéder quatre mois. Passé ce délai, même si la cour ne s'est pas encore prononcée, Mme Rossner pourra se rendre où elle voudra avec les enfants.

En contrepartie, le père Chaillet demande que toutes les plaintes envers l'Église soient retirées et que les autorités juives, lorsque l'affaire sera finie, affichent ouvertement « une profonde reconnaissance envers les autorités de l'Église ». Malgré ces termes, le grand rabbin accepte le principe, mais seulement après le retour effectif des enfants à leur famille. Devant l'importance des décisions engagées entre eux deux, Jacob Kaplan décide de consulter à ce sujet Me Maurice Garçon, avocat de la famille Finaly. Un rendez-vous est pris, en présence du père Chaillet, de M. André Weil et de Me Audriot, représentant l'Église. En attendant la décision de justice et par peur de voir à nouveau disparaître les enfants, André Weil propose de les héberger dans sa maison. Afin de les protéger de l'éventualité d'un nouveau rapt, la maison sera mise sous surveillance. Mais l'Église tarde à approuver l'accord qu'elle a elle-même sollicité. Face à ces retards, Jacob Kaplan fait savoir au cardinal Gerlier que, en raison des atermoiements de l'Église, il ne peut plus accepter les mots : « profonde reconnaissance envers les autorités de l'Église », qui devront être supprimés de l'accord.

Le 6 mars, l'accord est signé entre le père Chaillet pour l'Église et Mme Rossner pour la famille Finaly. Le texte reprend les points suivants :

1. Tout ce qui a été dit ou publié dans l'émotion d'événements douloureux sera oublié.

2. Aussitôt retrouvés et ramenés en France en dehors de toute publicité et de toute intervention de police, les deux enfants seront accueillis dans la propriété de M. Weil, à Saint-Léonard (Oise), où Mme Rossner viendra résider avec eux.

3. Conformément à ses intentions premières, Mme Rossner, dans l'unique souci de la santé physique et morale des enfants, s'assurera le concours d'une assistante sociale, choisie en accord avec le grand rabbin de Paris et un représentant des autorités catholiques françaises. D'une manière générale, pendant ce séjour, toutes les décisions concernant les enfants devront être prises en accord entre le grand rabbin de Paris, Mme Rossner et un représentant des autorités catholiques françaises. Notamment, aucune pression quelconque sur le plan religieux ne sera exercée sur ces enfants.

4. On s'engage réciproquement à faire tous les efforts nécessaires pour que toutes procédures concernant la fixation des droits respectifs des parties soient terminées dans un délai maximal de quatre mois, pendant lesquels la résidence des enfants se poursuivra dans les conditions sus-indiquées.

5. Passé ce délai, les enfants jouiront de la liberté totale au point de vue religieux, de telle façon que soit réservée la liberté de l'option qu'ils pourront adopter dans l'avenir.

6. Dès l'arrivée des enfants, des efforts conjoints seront faits pour mettre un terme à toutes les procédures d'ordre pénal et tout ce qui a été dit ou publié dans l'émotion d'événements douloureux sera oublié.

Le lendemain, 7 mars, le baron Guy de Rothschild, président du consistoire central, déclare :

> « Nous souhaitons l'apaisement, et nous soutenons entière-
> ment le grand rabbin Kaplan [...], mais que l'on veuille
> bien ne pas feindre de croire que nous allons confirmer une
> conversion forcée, ou la déchéance des droits d'une famille.
> Après avoir dissipé la fable du meurtre rituel, nous n'appré-
> cions que médiocrement la réalité de l'enlèvement rituel. »

Au moment de Pessah (le lundi 30 et mardi 31 mars 1953), les enfants ne sont toujours pas revenus. Le grand rabbinat diffuse alors dans la presse un appel aux fidèles afin qu'ils réservent à leur table familiale, pour le *Séder*[1], deux places non occupées à l'intention de Robert et Gérald Finaly. Cette décision extraordinaire qui donne à chaque foyer juif le sentiment profond de l'absence des enfants aura un retentissement énorme et montre la force du symbole que le grand rabbin sait manier.

Nouveau coup de théâtre, le 17 avril : le journal *L'Aurore* écrit que le retour des enfants Finaly est retardé à cause de « groupements israélites d'un fanatisme à peu près comparable à celui des catholiques ayant organisé le rapt des petits Finaly, [qui] s'apprêteraient, en effet, à kidnapper à leur tour Gérald et Robert après leur arrivée en France ». Le grand rabbin Kaplan publie le jour même un démenti. Les rumeurs les plus excessives circulent, montrant l'échauffement des passions et, surtout, celui des médias. Le 19 mai, un journal de Grenoble publie un article intitulé : « Gérald Finaly est-il gravement malade ? » Le 21 mai, le journal *Combat* écrit : « L'un des enfants serait mort,

---

1. Repas traditionnel en famille le soir de Pâque.

et il aurait été enterré à Saint-Sébastien sous le nom de Jaime Alvarez. »

Dans les milieux juifs, les esprits s'enflamment. On veut des résultats rapides. Mais Jacob Kaplan estime qu'il ne faut rien précipiter et montrer au contraire devant l'opinion publique, souvent versatile, que le judaïsme a été plus que patient.

Le vendredi 5 juin 1953, le délai prévu lors de l'accord pris en mars est écoulé. Les enfants ne sont toujours pas rendus à leur famille. Le grand rabbin convoque alors les journalistes pour leur remettre le communiqué suivant :

« Les enfants Robert et Gérald Finaly sont toujours aux mains de leurs ravisseurs. L'inquiétude est grande. À la demande de l'Église, un accord a été conclu le 6 mars entre elle, la famille et le grand rabbinat de France. Celui-ci a accepté de s'y associer tant dans l'intérêt des enfants que dans le dessein d'éviter que soit troublée la paix religieuse du pays. Il a le regret de déclarer que, malgré trois mois d'attente, les promesses des représentants de la hiérarchie catholique n'ont pas été tenues bien qu'elles aient été plusieurs fois renouvelées. Il ne peut s'empêcher de s'interroger sur le degré de sincérité qui les a inspirées. Il rapproche le maintien des enfants en Espagne du fait que les hauts dignitaires ecclésiastiques n'ont jamais condamné officiellement le baptême de ces enfants. Il constate, de plus, que des théologiens catholiques ont pu soutenir, sans être blâmés, la légitimité canonique de cet enlèvement rituel. Il attire l'attention des parents israélites sur le danger auquel leurs enfants se trouvent exposés. Nul enfant juif n'est plus à l'abri d'un baptême secrètement administré, nul enfant juif, même baptisé indûment, n'est plus protégé contre le zèle fanatique de prêtres l'enlevant à sa famille pour le garder dans la foi catholique. Il s'élève contre les lenteurs de l'enquête judiciaire et contre l'indulgence particulière dont bénéficient des personnes notoirement coupables. [...] Le grand rabbinat de France affirme solennellement qu'il n'acceptera jamais cette mainmise sur des orphelins, contraire à la volonté de leurs parents assassinés par les nazis, et qu'il ne restera pas le témoin impassible de cette offense faite à la mémoire des martyrs du judaïsme. Il considère comme un devoir sacré de poursuivre son action pour que de telles pratiques, dont l'affaire Finaly n'est pas l'unique exemple, ne soient pas concevables. »

La force et le courage de ce communiqué sont extraordinaires, car l'époque ne se prêtait pas à de telles critiques de l'Église. La grande surprise vient alors de l'écrivain François Mauriac qui, au début de l'affaire, avait fermement pris position en faveur de Mlle Brun en soutenant qu'il fallait laisser les enfants choisir eux-mêmes leur religion, et qui publie un nouvel article adressé aux chefs de l'Église et intitulé « Les forces obscures » :

« Ou vous avez autorité sur les ravisseurs, alors pourquoi ne pas leur parler comme ayant autorité ? Ou vous êtes sans pouvoir sur eux – mieux vaudrait dans ce cas le déclarer ouvertement et en donner les raisons. Et si vous les approuvez ou les excusez, convenez-en, et opposez à la loi écrite la loi non écrite. »

Vers le dénouement

Le tournant de l'affaire a lieu le 20 juin, au moment où l'hebdomadaire basque *Herria* publie, sous la signature de son directeur, l'abbé Laffite, un article dans lequel on peut lire : « Les abbés basques qui jusqu'ici se sont opposés à aucun arrangement, s'offrent à faciliter le retour des enfants Finaly et déjà ils se sont mis à l'œuvre. » Avec ce premier pas de l'Église basque s'annonce le retour des enfants. Au même moment, l'assemblée générale du consistoire central se réunit, suivie des assises du judaïsme. Un appui inconditionnel des délégués de toutes les associations cultuelles de France et d'Algérie est apporté au grand rabbin Kaplan.

La chambre civile de la Cour de cassation confirme le 23 juin 1953 les droits de tutrice de Mme Rossner. Donnant le sentiment qu'elle attendait l'ultime recours judiciaire pour se décider, l'Église de France bascule, tout au moins officieusement, du côté de la raison. Germaine Ribière qui a tenté à plusieurs reprises de ramener les enfants y parvient enfin avec l'aide des prêtres basques. Les enfants sortent de leur couvent en Espagne et seront rendus à leur famille. Jusqu'au bout, les autorités locales espagnoles et françaises, en particulier le consul de France, regimbent. Mais la détermination de Germaine Ribière est récompensée. Les enfants Finaly rentrent en France le vendredi 26 juin 1953. À l'office du soir, Jacob Kaplan annonce, dans l'émotion générale, le retour des enfants. Un mois après, le 25 juillet, ils quittent la France pour Israël, avec leurs oncle et tante.

Depuis, Robert Finaly est devenu médecin-chef du service de chirurgie pédiatrique de l'hôpital Soréka de Beer-shev'a en Israël et son frère Gérald a fait carrière dans l'armée israélienne avant de devenir directeur des entrepôts de la compagnie de téléphone Bezek de Haïfa. Ils se déclarent tous deux très heureux d'être retournés au judaïsme et d'avoir été élevés par leurs oncle et tante.

Jusqu'au bout, rien n'aura été simple, en particulier avec Moïse Keller qui n'a pas accepté d'être dépossédé de l'affaire de sa vie.

Dans cette crise, les représentants juifs se sont appuyés sur les lois de l'État pour demander la restitution des enfants, en prenant soin de ne pas soulever le côté religieux de l'affrontement. C'est sans doute l'attitude qui était la plus conforme à l'attente des juifs de France à cette époque. L'Église, quant à elle, aura montré pendant toutes les discussions une attitude ambiguë, cherchant une solution mais sans condamner l'enlèvement ni céder sur le fond du débat, c'est-à-dire le baptême forcé. Mais au final, la restitution par l'Église elle-même d'enfants juifs baptisés est un événement historique.

L'un des enjeux majeurs de l'affaire Finaly se joue après le dénouement. Il s'agit de la partie de l'accord incombant au grand rabbin Kaplan concernant le retrait des plaintes contre les religieux et les religieuses, en particulier les sœurs de Notre-Dame-de-Sion. Au contraire du grand rabbin, qui cherche à apaiser les esprits afin de ne pas compromettre l'avenir des relations entre le judaïsme et l'Église catholique, certains veulent obtenir que la justice condamne les coupables. Les avocats laissent entendre que cette pression est nécessaire pour que les passeports des enfants soient bien délivrés. Faudrait-il donc faire pression sur l'État ? Cette idée est inacceptable pour Jacob Kaplan, qui ne croit pas du tout à une forme de complicité entre l'Église et l'État dans cette affaire. Le grand rabbin propose une nouvelle médiation, cette fois avec les avocats et notamment Mᵉ Garçon, à qui il propose d'obtenir les passeports dès le retrait de toutes les plaintes. Dans son compte rendu, le grand rabbin dit :

« J'ai fait venir M. et Mᵐᵉ Rossner à l'ambassade d'Israël dans le bureau de M. Gilboa et après de très grandes difficultés, nous avons obtenu que Mᵐᵉ Rossner retirât ses plaintes en échange des passeports qui lui seraient délivrés le lendemain matin. Effectivement, les passeports lui ont été remis samedi matin par le préfet de police lui-même qui aurait dit en substance d'après les déclarations de Mˡˡᵉ Ribière : "Il était juste temps pour le retrait des plaintes, si vous ne l'aviez pas fait, vous portiez la responsabilité de troubles graves dont vos coreligionnaires auraient fait les frais." [1] »

Tout le monde finit par accepter l'accord, et la situation est définitivement réglée.

L'affaire Finaly fut donc un moment capital des rapports du grand rabbin avec le monde chrétien. Même si la tension fut

1. Jacob Kaplan, CDJC, fonds Kaplan, Synthèse *À propos du retrait des plaintes*, 24 juillet 1953.

extrême, le rapprochement n'en a pas été compromis pour autant. Conscient que l'Église est malgré tout dans une logique spirituelle, le grand rabbin a cherché dès le début de l'affaire une porte de sortie appropriée, c'est-à-dire théologique. Il s'agit de tourner définitivement la page, non seulement de l'affaire Finaly, mais plus largement des conversions. Il y parvient avec la congrégation de Notre-Dame-de-Sion elle-même.

Les religieuses de Notre-Dame-de-Sion sont créées en 1843 par deux convertis au catholicisme, les frères Ratisbonne, dans l'objectif de ramener les juifs à la lumière du christianisme ou tout au moins de prier pour eux. De 1931 à 1951, l'ordre est dirigé par mère Amédée, imprégnée de l'« enseignement du mépris » de l'époque mais qui ne tourne pas à l'antisémitisme puisque des maisons d'accueil sont construites pour les juifs persécutés. Durant la guerre, si certaines restent en dehors de tout, d'autres, comme mère Francia ou les demoiselles du centre du Marais, prennent de grands risques pour sauver de jeunes juives. Germaine Ribière anime ces réseaux de sauvetage. Mais par-delà le sauvetage des vies continue le « sauvetage des âmes », et en dehors de mère Francia, qui ne veut pas convertir les enfants en profitant de la faiblesse du judaïsme et de la traque qu'il subissait, l'œuvre de conversion continue. Mais après le désastre pour le mouvement que fut l'affaire Finaly, touchée par la main tendue de Jacob Kaplan, la supérieure générale impulse une remarquable politique de connaissance et de respect du judaïsme. Ainsi, les sœurs de Sion prennent paradoxalement un temps d'avance sur le concile, qu'elles influenceront dans un sens favorable aux nouvelles relations judéo-chrétiennes. On comprend que si le grand rabbin n'avait pas freiné le jusqu'au-boutisme de certains dans l'affaire Finaly, s'il avait, par exemple, fait emprisonner nombre de sœurs de Sion, jamais ce complet virage idéologique de la congrégation n'aurait eu lieu, jamais les sœurs n'auraient porté cette parole de paix et de réconciliation qu'elles firent entendre au cours des travaux préparatoires du concile. La reconnaissance des sœurs était telle, que le portrait de Jacob Kaplan ornait le bureau de la mère supérieure des sœurs de Notre-Dame-de-Sion, et lors du décès du grand rabbin en 1994, elle recevra des condoléances comme si elle était de la famille.

L'affaire permit au grand rabbin de se créer de nouvelles amitiés chrétiennes, parmi ceux qui lui surent gré d'avoir ménagé l'institution catholique.

Mais par-delà le combat pour récupérer les deux enfants, par-delà les relations avec l'Église, il s'agissait de porter la justice et la disparition des préjugés dans une France en reconstruction matérielle et surtout morale.

À partir de l'affaire Finaly, le grand rabbin Kaplan est reconnu comme un fin et habile négociateur. Son autorité morale s'affirme dans l'ensemble du pays.

Il a réussi à poser une pierre de respect et de reconnaissance entre deux parties importantes de la nation française, comme il a toujours souhaité le faire.

Benjamin Kaplan, père de Jacob Kaplan. (DR)

Idel Kaplan, mère de Jacob Kaplan. (DR)

Jacob Kaplan,
déjà sous-officier. (DR)

Jacob Kaplan avec
son frère Israël
« Georges ».
(DR)

Jacob Kaplan
soldat de la Grande
Guerre avec sa
Croix de guerre. (DR)

Avec Fanny. (DR)

Cérémonie de la Terre promise en 1934 à la Victoire. (DR)

Jeune rabbin
nimbé de foi
et de patriotisme:
talith et médaille.
(DR)

Cérémonie officielle où sa fougue parle pour lui. (DR)

Aumônier en 1939 avec Fanny. (DR)

Jacob Kaplan, pour échapper à une nouvelle arrestation de la Milice, se rase la barbe début août 1944. (DR)

Congrès rabbinique en 1940. Jacob Kaplan est placé à la droite du grand rabbin de France Isaïe Schwartz. Le grand rabbin Liber et d'autres sont en uniforme d'aumônier. (DR)

La famille au complet de retour rue Andrieux après la guerre. (DR)

Deauville, 1947, pour la première fois… le grand rabbin n'a pas de cravate. (DR)

Grand rabbin de Paris. (DR)

Inauguration du monument de Douaumont en 1966. (DR)

Avec le président Vincent Auriol. (DR)

Avec le président René Coty. (DR)

Audience du grand rabbin Kaplan avec le président Giscard d'Estaing, le 21 septembre 1979. © Centre historique des Archives nationales, 5AG3/4415 (reportage 4137).

En discussion avec David Ben Gourion. (DR)

Réception de Jean-Paul II à Paris. (DR)

Avec Jacques Chirac. (DR)

En tournée pastorale au Maroc en 1957. (DR)

Jacob Kaplan bénissant les fidèles selon son statut de *cohen*. (DR)

11 mars 1973
à Strasbourg.
(DR)

En tournée pastorale à Alger où, en 1956, il pose la première pierre de l'école rabbinique. (DR)

Avec le primat de Sion, grand rabbin séfarade d'Israël, Obadia Yossef. (DR)

Jacob Kaplan décore le père Marie-Benoît de la Légion d'honneur le 14 mars 1984. (DR)

Le grand rabbin porte un rouleau de la Torah à l'occasion d'une inauguration. (DR)

À Auschwitz en 1965. (DR)

En Israël, pour l'inauguration du Mémorial de la déportation des juifs de France. (DR)

Membre de l'Institut, lors d'une entrée solennelle avec les honneurs de la Garde républicaine. (DR)

Jacob Kaplan est fait grand-croix de la Légion d'honneur par le Premier ministre Jacques
Chirac en mars 1988. À gauche, Joseph Sitruk tout récent grand rabbin de France. (DR)

Lors de la sortie de son livre, avec les « enfants » Finaly. Conférence animée par Jean-Pierre Elkabbach en 1993. À quatre-vingt-dix-neuf ans, son sourire irradie toujours. (DR)

Jacob Kaplan avec les frères Finaly. (DR)

Jacob Kaplan en prière à son domicile. (DR)

Avec son cordon
de grand-croix
de la Légion
d'honneur. (DR)

Chapitre XII

Le grand rabbin de Paris

Jacob Kaplan est connu comme grand rabbin de France, mais on oublie souvent qu'il fut auparavant grand rabbin de Paris. Il est élu à cette fonction en 1950 après le décès du grand rabbin Julien Weill.

Le 11 octobre 1950, le consistoire se réunit afin de définir le mode d'élection du grand rabbin de Paris. Le président de l'ACIP[1] Georges Wormser estime, comme l'ensemble du bureau, que l'élection doit avoir lieu sur titres, sans que le poste ait été déclaré vacant, ce que les statuts permettent, et sans qu'il y ait de candidat. Wormser ne veut pas d'un concours et précise que le jour de l'élection, prévue le 24 octobre, il proposera un candidat et que chacun pourra en faire autant. Le nom du grand rabbin Kaplan n'est pas mentionné.

La séance du 24 octobre où eut lieu l'élection du grand rabbin Kaplan au poste de grand rabbin de Paris manque dans le registre des comptes rendus des conseils de l'ACIP.

Jacob Kaplan reçoit du président Wormser une lettre datée du 25 octobre 1950, lui annonçant son élection.

---

1. ACIP : Association consistoriale israélite de Paris.

« Monsieur le Grand Rabbin,

J'ai le plaisir de vous confirmer que le collège électoral vous a élu hier grand rabbin de Paris. Votre nomination deviendra définitive après la ratification du consistoire central et votre présentation au consistoire de Paris, dans sa séance du 8 novembre 1950.

Il me serait agréable que vous profitiez de ce délai pour vous dégager, comme il a été convenu entre nous, à la fois de l'auxiliariat du grand rabbin de France, de l'école Yavné, du Misrahi[1], de l'Amitié judéo-chrétienne et du MRAP[2]. Ainsi vous pourrez à la fois concentrer vos efforts et demeurer au-dessus de toute polémique, ce qui ne peut qu'affermir votre autorité.

Vous renouvelant mes vives félicitations et mes souhaits de succès dans la lourde tâche que vous allez assumer, je vous adresse, Monsieur le Grand Rabbin, l'assurance de tous mes meilleurs sentiments. »

Le grand rabbin accepte par retour de courrier, le 26 octobre 1950, mais il est intéressant de voir comment le président du consistoire de Paris semble craindre la grande présence de Jacob Kaplan

À la séance du 8 novembre 1950, le président donne lecture du procès-verbal de la réunion du 24 et confirme que la section permanente du consistoire central a validé l'élection du grand rabbin Jacob Kaplan, qui est désormais grand rabbin de Paris, même s'il manque encore la ratification formelle par le prochain conseil du consistoire central, le 17 décembre 1950. Pour son installation officielle, on propose de voir ce qui avait été fait pour ses prédécesseurs, de faire un communiqué à l'AFP et de prévenir les autorités civiles et religieuses. Le président félicite le nouvel élu, qui le remercie en retour, comme le raconte le compte rendu :

1. Mouvement sioniste religieux.
2. MRAP : Mouvement contre le racisme et pour l'amitié entre les peuples.

« De cet honneur il mesure surtout la lourde responsabilité qu'il représente. Il évoque l'héroïsme du grand rabbin Julien Weill durant l'Occupation, puis montre le combat à livrer contre l'indifférence. Les encouragements qu'il a reçus lui sont précieux. Il s'efforcera de mieux faire connaître l'œuvre du consistoire dans tous les milieux. »

Les félicitations lui arrivent de partout. De façon significative, tous laissent entendre que c'est bien l'un des leurs qui prend en charge la plus importante communauté de France. Les libéraux, malgré ses positions fermes, le félicitent en espérant qu'il conservera sa tolérance. Le conseil rabbinique de la synagogue de la rue Pavée à Paris, tenant de l'orthodoxie la plus stricte, lui adresse également un message qui va au-delà de la simple politesse. Le grand rabbin de Strasbourg, Abraham Deutsch, réputé pour son orthodoxie, lui écrit le 27 octobre 1950 :

« Ce qui me réjouit le plus, dans ce légitime avancement, c'est de savoir le siège de grand rabbin de la capitale occupé par une personnalité si proche de nos valeurs traditionalistes, plus proche que les prédécesseurs ne l'ont peut-être jamais été.
Je suis persuadé que votre nomination amènera d'heureuses et profondes modifications dans l'attitude parfois hostile de membres influents du consistoire à l'endroit de notre cause ; que vous saurez par votre exemple, par votre personnalité, provoquer un courant de sympathie favorable à l'éclosion du sentiment religieux conforme au Choul'han Arouch [1]. [2] »

Jean Schwartz, rabbin de la synagogue de la rue de Montevideo à Paris et responsable du Conseil représentatif des traditionalistes, lui écrira cinq ans plus tard, lors de son accession officielle au siège de grand rabbin de France :

1. Code de la loi juive.
2. CDJC, fonds Kaplan, et idem pour les témoignages suivants.

« Nous sommes persuadés que sous votre impulsion, la communauté juive de France, après celle de Paris, s'engagera, elle aussi, sur le chemin du retour vers la tradition. »

Il lui donne donc acte d'avoir fait progresser le respect de la pratique lors de son sacerdoce parisien.

L'OPEJ (Organisation de protection de l'enfance juive), association spécialisée dans l'aide aux jeunes en difficulté, le félicite en 1950 et le perçoit comme très ouvert sur le social. Il faut dire que son épouse Fanny l'avait toujours mis au contact de la réalité des souffrances des plus faibles, elle qui était très active en ce domaine. Comme elle était membre du comité d'honneur de l'Union des aveugles israélites de France, le grand rabbin Kaplan fut toujours très proche de cette association et de tout le domaine social en général. C'est peut-être un des aspects les plus surprenants d'un homme qui a toujours défendu fermement ses convictions fortes, mais qui n'a jamais exclu personne de sa sphère.

En fait, le grand rabbin Jacob Kaplan peut être comparé à la reine Esther. Le Talmud décrit sa beauté comme permettant à chacun de s'identifier à elle. Esther est choisie par Assuérus, roi de Perse et de 127 provinces, et chacune des 127 provinces pense que cette nouvelle reine vient de chez elle. Le grand rabbin possède ce même don, cette grâce, dit le rouleau d'Esther, qui fait que tous se reconnaissent en lui, les intellectuels, les orthodoxes, les libéraux, les sionistes, les travailleurs sociaux, les anciens combattants, le monde politique qui voit en lui une des grandes consciences du pays, etc.

Le 6 décembre 1950 est décidée la date de l'installation officielle du grand rabbin Kaplan au 9 janvier 1951 à 17 h 30.

« D'après les précédents, la cérémonie débute par le chant d'un psaume, puis le bureau du consistoire va chercher le grand rabbin ; le président lit le procès-verbal d'élection. Après un psaume et un discours du grand rabbin de France, le nouveau grand rabbin de Paris prononce un sermon. »

Le 9 janvier 1951, il est officiellement installé dans ses fonctions au cours d'une belle cérémonie en la synagogue de la rue de la Victoire. Pour la première fois, les autorités civiles et religieuses seront largement invitées. Le fait est significatif. Les liens du grand rabbin avec le monde politique seront toujours très importants. Il rencontre les plus hautes autorités de l'État, et en fait un compte rendu systématique à l'administration du consistoire central. Il signifie ainsi qu'il ne tire aucune gloire personnelle de ce type de rencontre, mais qu'il en fait bénéficier la communauté dont il est l'envoyé – le *Chaliah tsibour*, selon le terme par lequel en hébreu on désigne l'officiant durant l'office, le messager de la communauté.

Commence alors pour lui un travail qui, sans être nouveau, le place en première ligne dans la ville où vivent la moitié des juifs français. En moins de quatre ans, il réalisera de grandes transformations en se forgeant une expérience et des idées que ses prochaines responsabilités lui permettront d'appliquer au niveau national. Très rapidement, en effet, le décès du grand rabbin de France le place en intérimaire du grand rabbinat de France, poste qu'il avait déjà occupé en janvier 1944.

L'action du grand rabbin de Paris

Malgré ses liens constants à l'extérieur de la communauté, Jacob Kaplan reste avant tout un rabbin, fidèle à sa vocation. Une étude au jour le jour de son activité, à travers les comptes rendus des conseils et des bureaux du consistoire de Paris[1], montre bien l'ampleur de l'œuvre accomplie et la multiplicité des tâches qui lui incombent. Ajoutons que durant toute cette période, et jusqu'à son élection au poste de grand rabbin de

1. Archives du consistoire central, délibérations du conseil de l'ACIP, de 1950 à 1957. Tous les documents suivants proviennent de la même source.

France, il reste aumônier militaire de la 1re région militaire, ce qui correspond en gros à l'Ile-de-France.

Enfin, à partir d'octobre 1952, après la mort du grand rabbin Isaïe Schwartz, le grand rabbin Jacob Kaplan doit cumuler les fonctions de grand rabbin de Paris et de grand rabbin de France par intérim. En effet, le consistoire central a décidé de reprendre la formule qui avait été employée lors de la maladie du grand rabbin Israël Lévy. Deux grands rabbins intérimaires ont été désignés : le grand rabbin de Paris pour la région parisienne et le directeur du séminaire pour la province. Celui qui partage l'intérim avec Jacob Kaplan est Henri Schilli, né en Allemagne en 1906, arrivé en France à l'âge de quatorze ans, devenu rabbin à Paris. Il est mobilisé en 1939 comme aumônier dans le Nord puis dans les Ardennes avant d'être démobilisé en octobre 1940. Il se replie sur Montpellier et y relance une activité rabbinique forte, en particulier en fondant une troupe des Éclaireurs israélites dont lui-même était membre avec le totem de Tison, et en visitant très activement les internés de Rivesaltes et Gurs.

En 1942, il devient aumônier de la région de Montpellier puis de Valence. Deux villes où il entretient de bonnes relations avec les pasteurs protestants qui trouvent des familles pour cacher les enfants juifs, et, en 1943, il prend la tête de l'aumônerie générale des camps en succédant au rabbin Hirschler.

En 1945, il regagne Paris et reprend ses fonctions rabbiniques dans la synagogue du XVe arrondissement sans jamais oublier l'action sociale qu'il avait tant développée dans les camps puisqu'il siège au conseil d'administration de l'OSE, l'Œuvre de secours à l'enfance. En décembre 1950, il est nommé délégué du grand rabbin de France puis, en 1952, grand rabbin directeur du séminaire. Leur intérim commun durera trois années, et sera porté par un même regard confiant sur le judaïsme français.

En dépit de toutes ses responsabilités, Jacob Kaplan conserve un mode de vie modeste. En témoigne cette anecdote. À la séance du consistoire le 17 juin 1953, la question de l'achat d'une automobile pour le grand rabbin de Paris est posée. Le président répond négativement, parce que les fonds réunis ne permettent pas cet achat. Il suggère de louer simplement une voiture privée à l'occasion des visites protocolaires. À l'époque, le grand rabbin prend le bus, le métro ou des taxis. C'est alors qu'une grande dame l'aperçoit prenant l'autobus. Surprise de cette situation qui lui paraît ne pas convenir au chef spirituel de sa communauté, elle demande à son homme de confiance de prendre contact avec le grand rabbin, et lui offre une Citroën.

À l'étude des comptes rendus des conseils et des réunions des différentes sections du consistoire de Paris, nous portons un regard sur l'activité du grand rabbin Kaplan en tant que chef spirituel d'une communauté non seulement en pleine reconstruction, mais en pleine mutation. Les affaires sont multiples et complexes, souvent sources de tensions et de différends. Il s'agit des affectations de rabbins à telle ou telle synagogue, de l'organisation du culte, mais aussi, bien entendu, de la *cacherout*, c'est-à-dire l'organisation de la filière de production et de vente de la viande et des produits cachers, de la mise en place du tribunal rabbinique, du réensemencement de la culture juive avec l'instruction religieuse des jeunes, des recrutements rabbiniques et des débats d'orientation générale du consistoire de Paris. Les réunions abordent également les questions des biens spoliés, la séparation entre les hommes et les femmes dans les synagogues, et tout ce qui fait aussi le charme d'une vie communautaire...

Arrêtons-nous un instant à l'une de ces séances, qui eut lieu le 10 septembre 1952. Le débat porte ce jour-là sur une question de terminologie tout à fait significative pour le franco-judaïsme finissant :

« Le président a reçu diverses réclamations contre le remplacement de plus en plus fréquent du haut de la chaire et dans les documents imprimés du terme "israélite" par celui de "juif". Ces observations étant fondées, notamment en ce qui concerne les relations avec les autorités, il serait peut-être bon d'établir une circulaire à ce sujet, d'autant plus que le mot "juif" a un certain relent de Vichy.

M. le grand rabbin Kaplan ne voit pas d'inconvénient à l'emploi du mot "juif". »

C'est un désaccord de plus entre le grand rabbin et le président, sur un sujet symbolique. Mais cette fois, le clivage habituel du conseil n'est pas respecté, puisque le docteur Klein est d'accord pour dire que le mot « israélite » est historiquement plus général, alors que Maurice Kanapa, d'habitude sur la ligne du président Wormser, ne croit pas qu'il faille rougir du mot « juif ».

Si l'on tente un regard global sur les années du grand rabbin Jacob Kaplan à la tête du judaïsme parisien, on constate que Jacob Kaplan savait être diplomate, mais qu'il savait aussi s'opposer avec force, détermination et... courtoisie, y compris à des puissants comme le président du consistoire de Paris. Il y avait entre eux une proximité et un antagonisme concomitant. Proximité car ils défendaient tous deux le judaïsme et l'unité de cette communauté parisienne à laquelle ils étaient très attachés, et antagonisme car le grand rabbin percevait et anticipait les changements sociologiques et culturels de cette communauté jamais figée. Wormser était porteur d'un franco-judaïsme sur le déclin parce qu'il n'avait pas intégré l'évidence que l'histoire imposait, en particulier depuis la guerre, d'affirmer le judaïsme pour mieux défendre la France dans sa pluralité.

Jacob Kaplan a surtout beaucoup œuvré pour permettre aux étudiants pratiquants de respecter les jours chômés du shabbat ou des fêtes tout en suivant un cursus scolaire qui est parfois ponctué d'examens qui se déroulent ces mêmes jours. En dehors de la circulaire de février 1953 [1] qui est parfaite et que l'on regrette encore en 2006, Jacob Kaplan obtient un courrier du ministère de l'Éducation nationale le 14 janvier 1955 l'assurant qu'il n'y aurait plus d'examens le shabbat et les jours de fêtes juives. C'est toujours aujourd'hui un sujet très difficile pour

---

1. Voir en annexe p. 391.

lequel les contacts sont très fréquents avec les pouvoirs publics. Déjà, André Neher[1], en mai 1945, avait alerté les instances consistoriales à ce sujet[2]. Le point est très important, car lorsque nous abordons aujourd'hui le sujet, certains opposent les accommodements du passé alors qu'en fait il n'en est rien : le grand rabbin Kaplan vivait les mêmes problèmes que nous, et trouvait des solutions.

Jacob Kaplan élu grand rabbin de France

Il existe une indéniable continuité, dans la vie de Jacob Kaplan, entre les années où il exerça les fonctions de grand rabbin de Paris et celles – si nombreuses et si riches – qui suivirent, comme grand rabbin de France. Il connaissait bien la fonction dont il assurait l'intérim depuis 1952. En outre, il portait un regard d'ensemble sur le judaïsme français depuis de longues années.

L'élection officielle au poste de grand rabbin de France a lieu le 16 janvier 1955. Le grand rabbin de Bordeaux, Joseph Cohen, se présente, par fidélité à Isaïe Schwartz auquel il était très lié et dont il se voyait comme successeur si ce n'est comme héritier. L'autre candidat, Jacob Kaplan, est facilement élu avec 140 voix au premier tour (3 voix pour son adversaire).

Il est officiellement installé dans ses fonctions le 15 mars 1955. Environ 2 500 personnes sont réunies en la synagogue de la Victoire pour l'occasion. Guy de Rothschild préside en tant que président du consistoire central. Parmi tous les officiels, on reconnaît René Cassin, le général Catroux, grand chancelier de la Légion d'honneur, l'ambassadeur d'Israël, le préfet de police, et bien d'autres, militaires, religieux ou civils. Jacob Kaplan entre dans la synagogue entouré du doyen du rabbinat,

1. Philosophe juif, il a profondément marqué l'histoire du judaïsme français.
2. Voir document en annexe p. 387.

qui se trouve être son concurrent malheureux Joseph Cohen, et d'Henri Schilli dont il était très proche.

Il sera un rabbin moderne mais fidèle aux traditions religieuses. Ainsi, au cours d'un rassemblement communautaire, le 22 novembre 1957, le grand rabbin Kaplan fait une déclaration ferme condamnant la tentation libérale de certains dans la communauté juive française, ce que la presse rend dans les termes suivants :

« Nous ne cacherons pas que des paroles très dures ont été prononcées contre les abus des mouvements de la réforme et du libéralisme. Tendant à fausser le vrai visage du judaïsme en y greffant des pousses d'autres systèmes religieux, le libéralisme trahit la cause de la communauté juive. C'est ce qu'a démontré avec beaucoup de chaleur le grand rabbin de France, J. Kaplan, et il a été écouté avec une fervente attention. »

Le grand rabbin est ouvert et très tolérant avec chacun, mais il veut arrimer le judaïsme français à l'authentique judaïsme de ses pères. Il ne fait que suivre l'option de ses prédécesseurs qui devaient lutter tout à la fois contre l'orthodoxie la plus réfractaire au monde moderne et le libéralisme le plus échevelé. En 1856, par exemple, le grand rabbin de France Ulmann avait réuni une conférence rabbinique qui avait décidé un certain nombre de réformes très légères, comme l'instauration de la cérémonie de la bat-mitsva, équivalent de la communion pour les filles, de façon à protéger l'essentiel du rituel. Jacob Kaplan fera de même.

Mais le grand rabbin Kaplan conduit le rabbinat vers une plus grande implication dans la réalité de la vie des fidèles et des questions contemporaines, considérant que le rabbin ne doit pas rester enfermé dans sa synagogue. Jacob Kaplan a toujours considéré que le rabbinat se devait de porter un regard ouvert sur la société et d'offrir des éléments de réflexion, si ce n'est de réponse, à toutes les questions que peuvent se poser les fidèles.

Ainsi, dès 1955 et sous son impulsion, l'association des rabbins français eut à se prononcer sur les controverses qui troublaient depuis quelque temps l'opinion juive à propos de ce qui n'était encore que le projet de tombeau-mémorial du Martyr juif inconnu. Sollicitée pour exprimer son avis à ce sujet, l'association déclare « ne pouvoir donner son accord à l'inhumation en dehors d'un cimetière des cendres sacrées de nos coreligionnaires martyrs », et ajoute que la présence de telles cendres dans une crypte risque de donner lieu à des cérémonies plus ou moins religieuses et susceptibles d'avoir un caractère plus souvent païen que juif. En conséquence, l'assemblée générale demande au comité d'érection du tombeau :

« De renoncer à l'inhumation de ces cendres dans un endroit autre qu'un cimetière et, d'autre part, dans le but d'associer à la mémoire de nos martyrs l'œuvre de relèvement spirituel, de destiner la plus grande partie du terrain à un édifice qui puisse donner place, en même temps qu'au centre de documentation bibliothèque et musée, à un foyer culturel pour notre jeunesse. »

Il sera, en grande partie, donné satisfaction à ces desiderata de façon que les fonds utilisés se trouvent « employés d'une manière à la fois plus conforme à la tradition juive et plus utile à la reconstruction tant nécessaire de la communauté ».

En 1956, l'assemblée générale s'est penchée sur la question des enfants non circoncis du fait de l'Occupation et qui sont arrivés à l'âge de la bar-mitsva. Elle invite les familles intéressées à faire procéder à ce « commandement sacré » et demande aux *mohelim* (péritomistes) de délivrer un certificat, qui sera à présenter dans l'avenir pour la célébration de la bar-mitsva et du mariage religieux.

On prévoit aussi la création d'une commission rabbinique pour l'étude de la rénovation du culte synagogal.

Dès 1958, l'assemblée générale se préoccupe de la situation spirituelle de l'enfance juive, et particulièrement du sort des enfants de familles nombreuses nord-africaines, que leurs parents, faute de logement, se voient contraints de placer à l'Assistance publique.

En 1959, l'assemblée générale de l'association met à l'étude un projet de statut du rabbinat, qui se préoccupe de la formation des *chokhatim* (spécialistes de l'abattage rituel), de la création des *mikvaot* (bains rituels) afin de mettre en pratique les règles de pureté et celles qui concernent la famille. Le problème des autopsies est également évoqué.

En 1963, l'association des rabbins français prend la résolution d'unifier les rites concernant la célébration du *Yom Haatsmaout* (anniversaire de l'indépendance de l'État d'Israël). Elle prend l'engagement de : « mettre tout en œuvre pour qu'ashkenazim et sefaradim, tout en conservant leurs rites propres, ne constituent partout qu'une seule et même communauté, avec une autorité rabbinique, une administration, un abattage rituel unique. »

Dès le 14 septembre 1962, Ernest Guggenheim a étudié la question de la fusion des rites et des usages, à la lumière de la tradition et de l'Histoire. Il conclut son intervention :

> « Tant pour des raisons strictement religieuses que pour des motifs d'ordre psychologique, il faut maintenir et préserver le *minhag*[1] auquel on appartient et les usages de la prière et encourager et favoriser la création de lieux de culte où la prière sera faite conformément aux rites particuliers d'origine. »

L'assemblée générale des 24 et 25 juin 1963 décide de « soumettre tous les problèmes religieux au tribunal rabbinique de Paris, considéré comme seule autorité religieuse valable pour toute la France ». Il s'agit, surtout en matière de conversion, de protéger le rabbin des pressions locales en faisant porter la responsabilité de la décision par Paris. Pour les divorces, la

---

1. Que l'on peut traduire par « coutume ».

procédure et la rédaction de l'acte étant très complexes, et les erreurs, causes de lourdes conséquences, il vaut mieux les confier à des juges rabbiniques expérimentés.

En 1964, le rabbinat souligne le rôle primordial qui doit lui revenir dans la direction des écoles juives et insiste sur « le devoir de donner la priorité aux écoles dans l'ordre des besoins culturels en raison du renouveau religieux et spirituel de la communauté juive de France et du rôle qu'elle est appelée à jouer sur le plan du judaïsme mondial ». Le grand rabbin Kaplan, qui avait été à l'origine de l'école Yavné en fondant la caisse de cette école et qui était membre du comité d'honneur de l'école Moriah, encourage les rabbins à œuvrer à la création d'établissements d'enseignement.

C'est ce que fera d'ailleurs le rabbin René Guedj, et au congrès de 1968 il annoncera l'ouverture de l'école Torat Emeth à Sarcelles, avec 16 élèves. Après accord du grand rabbin de France, René Guedj lance un appel de fonds devant ses collègues en plein congrès... et ne récolte rien. Le grand rabbin s'engage alors à titre personnel à lui donner 10 000 francs par an pour son école, et il le fera jusqu'à sa mort.

L'assemblée rappelle la compétence nationale du tribunal rabbinique de Paris dans toutes les communautés de France, à l'exception de celles qui se trouvent sous le régime concordataire, et qui sont déjà pourvues d'un *beth din*[1] reconnu par le grand rabbinat de France.

L'assemblée a également rappelé « l'intangibilité du principe admis dans le monde entier que les questions d'ordre halakhique[2] engageant l'avenir du judaïsme universel ne peuvent être réglées que par une décision commune des grandes autorités rabbiniques, seules qualifiées par leur science talmudique et leur piété pour leur apporter une solution valable dans la fidélité au

1. Tribunal rabbinique.
2. Terme composé à partir du mot « halakha », qui signifie la loi dans son application quotidienne.

message de la Torah et à la vocation sacerdotale du peuple de Dieu ».

Cette déclaration n'a pour but que de définir la volonté claire du rabbinat français de suivre le mouvement mondial rabbinique et de ne pas prendre le risque, un jour, de tomber dans une logique libérale même majoritaire, sur le modèle américain.

D'ailleurs, toujours dans le même registre, l'assemblée des 19, 20 et 21 juin 1972 a été « unanime à rejeter la pratique qui a cours dans les communautés libérales où les jeunes filles sont appelées à la Torah. Elle propose une célébration de la bat-mitsva qui n'est pas en opposition avec la loi rabbinique ».

Les 25 et 26 juin 1973, il était rappelé que « le judaïsme est *un*, quelle que soit l'origine ashkénaze ou séfarade de ses membres et le particularisme de leurs coutumes locales. Le respect des coutumes ne saurait porter atteinte à l'unité du judaïsme français. »

Les 23 et 24 juin 1975, l'assemblée générale de l'association des rabbins français a été essentiellement consacrée à la situation de la *cacherout* en France et des conséquences à prévoir avec le marché commun européen.

Le cap religieux est fermement tenu par un homme éminent et discret, Ernest Guggenheim. Diplômé rabbin au séminaire en 1937 ainsi que de la *yechiva* de Mir en Lituanie, puis prisonnier de guerre ou, comme il se nommait lui-même, « rabbin de stalag », avant de devenir professeur de Talmud au séminaire, membre du *beth din*, puis directeur du séminaire du 1er février 1976 au 22 mars 1977, date de son décès à l'âge de soixante et un ans.

Ses avis sur les questions médicales font toujours autorité, notamment en matière d'avortement, de contraception, d'autopsie, de fin de vie et de greffe.

Chapitre XIII

Jacob Kaplan accueille ses frères d'Afrique du Nord

Le judaïsme a connu beaucoup d'exodes, et les derniers en provenance d'Europe de l'Est avaient laissé une sorte d'amertume. Dans une communauté comme celle de Reims, on garde encore en mémoire le mépris de ceux qui étaient installés aux premières places de la synagogue pour ces nouveaux venus. Ils n'étaient pas très français, pas très discrets, plus juifs qu'israélites. Jacob Kaplan ne veut pas que l'histoire se répète avec l'exode des juifs d'Algérie. Il en fait même une affaire personnelle. Il se souvient de la détresse des juifs qui arrivaient d'un monde perdu, et il veut éviter ces fractures qui laissent toujours des traces.

L'arrivée des juifs d'Afrique du Nord pose à nouveau la question permanente de la fidélité à la France. Et à quelle France, à quelle République, à quel pouvoir ? Car pour les juifs d'Algérie, comme pour leurs concitoyens chrétiens, la question n'est pas seulement celle du retour : c'est aussi celle de la rancune à l'égard du pouvoir politique. Les juifs avaient gardé le souvenir du de Gaulle s'opposant à Giraud et imposant de rendre aux juifs d'Algérie la nationalité française acquise par le décret Crémieux. Ce même de Gaulle est venu leur dire, au nom de la France, qu'il les avait compris. Et ils sont maintenant sur les routes de l'exil, vers un pays, leur pays, mais comme sur une terre étrangère. Leurs coreligionnaires de métropole craignent ces hommes et ces femmes tellement plus expressifs dans leurs revendications politiques.

Le grand rabbin Kaplan doit trouver le ton juste pour accueillir ces juifs qui raniment la douloureuse mémoire de l'accueil des juifs de l'Est, quelques décennies auparavant. Pour les rendre plus français, il doit les intégrer dans les structures communautaires. Le grand rabbin sait bien que la foi est plus prégnante dans cette population que dans celle de métropole. Il s'appuie alors sur le corps rabbinique arrivant d'Algérie pour tenter de judaïser tout l'« israélitisme » de cette époque.

L'attentat chez le grand rabbin

Dans toutes les situations, le grand rabbin Jacob Kaplan a toujours tenu fermement ses positions en s'y engageant totalement au mépris de tous les risques, y compris physiques. C'est le cas lors de la guerre d'Algérie, lorsque le grand rabbin, s'exprimant avec les autres représentants des cultes, dénonce fermement les pratiques violentes.

Le 1ᵉʳ septembre 1961, un attentat au plastic est perpétré à son domicile, malgré le quadrillage mis en place par le ministère de l'Intérieur à la suite des 15 attentats du 23 août. Un autre attentat contre son domicile aura lieu en septembre 1975, dont les coupables n'ont jamais été retrouvés et qui provoquera des réactions de soutien unanimes. Mais celui de 1961 a très profondément marqué les esprits.

À 21 h 45, une énorme déflagration souffle la porte cochère du nº 1 de la rue Andrieux, faisant voler en éclats toutes les vitres des habitations voisines et endommageant la loge des concierges. Le fils du grand rabbin Kaplan, Benjamin, se trouvait dans l'appartement au moment de l'explosion. La première personne à se rendre sur les lieux est le champion de boxe Sauveur Chiocca, qui dînait dans un restaurant du quartier.

L'enquête n'aboutit pas et les auteurs ne seront pas retrouvés.

Mais pour le grand rabbin, les donneurs d'ordre ne font aucun doute : ce sont les extrémistes. Il l'écrit au rabbin Kahlenberg de Bruxelles, le 7 septembre, en réponse à une lettre de soutien :

> « Il est fort probable que l'attentat a été une vengeance de la part de ceux qui n'étaient pas favorables à l'intervention des représentants des familles spirituelles au sujet des négociations en Algérie.
>
> Les circonstances sont telles que les représentants des diverses confessions sont mêlés, qu'ils le veuillent ou non, aux questions politiques, qu'ils s'abstiennent ou qu'ils prennent position. »

Le 29 novembre 1960, le correspondant à Toulouse du *Monde* avait affirmé que Jacob Kaplan, le cardinal Feltin et le pasteur Boegner envisageaient une intervention commune en faveur d'une trêve en Algérie, mais que cette initiative ne serait pas immédiate, car, selon le grand rabbin : « Nous ne voulons pas que cette démarche soit interprétée comme une action à caractère politique. » Dix semaines plus tard, *Le Monde* annonce le 11 puis le 12 février 1961 que les 3 religieux ont adressé un message écrit au président de la République. Celui-ci s'est déclaré sensible à cette intervention, tant sur le fond que sur la forme, même si, juste avant son déplacement en Algérie, la trêve envisagée ne répondait pas à la situation du moment présent.

Malgré l'attentat, Jacob Kaplan poursuivra son action de témoignage. Le 28 octobre 1961, *Le Monde* reprend un communiqué du grand rabbin :

> « Devant la recrudescence des actes de violence qui ensanglantent de plus en plus le pays, le rabbinat français tient à rappeler une fois de plus qu'aucune solution durable ne saurait être obtenue par l'emploi de la force. Le rabbinat français condamne sans réserve toute atteinte physique ou morale à la personne humaine, dont le respect constitue la base de toute société civilisée. »

Pendant ces années, Jacob Kaplan est devenu une personnalité. Il a visité toutes les communautés du pays et voyage aussi beaucoup à l'étranger. Il se rend aux États-Unis où il reçoit des hommages solennels ; il visite les troupes stationnées en Allemagne en juin 1961 en compagnie du rabbin Paul Bauer, l'aumônier général israélite des armées, et il se rend souvent en Afrique du Nord où il s'efforce de réunir le monde séfarade avec le monde encore très ashkénaze de la métropole. Il connaît donc bien ces communautés d'Algérie et ce judaïsme si vivant.

Personne ne pouvait imaginer que le judaïsme français serait à ce point transformé par l'arrivée massive des « coreligionnaires d'Afrique du Nord ». Leur installation en métropole entraîna une évolution plus profonde encore que celle provoquée par l'arrivée des juifs d'Europe de l'Est durant l'entre-deux-guerres. Plus concentrée dans le temps et plus massive par le nombre, la mutation fut conséquemment plus brutale.

Le grand rabbin Kaplan est l'un de ceux qui ont permis au judaïsme algérien de s'intégrer sans trop de heurts en métropole. Les problèmes étaient pourtant très nombreux, ceux de tous les rapatriés, auxquels s'ajoutaient ceux spécifiques au monde juif : les équivalences et les disponibilités des postes rabbiniques, les traditions rituelles d'abattage de la viande, les traditions musicales et la cantillation[1] de la Torah dans les offices à la synagogue.

En réalité, le rabbinat français avait déjà intégré certains rites séfarades. Le séminaire israélite de France avait reçu après la guerre de plus en plus d'élèves originaires d'Algérie puis du Maroc. Ils sont aujourd'hui la colonne vertébrale du judaïsme français, le faisant évoluer vers la tradition séfarade. Il y avait certes des séfaradim en métropole, mais ce judaïsme avait son foyer en Afrique du Nord, en Égypte et dans tout le bassin méditerranéen, et personne n'envisageait au tout début des années 1950 un départ qui va pourtant se concrétiser en très peu de temps.

---

1. Signe de cantillation utilisé pour indiquer de quelle manière le texte doit être chanté.

Le grand exode des juifs d'Afrique du Nord

Entre 1954 et 1961, 100 000 juifs du Maghreb et d'Égypte arrivent en métropole. En Tunisie et au Maroc, où les juifs ne bénéficiaient pas du décret Crémieux, la situation s'est dégradée lentement, du fait de l'antisémitisme des populations arabes avivé par la proclamation de l'État d'Israël. Au premier mois de l'indépendance du Maroc, même si le roi protège ses sujets juifs comme il le fit durant la guerre, l'antisémitisme a libre cours : les fonctionnaires juifs sont limogés ; les passeports sont refusés à ceux qui désirent partir en Israël ; ceux qui tentent de quitter clandestinement le pays sont pourchassés par la police. En Tunisie, entre le 1er juillet et le 31 décembre 1961, 15 000 juifs quittent le pays, suivis par 10 000 autres en 1962.

Du 1er novembre 1945 au 20 juin 1956, 592 juifs d'Algérie viennent s'installer en métropole. En 1956, le grand rabbin Kaplan fait une tournée sacerdotale et il pose la première pierre de l'École rabbinique d'Alger, c'est dire combien la communauté ne se posait pas la question du maintien en ces terres, qui étaient la France. Toute l'Algérie partageait cette confiance. En 1957, près de 6 000 juifs s'installent en métropole. Fin 1960, les événements d'Algérie prennent une ampleur nouvelle. Les lieux de culte sont touchés. Avec la fin prévisible de la présence française en Algérie, le mouvement s'accélère. En juin 1962, à la veille de l'indépendance, 60 000 juifs arrivent en France, soit près de la moitié des 120 000 départs enregistrés cette année-là.

Ces divers mouvements de populations (110 000 juifs d'Algérie, 140 000 de Tunisie et du Maroc) empruntent des trajectoires diverses : les juifs de Tunisie se dirigent vers la France et Israël, ceux du Maroc principalement vers Israël et le Canada, même si une partie choisit la France, et la majorité des juifs d'Algérie se fixe en métropole, achevant ainsi le processus d'intégration opéré en Algérie.

Par ailleurs, en 1956, 7 000 réfugiés parmi les plus francisés de la communauté juive égyptienne arrivèrent en France à la suite des tensions entre Arabes et juifs en Égypte occasionnées par la campagne de Suez, action conjointe d'Israël avec la France et la Grande-Bretagne pour contrer Nasser qui avait décidé la nationalisation du canal de Suez en 1956. Cette action s'avéra être un succès militaire, mais un échec diplomatique car Paris et Londres se virent contraints par les États-Unis et l'URSS d'évacuer la région du canal.

En Algérie, le pillage de la grande synagogue d'Alger, située au cœur de la Casbah, annonce un tournant décisif pour les juifs : le bâtiment est saccagé, les rouleaux de la Torah profanés, les bancs volés et les grilles extérieures arrachées. Sur les décombres de ce lieu qui avait toujours été respecté jusqu'alors, si ce n'est vénéré, par les musulmans, les casseurs ont planté le drapeau vert et blanc, symbole du FLN. À Oran, les émeutiers ont saccagé le cimetière juif. Dans toute l'Algérie, la situation devient de plus en plus précaire pour les juifs qui retrouvent la peur connue pendant la guerre. Certains rabbins sont menacés. À Oran, Samuel Cohen, l'ancien assistant du grand rabbin David Askenazi et futur secrétaire particulier du grand rabbin Jacob Kaplan, est même séquestré avant d'être relâché sain et sauf.

En métropole, c'est le drame : l'Administration française avait prévu tout au plus un exode de 200 000 Français : ils seront 800 000. Un ministère des Rapatriés est créé, ainsi qu'une bourse nationale de l'emploi et des programmes de construction de HLM. Mais l'indemnisation des biens immobiliers laissés sur place n'est pas prévue. Dans cette aide aux rapatriés juifs d'Algérie, le Fonds social juif unifié joue un rôle primordial avec le consistoire central et l'American Joint Distribution Committee. Tous s'unissent pour leur venir en aide. Le FSJU consacra des sommes très importantes en sus de son budget ordinaire pour les rapatriés. En sept ans, 100 000 personnes sont passées par le FSJU et 7 000 seront professionnellement reclassées par son bureau de placement.

Le départ et l'arrivée en France se sont à peu près bien passés, grâce à une mobilisation de toute la communauté juive. Le rabbinat, rendant compte régulièrement au grand rabbin Kaplan, est à la pointe de tous ces efforts. À Bône, par exemple, le rabbin Rahamim Naouri crée un fonds de soutien pour accorder une aide de 1 000 francs aux familles nécessiteuses. Il y eut aussi d'importantes participations étrangères, telles que celle de l'American Joint Distribution Committee. Ce fut une blessure morale et matérielle comme tous les déracinements, mais le lieu de départ et le lieu d'arrivée étaient tous deux la France, ce qui aidait beaucoup.

Mais il importait de sauver la mémoire de cette histoire d'amour entre le judaïsme et l'Algérie. C'est ce qui va motiver un plan jusqu'à présent secret de récupération des archives des consistoires d'Algérie. Le grand rabbin Kaplan s'en tiendra informé sans cesse. C'est le rabbin René Guedj, aumônier militaire sur place et qui bénéficiait de toute l'aide de l'infrastructure de l'armée, qui en est chargé. Il s'occupe en particulier des archives de Constantine. L'opération traîne et se concrétise après les accords d'Évian. Le grand rabbin Naouri récupère des rouleaux de Torah de Constantine, Bône et des environs. Cela représente des caisses de plus de 500 kilos. Sous couvert des objets du culte des aumôniers, le rabbin Guedj réussit miraculeusement au dernier moment à faire prendre en charge par des camions militaires tout le chargement, soit 70 rouleaux, plus les bibliothèques des rabbins Naouri, Chouchena et Guedj, et bien entendu, les archives des consistoires. Ils vont directement sur le *Fontenoy* qui croise vers Marseille. Le grand rabbin Kaplan décidera d'envoyer 35 rouleaux à Haïfa, par l'intermédiaire du ministère israélien des Cultes, et les 35 autres seront déposés au camp du génie de Sissone, dans l'Aisne, où tous les chargements étaient concentrés, avant d'être en majorité récupérés par la synagogue des Tournelles puis par tous les petits oratoires ouvrant au fur et à mesure.

L'accueil des rapatriés en métropole fut planifié par les autorités préfectorales qui dirigeaient les arrivants vers tel ou tel département de la métropole. Cela s'appliquait aux familles n'ayant pas de point de chute ni d'attaches familiales en un lieu déterminé. Les nouveaux arrivants représentaient un fardeau très lourd pour les institutions juives, obligées d'accueillir en quelques semaines l'équivalent du tiers des juifs de France. Cependant les organisations juives feront tout leur possible pour donner à leur mobilisation le cadre d'une véritable politique, suivie de mesures précises et ordonnées selon des objectifs très précis. Cette politique communautaire s'inscrit dans l'ambition plus large de « refonder » la vie juive communautaire française. On peut dire que « la nouvelle immigration donne une dimension nouvelle à des besoins déjà ressentis ».

L'accueil et l'établissement des juifs d'Afrique du Nord en métropole représentent une charge financière, morale et spirituelle très importante dans l'histoire du judaïsme français. Les aspects sociaux du rapatriement sont pris en compte par les institutions sociales de la communauté, fédérées dans le Fonds social juif unifié, sous l'autorité morale du grand rabbin de France Jacob Kaplan. Depuis la fin du XIXe siècle et surtout après la Shoah, les associations juives ont appris à accueillir, soigner les déportés et les réinsérer dans la vie sociale du pays, s'occuper des orphelins... Durant ces années d'après-guerre se développent des méthodes de travail et d'organisation qui seront reprises dans les années 1960. Le FSJU, constitué d'organisations caritatives ou sociales, est au départ une institution surtout parisienne. Mais avec l'arrivée massive des juifs d'Afrique du Nord, le FSJU s'implante dans les villes où sont accueillis les nouveaux venus, à la demande des communautés, dépassées par l'ampleur de la tâche. Rappelons que même le secrétaire d'État aux Rapatriés, Robert Boulin, estimait en janvier 1962 que le repliement des Français d'Algérie se ferait sur quatre ans. Il prévoyait pour les prochains mois l'arrivée de 25 000 familles. Tout le monde s'est lourdement trompé puisque les chiffres seront très largement supérieurs.

Ayant tendance, comme tous les rapatriés, à s'installer dans les grands centres urbains, en particulier Paris et dans le Sud-Est, ils doivent suivre les injonctions de l'État qui veut éviter une concentration trop forte dans ces seules régions. Ils irriguent donc toute la France, revivifiant nombre de petites communautés qui n'avaient plus de vie religieuse. Ainsi, en septembre 1964, le grand rabbin Kaplan lance un appel à aider l'action du FSJU en faveur des juifs rapatriés à l'occasion de la fête de Kippour. Il met également en place un maillage rabbinique très serré. Pour éviter que le lien communautaire ne souffre de cet exode, les communautés et organismes juifs doivent faire un effort pour inciter les nouveaux arrivants à se diriger vers la communauté organisée. Ils seront accueillis sur les quais de gare conjointement par des représentants de l'État en charge des rapatriés et par les associations juives. Il s'agit de faire bonne impression, comme le dit un rapport :

> « Pour le rapatrié, sa première visite à nos bureaux est souvent le premier contact avec la communauté juive tout entière. C'est pourquoi nous attachons beaucoup de prix à l'ambiance, à la chaleur du premier entretien qui risque d'être déterminant pour l'attitude du rapatrié à l'égard de la communauté et du désir qu'il manifestera de s'y intégrer. »

En arrière-plan se pose la question du champ d'action des institutions sociales juives, et de leur raison d'être : sont-elles superflues ou nécessaires ? Du moment que l'État veille à assurer, dans un premier temps, le logement, l'aide matérielle et la réinsertion professionnelle, et que les actions d'ordre strictement cultuel sont prises en charge par le consistoire, quel doit être le rôle des organisations juives ? Celles-ci n'ont pas la prétention de rivaliser avec les aides de l'État, mais elles ont pour tâche d'apporter une réponse « juive » dans des domaines privés où l'État n'intervient pas, notamment dans le soutien moral et spirituel. Cette position est en cohérence avec le modèle propre au judaïsme de l'intégration à la française : la sphère confessionnelle ne se substitue pas à l'État, mais s'occupe de ce qui a trait aux engagements religieux et privés de l'individu.

De son côté, le rabbinat essaie tout d'abord de faire un état des lieux. Personne, en effet, ne savait exactement où se trouvaient les juifs rapatriés qui ne se faisaient pas connaître, quels étaient leurs besoins religieux et où il était urgent et nécessaire d'affecter les rabbins rapatriés d'Algérie. Jacob Kaplan confie au rabbin Ernest Abib, tout juste arrivé de Bougie, le soin de réaliser une enquête à travers toute la France et de rédiger un rapport sur l'implantation des rapatriés et sur les problèmes religieux qui se posaient.

En 1963, Jacob Kaplan fait affecter le rabbin René Guedj en tant que rabbin à disposition. Ce dernier visite 36 communautés au nom du grand rabbin et lui adresse des rapports très précis. Il s'agissait également d'évaluer les capacités des chefs spirituels arrivés avec leurs communautés mais qui n'étaient pas toujours adaptés aux communautés de métropole, celles-ci ne connaissant que les rabbins diplômés du séminaire. Très récemment, une bande dessinée à succès, *Le Chat du rabbin*[1], a abordé le problème des équivalences entre la connaissance des textes religieux et liturgiques des ministres officiants d'Algérie et le diplôme du séminaire israélite de France (SIF). Ce problème s'était d'ailleurs posé dans les années 1930 de la même façon pour les rabbins polonais ou russes et les deux tendances s'affrontaient déjà : ceux qui voulaient des officiants qui chantaient bien et faisaient vibrer le public même s'ils ne savaient pas ou peu s'exprimer en français, et ceux qui estimaient que seul le séminaire pouvait fournir des rabbins français adaptés aux communautés. Nous en sommes restés aujourd'hui à la même interrogation sans avoir trouvé la réponse idéale. Mais en 1963, en fonction des rapports d'Ernest Abib et du rabbin Guedj, le grand rabbin Kaplan accorda des équivalences du titre rabbinique à ceux qui pouvaient assumer toutes les tâches rabbiniques, en particulier la représentation extérieure, et il donna aux autres le titre de ministre du culte. Parmi les plus connus,

---

1. Johan Sfar, *Le Chat du rabbin*, Dargaud, 2004.

citons Samuel Cohen, David Kalifa, et Meyer Zini qui est devenu grand rabbin de la synagogue de la rue Sainte-Isaure.

Pour répondre aux besoins en lieux de culte, le consistoire de Paris, sous l'impulsion du président Alain de Rothschild et du grand rabbin Meyer Jaïs, lui-même natif de Médéa, lance alors les chantiers du consistoire. Le consistoire de Paris avait voulu résoudre la question du rite des juifs d'Algérie en leur affectant une synagogue, celle de la rue des Tournelles. Mais c'était sans compter avec la diversité au sein même des rites algériens. Après une période difficile et par une rare décision d'autorité de Jacob Kaplan, la synagogue adopta le rite constantinois sous la direction des rabbins André Chekroun et Emmanuel Chouchena, tous deux sortis du SIF ; et les originaires d'Alger et d'Oran cherchèrent un lieu pour retrouver leurs rites. Ce sera, quelques années plus tard, la synagogue de la rue Saint-Lazare.

Le 23 décembre 1962 est fondée l'Association des juifs originaires d'Algérie (AJOA). Le compte rendu de l'assemblée constitutive déplore l'insuffisance des résultats en banlieue et en province où, cependant, près de 30 communautés ont été créées en six mois. L'action constante du grand rabbin de France est notée.

25 000 juifs restent en Algérie, dont 6 000 à Alger, mais ils ne sont plus que 3 000 en 1963. En février 1964, Charles Hababou préside encore l'assemblée générale de la Fédération des communautés israélites d'Algérie à Blida, et deux ans plus tard, deux synagogues seulement restent en activité, à Oran et Alger. En juin 1968, le rabbin Seror est le seul représentant du judaïsme ; il n'y a plus de communauté organisée ; les 2 synagogues d'Alger sont devenues des entrepôts et celle d'Oran une mosquée. Le consistoire central de France reprend dans ses attributions la responsabilité directe de l'Algérie qui, dans les faits, ne garde plus de présence juive.

L'implantation des rapatriés et la nouvelle géographie du judaïsme français

Avec plus de 500 000 personnes, la communauté juive française est devenue la plus importante d'Europe, dépassant la communauté anglaise (450 000 membres), et prend la troisième place derrière les États-Unis et l'ex-URSS (environ 3 millions).

La carte du judaïsme actuel se dessine à ce moment, et le rabbinat s'adapte à cette nouvelle géographie. En 1963, 25 à 30 % des rapatriés juifs se trouvent dans la région parisienne, 25 à 30 % dans le Sud-Est, 10 à 15 % dans le Sud-Ouest, et 10 à 12 % dans la région lyonnaise et grenobloise, le reste est disséminé dans toute la France. Globalement, on peut dire que la population juive se provincialise et se « méridionalise ».

Alors que jusqu'en 1950 la population juive en France se répartissait entre Paris, la région parisienne et l'Est, on constate maintenant une dispersion et l'apparition de cinq nouvelles zones :
- Marseille passe de 5 000 juifs en 1945 à 65 000 en 1962 ;
- Lyon passe de 6 000 à 25 000 juifs ;
- Nice passe de 5 000 à 20 000 juifs ;
- Toulouse passe de 3 500 à 18 000 juifs ;
- Bordeaux passe de 1 500 à 6 000 juifs.

Marseille est donc devenue la deuxième communauté de France après Paris. Un grand nombre de rapatriés résident provisoirement dans le camp d'Arénas, point de départ pour l'émigration vers Israël. Mais l'attente pour le départ est parfois de un ou deux ans ; il arrive que certains changent d'avis et décident de rester en France.

De nombreuses familles émigrent en Alsace, où un effort impressionnant est accompli par la communauté. D'autres nouveaux arrivants, en fonction des affectations de l'Administration, de la proximité familiale ou parfois du hasard, viennent irriguer des villes de province où le judaïsme se mourait. C'est ainsi que de petites communautés s'implantent dans des villes comme Valence, Mâcon, Angers, lieux où la présence juive n'était plus attestée historiquement depuis le XIVᵉ siècle.

À Paris, les lieux d'installation sont Belleville et la rue des Rosiers. Mais nombreux sont ceux qui se rendent en banlieue, où 40 communautés sont créées : à Antony, Asnières, Athis-Mons, Bagneux, le Blanc-Mesnil, Bondy, Chelles, Épinay, Fontainebleau, Gennevilliers, la Courneuve, Meaux, Nanterre, Nogent-sur-Marne, Villeneuve-la-Garenne, etc. Sarcelles offre un exemple de dynamisme, autour de sa synagogue et de son centre communautaire. Cette commune de la banlieue compte 6 000 juifs, 15 associations, 3 boucheries casher, 1 Talmud-Torah, 1 lycée et 1 cimetière. Le grand rabbin Kaplan choisit le guide spirituel de cette communauté naissante en y affectant son secrétaire, le rabbin René Guedj.

Après l'arrivée des juifs d'Afrique du Nord, la reconstruction de la communauté juive se devait de répondre à un impératif : créer des structures capables de réunir les juifs de tous horizons tout en respectant leur diversité d'opinions, de rites, de sensibilité, en attendant qu'une fusion plus étroite s'opère avec la montée d'une nouvelle génération.

Si l'on dresse un bilan de la politique d'accueil des rapatriés, on observe tout d'abord une rupture nette avec l'état d'esprit qui prévalait avant 1940. Les nouveaux immigrants ne sont plus considérés comme les « freins potentiels » à une assimilation passionnément désirée, ils sont au contraire porteurs d'une volonté d'intégration qui rejette l'assimilation. Telle est la vision communautaire de Jacob Kaplan, comme nous le verrons à travers les orientations rabbiniques qu'il trace lors des congrès. Le travail social devient lui-même un travail communautaire, et par ce lien autre que religieux, il est possible de rattacher les plus sécularisés parmi les nouveaux venus, notamment les juifs d'Algérie, à la communauté. Du caritatif, on passe à l'aide sociale ; de l'acte religieux, on passe au service.

La définition de la communauté s'en trouve elle-même modifiée, car le judaïsme des bénéficiaires ne répond plus à la stricte définition rabbinique ; il inclut les unions mixtes et leurs enfants sans souci premier de conformité à la loi. Le nouveau profil communautaire ne correspond plus exclusivement à la définition confessionnelle, mais s'apparente davantage à celle d'une minorité au sein de la nation. Une question, cependant, persiste au sujet des rapports entre l'État, la nation, et les juifs : celle du communautarisme. La conception française de l'intégration, énoncée à l'Assemblée constituante par Clermont-Tonnerre, perpétuée par la loi de séparation des Églises et de l'État de 1905, est clairement individualiste : les juifs ont tous les droits en tant qu'individus, mais non en tant que communauté. Mais au cours des années 1960, l'identité communautaire juive se renforce : c'est l'effet de l'arrivée des juifs rapatriés d'Algérie, mais aussi d'une résurgence de la mémoire de la Shoah, et enfin du réveil de l'antisémitisme en France.

Désireux de se rendre compte exactement de la situation nationale, le grand rabbin Kaplan, tel un chef de campagne, visite toutes les nouvelles communautés et se fait remettre des rapports très précis sur le suivi des actions en faveur de l'intégration des rapatriés. L'un de ces rapports de synthèse, daté du 21 avril 1964, soit deux ans après la fin de l'arrivée massive d'Algérie, offre un bilan éclairant de la transformation radicale du visage du judaïsme français en province.

« NOTE POUR MONSIEUR LE GRAND RABBIN DE FRANCE
(Action du grand rabbinat de France dans les communautés de province en ce qui concerne les rapatriés)

Le grand rabbinat de France s'est penché sérieusement sur les problèmes posés par l'intégration des rapatriés juifs d'Afrique du Nord. Nous ne parlerons ici que des villes de province qui comptent environ 70 000 israélites rapatriés d'Algérie (Paris en compte près de 40 000).

Dans de nombreuses communautés, le grand rabbinat de France a organisé les institutions religieuses, il a pourvu aux emplois de ministres du culte, d'éducateurs, de spécialistes de l'abattage rituel et de la circoncision. Il a contribué à créer ou à rénover les bains rituels, à édifier des lieux de prière, des locaux de réunion et des salles de cours pour l'instruction religieuse.

Depuis l'arrivée des rapatriés d'Algérie, des communautés nouvelles ont été constituées, d'anciennes ont été développées. On peut citer parmi les premières, Beauvais, Rennes, Caen, Chartres, Mainvilliers, Agen, Douai, Brest, Valenciennes, La Rochelle, Mâcon, Angoulême, Poitiers, Châteauroux, Melun, Arles, Draguignan, Évreux, Sète, Angers, Creil, Tarbes, Valence et tout récemment Antibes, Juan-les-Pins, Saint-Raphaël, Menton, Grasse. Orzy (Ardennes) sont allés à Sedan Charleville.

Le grand rabbinat comptait évidemment sur l'esprit d'initiative de certains dirigeants de communautés. C'est ainsi que d'heureuses réalisations ont été déjà enregistrées à Périgueux (qui a obtenu de la municipalité un terrain au parc Gamenson pour y édifier une maison communautaire dotée d'une synagogue), à Grasse (qui vient d'obtenir également un terrain de la municipalité), à Annecy (qui a tout récemment bénéficié d'un carré israélite au cimetière municipal), etc.

Mais d'une manière générale, c'est le grand rabbinat de France, avec notamment l'aide du FSJU, qui prend en charge le traitement du rabbin ou du ministre du culte, de l'éducateur et du *chohet*[1], qui fournit le matériel religieux nécessaire au Talmud Torah, qui subventionne les *Mikvaoth*[2], etc. qui verse une retraite aux rabbins rapatriés ne pouvant plus exercer. etc. [...]

Ces quelques indications, si elles montrent l'importance de l'effort déjà accompli, donnent une idée des responsabilités qui incombent aux institutions juives pour le maintien de

1. Sacrificateur rituel des animaux.
2. Bains rituels.

ces nouvelles communautés et pour le développement général du judaïsme dans toute la France. [1] »

Le grand rabbin Kaplan a dû également intégrer les habitudes des juifs d'Afrique du Nord, en particulier sur le plan des règles alimentaires. Par exemple, les parties arrière des animaux étaient consommées en Afrique du Nord, car les abatteurs rituels savaient retirer le nerf sciatique, alors que depuis cinq cents ans le monde ashkénaze ne procédait plus à ce dénervage et ne consommait plus les parties arrière, ce qui était la règle en métropole. Finalement, le rabbinat de France décida d'adopter la règle la plus stricte de sorte à permettre à tous de manger les uns chez les autres.

Globalement, les nouveaux arrivants impriment une vitalité et un renouveau des valeurs religieuses qui ne se limitent plus seulement à la vie privée mais s'étendent à la sphère sociale. Ce judaïsme rompt avec la politique de réserve d'avant-guerre et exprime une visibilité collective religieuse et culturelle dans la cité. L'essor du commerce cacher est l'une des facettes du dynamisme de la population juive française revivifiée par l'immigration des juifs d'Afrique du Nord à partir des années 1950, après l'hémorragie de la Seconde Guerre mondiale : les propriétaires de ces commerces sont, dans leur immense majorité, originaires du Maghreb. En Afrique du Nord, la majorité de la population active juive vivait de petit commerce et d'artisanat, sans oublier les fonctionnaires, que ce soit aux PTT, à l'Éducation nationale, à la Défense, aux douanes ou dans la police. C'est également par l'activité commerciale que nombre d'entre eux se sont insérés dans la société française lors de leur arrivée en métropole. Les restaurants cacher perpétuent ainsi une tradition familiale.

Pour une part, le choix de cette activité se fonde sur des motifs religieux : la pratique du judaïsme peut avoir incité certains à travailler dans le commerce communautaire notamment

1. Archives du consistoire central, carton Meiss.

en raison des difficultés qu'ils éprouvaient ailleurs à chômer le samedi. Ce phénomène, qui s'est très largement amplifié ces dernières années, témoigne du retour à la religion dans le développement du secteur cacher. La conviction religieuse n'est d'ailleurs pas la principale motivation des commerçants pour s'installer « dans le cacher » : la plupart le font parce que ce marché est en plein essor.

Le développement de ce secteur dans les années 1960, 1970 et surtout 1980 a répondu aux besoins d'une population juive d'Afrique du Nord. Le fait est que l'offre de produits cacher était tout à fait insuffisante. Après la guerre, les infrastructures communautaires n'avaient pas retrouvé leur niveau d'avant-guerre, la population juive française, en majorité ashkénaze, étant démographiquement réduite et sur la voie de la laïcisation. Très rapidement, le grand rabbin Kaplan prend conscience de l'urgence de mettre en place une structure répondant aux nouveaux besoins. En tant que grand rabbin de Paris, il œuvre pour unifier la *cacherout*, seul moyen d'augmenter l'offre en baissant les prix. Mais il faut attendre le milieu des années 1970 pour que le marché cacher s'étende de manière significative. Aujourd'hui encore, les restaurants cacher continuent de se multiplier dans des quartiers nouveaux qui dessinent la nouvelle implantation des juifs à Paris et en banlieue.

Un rabbin nouveau pour ce nouveau défi

Une fois la situation des nouveaux arrivants stabilisée dans les années 1960, il reste à renforcer, nourrir spirituellement et aider financièrement cette population qui va redonner vie au judaïsme dans toute la France. La communauté juive d'origine marocaine, tunisienne et algérienne apporte un fort enrichissement religieux. La fierté juive ressentie sans complexes, et particulièrement par les séfarades, donne aux juifs une nouvelle visibilité dans la société française : le retour à la pratique religieuse et donc à une nouvelle visibilité, le port par certains de la *kippa*, un folklore juif méditerranéen, la réussite sociale d'un certain nombre de personnalités juives, leur rayonnement dans les médias, le renforcement des organisations proprement juives. Ces communautés sont collectivement attachées aux pratiques religieuses. Tout cela révèle qu'un processus identitaire se développe.

Le grand rabbin Kaplan veut placer le rabbinat au cœur de la Cité et de ses préoccupations, tout en lui conservant son souffle religieux nouveau, poussé par les rabbins arrivés en 1962. Pendant trois ans, il consolide tout ce qui a été fait dans l'urgence. Le 21 novembre 1965, lors de l'inauguration des nouveaux bâtiments du séminaire israélite de France, il trace le portrait du rabbin qu'il appelle de ses vœux pour servir cette nouvelle communauté juive de France :

> « La vocation rabbinique, c'est l'esprit missionnaire, c'est le dévouement total à la communauté, et si ce n'est plus possible pour cette communauté, pour une autre communauté. La pierre d'achoppement de cette vocation, c'est la difficulté, mais la pierre de touche de la vocation, c'est selon la parole de la Torah, d'aller vers ses frères et de ne jamais les abandonner. »

Jacob Kaplan précise les conséquences pratiques de sa pensée dans un texte du 2 décembre 1970 d'où il ressort que le rabbin ne doit pas être en dehors de l'élan nouveau qui anime cette vie communautaire foisonnante.

- Le rabbin est le responsable de la vie religieuse de la communauté qu'il dirige en conformité avec les dispositions de la Loi et en accord avec le grand rabbinat de France.
- Il veille à la bonne marche de tous les services indispensables à une vie juive normale, tels que l'instruction religieuse à tous les niveaux, l'abattage rituel, la *cacherout*, le bain rituel, les diverses aumôneries militaires, des hôpitaux et des prisons. Il doit créer les services qui manquent.

- Il préside les offices et en fixe les modalités. Il lui appartient d'instruire les fidèles en toutes circonstances par des sermons, des allocutions, des conférences et des études talmudiques.
- Il doit contribuer et participer à toutes les activités éducatives, sociales ou autres de sa communauté, tout en poursuivant lui-même son étude des textes.
- Le rabbin est le représentant de la communauté auprès des pouvoirs publics. Il assiste, dans toute la mesure du possible, aux manifestations officielles auxquelles il est invité. Hors du domaine religieux, il agit de concert avec le président de sa communauté pour toute action ou intervention relative aux questions générales ou politiques.
- En cas de désaccord, il sera fait appel au grand rabbin de France, qui sera obligatoirement consulté avant toute démarche dans le domaine politique, compte tenu de la neutralité politique absolue que doivent respecter les rabbins.

Cette neutralité ne concerne pas Israël, car il va de soi pour le grand rabbin Kaplan, qui fut très tôt un sioniste engagé, que le rabbin peut et doit parler des liens qui nous attachent à l'État d'Israël, mais avec prudence :

« Il doit le faire en termes tels qu'il ne prête pas le flanc au soupçon de double appartenance. Israël fait partie de notre univers spirituel et en occupe la place centrale, et tout ce qui menace l'existence d'Israël est à considérer par nous comme une menace pour notre foi religieuse, pour notre dignité d'hommes, pour notre existence même. »

Le grand rabbin Kaplan avait déjà fait voter lors de l'assemblée générale de l'Association du rabbinat français le 5 juin 1967, le jour même où s'ouvrait la guerre des Six-Jours, la déclaration suivante :

« Nous saluons avec émotion le peuple d'Israël dans sa lutte héroïque pour son existence et nous déclarons que nous sommes entièrement avec lui.

Nous avons le devoir de rappeler que :

Le monde et les Nations unies, par leur silence pendant des années, en présence des menaces incessantes d'extermination cyniquement proférées par les voisins d'Israël, ont assumé une lourde responsabilité devant l'Histoire.

L'État d'Israël n'aspirant qu'à la Paix, et confiant dans les engagements pris à son égard, a scrupuleusement respecté les conseils de modération prodigués depuis le début de la crise. Malheureusement, le résultat de cette attitude a été de laisser aux armées d'agression le temps de mettre en place un dispositif et d'attaquer Israël de toutes parts.

Nous demandons instamment aux grandes puissances de ne pas répéter la faute irréparable commise il y a un quart de siècle quand elles ont laissé perpétrer le monstrueux génocide hitlérien.

Ressuscité sur la terre des prophètes d'Israël, l'État d'Israël, créé par les Nations unies, est devenu, en même temps qu'un refuge pour les rescapés des camps de la mort, un haut lieu de spiritualité universelle. Sa destruction constituerait non seulement un crime devant Dieu, mais une défaite de la conscience humaine.

C'est à tous les hommes d'honneur que nous faisons appel. Que chacun, dans la mesure de ses forces et de ses moyens, agisse pour que soit empêché l'anéantissement de l'État d'Israël.

Quant à nous, nous mettons notre confiance en Dieu et nous rappelons à tous l'antique parole de la Bible (Proverbes XXIV, 12) : "Ne dis pas, nous ne le savions pas. Dieu, qui sonde les cœurs, connaît la vérité." »

Cette déclaration, à la fois politique et spirituelle, montre sa vision si pointue de la situation qui a pourtant fait trembler plus d'un dirigeant communautaire de l'époque. Un trouble certain envahit alors toutes les instances du judaïsme français et transparaît d'ailleurs dans ce manifeste. C'est que, depuis 1967, le soutien à Israël n'est plus aussi simple.

IV.

Une personnalité française

Chapitre XIV

La guerre des Six-Jours,
ou « le temps du soupçon »

Des dramatiques épisodes du conflit israélo-arabe, la guerre des Six-Jours est celui qui aura eu les plus graves répercussions sur le judaïsme français. S'il y eut une mobilisation sans précédent, dans et au-dehors de la communauté juive, pour la première fois, certains ont posé aux juifs la question du choix entre la fidélité à la France et l'attachement à Israël. Pour Jacob Kaplan, le lien envers Israël est partie intégrante de la spiritualité juive, faut-il poser la question du choix entre la France et le judaïsme ? La réaction du grand rabbin Kaplan est essentielle pour comprendre toute sa vision d'un judaïsme non pas en France, mais consubstantiel à la France. Il chercha, et trouva, une voie médiane faite d'équilibre, de diplomatie de conviction et de fermeté.

Le rappel historique des événements

Dès février 1966, on évoque dans les pays arabes l'hypothèse d'un nouveau conflit, et un dispositif militaire adapté est déployé dans cette perspective en Israël. Un coup d'État en Syrie a permis à des officiers affiliés à l'aile gauche du parti nationaliste Baas de prendre le pouvoir. Ce changement favorise un rapprochement avec l'Égypte de Nasser. Rapidement, un pacte de défense est signé, réveillant en Israël la crainte d'un véritable encerclement. Les faits corroborent cette crainte : une intense campagne de terrorisme est lancée à l'intérieur du territoire israélien, combinée avec des bombardements fréquents des villages de Galilée à partir des hauteurs du Golan, tandis que les incidents relatifs au contrôle des eaux du Jourdain se multiplient. En outre, l'URSS apporte une aide économique et militaire à l'Égypte et à la Syrie, dans le cadre de la lutte contre l'impérialisme américain dont Israël était dénoncé comme l'avant-poste.

La situation se tend subitement en mai 1967. Le 18, Nasser demande au secrétaire général de l'Organisation des Nations unies, U Thant, le retrait des casques bleus stationnés depuis 1957 le long de la frontière israélo-égyptienne. Celui-ci acquiesce immédiatement, au grand dam de l'Élysée. Dans les notes de situation diplomatique que reçoit le président de la République, la première mention des problèmes au Moyen-Orient date justement du 18 mai 1967 :

« Pour le retrait de la FUNU [Force d'urgence des Nations unies] le long de la frontière entre Israël et l'Égypte (demandé par l'Égypte), monsieur Thant a cru devoir donner de son propre chef, satisfaction à cette requête. [1] »

Le rédacteur semble exaspéré et explique que la vocation d'une force d'interposition est de s'interposer et non pas de partir dès que sa présence est nécessaire. Faut-il rappeler comment le général de Gaulle ne se privait pas de critiquer le « machin » ?

---

1. Archives nationales, cote 5 AG1 / 249 De Gaulle, *Note sur la situation diplomatique au Président*. Toutes les notes suivantes citées dans ce chapitre proviennent des archives du XXᵉ siècle, dont l'accès est réglementé par des délais de consultation relativement longs. Pour la première fois, ce fonds a été ouvert à un chercheur.

Le 20 mai 1967, les forces égyptiennes prennent le contrôle de Charm El Cheikh, et le 22 mai, Nasser annonce la fermeture du détroit de Tiran aux navires israéliens, interdisant ainsi l'accès au port d'Eilat. C'est un pas de plus vers la guerre, désormais inéluctable, d'autant que Nasser adopte une position de plus en plus agressive. Après avoir déclaré le 27 mai que son « objectif de base était la destruction d'Israël », il précise le 28 mai : « Nous n'accepterons aucune coexistence avec Israël, il n'est pas question de l'établissement d'une paix car la guerre est une réalité depuis 1948. » Le 30 mai, il signe au Caire avec le roi Hussein de Jordanie un pacte de défense mutuelle.

Raymond Aron analyse magistralement la situation dans un article du *Figaro* du 28 mai intitulé « L'heure de vérité » :

« En provoquant le retrait des casques bleus et en fermant le détroit d'Akaba, Nasser lançait un défi à la fois aux États-Unis qui s'étaient solennellement engagés à ne pas tolérer un blocus d'Eilat, et à Israël, qui avait déclaré que ce blocus constituerait un casus belli. Il rejetait sur l'ennemi – Israël et ses protecteurs – la responsabilité éventuelle des hostilités... Si l'agresseur est celui qui tire le premier coup de canon, l'opération égyptienne, favorisée par l'éclatante impéritie du secrétaire général de l'ONU, condamne Israël au rôle d'agresseur... Jamais les gouvernants n'ont eu, depuis 1948, à prendre une décision aussi lourde de conséquences, aussi chargée de "sueur, de sang et de larmes". Ils ne peuvent maintenir leur armée – 10 % de la population totale – mobilisée pendant des semaines, même pendant beaucoup de jours... Voici donc les quelques hommes responsables de 2,5 millions de juifs qui ont bâti l'État d'Israël, face à leur destin et à leur conscience. Ils sont seuls. Par la voix du président Nasser, la menace d'extermination retentit de nouveau. Ce qui est en jeu, ce n'est plus le golfe d'Akaba, c'est l'existence de l'État d'Israël, cet État que tous les pays arabes tiennent pour un corps étranger qu'il faudra tôt ou tard éliminer... Même des combats victorieux ne résoudraient rien, ils donneraient seulement un répit comme celui de ces onze dernières années. En sens contraire, la capitulation préparerait pour un avenir proche une autre confrontation en des circonstances peut-être encore plus défavorables... Tous ceux qui connaissent les gouvernants d'Israël pressentent la conclusion probable d'une pareille délibération. »

Dans ce contexte, compte tenu des menaces qui pèsent sur Israël et eu égard au déséquilibre apparent des forces en présence au détriment de l'État hébreu, la communauté juive de France se mobilise, avec à sa tête le grand rabbin de France. Des actions de solidarité et des collectes de fonds sont organisées, de même que des rassemblements auxquels participent des Français de toutes confessions et opinions – à l'exception du courant communiste. S'exprimant au nom de tous, Jacob Kaplan déclare :

« Le grand rabbin de France qui, souvent déjà, a eu l'occasion d'exprimer sa réprobation de toute guerre injuste et qui, à ce titre, a pris position sur le conflit vietnamien, tient à faire connaître, en son nom comme au nom du Comité de coordination des organisations juives de France, l'émotion profonde qu'il a ressentie à la lecture d'une déclaration condamnant comme agresseur Israël, nation de 2,5 millions d'habitants, soumis depuis de longues années aux agressions économiques et aux actes de sabotage, encerclée par les armées suréquipées de ses voisins, proches ou lointains, et menacée de destruction totale.

Certain d'exprimer le sentiment profond de tous, croyants ou incroyants, attachés aux valeurs morales de notre civilisation, il entend proclamer solennellement qu'aucune condamnation ne saurait avoir pour fondement le refus de la vérité et de la justice. »

Lors de la conférence extraordinaire du Comité de coordination du 4 juin 1967, c'est encore lui qui porte la voix du judaïsme français :

« Que le monde se souvienne de Munich :

Le monde doit se souvenir des événements qui ont précédé la deuxième guerre mondiale : la Rhénanie, l'amputation de la Tchécoslovaquie, Munich. Les capitulations, au lieu d'écarter la guerre ont renforcé Hitler dans sa conviction que le monde se plierait toujours à ses exigences.

La crise d'Israël est notre épreuve. Israël est notre patrie spirituelle, habitée en permanence par des juifs depuis 1970, État de ceux qui ont fui les pogroms, les rescapés des camps. L'existence d'Israël, c'est la consolation juive de notre temps.

Et c'est plus : Israël a donné une dignité nouvelle à chaque juif dans la diaspora. L'existence d'Israël est un titre de fierté pour chaque juif.

Sa création : ce fut la réparation de la conquête romaine, la réparation des persécutions séculaires du monde chrétien, la réparation du monde "civilisé" pour le génocide qu'il a laissé perpétrer. La mauvaise conscience du monde l'a poussé à voter la création d'Israël. Mais tant qu'Israël est en danger de mort, le monde n'est pas quitte. Il faut des garanties effectives.

L'opinion publique française exprime sa sympathie agissante. Le grand rabbin de France remercie le pasteur Westphal, président de la Fédération protestante, d'avoir adressé ce message en haut lieu : "L'immense majorité des protestants français sont solidaires du peuple d'Israël et convaincus de son bon droit." »

Il répond ainsi très fermement à ceux qui n'osent pas soutenir Israël de peur d'être perçus comme moins français que leurs concitoyens. Il clame sa fierté, et celle de toute la communauté juive, de voir l'État d'Israël laver les affronts de l'histoire, y compris la plus récente. Il explique le lien spirituel qui peut unir un juif à Israël sans altérer son lien ombilical avec la France, son pays.

La note diplomatique au président de la République datée du 12 juin, au lendemain de la guerre éclair, donnera une analyse équilibrée sur les responsabilités respectives :

« La guerre du Moyen-Orient a eu lieu. L'histoire essaiera de situer les responsabilités. Peut-être dira-t-elle qu'Israël a pris l'initiative d'opérations préventives pour supprimer la menace que l'Égypte faisait planer sur son existence même. Il paraît peu douteux, en effet, qu'Israël a attaqué au moins deux fois : le 5 juin, pour anéantir par surprise le potentiel aérien de l'adversaire, et le 9 juin, pour en finir avec la Syrie. Il est non moins certain que l'Égypte avait auparavant accumulé les provocations. »

Le ministre français des Affaires étrangères, Maurice Couve de Murville, dans un ouvrage paru quelques années plus tard [1], a indiqué également la part de responsabilité de Nasser, qui avait créé « d'un coup de tête le casus belli ».

Le lien distendu entre la France et Israël

Selon un sondage réalisé avant le conflit mais publié seulement le 17 juillet dans *L'Express*, 88 % des Français soutiennent la position israélienne. Tel n'est pas le cas de la politique officielle française. Les événements donnent au contraire l'occasion au général de Gaulle d'annoncer une nouvelle orientation de la politique française au Proche-Orient, bien différente de la position adoptée jusqu'alors, tant sous la IVᵉ que sous la Vᵉ République. Dans sa conférence de presse du 27 novembre 1967, le général de Gaulle affirmera :

---

1. Maurice Couve de Murville, *Une politique étrangère 1958-1969*, Plon, 1971.

« La Ve République s'était dégagée, vis-à-vis d'Israël, des liens spéciaux et très étroits que le régime précédent avait noués avec cet État. »

Il semble juste oublier qu'il était lui-même un acteur important de cette proximité, tant par respect du message biblique porté par ce peuple qui revenait sur sa terre que par une forme de romantisme et d'admiration des pionniers qui font refleurir le désert... sans oublier de savoir se battre, ce qui aux yeux du grand militaire qu'il est, n'a jamais été anodin.

Il avait d'ailleurs déclaré par le passé :

« Je constate qu'il est désormais bien difficile de refuser aux juifs le Néguev qu'ils ont pris ou la Galilée dont ils se sont emparés. Je serais étonné qu'en définitive Jérusalem ne fît pas partie de leur État, à la condition qu'il y ait un régime international qui assure les droits de la chrétienté. [1] »

Mais il est vrai que la IVe République avait établi avec l'État hébreu des relations de collaboration très poussées, y compris sur le plan militaire : il suffit de rappeler l'expédition de Suez, la livraison de matériel militaire, la coopération nucléaire qui contribuera, bien des années plus tard, à doter Israël de l'arme atomique. Le souvenir de la Shoah, la sympathie pour le travaillisme alors triomphant, ainsi que les craintes communes face à la montée du nationalisme arabe, expliquaient ce choix politique marqué. Mais la France a poursuivi jusqu'en juin 1967 – soit pendant neuf des onze années de la présidence du Général – une politique très favorable à l'État juif. Ben Gourion fut reçu à deux reprises à Paris, en juin 1960 et en juin 1961. À l'occasion de sa première visite, de Gaulle déclara :

---

1. Conférence de presse du général de Gaulle du 17 novembre 1948, soit six mois après la création de l'État d'Israël.

« Envers Israël, nous ressentons de l'admiration, de l'affection et de la confiance... Vous, monsieur Ben Gourion, symbolisez en votre personne la merveilleuse résurrection, la renaissance, la fierté et la prospérité d'Israël. À mes yeux, vous êtes le plus grand homme d'État de ce siècle. »

Ému, le Premier ministre israélien répondit : « C'est vous le plus grand homme d'État de notre temps... Je suis reconnaissant, à vous et à votre nation, de l'aide magnifique que vous nous avez accordée. »

Dans ses *Mémoires d'espoir*, où il s'employait parfois à réécrire l'histoire et à prédire le passé, de Gaulle précise ce jour-là, que Ben Gourion lui dévoile son plan pour ce que nous appellerions de nos jours le « Grand Israël » :

« Ses propos me révèlent son intention d'étendre les frontières dès que s'offrirait l'occasion, je l'invite à ne pas le faire. La France vous aidera demain comme elle vous a aidé hier, à vous maintenir quoi qu'il arrive. Mais elle n'est pas disposée à vous fournir les moyens de conquérir de nouveaux territoires. [1] »

Pourtant, le fait est démenti par la lettre que Ben Gourion lui adresse en décembre 1967 et qui interdit de croire qu'il ait pu dire une telle chose.

Lors de la seconde visite de Ben Gourion, le Président français prononça une allocution célèbre, indiquant notamment : « Nous tenons à vous assurer de notre solidarité, de notre amitié, et je lève mon verre à Israël, notre ami et notre allié. »

La qualité des rapports personnels entretenus avec les responsables israéliens est également confirmée par madame Golda Meir[2], à l'époque ministre des Affaires étrangères. En Israël

1. Charles de Gaulle, *Mémoires d'espoir*, Plon, 1970, p. 279.
2. Golda Meir, *Ma vie*, Robert Laffont, 1975, p. 334 et 335.

comme en France, personne n'oublie surtout la campagne de Suez de 1956, où les armées israélienne et française ont combattu ensemble. En 1996, le magazine *Air Actualité*, la revue de l'armée de l'air française, révélera même la présence de pilotes français camouflés à bord d'avions israéliens. Au-delà de ces relations humaines, la France poursuit alors ses livraisons d'armes à Israël. En 1961, le général de Gaulle décide de vendre à l'État hébreu 72 avions Mirage III, capables de contrer efficacement les Mig 21 dont l'URSS avait doté l'Égypte. En 1966, il donne son accord à une nouvelle vente portant sur 50 Mirage F1, ainsi que sur 6 hélicoptères Super Frelon.

Dans le même temps, toutefois, le président français a fait cesser ce qu'il qualifie dans ses *Mémoires d'espoir* « d'abusives pratiques de coopération établies sur le plan militaire, depuis l'expédition de Suez [...] qui introduisent en permanence des Israéliens à tous les échelons des états-majors et des services français ».

Il fait notamment référence à l'usine de transformation d'uranium implantée près de Beer-shév'a, à Dimona, à l'origine de la force nucléaire de l'État hébreu.

Par ailleurs, le ton de la politique française à l'égard du monde arabo-musulman a changé, une fois proclamée l'indépendance de l'Algérie. En 1962 et 1963, les relations diplomatiques sont rétablies avec plusieurs États arabes : la Jordanie, l'Arabie Saoudite, la Syrie, l'Irak et l'Égypte. Les amis d'Israël peuvent s'inquiéter car aucun de ces États ne reconnaît son droit à l'existence. Mais ces nouveaux rapports avec le monde arabe ne peuvent signifier l'abandon d'Israël, les autorités françaises prenant bien soin de souligner, comme le fait M. Couve de Murville à l'occasion de la visite à Paris du roi Hussein de Jordanie, en décembre 1964, que « l'amitié avec Israël est profondément enracinée dans le peuple français ». En fait, les responsables israéliens ne manifestent aucune inquiétude sérieuse quant à la poursuite de bonnes relations avec la France. C'est aussi l'opinion du ministre des Affaires étrangères israélien, Abba Eban :

« La coopération économique, technologique et culturelle était en plein essor. Qu'importaient les questions de protocole ? [...] Avions et matériels partaient régulièrement pour Israël. [...] Ne valait-il pas mieux que les relations avec la France fussent riches de contenu et pauvres en manifestations extérieures, plutôt que le contraire ?[1] »

Le tournant de 1967 est donc très net. Avant que la crise n'atteigne son paroxysme, de Gaulle indique au Conseil des ministres du 24 mai qu'« un conflit ouvert au Proche-Orient serait une absurdité qu'il faut d'abord tenter d'écarter ». Il importe selon lui de favoriser un règlement qui passe par une concertation des 4 grandes puissances (États-Unis, URSS, Royaume-Uni, France). Immédiatement après le Conseil, il reçoit Abba Eban, de passage à Paris dans le cadre de sa tournée internationale, et il lui déconseille fortement le recours à la force. Au cours du Conseil des ministres suivant, le 2 juin 1967, il fait part de sa position aux membres du gouvernement, comme le rapporte Alain Peyrefitte :

« Le général prend la parole, qu'il entrecoupe de silences. Il donne à son propos ce ton grave qui ne trompe pas. Sa déclaration ne sera pas seulement pour nous :
1. Nous n'avons pas d'engagement dans cette affaire, vis-à-vis de personne (en clair : nous ne sommes plus les alliés d'Israël).
2. Chacun des États en cause a le droit de vivre, y compris Israël.
3. Le pire serait l'ouverture des hostilités. Celui qui ouvrirait le feu, où que ce soit, n'aurait ni notre approbation ni notre appui.
4. Il y a les problèmes : celui du golfe d'Akaba, qui ne sera pas tranché par des formules juridiques ; le problème

---

1. Abba Eban, *Mon pays*, Buchet-Chastel, 1975.

des réfugiés, jamais réglé depuis 1948 ; les problèmes de voisinage (il doit penser surtout à Jérusalem). Ces problèmes ne peuvent pas être réglés sur le plan interne. Ils doivent l'être sur le plan international, ce qui implique l'accord des Quatre. C'est ce que nous avons dit, et nous maintenons, nous, notre position. Elle est fondée sur le droit international. Si le droit international est violé par tout le monde, eh bien, il y aura la guerre. [1] »

L'après-midi même, un communiqué officiel reprend ces principes et la France proclame le lendemain l'embargo total des armes offensives à destination des pays du Proche-Orient. En fait, la mesure vise exclusivement Israël, qui avait notamment commandé et payé 50 avions. Cette décision suscite la consternation en Israël, et sème le trouble parmi les nombreux amis français de l'État hébreu, y compris parmi les partisans du général de Gaulle. Toutefois, l'embargo n'aura aucune conséquence négative pour Israël, qui a gagné la guerre dès le 5 juin au matin en détruisant au sol l'aviation égyptienne – en utilisant, d'ailleurs, des appareils de fabrication française. En outre, plusieurs sources permettent de croire que les livraisons d'armes à destination d'Israël auraient été accélérées juste avant le déclenchement des hostilités [2].

Dès qu'il est informé du déclenchement de la guerre, de Gaulle aurait déclaré : « Ils viennent de se lancer dans une guerre coloniale. Ils vont l'emporter très vite mais ils ne régleront rien ainsi. [3] »

1. Alain Peyrefitte, *C'était de Gaulle*, Fayard, 2000, tome 3, p. 277-278.
2. Témoignage de Jean-Claude Servan-Schreiber, parti de Paris pour Tel-Aviv le 5 juin 1967 en qualité de travailleur volontaire avec l'aval des autorités françaises, dans un avion chargé de pièces de rechange pour les matériels de l'armée de l'air israélienne, rapporté par Jean Lacouture dans son *De Gaulle*, tome 3. Témoignage également d'un acteur de haut niveau de ces événements qui tient à conserver l'anonymat.
3. Jean Lacouture, *De Gaulle*, Seuil, 1984.

Eu égard à la rapide déroute des armées arabes, le conflit aurait pu en effet s'arrêter dès le 8 juin au soir : à cette heure, les forces israéliennes occupaient la bande de Gaza comme l'ensemble du Sinaï, et s'étaient déjà emparées de la Cisjordanie et de Jérusalem-Est. Mais les États arabes ayant subordonné leur acceptation du cessez-le-feu ordonné par le Conseil de sécurité de l'ONU à l'évacuation totale des territoires gagnés, Tsahal[1] entreprend d'investir les hauteurs du Golan, ce que la France déplore... tout comme Ben Gourion qui qualifiera de « faute grave » cette décision, motivée par des raisons stratégiques – la protection des villes et villages de Galilée.

Le 15 juin, quelques jours après la fin des combats, le chef de l'État déclare en Conseil des ministres :

« Je voudrais que les Français, dans cette affaire, voient leur intérêt national avant tout. Quand nous avons prôné la modération, les Arabes nous ont écoutés, pas les Israéliens, que nous avions pourtant prévenus contre les succès militaires initiaux que leur assuraient leur armement, leur expérience, leur cohésion et leur situation sur le terrain. J'avais mis en garde Abba Eban avec la plus grande netteté lors de notre entretien du 24 mai. Aujourd'hui, le fait de leur victoire est là. Mais nous ne pouvons admettre d'entériner des conquêtes territoriales. Les Israéliens ne voudront lâcher ni Gaza, ni Charm El Cheikh, ni les étendues du Sinaï, ni les rives du Jourdain, ni les hauteurs du Golan. Or les Arabes ne peuvent accepter ces conquêtes. Il y a donc un armistice, mais pas la paix. Le spectacle des réfugiés arabes mourant de soif et sans secours est tragique. Il y a un vrai ghetto arabe à Gaza. Les conséquences morales et politiques du drame pèseront lourd... Ce drame du Proche-Orient a rouvert une période de guerre froide qui peut aller très loin... Quant à la suite, nous n'avons aucune raison de prendre parti, quels que soient

---

1. Les forces de défense d'Israël.

les sentiments. On ne recouvrera pas la paix avant très long-temps, car ce n'est pas avant très longtemps que les États en cause se rapprocheront. Les Israéliens n'ont rien à nous demander et nous n'avons rien à leur donner. Nous nous efforcerons, en revanche, dans la mesure convenable, de secourir les Arabes moralement et de garder leur confiance péniblement recouvrée.[1] »

La nouvelle orientation de la politique française vis-à-vis d'Israël est clairement définie. Elle sera officialisée par le communiqué publié à l'issue du Conseil des ministres et lu par le ministre Georges Gorse : le gouvernement français condamne « l'agresseur », sans le nommer explicitement, « refuse le fait accompli » et demande « un règlement librement négocié et accepté par toutes les parties ». Quelques jours plus tard, la France s'associe à la demande de convocation de l'Assemblée générale de l'ONU présentée par l'URSS, et votera le 5 juillet 1967 le projet de résolution soviétique condamnant la réunifi-cation de Jérusalem décidée par Israël. Ce même 5 juillet, le Président français aurait dit devant le Conseil des ministres, selon les notes de Bernard Tricot, alors secrétaire général de l'Élysée :

« Je crois, de toute mon âme, à la nécessité pour nous, Français, de garder les mains libres et de conserver des posi-tions simples : on ne fait pas la guerre ; on respecte le droit des peuples à disposer d'eux-mêmes ; nous devons nous donner les moyens, si nous y sommes contraints...[2] »

Mais comme l'encourage le grand rabbin Kaplan, un puissant mouvement de sympathie envers Israël est né, dont témoigne une nouvelle fois Raymond Aron dans un article écrit le 4 juin

1. Alain Peyrefitte, *C'était de Gaulle, op. cit.* tome 3, p. 279-280.
2. Archives nationales, cote 5 AG1 / 249 De Gaulle.

1967 mais publié dans *Le Figaro littéraire* quelques jours plus tard, alors que la guerre était engagée et gagnée par Israël. L'article, intitulé « Israël : Face à la tragédie », rédigé dans un style qualifié plus tard par l'auteur lui-même de « dramatique et pathétique », laisse passer une émotion inhabituelle chez l'éditorialiste, d'ordinaire peu enclin au sentimentalisme :

> « Que le président Nasser veuille ouvertement détruire un État membre des Nations unies ne trouble pas la conscience délicate de Mme Gandhi. "Étatcide", bien sûr, n'est pas génocide. Et les juifs français qui ont donné leur âme à tous les révolutionnaires noirs, bruns ou jaunes hurlent maintenant de douleur pendant que leurs amis hurlent à la mort. Je souffre comme eux, avec eux, quoi qu'ils aient dit ou fait, non parce que nous sommes devenus sionistes ou israéliens, mais parce que monte en nous un sentiment irrésistible de solidarité. Peu importe d'où il vient. Si les grandes puissances, selon le calcul froid de leurs intérêts, laissent détruire le petit État qui n'est pas le mien, ce crime, modeste à l'échelle du nombre, m'enlèverait la force de vivre et je crois que des millions et des millions d'hommes auraient honte de l'humanité. »

Raymond Aron traduit l'opinion de la grande majorité de ses concitoyens qui a tremblé pour Israël et a applaudi à la victoire de « David sur Goliath ». De Gaulle le sait, mais il est décidé à ne pas en tenir compte et déclare lors du même Conseil du 5 mai :

> « Alors, il y a l'opinion française ! Elle ne nous encourage pas ! Ce n'est pas nouveau. Quand une question de politique internationale grave est en cause, jamais les Français n'ont vu juste pour commencer. Mais on ne fait pas une politique en suivant l'opinion publique. L'opinion finit toujours par se rallier à une politique, à condition qu'elle soit bonne.[1] »

1. Alain Peyrefitte, *C'était de Gaulle*, *op. cit*, p. 280.

Vérité typiquement gaullienne, même si la pertinence d'une politique se juge sur le long terme – et cette politique-là, sur le long terme, n'a jamais fait ses preuves.

De Gaulle et les notes diplomatiques de l'Élysée [1]

Mais la réaction la plus surprenante du général de Gaulle est celle qu'il manifesta à la lecture des notes diplomatiques qu'il reçoit chaque semaine. Ces notes émanent du secrétariat général de l'Élysée, alors tenu par Bernard Tricot, et sont pour la plupart rédigées par François Bujon de l'Estang. Le 19 juin 1967, on note bien une dégradation des relations, mais rien ne semble perdu et on perçoit même une attente des diplomates pour un geste réparateur :

« Du côté israélien, notre ambassadeur à Tel-Aviv rapporte que nos représentants se heurtent à une froideur affectée. Il estime qu'un geste de notre part suffirait peut-être pour sauvegarder l'essentiel... »

Le 23 juin, c'est un constat de rupture :

« En Israël, cependant, la déclaration [à l'issue du C.M du 21 juin 1967] a été accueillie avec une grande amertume. Les commentaires [...] vont jusqu'à accuser la France d'avoir choisi le camp de l'Union soviétique et des pays arabes. »

Mais le ton change le 28 juillet 1967 :

« Israël continue à manifester des prétentions excessives, fondées sur le droit du plus fort et non sur le droit tout court. »

---

1. Archives nationales, cote 5 AG1 / 249 De Gaulle *Note sur la situation diplomatique au Président*. Toutes les citations ont la même origine exceptionnelle.

Le 29 septembre 1967, le général reçoit les notes diplomatiques avec l'analyse suivante :

« Il convient enfin de noter que la situation locale reste tendue. Des commandos terroristes opèrent à nouveau en Israël. Le gouvernement jordanien, inquiet des conséquences que Tel-Aviv peut en tirer, s'est empressé de proclamer qu'il désavouait ces entreprises. »

De sa main, le Général souligne par deux fois le mot « terroristes » et rajoute en marge :

« C'est le jargon de Vichy d'appeler terroristes les résistants. Ne nous laissons pas entraîner ! »

C'est un cas unique, en tout cas sur toute l'année 1967 que nous avons pu consulter, de le voir annoter ces documents qu'il vise d'habitude d'un bref : « Vu ».

Ces documents permettent de mieux comprendre quel est l'état d'esprit du Général à la veille de la crise qui éclate lors de la conférence de presse du 27 novembre 1967. Ce jour-là, selon les mots de Raymond Aron[1], le chef de l'État a « sciemment ouvert une nouvelle période de l'histoire juive : ... le temps du soupçon. »

---

1. Raymond Aron, *De Gaulle, Israël et les Juifs*, Plon, 1968.

Chapitre XV

La crise gaullienne du judaïsme français ou la fracture douloureuse

« Peuple d'élite, sûr de lui-même et dominateur », la formule est restée, et nombreux sont ceux qui n'ont retenu de cette conférence de presse du 27 novembre 1967 que ces quelques mots, qui provoquèrent des réactions dont leur auteur n'avait probablement pas prévu l'ampleur.

L'année 1967, entre la guerre des Six-Jours et la fameuse conférence de presse du général de Gaulle du 27 novembre, marque un tournant capital et pose de nouveau la question de la place des juifs au sein de la société française. Pour Jacob Kaplan, c'est peut-être le moment le plus difficile de toute sa carrière, celui où toute la logique d'une vie peut basculer. Alors qu'il a toujours professé un amour absolu pour la France et une fidélité sans faille au judaïsme, le grand rabbin Kaplan voit dans les propos du président de la République une remise en cause de cette double fidélité. Ne pouvant se résoudre à un pareil revers, il se bat, pour défendre bien plus qu'une idée, un projet de vie, son projet de vie.

Une conférence de presse décisive

La question posée par un journaliste sur l'évolution de la situation au Proche-Orient permet au général de Gaulle, qui affectionnait ce genre d'exercice soigneusement préparé par ses soins, d'exposer à nouveau ses vues sur le conflit israélo-arabe et la politique qu'entend suivre la France. Concernant la position officielle du pays, il n'apporte aucun élément vraiment nouveau par rapport aux déclarations précédentes, depuis le mois de mai 1967. Il précise que « l'État d'Israël était un fait accompli » et que la France n'admettrait pas « qu'il fût détruit ». Même s'il reconnaît que « la menace de destruction prodiguée contre Israël » était à l'origine du récent conflit, il dénonce vigoureusement « le sort scandaleux » des réfugiés palestiniens, ainsi que l'occupation israélienne des territoires occupés, « qui ne peut aller sans oppression, répression, expulsions ». Il propose un règlement du problème ayant pour base « l'évacuation des territoires qui ont été pris par la force, la fin de toute belligérance et la reconnaissance réciproque de chacun des États en cause par tous les autres ». Une fois ces principes posés et acceptés, « par des décisions des Nations unies, en présence et sous la garantie de leurs forces, il serait probablement possible d'arrêter le tracé précis des frontières, le sort des réfugiés et des minorités, les modalités de la libre navigation pour tous, notamment dans le golfe d'Akaba et dans le canal de Suez », tandis que « Jérusalem devrait recevoir un statut international ». Il se montre cependant pessimiste, à court terme, sur la possibilité de mettre effectivement en place un tel règlement placé sous le patronage des Quatre (États-Unis, URSS, Royaume-Uni, France) tant que « l'un des plus grands des Quatre ne se sera pas dégagé de la guerre odieuse qu'il mène ailleurs ». C'est une allusion à la guerre du Vietnam, condamnée à de nombreuses reprises par de Gaulle.

Les orientations ainsi énoncées sont en grande partie conformes aux principes figurant dans la célèbre résolution 242 du Conseil de sécurité de l'ONU, adoptée à l'unanimité, donc avec le soutien de la France. Ce texte de référence, et qui l'est resté, prévoit notamment, en vue de « l'instauration d'une paix juste et durable au Moyen-Orient », tant le « retrait des forces armées israéliennes des territoires occupés lors du récent conflit que la reconnaissance de la souveraineté, de l'intégrité territoriale et de l'indépendance politique de chaque État de la région et de leur droit de vivre en paix à l'intérieur de frontières sûres et reconnues ». Il est vrai cependant que le texte est rédigé en anglais et qu'il a donné lieu à des interprétations divergentes des acteurs en fonction de la traduction des termes *from occupied territories*, la diplomatie française invoquant le nécessaire retrait de « tous lesdits territoires », alors que la position américaine est fondée sur le retrait « de (certains) territoires ».

Au total, cette prise de position qui devait devenir la doctrine officielle de la diplomatie française ne suscite pas de critique virulente, malgré sa formulation plutôt défavorable à Israël. Mais d'autres passages de la déclaration présidentielle provoquent un véritable tollé. Tout d'abord, remontant dans l'histoire du sionisme, de Gaulle fait part des « appréhensions » qu'avait généré l'établissement du « foyer sioniste en Palestine », puis celui de l'État d'Israël, en indiquant :

> « On pouvait se demander, en effet, et on se demandait même chez beaucoup de juifs, si l'implantation de cette communauté sur des terres qui avaient été acquises dans des conditions plus ou moins justifiables et au milieu des peuples arabes qui lui étaient foncièrement hostiles, n'allait pas entraîner d'incessants, d'interminables frictions et conflits. »

Cette analyse, largement contraire à la vérité historique, dans la mesure où elle accrédite l'idée de la « spoliation » des Arabes de Palestine par les « envahisseurs sionistes » met ainsi en cause, au moins implicitement, la légitimité de l'État d'Israël, que la France avait pourtant soutenu dès sa création, réduit ensuite à un simple « fait accompli ». Elle ne peut, en conséquence, que conforter ses ennemis, si prompts à dénoncer « le colonialisme », « l'impérialisme » voire « le racisme » dont il serait le représentant.

Ensuite, et peut-être surtout, le chef de l'État livre une appréciation désormais passée à l'histoire :

« Certains même redoutaient que les juifs, jusqu'alors dispersés, mais qui étaient restés ce qu'ils avaient été de tous
temps, c'est-à-dire un peuple d'élite, sûr de lui-même et
dominateur, n'en viennent, une fois rassemblés dans le site
de leur ancienne grandeur, à changer en ambition ardente et
conquérante les souhaits très émouvants qu'ils formulaient
depuis dix-neuf siècles. »

« Peuple d'élite, sûr de lui-même et dominateur. » Certains,
essentiellement parmi les partisans du général de Gaulle, ont
voulu y voir une appréciation favorable sur le peuple juif. C'est
ce qu'il dira lui-même au grand rabbin Kaplan lors de leur
traditionnel entretien des vœux du nouvel an. C'est le cas du
révérend père Riquet, ancien résistant, déporté à Mauthausen,
militant ardent des Amitiés judéo-chrétiennes et grand défenseur d'Israël comme en témoigne son bel essai *Un chrétien face
à Israël*[1], qui refuse de soupçonner dans les propos du Général
d'autres sentiments qu'une admiration sincère et réelle, mais
non dénuée de franchise. Même s'il n'est pas historien, on peut
également citer le romancier Jean Dutourd, auteur d'un ouvrage
intitulé *Le Séminaire de Bordeaux*, qui met en scène, de manière
comique, de jeunes chercheurs au CNRS, ainsi qu'un « Français
juif », M. Schwob, ancien de la « France libre », admirateur du
général de Gaulle et très hostile au sionisme, dont le fils est
loin de partager les opinions. Quand ce dernier se rend à un
meeting à la salle de la Mutualité « où l'on devait critiquer
âprement la position que de Gaulle avait prise dans ce qu'on
appelait la guerre des Six-Jours », l'auteur indique à propos de
la fameuse formule :

« Cette appréciation, plutôt flatteuse en somme, avait soulevé l'indignation. À cette époque, était considéré comme
injurieux tout ce qui pouvait suggérer de quelqu'un qu'il

---

1. Révérend père Riquet, *Un chrétien face à Israël*, Robert Laffont, 1975.

avait du courage, de la vertu, de la hauteur ; la louange suprême était de dire qu'il était malheureux, pitoyable, apeuré, impuissant. Le Général n'avait pas fini d'en entendre avec son "sûr de soi" et "dominateur" ![1] »

Dans un meeting bien réel, lui, le grand rabbin Kaplan prend la parole et défend sa vision, tout en respectant toujours la personne du chef de l'État. Il conteste la notion de double allégeance et parle de double fidélité.

Le général de Gaulle lui-même aurait exprimé son indignation suite aux critiques dont il avait fait l'objet, en déclarant, alors qu'ils se promenaient dans le parc de la propriété de Colombey-les-Deux-Églises avec son ancien aide de camp, Jean d'Escrienne :

« Je n'ai outragé personne ! Vous savez très bien que quand on étudie un texte sérieusement et honnêtement, on n'isole pas une phrase de son contexte, à plus forte raison un mot à l'intérieur d'une phrase, sans quoi... on fausse l'idée exprimée. J'ai dit du peuple juif non pas qu'il était un peuple dominateur, mais qu'il était un peuple d'élite, sûr de lui-même et dominateur : il y a tout de même une sérieuse nuance ! Dans un sens, c'est même un compliment que j'ai fait aux juifs...[2] »

Et l'aide de camp l'aurait ensuite entendu murmurer :

« Ah, si seulement on pouvait le dire des Français... un peuple d'élite, dominateur et sûr de lui. »

L'explication peut séduire, mais ne parvient cependant pas à convaincre totalement, d'autant qu'au cours de la même conver-

1. Jean Dutourd, *Le Séminaire de Bordeaux*, Flammarion, 1987, p. 67.
2. Jean d'Escrienne, *Le Général m'a dit*, Plon, 1973, p. 147-148.

sation de Gaulle aurait ajouté : « J'aurais mieux compris leur réaction indignée si j'avais dit, par exemple, qu'ils étaient outre-cuidants, ce qu'ils sont, en effet, bien souvent ! »

Ce dernier qualificatif ne saurait, lui, être perçu comme un compliment... Bernard Tricot note au cours du Conseil des ministres du 31 août 1967 :

« Une intense agitation en vue d'un règlement. Non de la part d'Israël envers les Arabes ["outre que c'est de leur nature"] [1]. »

On ne sait de la nature de qui il s'agit, mais ce n'est pas une formule heureuse.

Reprenant l'argumentation défendant de Gaulle, Alain Peyrefitte rappelle en outre que si la formule contestée était incluse dans le « versant de l'appréhension », le « versant de la confiance », peu cité, figurait dans la fameuse conférence de presse [2]. En effet, de Gaulle avait aussi déclaré :

« Cependant, en dépit du flot tantôt montant, tantôt descendant, des malveillances qu'ils suscitaient dans certains pays et à certaines époques, un capital considérable d'intérêt et même de sympathie s'était accumulé en leur faveur, surtout, il faut bien le dire, dans la chrétienté ; un capital qui était issu de l'immense souvenir du Testament, nourri par les sources d'une magnifique liturgie, entretenu par la commisération qu'inspirait leur antique malheur et que poétisait, chez nous, la légende du Juif errant, accru par les abominables persécutions subies pendant la Seconde Guerre mondiale et grossi, depuis qu'ils avaient retrouvé une patrie, par leurs travaux constructifs et le courage de leurs soldats. »

1. Archives nationales, 5 AG1 / 249 De Gaulle.
2. Alain Peyrefitte, *C'était de Gaulle, op. cit*, tome 3, p. 282-283.

D'une certaine manière, on peut voir à travers ces lignes, en suivant Alain Peyrefitte, « l'admiration de De Gaulle pour ce peuple de si longue durée, pour cette histoire qui résiste à toutes les séductions, réductions et persécutions de l'Histoire » ; mais la référence au « juif errant », légende inspirée d'une théologie antérieure au concile de Vatican II, qui accusait les « juifs perfides » d'être un peuple déicide, ne saurait être perçue favorablement par les intéressés. Et puis, que les juifs soient coupables d'avoir suscité eux-mêmes leurs malheurs reste un argument auquel le concile lui-même a tourné le dos.

Les notes diplomatiques rendent compte des réactions israéliennes à la conférence de presse, tout d'abord le 1er décembre 1967 :

> « En Israël, [...] un communiqué publié le 29 novembre à l'issue du Conseil des ministres, déclare que : "Le gouvernement exprime son profond regret des déclarations du président de Gaulle, qui constituent une déformation de l'histoire et une insulte grave au peuple juif et au gouvernement d'Israël." »

Puis le 8 décembre, le terme surprenant « exégétique » résume le mépris du Quai d'Orsay pour les arguments israéliens repris d'ailleurs par beaucoup :

> « Monsieur Eban a tenu à répondre à la conférence de presse du général de Gaulle, au cours d'une allocution prononcée le 1er décembre. Il a cru bon d'opposer la déclaration du Général à des propos qui auraient été tenus à monsieur Ben Gourion en 1960 et à monsieur Lévy Eshkol en 1964. Il s'est élevé contre l'adjectif "dominateur" appliqué au peuple d'Israël. [...]
> Cette déclaration a été suivie d'un nouvel exposé des thèses israéliennes sur l'origine et la solution du conflit au M-O,

puis d'une discussion exégétique sur certaines expressions employées par le général de Gaulle. »

Mais en France, ceux qui expriment leurs critiques, émotion et indignation mêlées, en soutenant que ces propos comportaient au moins des relents d'antisémitisme, sont les plus nombreux. C'est le cas du côté de la gauche non communiste, c'est-à-dire les socialistes et les radicaux, et des centristes, amis traditionnels d'Israël. Mais ils ne sont pas les seuls. Un élu parisien, Claude-Gérard Marcus, membre du conseil national de l'UNR, le mouvement gaulliste, et juif lui-même, tient à exprimer dans *Le Monde* du 1ᵉʳ décembre 1967, son « émotion » et sa « perplexité », sentiments partagés selon lui par « les innombrables Français de confession juive qui n'ont cessé d'apporter depuis de longues années leur total soutien au chef de l'État, à la Vᵉ République et aux élus gaullistes ». La presse nationale (*Le Monde*, *Le Figaro* ou les hebdomadaires comme *L'Express* et *Le Nouvel Observateur*) est sur la même tonalité critique. Dans *Le Monde* du 4 décembre, un dessin de Tim représente un déporté en tenue rayée, l'allure fière avec le pied posé sur la clôture de fil de fer barbelé du camp dans lequel il est interné, avec la mention de la formule « peuple d'élite, sûr de lui et dominateur ». Dans *Le Monde* du 1ᵉʳ décembre 1967 toujours, le grand rabbin Kaplan avait, au nom du judaïsme français, exprimé son émotion profonde.

Parmi les réactions des grandes consciences nationales, il faut noter celles de la Ligue des droits de l'homme et de la Ligue internationale contre l'antisémitisme, respectivement présidées par Daniel Mayer et Pierre Bloch, tous deux juifs et anciens résistants, de même que la lettre de protestation adressée au chef de l'État par 14 professeurs d'université, parmi lesquels le juriste René Cassin, autre compagnon du général de Gaulle à Londres.

Mais la critique la plus célèbre, et sans doute la plus juste, demeure celle de Raymond Aron, qui publie en février 1968 un essai intitulé *De Gaulle, Israël et les Juifs*. La première partie est un pamphlet consacré au commentaire de la conférence de presse et constitue la raison d'être de ce livre. La deuxième partie reproduit ses articles du *Figaro* au moment de la guerre des Six-Jours. La troisième réunit des articles antérieurs consacrés au judaïsme et à Israël. Aron a été élevé dans la tradition laïque et républicaine, très éloignée de toute préoccupation religieuse et plus que réservée vis-à-vis du sionisme. Ce livre confirme pourtant la rupture de Raymond Aron, ancien de la France libre et compagnon des premiers temps du RPF, avec le général De Gaulle. Comme le souligne Nicolas Baverez, la conférence de presse aura été pour lui le troisième choc, après la découverte de l'Allemagne hitlérienne dans les années 1930 et celle du génocide après 1945, qui contribue à « modifier la perception que ce juif déjudaïsé avait de lui-même, faisant progressivement émerger une conscience juive [1] ». Après avoir hésité à intervenir sur le sujet, et attendu vainement que les grands intellectuels gaullistes André Malraux ou François Mauriac s'expriment, Raymond Aron prend la plume pour démontrer tout d'abord que la « petite phrase », bien loin d'honorer le peuple juif, « répercutait les échos d'une vieille tradition d'antisémitisme » et favorisait ainsi la relance d'une haine toujours latente. Textes à l'appui, il la replace dans la lignée des écrits antisémites français, d'Édouard Drumont à Xavier Vallat, ancien commissaire aux affaires juives de Vichy, qui employait très fréquemment l'adjectif « dominateur ». Au demeurant, dans un article paru dans l'hebdomadaire monarchiste *Aspects de la France* du 25 avril 1968, dont le titre était ironique, « Raymond Aron ou le dépit amoureux », celui-ci rend compte de l'ouvrage en faisant référence « à ce peuple dont de Gaulle a rappelé les caractéristiques ». Les antisémites ne s'y trompent pas. Sur la problématique de la double allégeance soulevée dans le prolongement de la conférence de presse, qui avait conduit des membres de

---

1. Nicolas Baverez, *Raymond Aron, un moraliste au temps des idéologies*, Flammarion, 1993, p. 382.

l'entourage du chef de l'État à mettre en doute le patriotisme des juifs français, Raymond Aron estime légitime, comme l'avait proclamé le grand rabbin Kaplan, le droit pour les intéressés de maintenir avec Israël un lien qui ne remet pas en question leur citoyenneté. Il indique notamment :

> « Citoyen français, je revendique le droit, accordé à tous les citoyens, de joindre allégeance à l'État national et liberté de croyance ou de sympathie. Pour les juifs croyants, Israël a une tout autre signification que pour moi ; mais je me mépriserais si je les laissais défendre seuls une liberté dont je me passerais plus aisément qu'eux. [...] Seul l'État totalitaire impose une allégeance exclusive de tout autre attachement. »

En conclusion, il accuse de Gaulle, par son nationalisme forcené, d'acculer les juifs « à l'alternative du refus ou du reniement ».

Dans ce climat particulièrement lourd et troublé, le grand rabbin Kaplan décide de s'exprimer publiquement, pour faire part des sentiments qu'inspirent à la communauté juive les déclarations du chef de l'État. Il le fait sous la forme d'un message publié par le journal *Le Monde* du 1er décembre 1967, dans lequel il indique :

> « En imputant au peuple juif des prédispositions séculaires à la domination pour mieux étayer sa dénonciation d'Israël comme l'agresseur, le général de Gaulle ne prend-il pas le risque d'ouvrir dangereusement la voie et de donner la plus haute des cautions à des campagnes de discrimination ? »

Une telle intervention n'allait pas de soi, tant elle rompait avec la prudence, pour ne pas dire la discrétion, qui prévalait alors dans les instances communautaires juives. Cette relative distance à l'égard du débat public résultait de cette forme d'attachement à la nation et à la République qu'on appelle le « franco-judaïsme ». Il existait aussi des réticences, de la part d'autorités religieuses, à prendre la parole sur les sujets les plus brûlants de la vie politique d'un État si foncièrement laïque. Le grand rabbin prend soin de s'exprimer sous forme de questions et de ne formuler aucun jugement tranchant au sujet du général. Mais si la plupart des juifs français ont évidemment mal ressenti les déclarations présidentielles sur les juifs, les positions au sujet d'Israël et du Proche-Orient ne sont pas aussi unanimes. Sans doute, une grande majorité se sent fortement liée à Israël, notamment parmi les séfarades rapatriés d'Afrique du Nord. Mais tel n'est pas toujours le sentiment de nombreux « Français d'origine israélite », souvent éloignés de toute participation à la vie communautaire ou de toute pratique religieuse. Ainsi, le personnage fictif du roman de Jean Dutourd, M. Schwob, de souche alsacienne :

« [Il ne] se sentait aucune solidarité avec Israël ; c'était un pays comme un autre, à ranger dans la catégorie des patelins hostiles, puisqu'il injuriait son cher Général. Si celui-ci, qui ne se trompait jamais, avait désapprouvé la guerre éclair qui avait mis Nasser à genoux, c'est qu'il avait de bonnes raisons, et l'on devait, comme d'habitude, le suivre les yeux fermés, avec la confiance des inconditionnels... Il professait un anti-sionisme furieux, prédisant à ses connaissances que les Israéliens, par leur turbulence et leur bellicisme, finiraient par faire exécrer les Juifs partout dans le monde. Il était choqué par l'expression "Les juifs de France", très en vogue en 1967. "Qu'est-ce que c'est que ça, les juifs de France ? Je suis un Français juif, comme il y a des Français protestants, point final." Il n'ajoutait pas qu'il était plus français que bien d'autres, mais sa Légion d'honneur et sa croix de guerre le disaient pour lui, et surtout son ruban de Compagnon de la Libération, qui lui valait une place de choix le 18 juin au mont Valérien. [1] »

1. Jean Dutourd, *Le Séminaire de Bordeaux, op. cit.*, p. 74 et 75.

Par ailleurs, on ne peut occulter l'existence d'intellectuels tels que Pierre Vidal-Naquet, ou d'étudiants membres de mouvements d'extrême gauche, qui jouèrent un rôle important dans la « contestation » avant, pendant et après mai 1968, et dont l'engagement révolutionnaire incluait le soutien à « la juste cause du peuple palestinien ».

Cependant, le grand rabbin Kaplan écrira :

> « Je me devais de m'élever contre cette caution donnée par le chef de l'État à ceux pour qui toute occasion était bonne pour s'attaquer aux juifs. [1] »

Il ne redoutait pas un quelconque antisémitisme du Général, mais l'utilisation que risquaient de faire de ses propos ceux qui n'avaient jamais abdiqué leur haine ou leurs préjugés contre les juifs.

L'entretien de Gaulle-Kaplan de janvier 1968

Quelques semaines plus tard, le 2 janvier 1968, Jacob Kaplan se rend à l'Élysée pour présenter au président de la République les vœux de la communauté juive. La cérémonie est suivie, comme d'habitude, d'un entretien entre les deux hommes, relaté en ces termes par le grand rabbin :

> « Le Général s'était senti particulièrement froissé d'avoir pu être considéré par moi comme antisémite. Je tins à préciser que je n'avais rien dit de tel mais que je m'étais élevé contre des paroles qui ne manqueraient pas d'être reprises par les antisémites, ajoutant qu'en fait, elles étaient déjà utilisées contre les juifs. Le Général m'assura qu'il n'avait eu aucune intention péjorative en tenant ces propos, qui constituaient

1. Jacob Kaplan, *Le Vrai Visage du judaïsme*, Berger Levrault, 1976, p. 200.

au contraire un éloge. [...] Après la conférence de presse, un porte-parole officiel ayant laissé entendre, à mots couverts il est vrai, que par leur appui à Israël, les juifs risquaient de se voir accuser de double appartenance, il me parut nécessaire de connaître le sentiment du chef de l'État. Sa réponse fut très claire : les juifs qui apportent leur soutien à Israël n'en sont pas moins absolument français. [1] »

Si l'on en croit Jean-Raymond Tournoux, les propos échangés à cette occasion auraient été les suivants :

> « Charles de Gaulle : "C'était un éloge justifié du peuple juif. Moi, antisémite ! Vous connaissez mes relations avec les juifs !"
> Jacob Kaplan : "Vos propos ont cependant apporté des arguments aux antisémites... Oui ou non, une incompatibilité existe-t-elle à vos yeux entre les devoirs des juifs, en tant que citoyens français, et leur sympathie affirmée pour Israël ?"
> Charles de Gaulle : "Non. La sympathie des juifs de France pour le peuple et la terre d'Israël est naturelle..." [2] »

Le grand rabbin souhaite entendre son interlocuteur lui dire que la France ne saurait être jalouse des sentiments pour Israël de ses citoyens juifs. Le général de Gaulle lui dit clairement qu'il n'a aucune animosité à l'égard des juifs, et surtout que la question de la « double allégeance » ne se pose même pas. À ce sujet, Jean Lacouture observe dans sa biographie du Général, en se fondant sur les propos rapportés par Tournoux, que de Gaulle évoque « la terre » et non « l'État » d'Israël. Pour un homme aussi précis que le général de Gaulle, la distinction mérite d'être soulignée. C'est en effet une nuance de poids, qui existe dans beaucoup de milieux, même chez certains juifs pour

---

1. Jacob Kaplan, *Le Vrai Visage du judaïsme, op. cit.,* p. 201.
2. Jean-Raymond Tournoux, *Le Tourment et la Fatalité,* Plon, 1970, p. 206-207.

lesquels les juifs peuvent et même doivent vivre sur *eretz Israël*, la terre d'Israël, mais pas dans un État juif.

L'amiral Philippe de Gaulle, dans le livre issu de ses entretiens avec Michel Tauriac, donne une autre interprétation de l'entretien. Il rapporte que son père, en février 1968, après lui avoir fait part de ses réticences à l'égard du nouvel archevêque de Paris, monseigneur Marty (« très marqué à gauche, déjà favorable aux mouvements sociaux et trop indulgent envers les trublions de Nanterre »), lui aurait indiqué à propos de son récent entretien avec le grand rabbin Kaplan :

« "Cette autre éminence religieuse est toujours prête à imaginer des intentions de nuire, à nous créer des problèmes. J'ai tenu à mettre les choses au point. Je n'ai pas mâché mes mots. Je lui ai déclaré : 'Notre sympathie pour les juifs est indiscutable, mais faudrait-il encore que certains ne se sentent pas plus israéliens que français. Leur prise de position en faveur de l'État d'Israël est inadmissible.' Il m'a alors répondu que cela ne signifiait pas de leur part une double allégeance, qu'ils ne se sentaient pas moins absolument français, mais j'avoue que j'ai peine à le croire." Ce qui l'agaçait aussi chez certains juifs, c'est leur internationalisme entre coreligionnaires, à la différence des chrétiens et des Arabes, qui ont souvent des intérêts opposés et qui se font la guerre. Il observait : "On peut être solidaires entre coreligionnaires sans pour autant abandonner sa nationalité au profit d'une autre." [1] »

Ce témoignage, rapporté par une personne qui n'a pas assisté à ce fameux entretien, est très surprenant, pour plusieurs raisons. D'abord, le terme « internationalisme », que d'aucuns pourraient rapprocher des écrits antisémites du type du *Protocole des sages de Sion*, a servi à désigner, en mauvaise part, l'entente des

---

1. Philippe de Gaulle, entretiens avec Michel Tauriac, *De Gaulle, mon père*, tome 2, Plon, 2004.

juifs de différents États pour s'assurer la domination sur le monde. Mais il est singulier de le trouver ici dans des propos du Général, d'autant que son fils rapporte ailleurs :

« Il avait pour les juifs une grande admiration. Il considérait qu'ils formaient "la communauté la plus intelligente de la terre". Combien de fois l'ai-je entendu s'exclamer devant le talent de tel musicien, philosophe, scientifique, industriel ou artiste : "Ce n'est pas étonnant, il est israélite !" Mais il les estimait peu en politique. Il remarquait : "Malgré leur intelligence, il n'y a qu'une chose qu'ils n'ont pas : l'habileté en politique et cela depuis qu'ils existent. Chaque fois qu'ils essaient d'en faire, ça tourne à la catastrophe, cela sans doute à cause de leur parti pris." »

Que veulent dire les mots « parti pris » ? Cette tournure est surprenante. Quoi qu'il en soit, l'argument de la supranationalité des juifs est impossible à utiliser pour le Général, qui avait combattu dans la Grande Guerre : il savait bien que des juifs se trouvaient des deux côtés des tranchées – le grand rabbin Kaplan en parlait d'ailleurs comme d'une de ses grandes souffrances de soldat.

En 1995, j'ai eu le privilège de servir un office religieux visant à rajouter, sur le monument aux morts du cimetière allemand aux longues rangées de croix noires de Sissone dans l'Aisne, le nom d'un soldat juif allemand décédé près de Laon, dont l'Allemagne nazie ne voulait pas. Quatre-vingts ans plus tard l'Allemagne réparait cette faute en gravant son nom auprès de ceux de ses camarades morts pour leur pays. Sous une pluie diluvienne, encadrés par un détachement militaire mixte franco-allemand, nous proclamions que la fidélité à sa patrie allemande de ce soldat était respectable tant que l'Allemagne le considérait comme un fils.

Enfin, rappelons qu'au lendemain de l'audience en cause le grand rabbin Kaplan, convaincu que les paroles prononcées par le chef de l'État à cette occasion « revêtaient une importance exceptionnelle », contacte l'Élysée :

« [Ces paroles] méritaient d'être diffusées car les juifs avaient été profondément troublés par ce qu'avait dit d'eux le général de Gaulle. Le lendemain, par téléphone, je fis part au secrétaire particulier du Président de l'intérêt qu'il y avait, selon moi, à faire connaître l'essentiel de l'entretien que j'avais eu avec le chef de l'État, et après l'accord de principe de l'Élysée, je donnai une interview qui fut publiée dans la presse en France et reproduite dans les journaux en Israël. »

Effectivement, il donne une interview à la presse et publie la déclaration suivante qui confirme sa version de l'entretien :

« Le président de la République s'est montré surpris de l'émotion provoquée par sa déclaration sur le peuple juif. Selon lui, elle a été mal interprétée. Dans son esprit, c'était un éloge justifié de la valeur des juifs. De mon côté, j'ai eu à cœur de préciser que notre prise de position en faveur d'Israël ne devait pas être interprétée comme un acte de double allégeance. Les juifs français, en s'intéressant à Israël, n'en sont pas moins absolument français. Je suis heureux de dire que le président de la République en a convenu et qu'il n'y a pas, pour lui, de problème sur cette question. »

À notre connaissance, ce communiqué n'a fait l'objet d'aucun commentaire, ni a fortiori de démenti. Il n'y a donc pas lieu de mettre en doute la version du grand rabbin Kaplan, seul témoin direct de cet entretien avec le Général.
Charles de Gaulle voyait les choses de haut.
Cet homme ne se retrouve pas toujours dans le livre de son fils et dans « la vision étriquée des hommes et des choses que le fils prête au père » selon le jugement pertinent de Pierre Nora[1]. Un autre fils, celui du grand rabbin Kaplan, Francis, rapporte la version de son père, qu'il entendit de sa bouche

---

1. *Le Débat* n° 134 de mars avril 2005.

quelques jours après l'entretien [1]. Le grand rabbin ne voulait pas entrer en s'excusant. Il laisse l'initiative au Président qui l'accueille par un très direct : « Alors, monsieur le grand rabbin ? », pensant bien que son visiteur allait porter le fer tout de suite sur le sujet brûlant du moment. Mais celui-ci lui répond par une banalité, jusqu'à ce que le Général lui dise : « Mais je ne suis certainement pas antisémite ! », et qu'il doive, lui, se justifier de ses déclarations.

Une préoccupation majeure retient l'esprit de Jacob Kaplan : la question de la double allégeance et l'impérieuse nécessité de voir le président de la République se prononcer sur cette question humiliante, qui n'est posée à aucun citoyen français d'une autre confession. Plus de trente-cinq ans plus tard, nous nous trouvons encore parfois à devoir justifier de notre attachement à Israël et de notre fidélité à la France : le grand rabbin avait perçu cela puisqu'il réalisait une synthèse entre le patriotisme français et le sionisme, contre ceux pour qui l'amour de la France s'opposait à l'amour d'Israël, et contre ceux pour qui, à l'inverse, la seule patrie des juifs est Israël. Il citait d'ailleurs Philon d'Alexandrie qui, confronté déjà au même problème, comparait cette situation à celle de l'enfant qui ne voit aucune contradiction entre l'amour pour son père et l'amour pour sa mère.

Par la suite, le général de Gaulle, surpris par les remous qu'avait suscités sa conférence de presse, s'est attaché à en corriger l'impression négative, en rassurant l'opinion juive et israélienne. Jean Touchard note même que « ce souci manifesté par le général de Gaulle de rectifier la première interprétation donnée de ses propos est assez rare, et même assez exceptionnel pour être souligné [2] ». Ainsi, le Général reçoit à l'Élysée le gaul-

1. Entretien avec l'auteur de novembre 2004.
2. Jean Touchard, *Le Gaullisme 1940-1969*, Le Seuil, coll. « Points Histoire », 1978.

liste historique Léo Hamon qui lui avait écrit pour lui faire part de sa peine :

« Mon général, lui dit ce dernier, je voudrais trouver les accents pour vous convaincre que le problème de la double allégeance ne se pose pas pour les juifs de France.

— Et moi, Hamon, je voudrais trouver les accents pour vous persuader que la formule que j'ai employée ne tendait pas à être désagréable pour qui que ce soit. »

Comme le rapporte Jean Lacouture, l'intéressé fut convaincu, ajoutant que « le comportement du Général en 1967 peut être considéré comme irréprochable ». De même, le Général écrit le 30 décembre 1967 à David Ben Gourion une longue lettre en réponse à celle que le père fondateur d'Israël lui avait adressée le 6 décembre. Il y indique notamment que la France s'opposerait, le cas échéant, à l'anéantissement d'Israël, auquel s'impose cependant, « pour justifier à mesure l'œuvre ainsi commencée et assurer son avenir, une stricte modération dans ses rapports avec ses voisins et dans ses ambitions territoriales », la solution du conflit n'étant possible que « dans le cadre des Nations unies ». Concernant plus particulièrement la « petite phrase » tant reprochée, il relève :

> « L'émotion apparemment soulevée chez tel ou tel d'entre eux par le fait que j'ai dit de leur peuple qu'il était "un peuple d'élite, sûr de lui-même et dominateur" alors qu'il ne saurait y avoir rien de désobligeant à souligner le caractère grâce auquel ce peuple fort a pu survivre et rester lui-même après dix-neuf siècles passés dans des conditions inouïes. »

Quant à la conclusion, très « gaullienne » :

> « Mais quoi ? Voici qu'Israël, au lieu de promener partout dans l'univers son exil émouvant et bimillénaire, est devenu, bel et bien, un État parmi les autres et dont, suivant la loi commune, la vie et la durée dépendent de sa politique. Or,

celle-ci, – combien de peuples l'ont, tour à tour, éprouvé – ne vaut qu'à la condition d'être adaptée aux réalités. »

Même tonalité dans les *Mémoires d'espoir*, écrits après la retraite du général de Gaulle, où il évoque avec sympathie :

> « La grandeur d'une entreprise, qui consiste à replacer un peuple juif disposant de lui-même sur une terre marquée par sa fabuleuse histoire et qu'il possédait il y a dix-neuf siècles, qui ne peut manquer de me séduire... [Le sionisme est] une sorte de compensation à tant de souffrances endurées au long des âges et portées au pire lors des massacres perpétrés par l'Allemagne d'Hitler. »[1]

Mais il conseille à David Ben Gourion, « ce lutteur et ce champion courageux » pour lequel il éprouve « beaucoup de sympathique considération », la modération à l'égard de ses voisins arabes :

> « Plutôt que d'écouter des ambitions qui jetteraient l'Orient dans d'affreuses secousses et vous feraient perdre peu à peu les sympathies internationales, consacrez-vous à poursuivre l'étonnante mise en valeur d'une contrée naguère désertique et à nouer avec vos voisins des rapports qui, de longtemps, ne seront que d'utilité.[2] »

L'incident semble clos, les passions s'atténuent, mais il n'en demeure pas moins que cet épisode malheureux marquera durablement le regard des juifs sur le chef de l'État. D'autant que, jusqu'à la fin de la présidence du général de Gaulle, les relations entre la France et Israël connaissent de nouvelles et fortes tensions.

---

1. Charles de Gaulle, *Mémoires d'espoir, op. cit.*.
2. Charles de Gaulle, *Le Renouveau 1958-1962*, Press Pocket, p.284-285.

De Gaulle et les juifs à travers le prisme d'Israël

Au nom de la « modération » qu'il pensait devoir être la ligne de conduite d'Israël vis-à-vis de ses voisins, le Président français ne manque pas de condamner les opérations militaires (bombardements, actions de commandos) engagées par le gouvernement de l'État hébreu contre les bases de fedayins palestiniens implantées au Liban, en Jordanie ou en Syrie, en représailles d'attaques terroristes sur son territoire. Sa réaction est particulièrement vive lorsque, le 28 décembre 1968, Israël lance un raid à bord d'hélicoptères français contre l'aéroport de Beyrouth. Il s'agissait d'une riposte à l'attaque effectuée deux jours plus tôt par un commando terroriste sur l'aéroport d'Athènes contre un appareil de la compagnie El Al, et à l'issue de laquelle un passager israélien avait été tué. Le raid israélien détruit des installations et 13 avions, dont des appareils français, sans faire cependant aucune victime. Si l'on en croit l'aide de camp du Général, de Gaulle serait alors entré dans une colère noire en apprenant la nouvelle :

> « C'est incroyable, insensé, ils se croient tout permis !... Si on ne fait pas attention, ils finiront par précipiter le monde dans un cataclysme qu'ils ne paraissent pas même soupçonner. [1] »

Saisissant l'occasion de la réception donnée à l'Élysée le 4 janvier 1969 en l'honneur du corps diplomatique, il condamne publiquement l'opération, qu'il semble mettre sur le même plan que la poursuite de la guerre au Vietnam et l'intervention soviétique en Tchécoslovaquie :

> « Les actes exagérés de violence comme celui qui vient d'être commis par les forces régulières d'un État sur l'aéro-

---

1. Jean d'Escrienne, *Le Général m'a dit, op. cit.*, p. 154.

drome civil d'un pays pacifique et ami de la France... ne laissent pas d'entretenir alarmes, déchirements, griefs, menaçant ainsi la paix du monde. »

Deux jours plus tard, il rappelle en Conseil des ministres la position de la France sur le conflit du Proche-Orient, et donne l'ordre d'étendre l'embargo décidé le 2 juin 1967 à toute livraison de matériel militaire, y compris les pièces de rechange destinées aux avions israéliens – ce qui démontre d'ailleurs que ces pièces continuaient d'être livrées. Cette dernière décision est vivement critiquée, parce qu'elle semble accréditer une vision déséquilibrée des tensions du Proche-Orient. Elle suppose qu'Israël en porte seul la responsabilité, en ne tenant aucun compte ni des opérations terroristes visant les Israéliens ou leurs intérêts à travers le monde, ni du refus de l'ensemble des États arabes d'admettre son droit à l'existence. Il est probable que cette politique et l'incompréhension qu'elle suscite aient eu un effet négatif sur le résultat du référendum du 27 avril 1969, non que l'on puisse évoquer alors un « vote juif », mais en raison de la grande sympathie des Français envers cette cause. Certains gaullistes n'hésitent pas à voir dans la politique française au Proche-Orient une cause essentielle de l'échec de la consultation électorale. Le représentant de la France à l'ONU, accusant « les milieux pro-israéliens en France d'avoir dépensé de grosses sommes d'argent pour amener la démission du général de Gaulle », n'était pas loin de remettre au goût du jour le thème du « complot juif ». Quant à l'ambassadeur de France Léon Noël, bien que très décrié par les historiens, il est encore plus explicite et dénonce « les israélites de France qui n'ont cessé dans leur ensemble de critiquer, de combattre, de miner le régime gaulliste avec leur intelligence, leur ténacité, leur dynamisme habituels. Lors du fatal référendum d'avril 1969, leur opposition a pesé à un tel point qu'il n'est pas exagéré de les tenir en grande partie pour responsables du résultat[1] ».

1. Léon Noël, *Comprendre de Gaulle*, Plon, 1972, p. 234.

Ces arguments douteux rejoignent ceux utilisés quelques semaines plus tôt par le chroniqueur Philippe de Saint Robert, dont la passion mise à défendre la politique gaulliste le pousse à qualifier l'État d'Israël de « métropole d'un empire insaisissable et omniprésent qui use du Testament à des fins rien moins que religieuses [1] ».

Tentative d'interprétation par la personnalité de De Gaulle

Il reste maintenant à tenter de trouver une explication à l'origine de ce malentendu entre de Gaulle et les juifs de France, mais aussi à montrer comment l'action, toute de diplomatie et de fermeté, du grand rabbin Kaplan a pu permettre aux juifs de France de ne pas devenir des parias dans leur pays.

En premier lieu, il importe absolument d'écarter toute accusation d'antisémitisme chez le général de Gaulle. En effet, rien, ni dans les déclarations ni dans l'attitude du Général avant 1967, ne peut aller dans ce sens, alors que beaucoup d'éléments illustrent la sympathie ressentie par celui-ci à l'endroit de nombreux juifs, qu'il se refuse à distinguer des autres citoyens français. Si le milieu social d'où est issu le futur chef de l'État était attaché aux idées monarchistes et à la religion catholique, il n'en demeure pas moins que son père, Henri de Gaulle, fut profondément convaincu de l'innocence du capitaine Dreyfus, et ne dissimula aucunement ses sentiments. Le fait est assez exceptionnel dans cette famille de pensée pour être souligné. Au demeurant, son fils semble avoir été marqué par cette affaire, déplorant la profonde division qu'elle entraîna entre les Français :

« [...] L'affaire Dreyfus survient. Par une sorte de fatalité, au moment même où l'esprit public tend à s'éloigner de

---

1. *Le Monde*, 7 février 1969.

l'armée, éclate la crise la plus propre à conjuguer les malveillances. Dans ce lamentable procès, rien ne va manquer de ce
qui peut empoisonner les passions. Vraisemblance de l'erreur
judiciaire qu'étayent les faux, inconséquences, abus commis
par l'accusation, mais que repoussent avec horreur ceux qui
par foi ou par raison d'État veulent tenir pour infaillible une
hiérarchie consacrée au service de la patrie.[1] »

Des années plus tard, alors qu'on lui demande s'il n'y a pas
un inconvénient à nommer au Liban un ambassadeur dont
l'épouse est la petite-fille du capitaine Dreyfus, de Gaulle passe
outre les réserves exprimées par le Quai d'Orsay, procède à la
nomination, et déclare : « Eh bien, c'est la petite-fille d'un officier français ![2] »

C'est à un juif rencontré en 1930, le lieutenant-colonel Émile
Mayer, polytechnicien à l'esprit original et indépendant, que
de Gaulle doit d'avoir été introduit auprès de certains responsables politiques de la IIIe République finissante. Par l'entremise
de son gendre, le conseiller d'État Paul Grunebaum-Ballin,
Mayer permet une rencontre en octobre 1936 avec Léon Blum,
que de Gaulle évoquera dans le premier tome de ses *Mémoires
de guerre*. Ainsi que le fait remarquer Jean Touchard :

> « Quand on se rappelle la haine inspirée à la presse de
> droite par Blum en 1936, cette visite au président du Conseil
> du Front populaire n'est pas sans intérêt ![3] »

Mayer et de Gaulle se retrouvaient régulièrement dans les
réunions d'un cénacle qui débattait de la politique de défense
et où l'on n'hésitait pas à contester les options officielles de
l'état major. Il est certain que Charles de Gaulle a été très

---

1. Charles de Gaulle, *La France et son armée*, Les Lettres françaises, 1938, p. 215.
2. Pierre Lefranc, *De Gaulle, un portrait*, Flammarion, 1989, p. 13.
3. Jean Touchard, *Le Gaullisme, 1940-1969, op. cit.*, p. 40

reconnaissant des encouragements et des conseils prodigués à l'occasion de la publication de ses ouvrages *Le Fil de l'Épée* (1932) et *Vers l'armée de métier* (1934), dont Mayer a corrigé les épreuves, et de *La France et son armée,* peu avant son décès (1938). De Gaulle a été très affecté par la disparition de celui dont il s'était reconnu le disciple. Jean Lacouture écrit même de Mayer qu'il était son inspirateur, et l'amiral de Gaulle le qualifie de maître à penser de son père.

Mais c'est surtout durant la période 1940-1944, la plus tragique de toute l'histoire du peuple juif, que le chef de la « France libre » a l'occasion d'entretenir des relations étroites avec de nombreux compatriotes juifs. Alors que de Gaulle ne cesse de proclamer dès juin 1940 qu'il représente la France, il est tout de même surpris de n'être rejoint à Londres par aucun membre des élites politiques et administratives du pays. À la fin de sa vie, il confie d'ailleurs à son collaborateur Pierre-Louis Blanc :

> « Ma surprise avait été de me trouver seul à Londres. Sans aucune personnalité politique de quelque surface. Qu'avais-je comme Français autour de moi ? Des juifs lucides, une poignée d'aristocrates, tous les braves pêcheurs de l'île de Sein. [1] »

Même si nous ne disposons d'aucune statistique précise, il est certain que la proportion de juifs au sein de la Résistance intérieure (dans ses divers mouvements, plus ou moins liés à de Gaulle) ou de la France libre (aviation, commandos, Forces françaises libres, 2ᵉ DB...) dépendant directement de Londres, dépasse largement le pourcentage national de la population juive (environ 300 000 juifs sur une population française estimée à 42 millions d'habitants, soit moins de 0,7 %).

Parmi les tout premiers à rejoindre Londres se trouve l'ancien directeur de cabinet de Léon Blum, Georges Boris, reçu dès le 19 juin par le chef de la France libre, malgré les objections de

---

1. Pierre-Louis Blanc, *De Gaulle au soir de sa vie*, Fayard, 1990, p. 117.

son entourage. Quand René Cassin, éminent juriste issu d'une famille juive de Bayonne, se présente à lui le 29 juin 1940, de Gaulle lui déclare : « Vous tombez à pic ! » Il lui confie immédiatement la tâche de mettre au point avec le gouvernement britannique un accord constituant la charte de la force française en voie de formation. Par la suite, René Cassin est considéré comme l'un des membres les plus proches de l'entourage du général de Gaulle, qui le nomme membre du Conseil de défense de l'empire (27 octobre 1940), dont il devient le secrétaire permanent (29 janvier 1941). Il est ensuite commissaire national à la justice et à l'instruction publique (24 septembre 1941), puis chargé d'assurer la direction des affaires courantes et des administrations civiles en Grande-Bretagne lorsque se constitue à Alger le Comité français de libération nationale (3 juin 1943). Trois membres du CFLN sont juifs : Pierre Mendès-France, René Mayer et Jean Pierre-Bloch, auxquels le chef de la France Libre rend d'ailleurs un hommage appuyé dans ses *Mémoires de guerre*. Le 22 novembre 1944, de Gaulle, désormais chef du Gouvernement provisoire de la République française, nomme René Cassin, plusieurs fois qualifié par lui de garde des Sceaux sans l'avoir jamais été, vice-président du Conseil d'État.

Ces nominations à des postes importants au sein des instances dirigeantes de la France libre montrent assez que de Gaulle ne prend guère en compte l'origine ou la religion de ceux qui le rejoignent. Seul compte que ces Français soient animés de cette « certaine idée de la France ». Aucun d'entre eux n'a jamais évoqué par la suite la moindre trace d'antisémitisme chez de Gaulle, alors même que la propagande nazie et celle de Vichy ne cessent de vilipender la « guerre juive », et que certains au sein de la Résistance, hostiles à une trop grande présence de juifs, craignent que celle-ci ne crée des difficultés à la cause pour laquelle ils combattent. De Gaulle n'a jamais restreint l'expression de certains hommes de la radio de Londres au motif de leur origine juive (Pierre Dac ou André Gillois notamment). Selon Raymond Aron, les intéressés eux-mêmes se sont tenus en retrait, pour ne pas gêner de Gaulle et la Résistance, car « ce n'était pas nécessaire de se mettre en avant ». Ainsi, René Cassin décline la proposition que lui fait de Gaulle de contresigner l'accord franco-britannique qu'il a préparé et qui sera officialisé le 7 août 1940 :

> « "Mon Général, n'oubliez pas que je suis juif. Ma signature, auprès de la vôtre, serait en ce moment trop gênante pour vous."
> Il hésite, puis se range à mon point de vue :
> "Vous serez tout de même un des libérateurs de la France", conclut-il. [1] »

On a parfois reproché au général de Gaulle d'avoir été silencieux sur l'entreprise d'extermination engagée par les nazis contre les juifs d'Europe. Cette critique n'est pas vraiment fondée car, dès le 22 août 1940, il assure l'écrivain Albert Cohen, représentant du Congrès juif mondial qu'il a reçu quelques jours auparavant à Londres :

> « La France victorieuse fera justice des torts portés aux collectivités victimes de la domination hitlérienne, et entre autres, aux communautés juives qui, dans les pays momentanément soumis à l'Allemagne, sont malheureusement en butte à l'intolérance et aux persécutions. »

Il établit ensuite des relations avec l'American Jewish Congress et adresse le 15 novembre 1940 un message à ses responsables dans lequel il condamne et déclare « sans aucune validité » le premier statut des juifs édicté par le gouvernement de Vichy, ajoutant que « ces mesures sont non moins un coup porté à l'honneur de la France qu'une injustice à l'égard de ses citoyens juifs ». Le 4 octobre 1941, à l'occasion du 150ᵉ anni-

---

1. René Cassin, *Les Hommes partis de rien*, Plon, 1987, p. 39.

versaire de l'émancipation des juifs de France, il confirme au rabbin Stephen Wise son intention « de rétablir, après la guerre, l'égalité en dignité comme en devoirs de tous les citoyens sur tout le territoire français ». Concernant les déportations et les crimes commis, il participe personnellement, le 13 janvier 1942, à la première conférence réunissant à Londres les Alliés, destinée à dresser un premier bilan des atrocités nazies. Celles-ci sont évoquées à plusieurs reprises par les émissions de la radio de Londres, en 1941 (par un message de René Cassin à destination des « israélites de France ») et en 1942, alors que la solution finale est pleinement engagée. Mais si personne ne doute alors des persécutions dont sont victimes les juifs, peu en connaissent encore l'ampleur.

Plus intéressante encore, et largement méconnue aujourd'hui, est l'intervention du général de Gaulle auprès de l'archevêque de Toulouse, monseigneur Saliège. Dans une lettre, qu'il lui fait parvenir en mai 1942, il lui fait part « des remous profonds que provoquent dans les âmes françaises certains aspects de l'atroce situation dans laquelle se trouve notre pays », et lui exprime son inquiétude quant aux conséquences que l'attitude de l'épiscopat vis-à-vis du régime de Vichy pourrait avoir sur la situation du clergé français, et plus largement de la religion en France. À ce propos, il « souhaite que la voix des évêques s'élève assez clairement et fortement pour que le peuple de France perde l'impression qu'il a d'une sorte de solidarité entre les tendances du clergé et l'entreprise des gens qui ont proclamé, accepté et aggravé la défaite de la France ». Il n'est pas sans intérêt de noter que le destinataire de cette lettre est la première autorité catholique de France à protester officiellement, et publiquement, le 23 août 1942, dans le cadre d'une lettre pastorale lue aux fidèles pendant l'office, prenant enfin position contre les rafles et les déportations :

« Les juifs sont des hommes, les juives sont des femmes. Ils font partie du genre humain ; ils sont nos frères comme tant d'autres. Un chrétien ne peut l'oublier. France, patrie bien-aimée, France qui porte dans la conscience de tous tes enfants la tradition du respect de la personne humaine, France chevaleresque et généreuse, je n'en doute pas, tu n'es pas responsable de ces erreurs. »

De Gaulle en est l'inspirateur, et s'il a sauvé la France, il a sans doute également contribué à sauver l'âme de l'Église. Dès qu'il est en mesure de mettre un terme aux mesures antisémites, le chef de la France libre met en application ses engagements. C'est le cas à Alger où le décret Crémieux est remis en vigueur le 20 octobre 1943. C'est surtout le cas avec l'ordonnance du 9 août 1944 relative au rétablissement de la légalité républicaine sur l'ensemble du territoire libéré, dont l'article 3 déclare expressément : « La nullité de tous les actes... qui établissent ou appliquent une discrimination quelconque fondée sur la qualité de juif. »

Le comportement du général de Gaulle durant cette période troublée montre que l'antisémitisme lui est étranger, qu'il se refuse à faire une différence entre les Français selon leur appartenance confessionnelle. Certes, il ne semble pas avoir pris en compte l'unicité de la Shoah, c'est-à-dire le caractère spécifique des crimes commis par l'idéologie nazie contre les juifs, et à travers eux, contre le genre humain dans son ensemble. Mais le pouvait-il, alors que cette prise de conscience n'est intervenue, y compris aux yeux de bien des juifs, que de nombreuses années après la fin de la guerre ? On ne saurait au surplus lui reprocher d'avoir manqué de cœur, alors qu'il évoque à trois reprises dans ses *Mémoires de guerre* les honteuses persécutions dont sont victimes les juifs d'Europe. Il ne manque pas de leur rendre hommage à Auschwitz lors de son déplacement en Pologne le 9 septembre 1967, c'est-à-dire quelques semaines seulement avant la célèbre conférence de presse. À cette occasion, il écrit sur le livre d'or du camp d'extermination, destination finale de la plus grande partie des juifs français déportés : « Quelle tristesse, quel dégoût, et malgré tout, quelle espérance humaine ! »

Alain Peyrefitte commente sobrement :

« De Gaulle à Auschwitz : il n'y est pas pour lancer un message, mais pour accomplir un parcours. Nulle publicité ne sera faite à sa démarche. Elle fait partie de ces actes par lesquels il se rend présent à lui-même toute l'Histoire, glorieuse ou douloureuse. [1] »

La question de l'antisémitisme étant évacuée, quelle explication donner à cette sortie du général de Gaulle, et, plus fondamentalement, au changement de politique qu'elle illustrait ?

Il est probable, tout d'abord, que la fameuse petite phrase résulte d'une double irritation du chef de l'État, tant à l'égard des dirigeants israéliens que des juifs français qui ont manifesté leur solidarité avec Israël. De Gaulle reproche avant tout aux autorités israéliennes de ne pas avoir suivi ses conseils, et d'avoir engagé le conflit les premiers. Ainsi qu'il l'a indiqué à Abba Eban lors de leur entretien du 24 juin 1967 : « Fermer les détroits est une chose, ouvrir le feu en est une autre. » Il n'a absolument pas cru à l'hypothèse de la destruction d'Israël par ses voisins en cas de conflit, et aurait même déclaré à son aide de camp quelques jours avant le déclenchement de la guerre :

« Militairement parlant, Israël, par sa cohésion, la volonté de survivre de son peuple, la valeur de son armée et la qualité de son matériel est incontestablement en position de force par rapport à ses ennemis. Ceux-ci devraient être plus prudents ! [2] »

C'est pourquoi l'attaque israélienne ne lui semble absolument pas justifiée, puisqu'elle crée au vainqueur bien des difficultés à venir. C'est ce qu'il écrit à Ben Gourion dans sa lettre du 30 décembre 1967 :

1. Alain Peyrefitte, *C'était de Gaulle, op. cit.*, tome 3, p. 297.
2. Jean d'Escrienne, *Le Général m'a dit, op. cit.*, p. 145.

« Je demeure convaincu qu'en passant outre aux avertissements donnés, en temps voulu, à votre gouvernement par celui de la République française, en entamant les hostilités, en prenant par la force des armes possession de Jérusalem et de maints territoires jordaniens, égyptiens et syriens, en y pratiquant la répression et les expulsions qui sont inévitablement la conséquence d'une occupation dont tout indique qu'elle tend à l'annexion, en affirmant devant le monde que le règlement du conflit ne peut être réalisé que sur la base des conquêtes acquises et non pas à condition que celles-ci soient évacuées, Israël dépasse les bornes de la modération nécessaire. »

Plus encore, le chef de l'État a été choqué par la réaction des amis d'Israël, et spécialement des juifs, avant et surtout après la guerre des Six-Jours. Il n'est d'ailleurs pas le seul à déplorer cet enthousiasme un peu trop démonstratif. Raymond Aron, lui aussi, a été mal à l'aise en ces circonstances :

« Je n'aimais ni les bandes de jeunes qui remontaient les Champs Élysées en criant "Israël vaincra", ni les juifs devant l'ambassade d'Israël. Je n'aimai pas les ex-partisans de l'Algérie française ou les nostalgiques de l'expédition de Suez qui poursuivaient leur guerre contre les Arabes par Israël interposé. [1] »

Claude Lévi-Strauss écrit à Raymond Aron, le 9 avril 1968, peu après la publication de son pamphlet :

« Tout ce que vous dites est juste, mais il me semble que vous négligez un point d'importance majeure. Dès la première heure en effet, nous avons assisté à une entreprise systématique pour manipuler l'opinion. Rappelez-vous

---

1. Raymond Aron, *De Gaulle, Israël et les Juifs, op. cit.,*1968.

France-Soir titrant sur toute la page "Les Égyptiens ont attaqué", et cela a continué bien au-delà de la guerre des Six-Jours. Que des Français, juifs ou non, aient eu sur les événements une opinion différente de celle de leur gouvernement, qu'ils l'aient défendue publiquement, rien que de très légitime à cela. Mais qu'ils aient profité de positions de force dans la presse (d'où résultait pour eux une obligation spéciale de mesure et de rigueur intellectuelle) pour répandre des contrevérités et tenter de modifier ainsi la conjoncture, cela fleurait le complot et je dirais presque la trahison. Comme juif, j'en ai eu honte et aussi, par la suite, de cette impudence étalée au grand jour par des notables juifs osant prétendre parler au nom de tous. Après des écarts aussi graves, un coup de semonce était sans doute inévitable. Je déplore qu'il ait pris cette forme, tout en reconnaissant qu'hélas, une fois au moins, les épithètes choisies correspondirent à la réalité : car certains éléments juifs de France, en profitant de leur pouvoir sur la presse écrite ou parlée et des positions acquises, et en s'arrogeant le droit de s'exprimer au nom de tous les autres, se sont montrés "sûrs d'eux et dominateurs". On pouvait cependant le leur dire, sans répondre à l'amalgame qu'ils voulurent opérer par un autre amalgame aussi outrageant que le premier, qui l'était déjà gravement, et de leur fait.[1] »

La limite n'est pas loin d'une accusation de l'existence d'un lobby juif dans la presse. Mais il s'agit finalement de la seule opinion écornant, et de façon voilée, l'unanimité du judaïsme français, et de la seule critique aux prises de position du grand rabbin Kaplan.

D'après Alain Besançon et Jean-Claude Casanova[2], de Gaulle veut donner une leçon à Israël, qui n'a pas écouté ses conseils de prudence ; il adresse des messages codés visant à mettre mal

1. Lettre citée par Raymond Aron, *Mémoires, op. cit.,* p. 520.
2. Tous deux membres de l'Académie des sciences morales et politiques. Entretien du 11 avril 2005.

à l'aise Israël dans le concert des nations. D'une manière générale, « de Gaulle frappe toujours là où ça fait mal ». Mais au-delà de ces sentiments de colère qui permettent de mieux comprendre la réaction du général de Gaulle, il ne faudrait pas oublier les fondamentaux de la politique qu'il souhaite mener, afin de faire entendre la voix de la France sur la scène internationale.

Et puis comment ne pas suivre le révérend père Bruckbeger, qui succéda à Raymond Aron à l'Institut, et qui fit dans son hommage à son prédécesseur cette extraordinaire analyse de nos événements :

> « À la vérité, je crois qu'en juin 1967, au moment de la guerre des Six-Jours, Israël et les Israéliens ont fait, et dans un style tout à fait éblouissant, exactement ce que de Gaulle eût fait à leur place : il en fut jaloux, excellente raison pour ne pas le leur pardonner. La passion existe aussi chez les hommes les plus grands, et elle est à leur échelle, mais la passion n'est pas un élément rationnel : "Peuple d'élite, sûr de lui-même, et dominateur !" Là, où Raymond Aron a cru déceler un germe d'antisémitisme, j'ai eu personnellement l'occasion de discerner autre chose : l'expression douloureuse, presque désespérée, d'une jalousie, l'aveu d'une déception. Dans cette lumière tragique, de Gaulle rendait un hommage détourné à Israël et à son armée. »

Sans se livrer à la psychanalyse du Président, nous percevons ce qu'il y a de juste dans cette déception du Général de ne plus pouvoir bousculer l'Histoire comme il savait et aimait le faire.

La grandeur de la France ou la politique arabe de la France

De Gaulle demeure avant tout un représentant du nationalisme français. Mais, ainsi que le fait judicieusement remarquer Jean Touchard :

> « Il ne s'agit pas d'un nationalisme qui choisit et qui exclut, comme le nationalisme maurrassien. Il s'agit d'un nationalisme synthétique et unitaire qui incorpore toute l'Histoire de France, et qui amalgame les diverses tendances du nationalisme français. [1] »

C'est également l'analyse de Jean-Claude Casanova[2] qui le voit plus enfant de Péguy que de Maurras, ce qui le rapproche de Jacob Kaplan qui a souvent revendiqué cette filiation. Si de Gaulle a certainement été influencé par l'Action française, ainsi que n'ont pas manqué de le faire valoir nombre de ses opposants, on ne trouve chez lui ni critique de la Révolution française, ni refus des acquis de la République – qui sont pourtant le fond de la doctrine de Maurras. En somme, ce nationalisme trouve ses sources intellectuelles aussi bien chez Renan (« La Nation est une âme, un principe spirituel ») que chez Péguy et surtout Barrès, dont le style et le sens de la formule ont inspiré l'auteur des *Mémoires de guerre*. Pour lui, « il n'y a qu'une histoire de France » (discours du 6 septembre 1964), dont il retient avant tout les moments les plus glorieux, de Jeanne d'Arc aux soldats de l'an II, d'Austerlitz aux poilus de la Grande Guerre.

Nous retrouvons chez le grand rabbin Kaplan ces deux mêmes références à Péguy et à Barrès qu'il cite abondamment dans ses écrits et qui lui inspirèrent deux de ses grandes théories : « les antisémites ne connaissent pas les juifs » (Péguy) ; et le vœu de rassembler les « familles spirituelles de la France » (Barrès). Mais pour de Gaulle, cela va plus loin. Comme la France ne peut être la France sans la grandeur, la mission du Président de la Vᵉ République est de lui permettre de tenir son

1. Jean Touchard, *Le Gaullisme, 1940-1969, op. cit.,* p. 47.
2. Entretien du 11 avril 2005.

rang, de conforter l'indépendance nationale au service de la paix du monde. C'est dans ce cadre que de Gaulle prend ses distances vis-à-vis des États-Unis à partir de 1964, en reconnaissant la Chine populaire (janvier 1964), en critiquant et condamnant à de nombreuses reprises l'intervention américaine au Vietnam (notamment le discours de Phnom Penh du 1er septembre 1966), en procédant au retrait de la France de l'organisation militaire intégrée de l'OTAN (janvier 1966), en déclarant « Vive le Québec libre ! » lors de son voyage officiel au Canada de juillet 1967. De manière très appuyée, les États-Unis sont souvent accusés de mettre en danger la paix de la planète et de pousser à un nouveau conflit mondial par leur intervention-nisme, voire leur impérialisme. C'est pourquoi il faut pour de Gaulle éviter toute escalade au Proche-Orient qui pourrait conduire à un engrenage fatal. C'est le sens de sa déclaration du 22 juin 1967 :

> « Au Vietnam, la troisième guerre mondiale est engagée. Le risque est grand que les esprits s'habituent à l'idée et à la fatalité de la guerre. Il faut arrêter ce processus.[1] »

En conséquence, Israël ne peut dans cette logique qu'être montré du doigt : d'une part, en raison de sa qualité d'« agres-seur » de ses voisins ; d'autre part, en raison des liens très forts qui l'unissent, et qui l'uniront plus encore après la guerre des Six-Jours, à son protecteur américain. Cette analyse est à bien des égards contestable. Elle fait abstraction de la menace que représente alors l'URSS. Elle n'intègre pas les données propres au conflit israélo-arabe. C'est ce qu'il affirme dans la conférence de presse du 27 novembre 1967 :

> « Car tout se tient dans le monde d'aujourd'hui. Sans le drame du Vietnam, le conflit entre Israël et les Arabes ne

---

1. Pierre Viansson-Ponte, *Histoire de la République gaullienne*, Tallandier, 1972, tome 2, p. 330.

serait pas devenu ce qu'il est, et si demain l'Asie du Sud-Est voyait renaître la paix, le Moyen-Orient l'aurait bientôt recouvrée à la faveur de la détente générale qui suivrait un pareil événement. »

Cette vision a été largement démentie par l'Histoire : depuis plus de trente ans, les États-Unis se sont retirés de la péninsule indochinoise, avec les conséquences que l'on sait pour les populations du Cambodge et du Vietnam, sans que la paix se soit instaurée au Proche-Orient.

Plus profondément, une fois réglée la question algérienne, qui trouve son dénouement avec la signature des accords d'Évian le 18 mars 1962, approuvés quelques semaines plus tard par le peuple français par le biais du référendum, de Gaulle veut impulser une nouvelle dynamique à ce que l'on appelle communément la politique arabe de la France. Il en résume plus tard les orientations :

« Au Moyen-Orient, nos affaires sont, d'abord, au plus bas. Car la crise algérienne et celle du canal de Suez nous ont fermé l'accès de l'ensemble des pays arabes. Dans cette région où, depuis toujours, la France fut présente et active, j'entends naturellement rétablir notre position. D'autant plus que la grande importance politique et stratégique des bassins du Nil, de l'Euphrate et du Tigre, de la mer Rouge et du golfe Persique est maintenant, de par le pétrole, assortie d'une valeur économique de premier ordre. Tout nous commande de reparaître au Caire, à Damas, à Amman, à Bagdad et à Khartoum, comme nous sommes restés à Beyrouth, en amis et en coopérants.[1] »

Au nom de la défense de ses intérêts politiques et économiques, la France se rapproche du monde arabo-musulman, ce

---

1. Charles de Gaulle, *Mémoires d'espoir, le renouveau, op. cit.*, p. 282-283.

qui l'oblige à réviser ses relations avec Israël. En ce sens, la guerre des Six-Jours a constitué pour de Gaulle l'occasion de formaliser cette remise à plat, en germe depuis plusieurs années.

Cette politique porte ses fruits. Les relations commerciales se développent avec le monde arabe, auquel la France livre aussi du matériel militaire. Le 25 juillet 1968, un accord avec l'Égypte porte sur la vente de 525 autochenilles. Par la suite, de Gaulle indique à son entourage :

> « J'éprouvais une certaine considération envers Nasser qui faisait preuve d'une certaine sagesse et était devenu en quelque sorte un élément modérateur, garantissant une certaine stabilité dans un monde arabe mouvant, instable et incohérent. [1] »

Cette soudaine sympathie pour le dictateur égyptien, qu'il songea même à inviter dans la résidence présidentielle de Brégançon, se manifeste de façon éclatante dans le message qu'il adresse à la mort de Nasser, en septembre 1970, à l'ambassadeur de France en République arabe unie :

> « C'est de tout cœur que je prends part au grand chagrin de l'Égypte. Par son intelligence, sa volonté, son courage, exceptionnels, le président Gamal Abdel Nasser a rendu à son pays et au monde arabe tout entier des services incomparables. Dans une période de l'histoire plus dure et dramatique que toute autre, il n'a cessé de lutter pour leur indépendance, leur honneur et leur grandeur. Ainsi nous étions-nous tous deux bien compris et profondément estimés. Ainsi avions-nous pu rétablir entre la République arabe unie et la France les très bonnes relations que leur commandent leur grande amitié séculaire et leur volonté commune de justice, de dignité et de paix. »

---

1. Jean d'Escrienne, *Le Général m'a dit, op. cit.*, p. 161.

Ce message est d'autant plus remarquable qu'il déroge à la règle que le général de Gaulle s'était imposée à lui-même de ne plus intervenir publiquement après son départ de la présidence de la République. N'étant plus au pouvoir, il n'a aucune arrière-pensée politique lorsqu'il accomplit ce geste personnel. Il faut donc croire à la sincérité de l'admiration que faisait naître chez de Gaulle tous ceux qui croyaient en un grand destin pour leur pays.

Fracture douloureuse

Avec le recul qu'impose l'Histoire, Raymond Aron indique dans ses *Mémoires* parus en 1983 que la polémique engendrée par la fameuse petite phrase du général de Gaulle était inutile. Il donne rétroactivement raison à la stratégie de dignité et de diplomatie du grand rabbin Kaplan. Il est vrai que les événements de mai 1968, le départ d'avril 1969 et la mort en novembre 1970 du plus illustre des Français, selon la célèbre expression du président Coty en 1958, ont eu tendance à étouffer les échos de la conférence de presse du 27 novembre 1967. Au demeurant, ainsi que l'écrit Jacques Sabbath dans la revue *L'Arche* du 25 novembre 1970, même si les « traces laissées dans la mémoire par le malaise, la confusion et l'amertume » résultant des appréciations formulées en 1967 ne sont certainement pas effacées, les sentiments prévalant à la mort de De Gaulle sont avant tout liés à l'admiration et au respect qu'inspire aux juifs de France, comme à la très grande majorité de leurs compatriotes, la disparition du chef de la France libre qui avait sauvé l'honneur de la France en 1940.

Par ailleurs, les Français ont fini par s'habituer, voire par approuver, les nouvelles orientations de la politique extérieure de leur pays, qui ont perduré après de Gaulle, les impératifs de la fameuse politique arabe de la France étant suivis, avec des différences de style au final assez minimes, par les gouvernements successifs, quels que soient leurs sentiments à l'égard d'Israël.

Il n'en demeure pas moins que 1967 aura marqué un grave malentendu entre le pouvoir politique et les juifs de France qui a conduit nombre d'entre eux à se poser des questions sur leur place au sein de la société française. Alain Besançon, qui a succédé au grand rabbin Kaplan à l'Académie des sciences morales et politiques et qui porte, d'une certaine manière, son combat après lui, résuma d'un mot tellement juste, lors d'un entretien privé à l'Institut de France, ce moment des relations entre les juifs et la France en disant : « Ce fut une cassure ou plutôt une fêlure douloureuse. »

Cette interrogation sera au demeurant renouvelée de manière beaucoup plus forte qu'en 1967, à l'occasion de crises ultérieures. Les responsables politiques seront, parfois de manière excessive, pris alors à partie sur leur attitude à l'égard de la « question juive » : lors de l'attentat de la rue Copernic en octobre 1980 à propos de la phrase de Raymond Barre sur les victimes innocentes ; lors des révélations sur le passé vichyste ou collaborationniste de tel ou tel haut personnage au cours des années 1980 et 1990 ; lors des réactions ou du manque de réactions à la suite des actes antisémites des années 2000 ; lors de l'appel de certaines autorités israéliennes à faire d'urgence la Alya[1] en Israël en 2004...

On peut également se demander si le zèle de certains défenseurs, ou prétendus tels, des juifs de France lors de la crise de 1967 n'était pas dépourvu d'ambiguïté. Bernard Frank remarque notamment :

> « Ce que l'on reprocha en fait à de Gaulle lors de sa fameuse conférence de presse, c'est d'avoir cru à une essence juive ("Ce peuple d'élite, dominateur et sûr de lui."). Mais personne ne broncha lorsque, la semaine suivante, un célèbre philosémite, Maurice Clavel, chevauchant, la lance à la main, son bel *Observateur*, n'hésita pas pour mieux défendre ses

1. Littéralement « ascension », est le mot hébreu désignant l'immigration en Israël.

protégés à commettre un péché identique. Seulement, cette fois-là, sous sa plume, les juifs ne firent plus envie, c'était ridicule, mais pitié. Ces êtres peureux, abjects, presque dégoûtants, comment le Général avait-il osé les traiter, s'indignait Clavel, de durs à cuire ? C'était se moquer du monde. Clavel, tout de même un peu inquiet de ce qu'il avait laissé entendre, s'empressa d'ajouter que c'était la volonté de Dieu qui avait rendu les juifs si longtemps tels. Quand on est juif, que faut-il préférer : l'envie de De Gaulle ou la pitié d'un Clavel ? J'ai fait mon choix. [1] »

Et il conclut par une analyse quasi psychanalytique du personnage de De Gaulle, en décrivant sa volonté de s'inscrire dans l'histoire :

« Ce qu'il y avait dans la tête du Général, c'était de lourdes et confuses coulées d'histoire. Il devait s'imaginer tantôt en Richelieu, tantôt en Louis XIV. Le fameux sens de l'État se heurtant aux minorités abusives... »

« Du mal, on peut toujours tirer un bien », dit la sagesse populaire. L'année 1967 a marqué, d'une certaine manière, une étape du renouveau identitaire des juifs de France. Ils ont osé s'affirmer publiquement comme tels et manifester leur solidarité avec Israël dont l'importance est devenue progressivement pour les juifs un élément indissociable de leur conscience. C'est le grand rabbin Jacob Kaplan, porteur du souffle du sionisme et incontestable dans sa passion pour la France, inattaquable sur les deux points, qui fit la jonction entre les deux rêves.

1. Bernard Frank, *Un siècle débordé*, Grasset, 1970, p. 93.

Chapitre XVI

Jacob Kaplan dialogue avec la société

C'est en 1939 que l'appellation officielle du chef religieux du judaïsme français est devenue « grand rabbin de France ». En abandonnant le titre de « grand rabbin du consistoire central », la fonction n'a pas seulement changé les mots, elle a changé de sens, de vocation, de sacerdoce. En effet, si le grand rabbin du consistoire central était le rabbin de toutes les associations affiliées au dit consistoire, la nouvelle appellation en fait le rabbin du pays, la France, et non plus des seuls juifs de France.

Jacob Kaplan entra dans ce rôle avec beaucoup de foi. Il n'hésitait pas à intervenir dans des cercles où un rabbin n'avait pas a priori sa place. Mais cette dimension de la fonction de grand rabbin de France, question toujours très sensible aujourd'hui, impose de savoir parler au pays, de le comprendre, d'en saisir les sentiments, d'en ressentir les mouvements de l'âme et de la raison. Non pour le rendre plus juif, ce qui n'est certainement pas son objectif, mais pour qu'il assume sa pluralité. Mais il ne s'agit pas d'être, dans le concert des autorités spirituelles, une voix de plus. Cette responsabilité impose également de porter une pensée spécifiquement juive.

Le monde politique

Sans jamais chercher une visibilité outrancière, Jacob Kaplan a toujours considéré qu'il devait parler à l'ensemble de la nation. Il le fait par le truchement de la presse ou lors de conférences. Il prend ainsi position sur les événements de mai 1968, dans *Le Monde* du 30 mai, en affirmant « qu'il n'est pas possible de ne pas prendre conscience du profond malaise dont souffrent les étudiants ainsi que de la misère dans laquelle trop de travailleurs sont maintenus ». Le 8 août 1968, il s'exprime, toujours dans *Le Monde*, en faveur du Biafra : « Nous qui avons été victimes du plus effroyable génocide de l'histoire, nous nous sentons solidaires de ceux qui sont menacés du même sort. » Il réitère ses inquiétudes le 16 janvier 1970. Il s'exprime sur la guerre au Vietnam, et très régulièrement sur la situation des juifs soviétiques.

Jacob Kaplan a également des échanges réguliers avec les dirigeants politiques de tous bords, ou presque. Nous avons quelques comptes rendus de certains de ces rendez-vous où, toujours, il porte les interrogations et les espoirs du judaïsme français au sein de la nation. Début janvier 1969, par exemple, il avait adressé à toutes les synagogues de France un message dans lequel il déplorait avec beaucoup de force « qu'une mesure de la plus haute gravité tant par sa signification que par sa mise en application immédiate a été décidée contre Israël ».

Il s'agissait d'une critique très large de la politique française envers Israël, et le 8 janvier, Jacob Kaplan rend compte au consistoire central de son entrevue du 1er janvier avec le président de la République à qui il assure avoir fait part de ses opinions personnelles sur Israël « qui sont complètement en désaccord avec les siennes, ce qui a mis fin à notre court entretien ».

Le 18 novembre 1969, le nouveau président Georges Pompidou accorde une entrevue au grand rabbin. Celui-ci en fait un compte rendu au consistoire. Il affirme avoir été reçu avec beaucoup de sympathie, et avoir pu exposer le sort des juifs des pays arabes. Georges Pompidou lui aurait dit alors que la France était intervenue plusieurs fois à ce sujet, et qu'elle le ferait encore. Puis la discussion avait porté sur l'antisémitisme dans le monde et en France, en particulier avec l'affaire de la rumeur d'Orléans, les problèmes dans les universités et une montée de l'antisémitisme sous couvert d'antisionisme. Le grand rabbin Kaplan insiste enfin sur la traditionnelle amitié entre Israël et la France.

De la même façon, le grand rabbin sera reçu le mercredi 13 avril 1977 par le successeur de Georges Pompidou à l'Élysée, Valéry Giscard d'Estaing. Fait assez rare, Jacob Kaplan est invité à un déjeuner. La conversation porte sur les questions du Président au sujet des attentes de la communauté juive de France. Manifestement, le chef de l'État a besoin de parler directement, sans les filtres habituels de sa fonction. Le grand rabbin écrit le rapport suivant :

« Nous avons été très sensibles à l'invitation de monsieur le président de la République et à son souci de s'informer directement de la situation et des aspirations de la communauté juive française.

Il m'a été agréable de dire à monsieur le président de la République les excellentes relations qui existent entre les familles spirituelles du pays. Ces relations peuvent être considérées comme exemplaires.

Nous constatons cependant un certain antisémitisme qui n'est pas du fait des Églises. Nous nous élevons contre cet antisémitisme comme contre tous les racismes, toutes les violences, quelles qu'en soient les victimes, car c'est porter atteinte à l'éminente dignité de la personne.

Nous avons considéré de notre devoir d'évoquer cette question car, en tant que juifs français, traditionnellement, nous sommes profondément attachés au respect des droits de l'Homme. »

Il s'oppose à la présentation que certains font d'une guerre de religion en France. Le grand rabbin insiste au contraire sur la qualité des relations entre les cultes. L'antisémitisme qu'il dénonce n'est le fait d'aucune Église. Dans une démarche peu communautariste, le grand rabbin englobe dans cette condamnation toutes les formes de racisme, rappelant l'attachement du judaïsme au respect des droits de l'homme.

Consulté sur tous les sujets de société, jusqu'au plus haut niveau de l'État, le grand rabbin est devenu l'une des grandes consciences du pays. Il n'est pas seulement le grand rabbin de la communauté juive de France, il est le grand rabbin de France, et à ce titre, il s'adresse à l'ensemble du pays. Il porte un regard vigilant et serein sur la société, et il ouvre des pistes de réflexion, parfois avec une extraordinaire prescience. Ainsi, le vendredi 21 septembre 1979, Jacob Kaplan a de nouveau un entretien avec le président de la République, et il en fait un compte rendu très détaillé.

« PR : Le 1er janvier il n'est pas possible de parler des questions particulières de votre communauté, c'est pourquoi cet entretien. [Il] Me demande d'abord le sens de la fête de Roch Hachana qui commence le soir.

GR : Je lui donne le sens de la fête de Roch Hachana et lui souligne le caractère universaliste de notre fête. Je le remercie de sa lettre de vœux et lui fais savoir qu'elle sera lue dans toutes les synagogues.

PR : Y a-t-il un malaise dans la communauté en ce moment ? Pourquoi ?

GR : En raison de l'antisémitisme.

PR : Est-ce que cela a pris un caractère particulier ces derniers temps ?

GR : Oui. L'oratoire de Drancy a été pillé et saccagé et l'on peut même se demander maintenant si l'incendie de la synagogue de cette ville, en décembre dernier, n'a pas été aussi un attentat alors que, d'après le ministre de l'Intérieur, il aurait été causé par un fil électrique en se consumant, il y a des inscriptions sur les murs de la nouvelle synagogue de

Lyon. S'il fallait citer tous les actes commis contre les synagogues, contre les institutions, contre les cimetières, contre
les magasins juifs, la liste serait très longue, et ce qui est
peut-être surprenant, c'est qu'il n'y a pas eu d'arrestations,
sauf l'arrestation à Lyon d'un des auteurs des graffitis. Il y a
malaise également parce qu'on assiste à une campagne de
dénigrement contre les juifs. On parle beaucoup de nous. Ce
n'est pas notre faute si les éditeurs constatant que les livres
sur les juifs se vendent bien, en publient un grand nombre.
Il y a aussi la télévision qui, en parlant d'Israël et du Liban
s'efforce de mettre uniquement en cause Israël, présentant
des images de destruction de villages libanais mais ne disant
pas que ces destructions sont les représailles pour des attentats
commis en Israël même : on vient d'apprendre aujourd'hui
qu'un attentat à Jérusalem a fait un mort et une cinquantaine
de blessés dont cinq grièvement. Cette mauvaise impression
que laisse la télévision sur les téléspectateurs fait que ceux-ci
en viennent à reporter sur tous les juifs de France ce dénigrement de l'État d'Israël. Or, nos jeunes reprochent au
Consistoire sa passivité devant de tels événements. Ils nous
reprochent aussi de ne pas faire notre devoir. À un moment,
je luis dis que je voudrais lui parler librement. Je lui rappelle
qu'en revenant, il y a environ un an d'Israël où j'avais vu le
Premier ministre Begin, j'avais dit au Président que Begin
aime beaucoup la France, [il] m'avait fait savoir qu'il viendrait
volontiers en France s'il y était invité. La position du ministère français des Affaires étrangères était alors la suivante :
M. Rabin, prédécesseur de M. Begin, avait été invité.
M. Begin lui ayant succédé, cette invitation était valable pour
ce dernier. Or, M. Begin ne considérait pas les choses de
cette manière et il tenait à une invitation adressée personnellement. Nous apprenons par les journaux que M. Arafat
invité depuis quelque temps par M. Marchais a fait savoir
qu'il ne viendrait en France que s'il est invité par le président
de la République.

Il est certain que la communauté juive serait profondément

troublée si M. Arafat recevait une invitation alors que M. Begin ne l'a pas reçue, à moins que M. Arafat ne renonce à son programme tant de fois proclamé qui est : la destruction de l'État d'Israël.

Il ne m'a pas répondu sur cette question.

L'entretien a duré une demi-heure.

J'ai été reçu d'abord par M. Jean Wahl, secrétaire particulier du président de la République. J'ai eu un entretien avec lui. »

L'analyse du grand rabbin sur la situation n'est pas sans parenté avec celle de la France en 2004, avec notamment une recrudescence des actes antisémites. L'analyse du grand rabbin Kaplan sur l'antisémitisme – qu'on n'appelle pas encore judéophobie – est très moderne : avec vingt-six ans d'avance, il annonce précisément les conclusions du rapport Ruffin adressé en octobre 2004 au ministre de l'Intérieur. C'est bien la présentation partiale du conflit du Moyen-Orient qui, par amalgame, fait des juifs français les responsables, sinon les coupables, d'une situation très tendue. Dans son entretien avec le président Giscard d'Estaing, Jacob Kaplan ne défend pas la politique d'Israël, mais il rappelle la courtoisie et la tradition diplomatique de la France, et même une certaine idée de la France. La question de l'invitation de Yasser Arafat est pertinente, puisqu'il sera bien l'invité de la République quelques années plus tard. Le seul préalable que pose le grand rabbin est que le leader palestinien renonce à sa volonté de détruire Israël, ce qu'il fera, de manière ambiguë, en déclarant la Charte palestinienne « caduque ».

Si des liens sincères l'unissent aux principaux responsables politiques de toutes tendances, l'un d'entre eux n'hésite pas à se présenter comme son élève, c'est Jacques Chirac. Élève au sens propre : il avait suivi son séminaire à Sciences Po et ne l'a pas oublié. Le jeudi 20 mars 1980, lors de la remise de la médaille d'Or de la ville de Paris à Maurice Weill, un conseiller municipal du XVIIᵉ arrondissement, Jacob Kaplan rencontre le maire de la capitale. C'est le début d'une relation faite de respect et d'admiration d'une part, d'affection et d'attachement de l'autre. Le grand rabbin, toujours très précis, fait un compte rendu de cet entretien :

« Après la remise de la médaille, j'ai eu un entretien privé avec Monsieur Chirac.

Il m'a mis au courant que le président de la République a décidé d'envoyer Monsieur de Lipkowski en Israël voir Monsieur Begin.

En ce qui le concerne lui, Monsieur Chirac, il a tenu à me dire qu'il était en retrait en ce qui concerne le discours d'Amman par rapport à la position prise par Monsieur Giscard d'Estaing et qu'il le lui a fait savoir par une lettre.

Je lui ai parlé de l'inauguration de la maison de Haifa[1] et je lui ai demandé de m'indiquer un homme politique français que je pourrais inviter à cette occasion et qui viendrait en Israël à titre privé. Il pourrait avoir, à cette occasion des contacts officieux, dans le même esprit que celui de la visite de Monsieur de Lipkowski à Monsieur Begin.

Il m'a indiqué le nom de Monsieur Poher. Je lui ai dit que c'était exactement celui à qui nous avions pensé nous-mêmes. Pour tout le monde, il viendrait à titre privé pour l'inauguration de notre centre, mais d'accord avec Israël par l'intermédiaire de l'Ambassadeur Rosenne, il pourrait prendre des contacts avec les autorités israéliennes.

Je pense que dans la circonstance, cela pourrait être très utile.

Entre parenthèses, Monsieur Chirac m'a dit qu'il a été mon élève à Sciences Po et que je lui ai fait passer des examens sur des questions de mon cours. J'ai ainsi trois élèves très brillants : l'Ambassadeur Rosenne, Monsieur Jacques Walh, secrétaire Général de l'Élysée et Monsieur Chirac. »

1. Il s'agit d'un centre Fanny Kaplan dédié à l'enfance.

La fidélité de Jacques Chirac ne se démentira pas : en 1988, il le propose pour être élevé à la dignité de grand-croix de la Légion d'honneur. Selon la règle, à ce niveau, la question est traitée en Conseil des ministres. Le 22 décembre 1987, le Président Mitterrand fait remarquer qu'il manque l'avis formel de la Grande Chancellerie. Jacques Chirac, alors Premier ministre, envoie immédiatement un motard rue de Solferino et obtient la réponse positive avant même la fin du Conseil. Le décret est publié le 31 décembre 1987. Jacques Chirac lui remet les insignes de cette haute distinction le 14 mars 1988 à l'hôtel Matignon. Après la disparition du grand rabbin, Jacques Chirac prend la parole lors de la cérémonie des sept jours de deuil en la synagogue de la Victoire. Et pour le dixième anniversaire de la mort de Jacob Kaplan, en décembre 2004, Jacques Chirac organisera une cérémonie familiale à l'Élysée, au cours de laquelle il allume les bougies traditionnelles de la fête de Hanoukka en disant :

« De la même façon que les lumières de l'espérance brillent toujours pour le peuple juif à Hanoukka, la lumière du grand rabbin Jacob Kaplan brille toujours pour nous. »

Même après son départ du grand rabbinat de France le 31 décembre 1980, Jacob Kaplan conserva des contacts avec l'ensemble de l'échiquier politique, tout en gardant la discrétion nécessaire pour ne pas embarrasser ses successeurs. Si c'est un gouvernement de droite dirigé par Jacques Chirac qui l'éleva à la dignité de grand-croix de la Légion d'honneur, c'est un gouvernement de gauche qui l'avait fait grand-croix de l'ordre national du Mérite, par un décret paru le 5 janvier 1984. Le ministre de l'Intérieur socialiste Gaston Defferre l'avait décoré.

Sa force réside sans doute dans sa capacité à dire les choses franchement et honnêtement sans jamais être partisan. Cette qualité valait pour ses rapports avec le monde politique comme avec les autres religions.

Relations avec l'Église catholique

Dès l'après-guerre, l'action déterminée et courageuse de Jacob Kaplan a modifié radicalement les relations entre judaïsme et catholicisme. Dans ses fonctions de grand rabbin de France, les relations avec l'Église catholique sont marquées par la même volonté de dialogue, mêlant courtoisie et fermeté.

Jacob Kaplan est reconnaissant à l'épiscopat français d'être en avance sur les positions du Vatican. C'est le cas en 1973, lorsque le Comité épiscopal français pour les relations avec le judaïsme reconnaît le droit du peuple juif à une existence politique propre – certes sans parler d'État. Mais il est capable d'user de fermeté. Ainsi, lorsque la salle de presse du Vatican répond à cette déclaration française en rappelant la position du Saint-Siège sur le conflit du Moyen-Orient, il déclare dans *Le Monde* du 27 avril 1973 qu'il n'attache aucune importance à la déclaration romaine.

Fermeté, tout spécialement, dans l'affaire de monseigneur Cappuci, en décembre 1974. Ce prélat grec-catholique de Jérusalem, qui transportait des armes pour les terroristes palestiniens en Israël, est condamné à douze ans de prison. Or, le Vatican « déplore la condamnation de monseigneur Cappuci », et sans se prononcer sur les faits incriminés ni même sur la personne du prélat, le Saint-Siège fait remarquer qu'au Proche-Orient « la figure des chefs de communautés religieuses est traditionnellement entourée de respect et d'égards ». La présence de catholiques à Jérusalem et en Terre sainte, est-il rappelé d'autre part, est l'objet du vif intérêt du Saint-Père. Le communiqué diffusé par la salle de presse du Vatican poursuit : « La sentence ne pourra malheureusement qu'aggraver la tension des esprits, dans la situation complexe de ce territoire, où on doit encore constater que, malgré des efforts louables, on est encore loin de l'établissement d'une juste paix. »

Position ambiguë, qui ne contient aucune condamnation de l'atteinte grave à la neutralité des religieux ni à l'aide apportée à un mouvement terroriste. Position qui reflète surtout l'embarras du Saint-Siège. Si on se méfie à Rome des prêtres guérilleros, on ne sait vraiment que penser des évêques engagés. Le 20 décembre 1974, le grand rabbin écrit la lettre suivante au cardinal Jean Villot, secrétaire d'État au Vatican :

« Si je vous écris aujourd'hui, c'est que j'ai été prié par de nombreux membres de ma communauté de vous exprimer notre douloureuse surprise, pour ne pas dire plus, de la prise de position du Vatican contre la condamnation de Mgr Cappuci.

Nous ne nous attendions certes pas que le Vatican réprouvât publiquement les agissements de cet évêque et plus particulièrement sa participation à l'action des terroristes en Israël, mais nous nous attendions encore moins qu'il déplorât la condamnation dont ce prélat a été l'objet.

Car il s'agit bien de cela. Le journal *Le Monde* du 12 décembre l'écrit sans ambages tout d'abord dans le titre de l'article : Le Vatican déplore la condamnation de Mgr Capucci et également dans la première phrase : le Saint Père a appris avec une profonde peine et un profond regret la condamnation en Israël à douze années de prison de Mgr Hilarion Capucci.

Il semble donc bien que ce que le Vatican déplore c'est la condamnation du prélat et non sa conduite.

Ce qui renforce cette impression pour les lecteurs c'est la phrase du même article selon laquelle le Vatican n'entend pas se prononcer sur les faits incriminés. En écrivant cela il laisse planer un doute sur la culpabilité de Mgr Capucci et en conséquence, sème la suspicion sur le bien fondé de la condamnation infligée à l'évêque. C'est cela qui est une gravité extrême car dans l'esprit des lecteurs il restera toujours ce doute et cette suspicion au détriment d'Israël. [1] »

1. CDJC, fonds Kaplan.

Vous ne pouvez pourtant pas ignorer la réalité des actes criminels commis par monseigneur Capucci. On est même en droit de se demander si les armes et les grenades introduites par le même prélat avant son arrestation, n'ont pas servi à tuer des innocents, n'ont pas été utilisées par les terroristes coupables de l'odieux attentat tout récent dans un cinéma de Tel Aviv.

Que le Vatican estime de son devoir de jeter un voile sur le rôle de cet évêque pourvoyeur de mort, c'est son affaire, mais qu'il le fasse en faveur de celui qui a armé des tueurs en Israël ne peut laisser indifférents des juifs français qui se sentent frères de ces Israéliens quotidiennement exposés aux attentats des terroristes. Comment concilier cela avec l'esprit et la lettre de la Déclaration sur les juifs du Concile Vatican II où il a été recommandé de créer de meilleures relations que par le passé entre Chrétiens et Juifs ?[1] »

Jacob Kaplan poursuit son combat pour que l'Église aille au-delà des déclarations du concile Vatican II, qu'elle ne se contente plus de déplorer l'antisémitisme mais qu'elle le condamne, et surtout qu'elle rejette résolument l'accusation de déicide. Mais pour toute l'Église, il reste le père de ce lien nouveau avec le judaïsme, qui pourra servir d'exemple dans les rapports avec d'autres religions.

Les liens avec l'islam

La victoire d'Israël sur l'Égypte et les autres États arabes en 1967 a eu un double effet : la manifestation d'une fierté juive et un premier mouvement de solidarité avec le peuple palestinien. De proche en proche, le conflit du Moyen-Orient ranime l'antisémitisme et pose la question des rapports avec l'islam.

1. CDJC, fonds Kaplan.

La proximité avec les autorités de l'islam, et notamment avec le recteur de la mosquée de Paris, Si Hamza Boubakeur[1], permet à Jacob Kaplan d'intervenir par exemple en juin 1968[2] après des incidents à Belleville entre juifs et Arabes aux côtés de l'ambassadeur d'Algérie en France et du rabbin Emmanuel Chouchena. Il est perçu comme un médiateur qui recherche toujours une solution digne, diplomatique et juste. Encore une fois, son passé de combattant le rend irréprochable aux yeux des militaires et des policiers, et son charisme d'homme de paix en fait un relais indispensable pour toutes les causes humanitaires.

Après une tentative d'attentat contre la mosquée el-Aqsa à Jérusalem en 1969, le grand rabbin Kaplan rappelle au recteur qu'Israël a ouvert librement l'accès aux lieux saints. Les liens de confiance entre les deux dignitaires religieux permettent d'analyser lucidement les conséquences médiatiques de cet incendie. De Morgat dans le Finistère où il est en vacances, le grand rabbin Kaplan lui adresse immédiatement une lettre manuscrite datée du 24 août 1969 :

« J'ai appris avec la plus vive émotion l'incendie de la mosquée El Aqsa. Je tiens à vous dire la grande part que je prends à votre profonde affliction et à celle de votre communauté comme à celle de tous les musulmans, d'Israël et des autres pays.

Sachant le respect des lieux saints dont Israël a donné de multiples preuves, je ne pouvais croire qu'un juif fût capable de commettre un attentat aussi criminel. Un suspect non juif a été arrêté.

Je souhaite que l'enquête en cours fasse connaître bientôt au monde toute la vérité. »

---

1. Père de l'actuel recteur Dalil Boubakeur.
2. CDJC, fonds Kaplan et entretien avec le grand rabbin Chouchena.

Le recteur lui répond le 13 octobre :

« Monsieur le grand rabbin et bien cher ami,

Je n'ai trouvé qu'à mon retour de Berlin votre lettre du 24 août, par laquelle vous avez bien voulu me dire l'émotion que vous avez ressentie à l'occasion de l'incendie de la mosquée d'al-Aksa.

Votre lettre ne m'a nullement étonné, car je connais la noblesse de vos sentiments et le respect que porte le monde israélite à tout ce qui est sacré. Je suis persuadé, d'ailleurs, que votre tristesse est partagée par toute la communauté israélite de France, et en particulier, par le grand consistoire auquel m'unissent les sentiments d'estime et de sympathie réciproques que vous connaissez vous-même, mon Cher Ami.

Le monde vit d'incompréhension et s'abreuve volontiers de haine, d'ingratitude, d'injustice, d'intolérance et d'autres idées aussi malsaines qu'incompatibles avec l'idéal spirituel de l'islam et du judaïsme. J'en souffre personnellement et je suis persuadé que vous partagez ma souffrance. Le siècle est ainsi fait, les générations sont en pleine escalade les unes par rapport aux autres et les frères, que tout doit unir, s'entre-déchirent pour des fins éphémères en tournant insolemment le dos à l'Éternel.

Dieu nous vienne en aide pour que l'humanité, retrouvant sa vocation, puisse communier dans la même espérance et unir ses efforts pour devenir plus fraternelle et plus juste.

La mosquée d'al-Aksa a été incendiée par un chrétien illuminé. Je me demande, depuis longtemps, si de pseudo-chrétiens ne cherchent pas à maintenir et à aggraver hypocritement le conflit sanglant qui oppose juifs et Arabes. Dans cette mosquée, du moins, j'ai toujours interdit, parfois au péril de ma vie, que des diatribes haineuses soient substituées, par des irresponsables et des aventuriers, aux thèmes de paix, d'amour, de compréhension et de glorification de notre Dieu commun.

Croyez-moi fraternellement vôtre. Et avec mon meilleur souvenir.

NB : Je prends sur moi-même et sans la faire dactylographier d'afficher votre lettre dans le hall de l'établissement, pour bien montrer que par-delà les propagandes outrancières, il y a des âmes attachées au Bien et à la Concorde, et hostiles au mal et au fanatisme.

[Manuscrit] : Ma présente lettre ne doit pas être publiée, bien entendu dans une quelconque publication. [1] »

C'est d'ailleurs cet intérêt pour tout ce qui touche à l'homme et à son devenir sur toute la planète qui pousse Jacob Kaplan à réfléchir et parfois à réagir sur des questions où personne n'attend forcément un rabbin, d'autant que l'époque n'était pas encore au concept de « *small word* », du « village planétaire », et qu'il fallait faire un effort certain afin d'obtenir toutes les informations.

Il adresse un télégramme émouvant à la veuve de Martin Luther King après l'assassinat de ce dernier, tout comme il avait organisé le 23 novembre 1963 une cérémonie en la synagogue de la Victoire à la mémoire du président Kennedy.

Il est reconnu comme une grande conscience de l'époque et, par exemple, en 1970, son nom est donné à une chaire de l'université israélienne de Bar Ilan avant qu'il ne soit élu au *board of trustees* (conseil d'administration) de la même université le 2 juillet 1971.

En France, sa stature morale lui permet de s'exprimer même sur des sujets apparemment contradictoires. Connu pour sa proximité avec le monde combattant et pour son profond respect pour les soldats « morts pour la France » puisqu'il siégeait au Conseil d'administration du Souvenir français, il signe pourtant le 20 février 1963 un manifeste en faveur des objecteurs

1. Lettre en annexe p. 395.

de conscience, après la grève de la faim de Louis Lecoin. Mais il avait écrit le 12 juillet 1961 au garde des Sceaux Edmond Michelet pour s'inquiéter de la situation des putschistes internés, et en avril 1962 il avait fait une démarche en faveur du général Jouhaud, l'un des généraux d'Alger.

Le 27 octobre 1978, *Le Monde* fait état de son opposition à la peine de mort, et le 20 juin 1979, quelques années avant le grand débat sur la question à l'Assemblée nationale, il prend position contre la peine de mort et propose de libérer les coupables condamnés à la peine de réclusion maximale après soixante-dix ans, ce qui était très âgé pour l'époque.

Il reçoit en 1985 le Prix du Courage quotidien qui est parrainé par l'abbé Pierre.

Mais se tournant vers le monde, il n'en oublie pas pour autant ses frères, et en 1961, par exemple, il accomplit une visite très importante en Grèce pour laquelle il reçoit de très vifs remerciements de la part de la communauté juive du pays[1] et en 1980, il s'intéresse à 650 juifs, ou prétendus tels, de Côte d'Ivoire et venant du Ghana qui veulent pratiquer un judaïsme qui leur permettrait surtout de quitter la misère dans laquelle ils se trouvent.

Personnage de roman

Jacob Kaplan apparaît dans le livre autobiographique de David Mc Neil, le fils de Chagall, *Quelques pas dans les pas d'un ange*[2]. Dans un chapitre intitulé « Les bombes, le rabbin et les mauvais sandwichs », l'auteur raconte que sa mère voulait lui faire célébrer sa bar mitsva, comme s'en étaient mis d'accord Chagall et Kaplan. C'était l'époque de l'attentat contre le domi-

1. CDJC, fonds Kaplan.
2. David Mc Neil, *Quelques pas dans les pas d'un ange*, Gallimard, 2003, p. 101 à 105.

cile du grand rabbin : l'îlot est décrit comme une véritable forteresse. Il parle de son rendez-vous avec un ami chez le grand rabbin, un samedi midi, avec les contraintes religieuses inhérentes à ce moment : comme on ne sonne pas à la porte pendant le shabbat, il doit crier pour qu'on vienne lui ouvrir. Son récit est très confus, mais il en ressort qu'il y avait beaucoup de policiers pour protéger le numéro 1 de la rue Andrieux, qu'il y avait des bougies dans l'appartement, ce qui est impossible un samedi matin puisqu'on doit les allumer avant la tombée de la nuit du vendredi précédent. Il décrit Jacob Kaplan en chapeau et châle de prière chez lui. Bref, après la bénédiction d'usage, il boit un peu d'alcool et sombre dans l'oubli le plus total, mais il se retrouve au café du coin de la rue à commander un sandwich... pas très cacher. Et le grand rabbin, informé par le gardien, aurait dénoncé les jeunes comme inaptes à célébrer la bar-mitsva. Romancée ou pas, l'histoire montre qu'il est fréquent de retrouver notre rabbin au contact de tous, répondant à toutes les sollicitations. Il est plus surprenant de le voir comme un père Fouettard, mais les souvenirs se reconstruisent parfois sans grand rapport avec la réalité.

Il est certain, en revanche, que lorsque dans une famille, prestigieuse ou modeste, se posait un problème de conversion, de mariage compliqué, de bar-mitsva ou autre, la première idée était d'aller voir le grand rabbin. Il est donc probable que Chagall ait agi comme tout le monde.

Chapitre XVII

Le sage de l'Institut

Le rayonnement du grand rabbin Jacob Kaplan s'étend bien au-delà du cercle communautaire ou de celui de la sphère publique. Il porte une part du génie français, celui qui s'exprime par la voix des membres de l'Institut. S'il avait déjà pris la parole lors de colloques de l'Académie des sciences morales et politiques, son élection en cette compagnie est l'un des temps forts de sa carrière, et un signe important envers le judaïsme.

Le texte par lequel la Convention nationale crée l'Institut en 1795 définit bien dans quel esprit le grand rabbin Kaplan en fut élu membre :

> « Ce sera en quelques sortes l'abrégé du monde savant, le corps représentatif de la République des lettres, l'honorable but de toutes les ambitions de la science et du talent, la plus magnifique récompense des grands efforts et des grands succès. »

Le 12 novembre 1968 se déroule un événement d'une portée hautement symbolique : pour la première fois, un haut dignitaire du judaïsme entre à l'Institut de France. Élu le 24 avril 1967 au siège laissé vacant par le décès de Georges Duhamel, il est le seul candidat et recueille 28 voix sur 33 présents. C'est sa deuxième tentative puisque, un an plus tôt, il y avait eu une élection blanche au siège du docteur Albert Schweitzer, le grand rabbin totalisant 19 voix au dernier tour.

Depuis sa création, l'Académie des sciences morales et poli-tiques a toujours compté les principaux hommes de culture du temps : Guizot, Tocqueville, Michelet, Victor Cousin, Fustel de Coulanges, Bergson, René Cassin, René Coty, Raymond Aron, Albert Schweitzer, Pierre Messmer...

Tout le monde perçoit le symbole extraordinaire de l'élection d'un rabbin dans le cœur de l'intelligence française. Parmi tous les messages de félicitations, ce mot extraordinaire d'Emmanuel Levinas, qui lui-même ne pourra se faire élire en la même compagnie, battu par le révérend père Bruckberger :

« Monsieur le Grand Rabbin,

L'entrée, pour la première fois dans l'histoire de l'Institut, d'un Grand Rabbin de France à l'Académie des sciences morales et politiques, est une fête pour nous tous.

Je pense aux vertus et à l'œuvre que la brillante élection de cette veille de Pessah a su consacrer, à la présence, au courage, à la pensée qu'elle a su distinguer, à la personne qu'elle a su reconnaître.[1] »

Le président de la République approuve l'élection par décret du 12 juillet 1967. Le 25 septembre 1967, le grand rabbin Kaplan est introduit dans la salle des séances par René Poirier, président de l'Académie. Certes, il y eut dans le passé des mem-bres de l'Institut, hommes de lettres ou scientifiques juifs, mais la nouveauté de cette nomination résidait dans le choix d'un homme de religion, représentant la communauté juive de France sous son aspect religieux. En outre, si l'élection du grand rabbin Kaplan est postérieure aux propos du général de Gaulle sur ce peuple « sûr de lui et dominateur », elle servit, en quelque

1. CDJC, fonds Kaplan.

sorte, de contrepoids pour de nombreux juifs qui s'interrogeaient sur leur place dans la société française.

Lors de sa séance du 12 novembre 1968, l'Académie accueillit officiellement le nouveau membre. Dans son discours de présentation, Édouard Bonnefous[1] rappelle que, pour l'Institut, Jacob Kaplan n'est donc pas seulement le grand rabbin de France, il est surtout l'auteur d'ouvrages qui montrent le judaïsme comme une part du génie français, dans la Résistance à l'envahisseur comme dans la diffusion des idées et des lettres.

Le grand rabbin prend alors la parole et présente, selon l'usage, la vie et les travaux de son prédécesseur Georges Duhamel, grand humaniste auquel une amitié sincère le liait. Auteur de *Vie des martyrs* puis de *Civilisations*, bouleversants témoignages sur les horreurs de la Grande Guerre, Georges Duhamel pourrait être l'âme jumelle de Jacob Kaplan. Tous deux ont, leur vie durant, témoigné de leur époque et dénoncé les injustices en affirmant haut et fort leur mépris envers les doctrines du nazisme. Ils ont connu la hantise de voir foulé aux pieds les valeurs de tolérance et d'humanité qui « restent la sauvegarde de l'homme et l'avenir de la civilisation[2] ». Tous deux ont ressenti cette peur pour les hommes, peur née des premières violences antisémites en Allemagne, et déjà perçues par eux de façon quasiment prophétique, comme étant les prémices de ce qui se déroulerait dans tous les pays occupés par les nazis. Tous deux ont dénoncé inlassablement cette menace par la plume. Duhamel écrit *Mémorial de la guerre blanche* et *Positions françaises*, tout comme Jacob Kaplan a publié ses recueils, *Le Judaïsme et la Justice sociale* et *Racisme et Judaïsme*. Tous deux assistent à l'autodafé de leurs ouvrages par les Alle-

1. Membre de l'Académie des Sciences morales et politiques (ASMP) depuis 1958, ce ministre d'État était, cette année-là, président de l'ASMP et sera plus tard chancelier de l'Institut.
2. Discours de Jacob Kaplan, *ibid*.

mands et l'interdiction des réimpressions. Mais tous les deux ont gardé une attitude ferme et confiante en l'avenir.

Le grand rabbin Kaplan rappelle que Georges Duhamel, dans sa *Chronique des Pasquier*, a donné une large place à un personnage juif, Justin Weill, qui aurait été inspiré par un ami de jeunesse, Jules Kahn, mort à quatorze ans. Il fait mourir le personnage de Justin Weill à la guerre, pour souligner l'amour des juifs français pour la France, ce qui est une idée essentielle pour Jacob Kaplan. Le grand rabbin révèle l'osmose de pensée existant entre la philosophie du judaïsme et la vocation de la France :

> « Pour la tradition juive, qui a précédé de deux mille ans l'ère actuelle, c'est la doctrine de l'unité du genre humain, la passion de la justice, le Décalogue devenu la charte morale des peuples civilisés, la Bible dont se réclament trois grandes confessions de notre temps. Pour la tradition française, moins ancienne, mais qui compte deux millénaires, c'est la sympathie humaine dont elle est imprégnée, la foi dans le triomphe de la justice, la Déclaration des droits de l'Homme et du Citoyen, les idées généreuses qu'elle a répandues dans l'univers. »

Telle est la vision qu'il retrouve à l'Institut et qu'il contribuera à développer[1]. Il est intéressant de se pencher sur le contenu de ses interventions qui portent une très large part du message du grand rabbin Kaplan.

1. Communications faites devant l'Académie des sciences morales et politiques par le grand rabbin Kaplan :
– Séance du 17 mai 1971, « Juifs et chrétiens après Vatican II » (à deux voix avec le révérend père Riquet), *Revue des travaux de l'Académie des sciences morales et politiques*, 1971, 1er semestre.
– Séance du 17 mars 1980, « Où va le judaïsme », *Revue des travaux de l'Académie des sciences morales et politiques*, 1980, 1re partie.
– Séance du 29 juin 1987, « Le nouveau regard chrétien sur le judaïsme. Il y a

Le débat du 17 mai 1971 : « Juifs et chrétiens après Vatican II »

Lors de la séance de l'Académie le 17 mai 1971, le grand rabbin Kaplan prononce donc, en compagnie du père Riquet, une communication à deux voix sur les rapports entre juifs et chrétiens après Vatican II [1]. Le grand rabbin se propose non de reprendre les thèmes théologiques, mais de faire simplement le point sur les modifications apportées par Vatican II. L'Église, explique-t-il, a fait une déclaration officielle où elle parle des juifs de « manière sympathique », ce qui est positif, mais il faut aussi mettre en lumière ce qui est négatif. Il rappelle que la Shoah, avec ses 6 millions de victimes juives, a eu lieu dans une Europe chrétienne et dans des pays chrétiens, tout en évoquant le rôle des Justes, prêtres, pasteurs, hommes et femmes de religion chrétienne qui ont sauvé des juifs. Il insiste avec force sur un fait essentiel pour lui : les actes antisémites et la politique d'extermination hitlérienne contre les juifs n'auraient pas eu autant d'impact et n'auraient pas fait autant de mal s'ils n'avaient trouvé une « résonance, un accueil trop favorable dans certaines âmes que leur éducation religieuse avait imprégnées d'un esprit de méfiance voire d'hostilité envers les juifs ». La Déclaration sur les juifs adoptée par Vatican II est née de cette prise de conscience par l'Église elle-même.

Quant à l'accusation de déicide portée contre les juifs, condamnée dans le projet de texte de 1964, mais qui ne l'était plus dans le texte définitif de 1965, l'Église a fait savoir que le terme de « déicide » était absurde et qu'il n'avait donc aucun sens. Le grand rabbin Kaplan s'interroge alors avec raison sur

quarante ans, la conférence de Seelisberg », *Revue des travaux de l'Académie des sciences morales et politiques*, 1987, vol. 3.
— Séance du 16 janvier 1989, « Les origines juives des droits de l'homme », *Revue des travaux de l'Académie des sciences morales et politiques*, 1989, vol. 1.
1. À deux voix avec le père Riquet, *Revue des travaux de l'Académie des sciences morales et politiques*, 1971, 1er semestre.

cette omission et pose la question de savoir s'il n'aurait pas fallu, au contraire, rappeler cette accusation dans la déclaration pour la « désamorcer » et la « répudier avec éclat ». Malheureusement, elle a été purement et simplement passée sous silence, malgré la remarque faite au cours des débats par le cardinal Liénart : « On pourrait croire que le concile ne veut pas laver le peuple juif de l'accusation de déicide. »

Selon le terme employé par le concile, l'Église réprouve l'antisémitisme. Ce terme, dans l'esprit de l'Église, vaut condamnation, mais beaucoup ne comprennent pas que le mot « condamne », présent dans la version de travail, ait été remplacé par « réprouve », qui n'apparaît pas aussi fort. De plus une phrase essentielle a disparu de la version finale : « Que tous aient donc soin de ne rien enseigner dans les catéchismes ou la prédication qui puisse faire naître dans le cœur des fidèles la haine ou le mépris envers les juifs. »

Malgré ces deux points soulignés par le grand rabbin Kaplan, ce dernier retient cependant que cette déclaration témoigne d'un réel désir « d'extirper les racines de l'antisémitisme religieux ». Plus important encore, il salue la prise de position contre l'« enseignement du mépris », terme employé par Jules Isaac. L'Église se trouve amenée à citer des textes qui constituent une sorte de réhabilitation de la religion juive, même si les mots « religion juive » ne sont pas mentionnés. Ces passages, cités par le grand rabbin sont les suivants :

« L'Église n'a pas oublié qu'elle se nourrit de la racine de l'olivier franc sur lequel ont été greffés les rameaux de l'olivier sauvage que sont les Gentils. »

« L'Église a toujours devant les yeux les paroles de l'apôtre Paul sur ceux de sa race... à qui appartiennent l'adoption filiale, la gloire, les alliances, la législation, le culte, les promesses, les patriarches. »

« Les juifs restent encore, à cause de leurs pères, très chers à Dieu dont les dons et les appels sont sans repentance. »

Ces déclarations préfigurent l'affirmation du pape Jean-Paul II en 1983 : « Les juifs sont nos frères aînés dans la foi », qui structure la vision que les catholiques ont du judaïsme. Mais de notre point de vue actuel, il semble pourtant que ces citations ne soient pas totalement positives envers les juifs. Le grand rabbin Kaplan s'est contenté de cela car rien d'autre n'était envisageable à cette époque. Et c'est grâce à la force de ses convictions que l'Église, poussée en particulier par l'Église de France, prendra plus tard des positions plus claires.

Puis le grand rabbin Kaplan aborde la question du patrimoine spirituel commun aux deux religions et méconnu du grand public. Il illustre son propos de quelques exemples : le premier patrimoine commun est la Bible, la Bible hébraïque appelée Ancien Testament par les Églises car en quelque sorte dépassé. Pour la religion juive cette Bible est vivante, elle est la « source d'eaux vives » dont parle le prophète Jérémie. Jésus ne connaissait pas d'autre Bible que la Bible juive, il était un juif pratiquant, observant le shabbat ainsi que tous les rites. Ainsi, à propos des commandements de Dieu il a dit : « Tu aimeras le Seigneur ton Dieu de tout ton cœur, de toute ton âme, de toutes tes forces, voilà le plus grand et le premier des commandements », et il a ajouté « Tu aimeras ton prochain comme toi même ». Or, contrairement à ce que beaucoup croient, ces deux commandements sont issus de la loi de Moïse, et on retrouve le premier commandement dans le Chéma Israël [1].

Le Pater noster est aussi d'inspiration juive, d'abord par l'emploi de la forme du pluriel : « Notre Père... donne-nous aujourd'hui... pardonne-nous nos péchés... » C'est la formulation habituelle de la prière juive qui est généralement collective. Plus remarquable encore pour le grand rabbin Kaplan est le début de la prière : « Notre Père qui es aux cieux, que ton nom soit sanctifié, que ton règne vienne, que ta volonté soit faite », qui est presque textuellement ce qui est dit dans le kaddish, la

---

1. Credo juif, tiré de la Bible, qui est au cœur de l'office du matin et du soir.

prière de glorification du Nom divin. Les passages qui concernent le pain quotidien, le pardon des péchés, le pardon des offenses, les demandes de ne pas être induit en tentation et d'être délivrés du mal, existent dans toutes les prières juives. Et le grand rabbin Kaplan souligne alors que la formule finale « à toi appartiennent le royaume, la puissance et la gloire pour les siècles des siècles » est issue directement de la prière célèbre du roi David. Il note également la place privilégiée tenue par les psaumes dans la liturgie chrétienne.

L'accent mis par Vatican II sur le patrimoine spirituel commun est aux yeux du grand rabbin « plus important » que les passages ayant pour but d'éradiquer l'antisémitisme. Extirper l'antisémitisme de l'Église grâce à la déclaration de Vatican II reste pourtant important, car cela implique la reconnaissance du patrimoine spirituel commun, tout en visant à l'éducation des générations à venir.

En réponse aux fortes déclarations du grand rabbin, le père Michel Riquet souligne que les vœux de Vatican II pour un rapprochement entre juifs et chrétiens se sont concrétisés en Allemagne, aux États-Unis et en France sous la forme de cercles d'Amitié judéo-chrétienne. Cela s'accompagne en France d'une « purge du catéchisme et de la catéchèse de tout ce qui pourrait inculquer le mépris ou la méfiance envers les juifs ». Ainsi le terme de « juif perfide » a été supprimé de la liturgie et la prière pour la conversion des juifs a été modifiée. La prière qui a lieu maintenant pendant la semaine sainte est réellement tolérante puisqu'elle souhaite simplement qu'Israël rencontre son Messie dans la fidélité à l'appel de Dieu. De même ont été retirés du calendrier les noms des enfants victimes soi-disant de meurtres rituels, tel l'enfant Simon de Trente qui aurait été victime d'un crime dont on a accusé faussement les juifs, ce qui est une question très importante car porteuse d'une grande visibilité et chargée de sens pour les fidèles.

Un âpre dialogue s'ouvre alors entre les deux hommes. Le grand rabbin Kaplan répond qu'il n'ignore pas le redressement de l'enseignement de la catéchèse, mais il demande à quel point ce « travail de purification » comme l'appelait Jules Isaac était compris comme nécessaire par la hiérarchie catholique. Pour donner matière à son argumentation, le grand rabbin Kaplan énonce l'exemple de livres donnés aux enfants de trois à quatre ans, écrits par des religieuses, qui racontent la Passion de Jésus et sa mise à mort par les soldats romains, et dans lesquels les auteurs recommandent de ne pas employer le mot « méchants soldats », au sujet des soldats romains, mais « méchants juifs ». Cet ouvrage a été retiré de la circulation peu de temps avant le concile. Il approuve effectivement le fait qu'il y ait eu retrait de certaines commémorations qui provoquaient de violents sentiments antisémites. De même, à l'église Saint-Jean-Saint-François à Paris, ont été retirés les tableaux qui montraient la profanation d'une hostie dont se serait rendu coupable un juif, Jonathan en 1290, lequel a été brûlé vif pour un acte dont il était innocent.

Sur ce point, le grand rabbin Kaplan abandonne le langage convenu et irénique pour mettre sur la table certains faits. Dans l'église de Judenstein dans le Tyrol, on perpétue le souvenir d'un crime rituel imaginaire, des statuettes assez grandes à l'intérieur de l'église montrent 3 juifs s'apprêtant à commettre un meurtre. Depuis 1961, les statuettes ont été enlevées, grâce aux démarches multiples et inlassables d'un juif parisien, mais, en contrepartie, les fresques de la coupole ont été repeintes et elles reproduisent avec des couleurs éclatantes le prétendu crime rituel. En 1970, une fontaine en bois surmontée de la statue du petit André, la prétendue victime, a été érigée sur la place de l'église, et on annonce la célébration du tricentenaire de cette église édifiée pour perpétuer le souvenir d'un crime rituel qui n'a jamais existé. Pour le grand rabbin Kaplan, ces dévotions ont longtemps contribué au dénigrement des juifs et elles ne sont malheureusement pas totalement bannies. Il rappelle que Himmler conseillait en 1943 à ses subordonnés d'utiliser les légendes de crimes rituels pour donner du poids aux actions antisémites. L'Église s'est laissé entraîner dans des voies qu'elle ne peut plus suivre sous peine de renier son choix d'un langage de vérité et de justice. Malgré la volonté affichée du Vatican, l'antisémitisme existe toujours. Le grand rabbin Kaplan prend trois exemples.

Le premier : une rumeur propagée à Orléans, insinuant que des commerçants juifs pratiqueraient la traite des blanches. Le deuxième : en mars 1970 la synagogue de Rouen a été souillée par des croix gammées et des inscriptions antisémites. Le troisième exemple démontre une fois de plus sa grande capacité d'anticipation : c'est la métamorphose de l'antisémitisme en antisionisme. Même si les antisionistes ne sont pas tous antisémites, on ne peut s'empêcher de se demander si à force de diaboliser les Israéliens, qui sont juifs, les antisionistes ne vont pas en arriver à diaboliser aussi les juifs qui ne sont pas israéliens. Pour le grand rabbin Kaplan, il ne fait aucun doute que « l'antisionisme est devenu pour l'antisémitisme qui n'ose dire son nom un masque fort commode ».

Il aura fallu attendre novembre 2004 pour que cette analyse – présentée à l'Académie en 1971 – soit reprise officiellement dans un rapport remis au ministre de l'Intérieur.

Pour contrebalancer ce tableau très noir, le grand rabbin Kaplan souligne qu'à Metz, l'évêque monseigneur Schmitt s'est élevé contre les manifestations antisémites, de même qu'à Orléans l'évêque monseigneur Riobé, à Rouen l'archevêque Pailler et le pasteur Durand. Quant à l'antisionisme-antisémitisme, des autorités religieuses appartenant à l'Amitié judéo-chrétienne ont publié en novembre 1969 une motion très positive. De même, les évêques du comité épiscopal français pour les relations avec le judaïsme ont publié en février 1970 la déclaration dénonçant « l'ambiguïté de certaines campagnes d'opinion contre Israël, qui mêlent indûment des arguments religieux à des dispositions purement politiques ».

Voulant rendre hommage à son débatteur, il rappelle que le père Riquet lui-même est intervenu à plusieurs reprises pour combattre l'antisémitisme.

Le révérend père Riquet répond alors au grand rabbin Kaplan que le père Braun a fait une proposition sur les ondes de Radio

Vatican : que les sanctuaires consacrés à des enfants soi-disant victimes de meurtres rituels soient changés d'affectation. Ils seraient dédiés aux saints Innocents, non seulement ceux dont parle l'Évangile, mais à tous les enfants victimes de la barbarie des adultes. Le père Riquet pense que sous cette forme-là, les enfants juifs assassinés par les nazis seraient intégrés dans « cet hommage pour lequel l'Église demanderait pardon à Dieu comme à l'humanité ».

Le grand rabbin Kaplan reprend alors le sujet de l'entente judéo-chrétienne et souligne que les études bibliques et théologiques ne peuvent se faire que dans un climat d'entière confiance, c'est-à-dire qu'elles ne doivent pas « servir d'occasion pour des tentatives de conversion ». Cette réserve du grand rabbin s'explique par sa connaissance très approfondie de l'activité déployée par les organisations chrétiennes pour la conversion des juifs. Il remarque que des missionnaires chrétiens, sous prétexte de célébrer un culte synagogal, ouvrent un lieu de prière, lui « donnent l'apparence d'un oratoire israélite », et « au cours du service religieux ils intercalent des textes relatifs au messianisme de Jésus ». À Paris, ces missionnaires répandent régulièrement parmi les juifs d'Afrique du Nord un journal dont le titre est *Le Berger d'Israël,* et qui se donne comme adresse le 17 de la rue Saint-Georges, qui est l'adresse du consistoire israélite de Paris. Ces procédés malhonnêtes continuent malgré l'opposition à ces pratiques proclamée par le concile. Le grand rabbin Kaplan rappelle que le judaïsme rejette tout prosélytisme. Ainsi, il ne « refuse pas les conversions quand elles sont sincères, mais ne les sollicite pas ».

La séance de l'Académie devient alors particulièrement houleuse, à la suite d'une question posée par Émile James :

« Les textes [l'Ancien Testament] nous apprennent que le peuple juif est un peuple de prêtres, un peuple élu et que le choix que Dieu a fait de ce peuple était un choix totalement gratuit. Pas de conditions. Le peuple juif même s'il pêche, reste le peuple élu. Le peuple juif n'a pas reconnu le Messie auquel nous croyons, nous chrétiens. Il a péché. Devons-nous penser, nous chrétiens, que, du fait qu'il a commis ce péché, la mission historique qu'il a reçue est devenue caduque et a perdu son sens ? Un chrétien peut-il penser que même dans les circonstances actuelles, après le refus de reconnaître le Messie, le peuple juif reste le peuple élu, qu'il continue à avoir une mission de collaboration avec nous ? »

C'est une question que beaucoup de chrétiens se posent. Le grand rabbin Kaplan répond simplement :

« Ce peuple de prêtres a commis des fautes. Il a souvent péché. Il a souvent été puni pour ses péchés, peut-être plus puni que les autres en raison justement du fait qu'il est un peuple de prêtres. [...] M. James nous a dit : le peuple de prêtres a péché en ne reconnaissant pas Jésus. C'est précisément le problème qui nous sépare. Nous estimons que nous n'avons pas péché. Nous avons quelques raisons de penser ainsi. »

Mais Émile James précise que sa question s'adressait, non pas au grand rabbin Kaplan, mais plutôt au révérend père Riquet. Celui-ci fit la réponse suivante :

« Israël a toujours admis que le prophète était un homme particulièrement habité par Dieu. Il y a une espèce de passage à la limite en Jésus-Christ qui dépasse tous les prophètes, qui est le prophétisme et la sainteté parfaite et sans lacunes. Il y a tout de même un cheminement de la pensée que l'israélite ne fait pas avec nous, mais nous pouvons penser qu'il est en chemin. »

Le grand rabbin Kaplan réagit immédiatement à cette dernière phrase et demande sèchement : « Je n'ai pas bien compris. Qui est en chemin ? »

Le père Michel Riquet est obligé de poursuivre sur sa lancée et de dévoiler la réalité de sa pensée, celle d'une Église qui ne pouvait alors quitter son credo d'absolue vérité :

« Un jour, peut-être, vous comprendrez ce que signifie pour nous la divinité de Jésus-Christ. Et ce jour-là vous comprendrez que cela n'est pas un obstacle au strict mono-théisme qui est le vôtre et qui est aussi le nôtre. Pour nous, Dieu est unique et la divinité de Jésus-Christ doit être incluse et comprise dans cette unité de Dieu que nous professons avec vous. C'est précisément parce que ensemble nous prions un Dieu unique que nous pouvons travailler ensemble à faire un monde fraternel. Je répondrai à M. James [...] que ce qui sépare aujourd'hui juifs et chrétiens n'est que provisoire. Un jour viendra où ils se retrouveront dans la lumière et dans la même connaissance de Dieu. »

Le grand rabbin Kaplan répond alors, très digne, sur le plan théologique :

« Le révérend père Riquet, s'il ne peut pas nous annexer tout de suite, veut nous annexer dans l'avenir ! [...] Il y a des paroles que je ne peux pas laisser passer malgré toute mon amitié pour lui. Je ne voulais pas ici faire de débat théolo-gique. Il me faut cependant dire quelques mots qui vous expliqueront pourquoi, nous juifs, nous ne pouvons pas admettre Jésus en tant que Dieu.

D'abord parce que nous ne pouvons imaginer qu'un homme soit Dieu, malgré la distinction que nous avons entendue, on est homme sur terre et Dieu "par le mystère de son union à Dieu". Nous ne pouvons admettre que Dieu ait un fils au sens charnel. Quant à déclarer d'un homme qu'il est Dieu, c'est une idée que la Bible ne peut pas concevoir. Je n'ai pas à insister là-dessus. »

Nous voyons un grand rabbin combatif et ferme sur ses convictions, auquel l'Institut permet de parler à la société, à l'Église et aux générations futures.

Juifs et chrétiens quarante ans après la conférence de Seelisberg

En 1987, le grand rabbin Kaplan intervient de nouveau à l'Institut sur les relations judéo-chrétiennes pour faire un bilan quarante ans après la conférence de Seelisberg. Dès 1948, souligne-t-il, une autre conférence se tint à l'université de Fribourg en Suisse. Elle fut l'occasion, d'après Jacob Kaplan, « d'une déclaration admirable, spontanée de tous les membres chrétiens de la commission religieuse à propos de la résurrection de l'État d'Israël, qui avait eu lieu quelques semaines plus tôt » – l'État d'Israël a été proclamé le 14 mai 1948. La déclaration des membres chrétiens de la conférence fut la suivante :

> « Profondément émus par la guerre qui ensanglante et profane la Terre sainte, nous désirons ardemment et nous demandons dans nos prières le rétablissement de la paix en Palestine, d'une paix fondée sur la justice, qui tienne compte, dans toute la mesure humainement possible, des aspirations légitimes de toutes les communautés ethniques et religieuses intéressées, et qui permette à tous, juifs, chrétiens et musulmans, de vivre dans la concorde et la compréhension mutuelle. »

De leur côté, les membres juifs de la commission religieuse déclarèrent :

> « Nous prenons connaissance avec une sincère émotion de la déclaration des membres chrétiens de notre commission. Nous déclarons avec eux que nous aussi nous désirons ardem-

ment et demandons dans nos prières une paix juste qui fasse régner en Terre sainte une concorde fraternelle entre toutes les familles spirituelles. Nous souhaitons avec ferveur qu'avec l'épanouissement de nos valeurs spirituelles au sein de l'État d'Israël s'accomplisse la parole biblique : la connaissance de Dieu remplira la terre comme l'eau abonde au fond des mers. »

La conférence de Fribourg est à l'origine des associations de type Amitié judéo-chrétienne qui sont toutes animées du même esprit d'entente et d'amitié, mais le grand rabbin Kaplan souligne qu'il fallut cependant attendre la déclaration « Nostra Aetate » de 1965 pour voir certaines prises de position de Seelisberg officiellement adoptées par le Vatican et par toute l'Église catholique. Entre-temps, il y eut l'activité inlassable de Jules Isaac qui a voué son existence à faire modifier la catéchèse chrétienne. Du côté protestant, Jules Isaac réussit à faire admettre, lors de la troisième assemblée du Conseil œcuménique des Églises protestantes et orthodoxes en 1961 à New Delhi, une motion contre l'antisémitisme.

Le grand rabbin Kaplan rappelle que ce qui était espéré de Vatican II, c'était surtout, comme nous l'avons vu, le « rejet de l'accusation de déicide portée contre les juifs ». Il y eut 3 projets sur la question, en 1963, en 1964 et enfin en 1965. Or la version de 1964 rejetait effectivement l'accusation de déicide mais, dans la dernière, il n'en fut plus question. Cela avait été supprimé, tout simplement. Le grand rabbin Kaplan révèle ce qui s'est passé dans un article paru dans *Le Monde* du 19 juin 1987. Des pressions exercées par les nations arabes afin de ne pas disculper les juifs du crime de déicide auraient fait céder le Vatican. Cependant, le grand rabbin Kaplan souligne que Vatican II contenait des éléments très positifs comme la recommandation faite de lire la Bible juive. Le grand rabbin Kaplan attendait beaucoup de cet intérêt porté aux textes du judaïsme. En avril 1973, un comité d'évêques sous la présidence de l'évêque de Strasbourg, monseigneur Elchinger, publie une plaquette intitulée *L'Attitude des chrétiens à l'égard du judaïsme*. Les titres de certains chapitres sont révélateurs : « L'existence juive interroge la conscience chrétienne » ; « Le lent cheminement de la conscience chrétienne » ; « La vocation permanente du peuple juif ». Le grand rabbin Kaplan retient en particulier le passage suivant :

> « Le judaïsme doit être regardé par les chrétiens comme une réalité, non seulement sociale et historique, mais surtout religieuse. Non pas comme la relique d'un passé vénérable, mais comme une réalité vivante à travers le temps. [...] On s'efforcera de présenter la vocation particulière de ce peuple comme la "sanctification du Nom". C'est là une des dimensions essentielles de la prière synagogale par laquelle le peuple juif, investi d'une mission sacerdotale, offre toute l'action humaine à Dieu et lui rend gloire. Cette vocation fait, de la vie et la prière du peuple juif, une bénédiction pour toutes les nations de la terre. »

En écho lointain vient la phrase du pape, le 22 septembre 1996 à Reims, lors de la messe du 1 500ᵉ anniversaire du baptême de Clovis. Le rabbin de la ville des sacres avait écrit au pape pour lui rappeler que le jour de Kippour tombait le soir de sa visite, et qu'il pourrait souhaiter bonne fête, bon jeûne et bonnes prières aux juifs, en rappelant que la prière de chacun est importante pour tous. Ce que dit exactement le pape au tout début de son homélie : « Leur prière est importante pour nous. » Mais le grand rabbin Kaplan, décédé deux ans plus tôt, n'a pu entendre cette déclaration qui était pourtant le résultat de son travail.

Sa conclusion à l'Institut n'en est pas moins forte puisqu'il insiste sur le « résultat magnifique de l'action de vérité et de justice inaugurée quarante ans plus tôt à la conférence de Seelisberg » ! Mais il précise, en citant son message de l'époque à monseigneur Elchinger[1], combien le judaïsme est finalement redevable à l'épiscopat français pour la construction d'un nouveau regard sur le peuple juif. Il cite le cardinal Albert Decourtray, archevêque de Lyon, qui lui avait dit quelques années auparavant :

« Puissiez-vous continuer à garder la fidélité et le courage de témoigner de ce que vous êtes : des juifs.

Enseignez-le aux générations qui montent pour continuer votre longue histoire et marcher vers votre destin, dans un monde incertain.

Soyez tous fidèles et forts, car, les uns et les autres, nous avons une longue marche à faire vers la justice et la paix que nous devons construire – dans la prière et le respect – ensemble et différents. »

Le grand rabbin Kaplan tenait, en citant ces voix catholiques dans son allocution, à rendre hommage à toutes les bonnes volontés chrétiennes depuis la conférence de Seelisberg en 1947. Il le fait en marquant le travail hors du commun de l'Église de France qui a été moteur dans ce rapprochement historique. Sans oublier le travail des protestants, il veut démontrer que le catholicisme français, lorsqu'il est fidèle à son message, est porteur d'une part du génie de la France, et il choisit de le faire devant ses collègues de l'Académie des sciences morales et politiques dépositaires de l'esprit de la nation.

Les origines juives des droits de l'homme

L'année du bicentenaire de la Révolution française donna l'occasion d'une communication du grand rabbin Jacob Kaplan sur les origines juives des droits de l'homme[2]. Cette interven-

1. Avril 1973.
2. *Revue des sciences morales et politiques*, n° 1 de 1989.

tion à l'Académie revêt une importance toute particulière car elle pose toute la problématique de sa vie : le judaïsme et l'esprit de la France, celle des libertés et des droits de l'homme, sont absolument convergents. En préambule le grand rabbin Kaplan rappelle que la déclaration de 1789 est « de nature morale et politique ». Morale, puisqu'elle proclame les principes moraux que tout homme doit observer ; politique, puisque les règles morales et sociales exigent qu'un pouvoir politique soit en mesure de la faire appliquer.

Les dix commandements débutent par une déclaration solennelle de Dieu, sur le mont Sinaï, et dans la déclaration de 1789, l'Assemblée Constituante place les droits de l'homme et du citoyen sous les auspices de l'Être suprême. En tant que juif, Jacob Kaplan affirme avoir « une dette particulière envers les auteurs de la Déclaration de 1789 où figure un article prescrivant que nul ne doit être inquiété pour ses opinions, même religieuses ». Il rappelle à ce propos le rôle de l'abbé Grégoire dans l'émancipation des juifs de France en 1791. Celui-ci avait déjà pris la défense des juifs avant la Révolution française dans un mémoire sur ce sujet en 1779. Onze ans plus tard, à l'occasion de la question « Est-il un moyen de rendre les juifs plus heureux et plus actifs en France ? » mise au concours à l'Académie royale des sciences et des arts de Metz, il obtint un prix pour sa dissertation.

Le grand rabbin Kaplan pense que l'origine de la Déclaration de 1789 est biblique. On pourrait objecter que le Décalogue porte sur les devoirs de l'homme alors que la Déclaration de 1789 concerne ses droits. En fait, les devoirs inscrits dans les dix commandements intègrent implicitement les droits qui y correspondent : droit à la vie, droit à la propriété, droit à la liberté religieuse. René Cassin a rappelé dans une conférence faite à Paris pour l'Amitié judéo-chrétienne, qu'il avait proposé d'inscrire la fraternité dans la déclaration universelle de 1948. Certains membres de son comité lui ont alors répondu : « Mais monsieur, nous sommes ici pour parler des droits de l'homme et non pas des devoirs. » Le grand rabbin Kaplan cite alors trois exemples de personnalités ayant rendu hommage au Décalogue, dans l'esprit de son ouvrage recensant les grands écrivains français s'étant exprimés positivement sur le judaïsme. Le premier est Chateaubriand dans le *Génie du christianisme* :

« Voilà les lois que l'Éternel a gravées non seulement sur la pierre du Sinaï, mais encore dans le cœur de l'homme. On est frappé d'abord du caractère d'universalité qui distingue cette table divine des tables humaines qui la précèdent. C'est ici la loi de tous les peuples, de tous les climats, de tous les temps. »

Le second est Lacordaire dans ses *Conférences de Notre-Dame de Paris* :

« La loi hébraïque a deux caractères qui n'appartiennent qu'à elle et qui la mettent hors de comparaison : l'universalité et l'immutabilité. Elle a pour base quelque chose d'universel, savoir : les rapports généraux de l'homme avec Dieu et l'humanité. Les tables du Sinaï, qui en sont le prologue et la page fondamentale, subsistent encore aujourd'hui comme la plus mémorable expression de tous les grands devoirs. »

Enfin, Guizot, dans ses *Méditations sur l'essence de la religion chrétienne*, dit :

« Dans la vie naturelle et pratique du genre humain, la morale et la religion sont nécessairement liées : c'est l'un des divins caractères du Décalogue comme l'une des causes de son autorité permanente après des siècles, d'avoir proclamé et pris pour base leur intime union. »

De fait, le souvenir des dix commandements est évoqué dans les estampes qui se trouvent à la Bibliothèque nationale et qui représentent la Déclaration des droits de l'homme et du citoyen en leur donnant comme cadre les deux Tables de la Loi, unies l'une à l'autre, de forme arrondie comme dans l'iconographie religieuse. Ces diverses analogies avaient déjà été largement commentées par Anatole Leroy-Beaulieu :

« Pour trouver la source première de 1789, il faut creuser par-dessous la Réforme et la Renaissance, il faut remonter par-delà l'Antiquité, jusqu'à l'Évangile, jusqu'à la Bible, à la Torah et aux prophètes. En ce sens, il est vrai que le nouveau Décalogue des droits de l'homme procède des tables rapportées du Sinaï et que la nuit du 4 août a été un lointain et involontaire écho du Horeb. [1] »

La Liberté ? Elle est célébrée à Pessah pour se souvenir de l'affranchissement des Hébreux de l'esclavage d'Égypte. Certes, Moïse n'a pas aboli l'esclavage, qui existait partout dans le monde antique, mais il s'est efforcé de le réduire. Contrairement à Aristote pour qui certains hommes étaient naturellement esclaves, au point que pour eux l'esclavage était « aussi utile que juste », la Torah juge que l'esclavage n'est ni naturel, ni juste, ni même utile.

L'Égalité ? Elle trouve aussi sa source dans la Bible. En effet, tous les hommes sont égaux devant Dieu puisque l'Alliance a été faite avec « les chefs de tribus, avec les anciens, avec chaque membre de la communauté d'Israël, avec les enfants, les femmes et l'étranger, du fendeur de bois jusqu'au puiseur d'eau [2] » sans que leur condition soit un déterminant discriminant.

La Fraternité ? Elle est l'une des conséquences de la parenté absolue entre les hommes. Au regard de la parenté originelle, celle d'Adam et d'Ève, les distinctions entre les hommes sont secondaires. Puis avec Noé et sa descendance, une seconde fois l'humanité est présentée comme une seule famille, tous les hommes devant porter les mots du prophète : « N'avons-nous

1. Anatole Leroy-Beaulieu, *Israël chez les nations*, 1893.
2. Deutéronome, XXIX, 9.

pas tous un même père, n'est-ce pas le même Dieu qui nous a créés ?[1] »

Le grand rabbin conclut son allocution par des mots d'espoirs autant dans la pérennité du message du judaïsme que dans la vocation de la France :

> « Si tous les hommes voulaient prendre conscience de leur parenté, soulignée en termes magnifiques dans cette parole du prophète, comme ils seraient libérés des grandes peurs de notre époque et avec quelle confiance ils pourraient envisager l'avenir ! Les peuples sous-alimentés verraient affluer dans leur pays toute l'aide qui leur est nécessaire, l'Est et l'Ouest réduiraient leurs armements, la coexistence dite pacifique, sans cesse remise en question, serait réelle, durable, définitive parce que fraternelle. Et, grâce à la fraternité, la liberté et l'égalité ne pourraient pas ne pas régner parmi les hommes. »

Lors de cette communication devant ses confrères de l'Académie des sciences morales et politiques, le grand rabbin Jacob Kaplan définit la quintessence de sa vision du judaïsme et de la France, cette convergence extraordinaire de la vocation de la foi juive et de l'âme de la France. C'est dans les Écritures qu'il puise le sens profond de notre devise nationale en démontrant que le judaïsme a en quelque sorte anticipé sur les apports modernes de la France au monde, ou plutôt que la France idéale correspond à la Cité rêvée par la Bible.

Un souvenir vivant

Lorsqu'en février 1980 Jacob Kaplan annonce sa retraite pour la fin de l'année, il a déjà quatre-vingt-cinq ans. Pour sa succession, il manifeste sa préférence pour le grand rabbin War-

---

1. Malachie II, 10.

chawski de Strasbourg[1], même s'il précise qu'il n'a pris aucune position en ce qui concerne son successeur. De fait, c'est le rabbin René Sirat qui lui succède le 1er janvier 1981.

À son départ, les soirées d'hommage se succèdent ; et celle du 6 novembre 1980 à la Sorbonne, en présence de plusieurs ministres, mérite particulièrement notre intérêt. Les présidents du Sénat et de l'Assemblée nationale, Alain Poher et Jacques Chaban-Delmas, envoient des messages, le remerciant « pour son engagement constant au service de la France ». Devant 1 100 participants prennent la parole les présidents des consistoires Alain de Rothschild, Jean-Paul Elkann, le recteur de Paris Tabatoni, le ministre de l'Intérieur Christian Bonnet, le maire de Paris Jacques Chirac, le président de l'Académie des sciences morales et politiques André Piettre, l'ambassadeur d'Israël Meir Rosenne, le père Dupuy du comité épiscopal pour les relations avec le judaïsme, le grand rabbin Saffran de Genève et le futur grand rabbin de France. Cette énumération montre la diversité des mondes que Jacob Kaplan pouvait réunir. Dans sa réponse, il émet le vœu que la France et Israël soient unis un jour comme ils le sont dans le cœur et les prières des juifs.

Après avoir quitté ses fonctions, force est de constater que son emploi du temps n'est pas tellement allégé. Il est toujours aussi assidu à l'Institut, où l'Académie tient séance chaque lundi. Il s'occupe toujours des très nombreuses œuvres qu'il a toujours soutenues et il est toujours aussi consulté. Jacob Kaplan intervient encore régulièrement, aux côtés du grand rabbin de France, comme en septembre 1982 à la nonciature, afin de protester contre la réception d'Arafat par le pape. En fait, il est toujours perçu, tant par la communauté juive que par la nation, comme l'autorité morale du judaïsme français, et son départ ouvrira un temps de crise quasi permanent.

L'exemple le plus marquant fut le prétexte d'un mariage que célébra le grand rabbin et qui déchaîna les passions.

---

1. *Le Monde*, 12 mars 1980.

Même vingt ans après, cette histoire suscite peu de témoignages. En fait, le tribunal rabbinique de Paris avait refusé une conversion que le rabbinat marocain avait acceptée, ce qui se faisait encore plus ou moins à l'époque, et Jacob Kaplan avait célébré le mariage conformément aux habitudes.

Le grand rabbin de France de l'époque adressa même un mot de félicitation au jeune couple. *Le Monde* en parla le 21 juin 1986, rappelant que cette polémique avait ressurgi au cours des deux dernières assemblées générales du consistoire de Paris et du consistoire central des 8 et 15 juin 1986. Le grand rabbin Naouri, ancien président du tribunal rabbinique de Paris récemment décédé, c'est l'un de ses fils qui interpelle violemment Émile Touati, président du consistoire de Paris et lui-même fils et frère de rabbin. Puis le grand rabbin Kaplan est mis en demeure de s'expliquer sur les raisons qui l'ont poussé à célébrer ce mariage, et dans le brouhaha, il défendit le caractère légitime de la conversion en affirmant qu'il ne regrettait rien. Un des participants osa cette remarque que rapporte *Le Monde* : « Vous avez toujours été du coté des riches et des puissants. »

La semaine suivante, au cours de l'assemblée générale du consistoire central, le grand rabbin Sirat fut sommé de dire pourquoi il s'était abstenu d'intervenir la semaine précédente afin de ramener le calme à l'ACIP. Il affirma qu'il en avait été empêché, ce qui créa un vif incident et déclencha le départ du président de l'ACIP de la salle.

Dans les faits, le grand rabbin Kaplan a toujours affirmé que si le destin n'avait pas fait que le grand rabbin Naouri décède juste après ces événements, il l'aurait amené à revoir sa position qui n'était pas religieuse mais politique. En effet, il s'agissait de protéger la primauté du tribunal rabbinique de Paris, ce que semblait défier une conversion faite à l'étranger pour un ressortissant français. Or, le grand rabbin Kaplan a toujours eu l'immense modestie de laisser les juges rabbiniques trancher dans les domaines religieux, s'occupant de la politique communautaire et internationale.

À la suite du décès de Jacob Kaplan, le 5 décembre 1994, Henri Tincq dira dans *Le Monde* du 7 décembre 1994 :

« Des polémiques telles que celles qui ont divisé, ces dix dernières années, le rabbinat et le consistoire, celles qui viennent d'être surmontées au consistoire de Paris n'auraient guère été imaginables sous son mandat à la tête du grand rabbinat, tant son autorité intellectuelle et son ascendant étaient grands et incontestés. »

Et il est vrai que depuis les tensions personnelles au cœur des institutions juives sont permanentes. C'était bien une époque qui s'achevait avec cette très belle présentation d'Angelo Rinaldi dans *L'Express* du 21 août 1997 :

« Responsable de la communauté juive de France, apprécié de tous les lettrés, il fut la dernière autorité spirituelle d'un pays chrétien. »

En 1995, *Le Livre du centenaire* publié cent ans après sa naissance s'ouvre sur ces mots du président de la République Jacques Chirac, dont l'affection et le respect pour Jacob Kaplan étaient profonds : « Son souvenir vit à jamais dans mon esprit et dans mon cœur ». Tout le livre est composé de témoignages de fidélité comme ceux d'Henri Amouroux, de Pierre Chaunu, d'André Damien et d'Édouard Bonnefous, tous membres de l'Institut. S'y ajoutent 11 notices révélant les centres d'intérêt du grand rabbin Jacob Kaplan.

À l'Académie des sciences morales et politiques, le successeur du grand rabbin Kaplan est Alain Besançon. Lors de la séance du 3 février 1998, il fait l'éloge de son prédécesseur, en un texte plein de justesse qui a inspiré d'une certaine manière tout notre travail.

Le 13 décembre 2004, l'Académie des sciences morales et politiques rendit hommage au grand rabbin Jacob Kaplan, à l'occasion du dixième anniversaire de son décès. Le secrétaire perpétuel et organisateur de cet hommage rarissime à l'Institut, Jean Cluzel, originaire du Bourbonnais, rappela certains faits marquants concernant Jacob Kaplan à Vichy, comme son discours à la synagogue en janvier 1941 :

« Nous ne renoncerons pas à notre qualité de juifs pour échapper aux rigueurs d'un statut qui, aux yeux du vulgaire seul, est déshonorant ; il ne l'est jamais pour celui qui en est la victime. [...] Nous serons le roc contre lequel une fois de plus viendra se briser l'iniquité [...]. Une voix, lisons-nous dans la Bible, crie au prophète : "Sentinelle, où en est le jour ? Qu'en est-il de la nuit ?" Et le prophète de répondre : "Le jour vient et la nuit vient aussi." »

En puisant dans les archives de l'Académie, Jean Cluzel a retrouvé ces paroles du grand rabbin sur sa volonté de rapprochement des religions sans tomber dans le piège du syncrétisme :

« Lorsque je parle de rapprochement, il ne s'agit pas d'une fusion des religions, il s'agit, gardant sa religion particulière, de travailler ensemble. Il faut que les religions s'entendent et sympathisent. Nous pouvons très facilement, nous juifs, sympathiser parce que, aux yeux du judaïsme, la religion chrétienne comme la religion musulmane ont une raison d'être ; elles ont une mission divine. »

Jean Cluzel livre ensuite un portrait très fin d'un homme voué au service d'un double idéal : la France et le judaïsme. De cette célébration reste donc le souvenir d'un grand Français et d'un grand du judaïsme.

Le 14 novembre 2005, la Poste consacra un timbre au grand rabbin Jacob Kaplan, premier rabbin dont le visage orna un timbre français, si nous excluons le timbre consacré à Rachi[1], duquel, bien évidemment, nous n'avons pas de photo.

---

1. Commentateur de la Bible et du Talmud. Il vécut à Troyes de 1040 à 1105 et son aura éclaire jusqu'à nos jours le judaïsme et la France.

Cet honneur venait couronner une vie de don, don à la France et don au judaïsme, comme le dit le président de la République Jacques Chirac le 14 novembre 2005 :

« Une vie qu'il avait placée, dès sa jeunesse, sous cette simple devise : "Faire honneur au judaïsme et à la France"... Sa foi, nourrie d'une immense culture, était profonde, fervente, exigeante. C'était en elle que l'homme et le chef spirituel puisait sa fermeté sur les devoirs et les principes, ceux de judaïsme et ceux de la République, qu'il a toujours su concilier. »

Chapitre XVIII

Et maintenant ?

Pourquoi raconter la vie de Jacob Kaplan aujourd'hui ? Cet homme est mort il y a plus de dix ans et il a quitté ses fonctions de grand rabbin de France il y a vingt-cinq ans. Mais les grands axes de sa vie sont d'une actualité évidente. Le grand rabbin Kaplan a anticipé tous les principaux problèmes du judaïsme français d'aujourd'hui, et plus largement, ceux de la société française dans son ensemble.

La réappropriation du judaïsme par les juifs eux-mêmes est la première évidence de ce que nous pourrions appeler le « kaplanisme ». Dans un temps de retour aux sources généralisé, beaucoup de juifs se rendent compte qu'ils ne connaissent pas leur religion, tout comme d'ailleurs d'autres croyants ne connaissent pas leur foi. Mais pour le judaïsme s'ajoute le fait que savoir qui nous sommes évite de laisser ceux qui nous critiquent, ou qui sont perclus de préjugés sur les juifs, nous dire qui nous sommes.

Il en va de même pour l'islam en France aujourd'hui. Les statistiques de la pratique religieuse chez les musulmans sont dans l'ensemble identiques aux données nationales, c'est-à-dire faibles. Les musulmans se laissent enfermer dans l'image d'un islam formaté par les attentats, la violence et les horreurs perpétrés au nom de cette religion par des extrémistes dont la seule victoire est de ne susciter qu'une insuffisante réaction de rejet de la part des musulmans. Ce n'est pas l'islam qui tue, ce sont des assassins. Une connaissance de l'histoire de l'islam, de son apport au monde occidental dans nombre de domaines et de la sagesse intrinsèque de sa philosophie permettrait aux musulmans en proie au doute de se rassurer sur les fondements de leur propre religion.

Paradoxalement, le peuple juif qui est, peut-être à l'aune du nombre des prix Nobel reçus par l'un des siens, un « peuple d'élite », n'a jamais été suffisamment « sur de lui », conscient de son destin, de ses responsabilités et de sa propre richesse intellectuelle. Pour s'exonérer du « poids de la grâce », il a rejeté les règles ancestrales, il s'est accommodé de toutes les nouvelles modes quand il ne les a pas lancées, s'est dispersé dans toutes les recherches, a espéré dans tous les veaux d'or et a rêvé de tous les faux messies. De grandes avancées et de grandes choses en sont sorties pour l'humanité, mais résonne le constat tragique et toujours si moderne du Cantique des Cantiques : « Ils m'ont placée comme gardienne des vignes, mais ma vigne à moi, je ne l'ai pas gardée. [1] » Jacob Kaplan veut redonner aux juifs la fierté de l'être. Pour lui, le retour aux sources authentiques du judaïsme est le préalable à toute démarche d'explication du judaïsme à l'extérieur. Fondée sur l'affirmation de Charles Péguy : « Les antisémites ne connaissent pas les juifs », la doctrine de Jacob Kaplan en la matière a forcé le respect car elle niait le mal consubstantiel chez l'Autre. La capacité du grand rabbin à dialoguer avec tous, y compris ceux dont les présupposés du moment auraient pu en faire des ennemis du judaïsme comme les Croix-de-feu, les sœurs de Notre-Dame-de-Sion ou certains dignitaires de l'Église, a été la clef de sa faculté à tisser des liens de confiance bien au-delà de sa classique sphère d'action rabbinique. Expliquer le judaïsme implique de porter un regard ouvert sur le monde et sur la société.

Ce n'est malheureusement pas toujours le cas de nos jours,

---

1. Cantique des Cantiques, I, 6.

car la peur et les incontestables violences qu'a subies la communauté juive ont engendré un repli sur elle-même.

Le succès des écoles juives ne peut résulter de la seule volonté des parents de donner une éducation religieuse à leurs enfants. Il y a également une grande part de peur, celle de laisser un jeune livré à lui-même et à la vindicte de ses camarades au sein d'un établissement scolaire de quartier. Mais le résultat de ces 28 000 jeunes juifs scolarisés dans des écoles juives, c'est 28 000 absents de l'école publique. Celle-ci ne reflète plus la diversité des jeunes Français. Jacob Kaplan fut l'un des fondateurs de l'École Yavné, mais le projet éducatif était d'en faire un établissement conforme aux programmes de l'Éducation nationale avec, en plus, l'apport du caractère propre du judaïsme. Or, aujourd'hui, en dehors de quelques écoles, en particulier celles de l'Alliance israélite universelle, il n'y a plus de réelle volonté de coller aux valeurs de l'école de la République, si tant est qu'il lui en reste. Ces 28 000 enfants, qui deviennent des adolescents, puis des jeunes majeurs, qui n'ont jamais appris à vivre ailleurs que dans un milieu juif, se trouvent vivre dans une bulle juive. À l'université, puisqu'il n'y a pas encore d'enseignement supérieur juif, le choc est rude pour certains. Il ne leur reste plus qu'à aller faire des études en Israël, puis à s'y installer définitivement ; c'est la Alya, la montée en Terre sainte.

Autant la Alya est une belle chose lorsqu'elle est individuelle et personnelle, qu'elle couronne une démarche spirituelle et religieuse, autant elle peut se révéler catastrophique lorsqu'elle est conçue comme une sorte de fuite, qui plus est collective. Or, elle a toujours été pensée par les Israéliens comme une réponse à des situations d'oppression, que ce soit dans certains pays arabes ou en URSS. Et les difficultés des situations d'accueil étaient le prix de la liberté. Mais pour des pays comme le nôtre, seul un idéal fort peut pousser quelqu'un à quitter tout son monde selon la formule biblique adressée à Abraham : « Quitte ta terre, ton lieu de naissance et la maison de ton père. » Une Alya qui est motivée par la déception de la France ne sera pas une réussite en Israël car il y aura le choc de la transplantation et le regret de la France. Nous le voyons clairement avec le million de Russes venus s'installer en Israël, plus par désir de quitter leur pays que par amour débordant pour leur pays d'accueil, et qui ont un mal fou à s'intégrer au point que la société a été obligée de se russifier pour qu'ils se sentent chez eux. Par contre une Alya pensée et réfléchie sera un pont entre Israël et la France. Il n'y aura pas d'amertume envers la France ni de déception à l'égard d'Israël. Je ne suis pas certain que les 10 000 personnes qui, en France, ont fait le choix d'Israël durant les trois dernières années se placent toutes dans cette optique. Et c'est un échec pour la France qui a vocation à rassurer tous ses enfants en leur assurant la possibilité d'être eux-mêmes. Beaucoup de juifs de France ne sont plus rassurés, et leurs enfants moins encore. Ce n'est certainement pas par idéal religieux que de nombreux juifs français rêvent de faire leur Alya à... Miami, qui semble devenir la nouvelle terre promise. Ce n'est encore une fois que du fait de la peur d'un avenir incertain. Et Israël joue parfois dangereusement sur cette peur pour pousser à la Alya comme le montrent les déclarations d'Ariel Sharon de juillet 2004 qui appelaient tous les juifs de France à venir d'urgence en Israël. Mais c'est oublier près de 2 000 ans d'histoire commune où le judaïsme n'est pas professé par une population qui vient de l'extérieur et peut repartir, mais par des Français qui sont une part du génie de la France, une part de ce qu'est la France aujourd'hui.

Et si cette convergence est absolue, c'est parce que le judaïsme et la France portent une vision commune de l'homme, de son destin, de sa liberté et de la fraternité entre tous.

Longtemps, la Révolution française et l'épopée napoléonienne furent intégrées à la mystique religieuse juive de France et d'Europe. C'était incontestablement le sommet de l'égalité et le symbole de l'ouverture des portes des ghettos.

Mais une fois la liberté conquise, il fallait encore pondérer ses effets par le refus de toute dilution qui reste le défaut de l'assimilation totale : la perte d'identité.

Jacob Kaplan perçoit très tôt le terrible dilemme où se trouve le judaïsme : se marginaliser et se scléroser en restant enfermé dans les ghettos ou dans la peur des autres, ou bien s'épanouir en brisant les chaînes de l'oppression et en s'assimilant, mais en risquant de se diluer en tant que juif. L'émancipation comporte en effet le risque pour les juifs de ne plus exister du fait de la pression de ceux qui ne les aiment pas. La disparition du rejet ostensible des autres fait disparaître de facto le phénomène identitaire chez certains. Il faut trouver le chemin d'une nouvelle identité juive, ou plus exactement une identité juive active et non plus laissée à la seule discrétion des antisémites.

En 1920 dans la revue *Foi et Réveil* dirigée par Jules Bauer, Maurice Liber exposait les principes imprégnant le judaïsme français :

> « La lutte pour la religion reste la raison d'être du judaïsme français, dont c'est la mission de prouver que le judaïsme est viable dans un pays de liberté et d'égalité. »

Nous sommes bien au cœur de notre problématique, puisqu'il faut lutter pour affirmer quelque chose d'évident. C'est que, dans l'esprit de beaucoup, le judaïsme ne peut pas s'exprimer dans un monde ouvert, ne pouvant être qu'une religion du passé ou du cercle privé familial. Et s'il est impensable de ne pas préférer la liberté, certains se sont laissé aller à regretter le temps de l'oppression, légère ou lourde, où le fait d'être juif ne se discutait ni ne se négociait. Dans la Bible, Moïse est confronté à la même question lorsque, débarrassé de l'esclavage de Pharaon, le peuple se lamente en regrettant « les poissons, concombres et oignons gratuits en Égypte ». Être juif dans le désert est un choix, alors que l'être sous le joug de l'esclavage égyptien est une évidence plus simple. Et paradoxalement, alors que le combat a longtemps été de sortir le judaïsme des ghettos, il est maintenant de l'en désaccoutumer.

L'intégration, qui comporte obligatoirement une part d'assimilation culturelle, est l'adhésion, l'identification charnelle à un patrimoine, à une histoire et à une civilisation, éventuellement même aux mythes d'une société, sans pour autant perdre les siens propres.

C'est une règle de bon sens que de devoir maîtriser la culture du pays qui est le nôtre, d'adopter les valeurs du pays si elles ne contredisent pas les nôtres propres, et d'assurer une large compatibilité entre nos propres comportements traditionnels et les comportements sociaux de nos concitoyens. Bref, il s'agit d'œuvrer à une forme d'harmonie de la société, au bien public. Comment prétendre à des droits sans s'enquérir auparavant de ses devoirs ? C'est exactement ce que vérifia Napoléon lorsqu'il convoqua le Grand Sanhédrin pour s'assurer, un peu abruptement certes, de cette compatibilité entre le statut de citoyen et les règles du judaïsme. Jacob Kaplan cite souvent la réponse des Sages à la question de savoir s'ils accepteraient de défendre la France en cas de guerre : « Oui, jusqu'à la mort ». Et les juifs tinrent parole, en particulier durant la Première Guerre mondiale.

Mais Napoléon lui-même, grand intégrateur s'il en fut, respecta la personnalité antérieure des juifs, en ne leur demandant pas de ne plus exister en tant que juifs sous prétexte qu'ils étaient français, parce que l'identité française ne remplit pas un vide et ne peut s'appliquer qu'à quelqu'un qui a déjà une véritable identité.

Il n'a jamais été question de greffer l'identité française sur des femmes et des hommes sans identité préalable, mais de conjuguer une double identité, de faire converger ces deux vocations et de les rendre fertiles.

S'il y a autant de judaïsme que de juifs, la France elle-même n'est pas un bloc monolithique et n'est pas définie une fois pour toutes. Il y a différentes France, et l'expression « une certaine idée de la France » le démontre. Et dans toutes ces différentes France, également authentiques et dignes de respect, une, peut-être, nous touchera plus particulièrement. Et puis s'il y a la France éternelle, il y a une France d'aujourd'hui et une autre de demain qui sera tout à la fois la même et différente.

Il en va exactement de même pour le judaïsme qui est le même que celui de la Bible, qui répond toujours à la convocation du mont Sinaï, mais qui change parce qu'il reste justement authentique, c'est-à-dire qu'il colle à la vie des femmes et des hommes de chaque époque par un mécanisme qui s'appelle la *halakha,* la loi appliquée, et que l'on peut traduire par « en marche ». Le judaïsme est toujours le même parce que précisément il est en marche. Émile Touati, l'ancien président du consistoire de Paris et fidèle du grand rabbin Kaplan disait en parlant de la France :

> « La France n'est pas non plus arrêtée, accomplie, achevée, close ; elle continue, c'est un devenir et ce devenir est ouvert, et il nous est ouvert aussi, pour recevoir éventuellement notre empreinte. »

L'intégration a deux contraires, la ghettoïsation ou le communautarisme outrancier, et l'excès d'intégration qui tend à l'assimilation totale. Or, bien souvent, la vérité profonde de l'assimilation conduit au conformisme, à la faiblesse, la facilité et la méconnaissance autant de caractères qui se parent des habits plus intellectuels de l'assimilation.

Or l'un des fondements de ce qui fait la France se trouve être la fraternité, sentiment qui dans les familles unit les frères qui sont proches et pourtant différents. Jacob Kaplan a expérimenté cette proximité – distance dans les tranchées, et l'idée lui est toujours restée : il faut se connaître pour connaître l'Autre, il faut connaître l'Autre pour se connaître, et ainsi naît le respect. Puis ce respect et cette connaissance donnent la France, une France quasi biblique. Mais cela interdit tout syncrétisme, toute dilution dans une identité globale.

Il est d'ailleurs surprenant que l'apparition de la notion de « droit à la différence » occulte le devoir de différence ou de différenciation qui devrait pourtant s'imposer à tous. L'antisémitisme a été longtemps une façon de rejeter les juifs parce que supposés inassimilables car non conformes au modèle unique

de la société. C'était déjà l'argument du méchant Aman dans
le Livre d'Esther, dans la Bible. Mais de nos jours, nous voyons
une autre forme d'antisémitisme poindre, qui est parée des plus
nobles sentiments car s'appuyant sur l'idée que tous les hommes
sont frères. C'est, bien évidemment, une belle chose, mais le
peuple juif, comme les sikhs, les chrétiens ou les musulmans,
s'obstine à refuser de se dissoudre dans ce syncrétisme où personne ne sait plus qui il est. Spirituellement, c'est exactement
le sens de la fameuse élection d'Israël : être distinct. Pas mieux
ni moins bien, mais différent. Or dans un monde où les
mélanges des genres en tous domaines sont valorisés, la place
du judaïsme est difficile à trouver.

Et la France traverse le même redoutable questionnement
que le judaïsme, elle qui refuse également de se fondre dans un
moule mondial où l'anglais et une « *world culture* » s'épanouis-
sent au détriment de la fameuse exception culturelle. Les
ennemis du judaïsme sont aussi les ennemis de la France, et
c'est ce que croyait Jacob Kaplan.

La dilution au sein de l'universel, pourtant très à la mode,
est une désincarnation absolue. Ce serait pour un juif le fait,
par exemple, de se vouloir non plus même européen, français,
juif, rémois, parisien ou autre, mais juste citoyen du monde,
sans racines aucunes. C'est ne plus être juif, mais d'origine juive,
avant de perdre même cette mémoire. Si l'idée d'une humanité
homogène peut paraître belle, elle rappelle l'homme de la Tour
de Babel auquel Dieu fut contraint de rappeler sa vocation :
construire de l'unité avec les légitimes différences des uns et des
autres, et non pas de l'uniformité. Le résultat de cette utopie
est tragique puisqu'il crée une sorte d'ectoplasme qui ne peut
rien apporter de particulier à la communauté nationale. Chaque
peuple a un rôle et un génie propre à apporter à l'histoire du
monde, et, tels les voleurs de feu de la préhistoire ou ceux, plus
récents, qui voulaient se faire passer pour le Verus Israël, le
véritable Israël, si un peuple, une nation, accapare la vocation
d'un autre, ou abdique la sienne propre, il manquera une contri-

bution à l'équilibre du monde. L'intégration est bonne tant qu'elle n'est pas aliénation de sa propre identité.

À travers l'intégration, il ne peut y avoir de cannibalisation de l'identité juive par l'identité française ou vice versa puisqu'elles ne sont ni antinomiques ni exclusives. Ceci implique de se penser et se vivre en tant que juif et Français et donc totalement juif et totalement français en permanence. L'époque où il fallait être juif à la maison et français à l'extérieur, ce qui laissait supposer que les deux notions ne pouvaient jamais cohabiter et ce qui forçait à vivre une schizophrénie permanente, est dépassée.

La France, en hébreu, se dit « Tsarfat ». Ce mot désigne le creuset de l'orfèvre. Dans ce creuset les métaux apportent chacun leur qualité, leur beauté. Chacun est indispensable à l'équilibre de l'ensemble. Le secret de l'orfèvre, c'est de faire que l'alliage final reflète chacun des différents métaux qui le composent tout en étant plus que la simple somme de tous les éléments. Le secret de l'orfèvre, c'est le génie de la France.

L'adaptation de chacun et la participation au destin de la communauté nationale ne s'accompagnent jamais d'aucun reniement pour personne. Il y a une série de transmutations conscientes qui permettent de faire sien ce qui est absorbé. Mais la théorie du creuset symbolisant la France n'est pas qu'extérieure à nous car, le creuset français, c'est également nous-mêmes. Encore faut-il avoir quelque chose à mettre dans le creuset. C'est tout le destin d'Israël qui dès l'époque biblique est suspecté d'être trop comme les autres pour ne pas être différent, en d'autres termes, de vouloir masquer sa différence par une obsession de la ressemblance. C'est ce qu'affirme toute l'histoire de la reine Esther qui voit le peuple juif être accusé d'être différent au moment précis où il cherche à s'assimiler complètement, au point qu'Esther elle-même n'est pas visiblement juive. Renan affirmait « qu'Israël aspire à deux choses contradictoires : ils veulent être comme tout le monde, et être à part ». C'est la définition de toutes les cultures que portent tous ceux qui sont la France d'aujourd'hui. Nés à Alger,

Ganzhou, Bamako ou même à Lille, Calvi, Fort-de-France ou Biarritz, chacun veut être comme tout le monde et tout en même temps être particulier, reconnu dans sa spécificité, dans sa culture propre. La France est vivante et debout si elle sait garder tous ses enfants ensemble en harmonisant leurs différences, ou mieux en cultivant cette richesse identitaire unique au monde. Exception faite, peut-être, des États-Unis ou plus exactement de New York.

Seul le monde informatique est binaire. Il ne peut décrire la vie réelle avec ses zones grises, ses ambiguïtés et ses entre deux. « Français et juif », ou « juif et Français » n'échappent pas à la règle car il y a une très grande incertitude dans ce « et » qui évoque des oppositions inconciliables comme si on entendait « bien que », de faux parallèles, des heures noires et des moments de lumière, des complémentarités partielles, tout en occultant la convergence des deux espérances. Mais il n'y a pas d'autre façon de se définir et de définir un homme comme Jacob Kaplan que par ces deux mots liés par la conjonction de *coordination* qui n'a jamais aussi justement porté son nom. Il s'agit bien de *coordonner* les deux vocations pour qu'elles s'interpénètrent et s'enrichissent l'une l'autre.

Toute la force de l'action de notre grand rabbin repose sur un modèle de franco-judaïsme attaché au modèle républicain mais également attaché au judaïsme, à leurs vocations communes et à leur intégration dans une identité commune. Tout son génie a été d'atteindre le point d'équilibre où se rejoignent l'idéal du judaïsme et l'idéal de la France.

Tous les rituels de prière juifs comportent une bénédiction très particulière, que l'on ne retrouve dans aucun autre culte, la prière pour la République. Ce fut d'abord la prière pour le roi, puis pour l'empereur, et enfin la République. Mais les racines de cette bénédiction sont bibliques puisque le prophète Jérémie enjoignait déjà aux Hébreux à « rechercher la paix pour la ville où vous résidez et à prier pour elle ». Les *Maximes des pères* sont encore plus claires en affirmant :

« Prie pour le salut de ceux qui sont à la tête de l'État, car sans la crainte qu'ils inspirent, les hommes avaleraient vivants leurs concitoyens. »

La prière de la République est donc une évidence religieuse que l'on ne retrouve malheureusement pas dans les autres religions. Nous pouvons imaginer que des fidèles qui bénissent la République dans leur lieu de culte ne siffleront pas *la Marseillaise* le lendemain dans un stade. Quoi qu'il en soit, le judaïsme se targue d'avoir une telle prière et à chaque conférence sur « laïcité et judaïsme » ou « République et judaïsme », nous entendons l'orateur rappeler cette invocation. Mais l'invocation devient elle-même invocation. En effet, peu de synagogues la disent tous les samedis, et il faut parfois se battre pour l'imposer. Alors que la prière pour l'État d'Israël ne fait pas l'objet de tels débats, sauf dans certaines synagogues ultra-orthodoxes où l'État d'Israël est considéré comme une aberration. Mais la réticence à poursuivre cette tradition de bénédiction de la République peut se lire, par-delà la dévaluation générale des valeurs patriotiques, comme un signe de défiance envers un État qui ne protège plus. Or cette prière est fondamentale pour affirmer que chacun peut travailler à la grandeur et à la paix de son pays, et les religieux peuvent le faire également avec leur arme religieuse qui est la prière. En tout cas, il ne s'agit pas de juger de la politique d'un gouvernement, mais de prier pour que la France « vive heureuse et prospère, qu'elle soit forte et grande dans l'union et la concorde, qu'elle jouisse d'une paix durable, qu'elle conserve son rang glorieux au sein des nations et qu'elle reste fidèle à sa noble tradition de défense du droit et de la liberté ». Toutes espérances qui font honneur à ceux qui les professent. Il est légitime, non pas d'en faire plus que les autres, ce qui parait toujours suspect, mais de faire ce qui est notre tradition, et poursuivre la belle histoire de cette prière qui fait de chaque juif un « hussard noir » de la République. Si Jacob Kaplan avait toujours la réaction juste, c'est parce qu'il n'était jamais mal à l'aise, ni lorsqu'il encensait la France, ni lorsqu'il la rappelait à sa vocation quand elle s'en éloignait.

Il en va de même pour les liens avec l'Église, qui appellent une grande clarification. Autant le catholicisme a longtemps dépeint la Synagogue comme une reine déchue, portant le bandeau de l'aveuglement et le sceptre brisé de l'ancienne alliance, autant aujourd'hui, et plus en France qu'ailleurs, l'Église a eu les mots et les gestes qui assuraient le judaïsme de sa volonté forte de renouveler les liens si joliment définis par Jean-Paul II dans sa formule « des frères aînés dans la foi ». Le même pape, lors de son voyage en Israël, déposa un texte dans une anfractuosité du « mur occidental », comme pour racheter 2 000 ans d'incompréhension et soixante ans de silence. Des hommes comme Jacob Kaplan, Jules Isaac et d'autres firent tomber les murailles du mépris et ouvrirent les chemins de l'estime. Mais comment construire un respect authentique s'il n'y a pas réciprocité ?

Alors que des prêtres assistent à des offices dans nos synagogues, rares sont les rabbins qui entrent aujourd'hui dans des églises, et plus rares encore sont ceux qui assistent à une messe. Le grand rabbin Kaplan le faisait et il semble cohérent de suivre son exemple. Ayant affirmé que la chose était autorisée, certains rabbins s'en plaignirent lors d'un congrès rabbinique au grand rabbin d'Israël alors en visite à Paris. Il affirma qu'il entrait dans nos missions d'assister, si besoin était, à un office religieux dans une église. Mais il ne parvint pas à convaincre les rabbins français, puisque pas un ne changea d'option ; et surtout, lors du congrès suivant, l'un de nos maîtres donna une communication sur le thème de l'interdit majeur que de pénétrer dans une église à cause de l'ambiguïté de la Trinité qui pourrait être assimilée à de l'idolâtrie. C'est une théorie battue en brèche par toute la jurisprudence rabbinique et gênante pour tous les grands rabbins d'Israël qui font le voyage vers le Vatican... qui n'est finalement qu'une immense cathédrale. Mais est-il acceptable que même les rabbins qui succédèrent à Jacob Kaplan dans ses diverses fonctions, dont celle pourtant explicite des

Amitiés judéo-chrétiennes, n'acceptent pas d'assister à une messe alors qu'il n'est pas concevable de nos jours de célébrer un office solennel à la synagogue de la Victoire, ou ailleurs, sans la place du cardinal Lustiger, de son successeur ou d'autres évêques et prêtres ? Est-il normal que pour donner des cours à l'École cathédrale de formation des jeunes prêtres, il faille qu'un rabbin américain vienne, et devant sa présence, que certaines autorités rabbiniques soient obligées d'assister à la leçon au lieu de la donner ? Or, dans tous les échanges de quelque nature que ce soit, il importe d'être en équité. La laïcité française, en plaçant toutes les religions au même niveau, a permis un dialogue honnête entre tous les croyants. Nous devons construire en parlant et en ne considérant pas qu'un monologue peut faire office de rencontre. C'est à l'Église de poser des questions pour comprendre et de ne pas se suffire d'échanges réguliers entre les mêmes personnes pour se dire les mêmes choses dans des endroits différents. Le dialogue avec le judaïsme n'est pas bénin pour le catholicisme. Il est un questionnement sur l'origine, et 1 900 ans de volonté de convertir sont difficilement effaçables. Pourquoi, alors qu'il existe un dicastère pour les relations inter-religieuses, qui vient d'ailleurs d'être élargi à l'islam, faut-il toujours que les relations avec le judaïsme soient rattachées au « ministère » pour l'unité des chrétiens ? Peut-être parce que l'Église n'ose pas faire le pas complet qu'elle avait initié lors du concile Vatican II, en acceptant que des femmes et des hommes portent toujours l'alliance du Sinaï ? Le grand rabbin Kaplan qui savait donner quitus à l'Église de son *aggiornamento*, savait aussi lui rappeler le chemin encore à accomplir. Il en reste encore.

En fait, tant pour les relations avec l'État que pour celles avec l'Église, l'idée-force du judaïsme reste la même : refus du syncrétisme, refus de choisir entre l'universalisme et le particularisme, entre la citoyenneté et la foi, refus d'être enfermé dans le choix insoutenable de devoir renier sa foi ou sa citoyenneté, et donc de se renier. Un bel exemple est donné avec la question des examens le jour de shabbat. Comment un jeune juif fait-il pour rester fidèle à sa foi, qui lui interdit d'écrire le samedi, et cohérent avec sa démarche d'implication dans la République, qui le pousse à faire de études ? La grandeur de la France est également de ne placer personne en situation de choix impossibles, de ne forcer personne à arbitrer entre « son père et sa mère », comme le rappelle Jacob Kaplan. Il y a des solutions de bon sens, et dès l'après-guerre, notre grand rabbin fit toutes les démarches afin d'obtenir gain de cause[1]. Nous retrouvons sa capacité à faire correspondre l'idéal du judaïsme et l'idéal de la République. En fait, Jacob Kaplan croit en Dieu, dans les hommes et en la France, et son rêve est de voir ses trois aspirations concorder.

Une parabole talmudique, l'affirmation d'un rabbin et la formule d'un prêtre peuvent définir la vision du monde que defendait le grand rabbin Kaplan. Le Talmud[2] raconte qu'un renard trotant le long d'un fleuve vit des poissons qui fuyaient en tous sens. Il leur demanda de quoi ils avaient si peur et ils répondirent que les filets des pêcheurs les effrayaient. Le renard leur proposa de monter sur la rive pour les proteger, mais les poissons lui repondirent : « Est-ce bien toi le plus malin des animaux ? Si nous sommes en danger dans l'élément qui nous fait vivre, nous le serions bien plus dans l'élément qui nous donne la mort. » Et le Talmud conclut qu'il en est de même pour le judaïsme qui ne peut être lui-même s'il s'éloigne de sa culture et de la Bible. C'est la première idée-force du grand rabbin : les juifs doivent connaître le judaïsme pour le faire connaître à l'extérieur.

L'affirmation du rabbin est un cri du cœur de Rabbi Nahman de Braslav qui chantait et scandait : « Le monde entier n'est qu'un pont très étroit, et l'essentiel est de ne pas avoir peur. » Jacob Kaplan n'a jamais eu peur, et toute sa capacité à penser les autres non pas comme des ennemis mais comme les acteurs

1. Voir document en annexe p. 391.
2. Talmud de Babylone, Traité Berakhot, 61b.

nécessaires de sa propre vérité vient de sa confiance dans les hommes. La ghettoïsation et l'enfermement sont les enfants de la peur, alors que l'ouverture et l'accueil engendre la réciprocité.

Enfin, Bernard de Clairevaux définit un jour la prière en ne la limitant pas exclusivement à une parole adressée à Dieu. Il l'ouvrit en disant : « La plus belle des prières sera l'œuvre de tes mains. »

Jacob Kaplan qui fut un homme de piété œuvra pour rapprocher les hommes par-delà leurs différences, et c'est la prière qu'il affectionnait de prononcer, la bénédiction des prêtres, puisqu'il était cohen : « Que l'Éternel vous accorde la paix, qui l'inspira, et dont nous aurions tant besoin aujourd'hui. »

Connaissance du judaïsme, refus de la peur, ouverture et action sont des concepts d'une extraordinaire urgence pour un monde qui ne sait plus, qui doute, qui se referme et qui reste bloqué. La vie de Jacob Kaplan demeure comme un repère pour un monde qui espère malgré tout.

Conclusion

Lorsque disparaît le grand rabbin Jacob Kaplan, chacun peine à vivre sans sa présence si chaleureuse et si réconfortante. Il était la vigie qui portait un regard par-delà notre simple horizon. C'est ainsi que les Maximes des Pères discernent le véritable sage, celui qui voit ce qui va advenir.

Le 7 décembre 1994, deux jours après sa mort, le cardinal Lustiger a pu dire :

> « En homme de foi et en homme de prière qu'il était, avec une perspicacité jamais prise en défaut, il s'est toujours interrogé sur ce qu'il appelait les grandes tâches communes et qui étaient pour lui celles de la civilisation : elles ne manquent pas à notre époque où les valeurs judéo-chrétiennes sont remises en cause avec toutes les dénégations qui en résultent. »

Le grand rabbin Jacob Kaplan, aidé de sa femme Fanny, qui fut non seulement sa compagne mais sa collaboratrice la plus proche et la plus active pour toutes les œuvres sociales possibles, a lutté toute sa vie pour le « droit d'être des hommes ». Comme son fils devait le rappeler, il a « incarné l'un des termes du dialogue, modération et conciliation authentiques, et respectueux d'autrui ». Mais il a toujours su le faire en gardant sa vision intelligente et humaine de tout et de tous.

Il ne s'agissait pas ici de raconter sa vie, ce qui prendrait...

cent ans, mais de montrer la vérité d'un homme qui croyait, en Dieu, dans les hommes et en la France. La préoccupation permanente de sa vie, qui était d'unir sa vision du judaïsme et sa vision de la France, l'a contraint à toujours lutter, et l'a conduit à cette voie d'équilibre qui lui permettait de ne rien renier de sa foi ni de sa citoyenneté.

Il s'agissait aussi de dessiner, aussi fidèlement que possible, la place que le grand rabbin Jacob Kaplan occupe désormais dans l'histoire de France.

La logique révolutionnaire avait tout refusé aux juifs en tant que juifs pour leur donner les droits des citoyens. C'était une logique d'oblitération de la spécificité juive, comme de toutes les spécificités. Pour l'époque, il s'agissait d'une véritable révolution, qui servit de modèle théorique pour tous les juifs d'Europe. Mais c'était considérer l'État comme jaloux, s'il se peut dire, de toute appartenance autre que la sienne. De ce point de vue, c'est la conséquence logique de sa volonté de se débarrasser de tous les intermédiaires entre le citoyen et lui, que ce soit les guildes, les religions ou les différences linguistiques. Mais dans une telle volonté d'intégration des juifs par assimilation totale, le juif est-il toujours juif ? Le prix à payer n'est-il pas une perte d'identité, puisque rien ne différenciera un juif français, ou plutôt un Français juif d'un autre Français.

Un siècle plus tard, la société française telle que la dessine la IIIᵉ République est vouée à la laïcisation. La tendance lourde au tournant du siècle considère tout particularisme, notamment religieux, comme contraire au progrès. Il est significatif que ce soit l'arrivée massive de coreligionnaires venus de l'extérieur, d'abord d'Europe de l'Est, qui ait ramené nombre de juifs vers leurs racines, et plus récemment d'Afrique du Nord, et qui ait redonner au judaïsme un souffle neuf au moment où il fallait encore panser les plaies de la guerre.

Jacob Kaplan refusait toute tentation de dilution. Au contraire, il prônait sans cesse le retour à la connaissance de sa foi. Pour lui, cultiver cette richesse identitaire n'était pas contraire à la fierté et à la connaissance de l'identité française, elle en était partie prenante. Comment apporter ce « quelque chose » de spécifique à la France, si nous sommes comme les autres ? Sachons d'abord qui nous sommes pour que les autres Français puissent nous connaître. Charles Péguy, qui a tant combattu l'antisémitisme, disait que les antisémites ne connaissaient pas les juifs. Mais les juifs connaissent-ils mieux le judaïsme que ceux qui les critiquent ?

Cependant, un programme de réappropriation du judaïsme par les juifs eux-mêmes n'est pas sans difficultés. La principale, celle qui est peut-être le génie particulier du judaïsme, est sa grande diversité. Il est impossible de le concevoir d'une façon monolithique. Si certains juifs se reconnaissent dans le modèle « israélite », d'autres y voient un reniement, et ne peuvent se penser qu'en tant que juifs français, c'est-à-dire totalement juifs et totalement français. Certains avaient cru trouver la solution en se définissant comme français à l'extérieur et juif à l'intérieur. Mais c'était prendre le risque d'une schizophrénie permanente, en s'obligeant à renier une part de soi-même à chaque instant, mais jamais la même part, selon le lieu, le jour et l'heure.

Si le franco-judaïsme a montré ses limites, c'est qu'il croyait pouvoir rogner des deux côtés pour trouver un modus vivendi. Sans concession, le grand rabbin Kaplan construisit un modèle de « néo-franco-judaïsme », très attaché au modèle républicain. La clef de voûte, telle qu'il l'a présentée dans l'une de ses conférences à l'Institut, est que toutes les valeurs des droits de l'homme proviennent de la Bible. Les vocations du judaïsme et de la France, pays des droits de l'homme, se rejoignent en une identité commune.

Jacob Kaplan réussit à ouvrir une troisième voie, en refusant de choisir entre l'universalisme et le particularisme. Pour lui, le génie de la France consistait à ne soumettre personne au terrible dilemme de choisir entre sa citoyenneté et sa foi. Le grand rabbin Kaplan a toujours été porté par cette ambition qui visait à trouver le point exact où se conjuguaient l'idéal du judaïsme et l'idéal de la France. Cette double vocation pour lui n'en faisait qu'une, comme pour l'auteur de ces lignes :

« La France qui a été la première à éteindre la honte de Jéhouda, est notre Palestine, ses montagnes sont notre Sion, ses fleuves notre Jourdain [...]. La liberté n'a qu'une langue, et tous les hommes savent son alphabet. La nation la plus asservie priera pour celle qui a délié les chaînes des esclaves. La France est le refuge des opprimés. [1] »

Même l'affaire Dreyfus ne pouvait ternir l'image que Jacob Kaplan avait de la France. Car la victoire de la justice a révélé une France sans doute bousculée et divisée, mais restée fondamentalement elle-même. Emmanuel Levinas citait souvent ce que disait son grand-père de l'affaire Dreyfus :

« Un pays qui se déchire, qui se divise pour sauver l'honneur d'un petit officier juif, c'est un pays où il faut rapidement aller. [2] »

C'est dans la fraternité des tranchées que Jacob Kaplan a construit sa conviction profonde : la France authentique n'est véritablement vivante que lorsqu'elle sait garder ensemble tous ses enfants. Il revient à l'étymologie hébraïque du mot Tsarfat qui signifie France, et qui désigne un creuset dans lequel le bijoutier va fondre tous ses métaux pour en faire un alliage parfait. S'il lui manque un seul métal, du plus noble au plus vil, son alliage échoue. Il en va de même pour la France qui ne peut se passer d'un seul de ses enfants dans toutes leurs différences. Dans une lecture très gaullienne de l'histoire, même Vichy n'a pu le détourner de son idée de la France. La France était à Londres, et elle n'a pas failli. Celle qui se faisait appeler France n'était qu'une usurpatrice, comme il l'écrivit à Xavier Vallat. Jacob Kaplan mourut huit mois avant que Jacques

---

1. Samuel Lévi cité par Simon Doudnov, *Histoire moderne du peuple juif,* éd. du Cerf, 1994, p. 127.
2. Cité par Jean Daniel, *La Prison juive,* Odile Jacob, 2004, p. 68.

Chirac ne fasse tomber, lors de la cérémonie du Vel' d'Hiv' de 1995, le masque de l'histoire officielle pour dévoiler la vérité.

Le succès final de l'affaire Finaly n'est pas seulement le retour de deux enfants. C'est aussi de voir l'opinion publique finir par accepter, et même par encourager, un judaïsme discutant d'égal à égal avec l'Église catholique. Mais cette victoire n'est pas celle d'une revendication corporative : elle est pour Jacob Kaplan la victoire d'une idée, la certitude que le chemin d'équilibre passe par un rapprochement avec les autres religions.

Sa force de persuasion convaincra même le général de Gaulle d'accepter qu'un sentiment fort envers l'État d'Israël ne devait pas conduire la République à rejeter le particularisme juif.

Ainsi, après avoir fait passer l'Église de l'« enseignement du mépris » à celui de l'estime, selon la belle formule de Jules Isaac, Jacob Kaplan a voulu conduire la France de la suspicion de double allégeance à la reconnaissance d'une double fidélité.

Toute la lourde responsabilité qu'il porta n'en fit jamais un homme austère. Il savait au contraire cultiver un humour très fin qui ne le quittait jamais. Jeune séminariste, il riait souvent pendant les cours au point qu'un professeur lui dit – cela se passait peu avant son incorporation comme soldat : « Vous ne rirez plus au front ! » Au front, il se fait photographier et il s'aperçoit qu'il rit sur la photo. Il envoie cette dernière comme un potache à son professeur en ajoutant au stylo : « Et il rit toujours ![1] »

Son sourire nous illumine toujours.

« *Vatishak léyom aharon.* » « Il sourit au jour à venir.[2] »

---

1. Francis Kaplan, conférence au séminaire israélite de décembre 2004 à l'occasion des dix ans du décès du grand rabbin.
2. Proverbes, XXXI, 25.

Annexes

Extrait de l'acte de naissance de Jacob Kaplan.

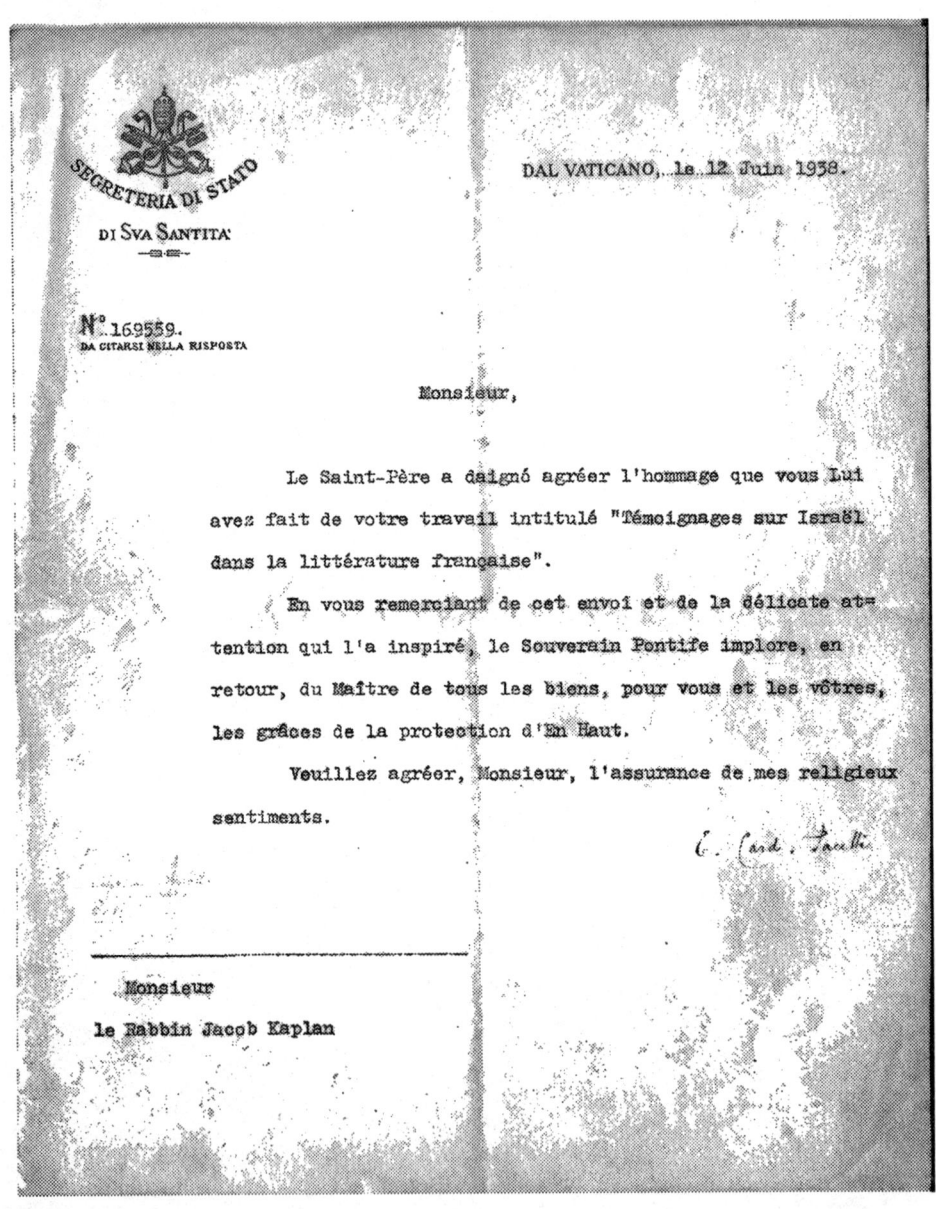

Lettre de remerciement du Vatican pour l'envoi d'un livre en 1938 et signé du Cardinal Paceli, futur Pape Pie XII.

Lettre à M. Xavier Vallat
Commissaire général aux Questions juives
à propos du recensement des juifs.

Cusset, 31 juillet 1941

Monsieur le Commissaire général,

J'ai l'honneur de vous informer que j'ai adressé ce jour à la mairie de Cusset (Allier), conformément à la loi, ma déclaration de juif ainsi que celle des membres de ma famille.

Appartenir au judaïsme étant pour moi un grand honneur, j'ai été heureux de cette occasion d'en faire la déclaration officielle. Je ne puis ignorer cependant que ce n'est pas pour les honorer que vous obligez les juifs, sous peine de sanctions très graves, à répondre à votre questionnaire, mais que c'est pour leur appliquer des mesures d'exception d'où il ressort que c'est une tare d'être juif.

Qu'un païen ou un athée dénigre le judaïsme, il a tort certes, mais il n'y a rien d'illogique dans sa façon de faire, tandis que de la part d'un chrétien, une telle attitude n'apparaît-elle pas comme une incon-séquence dans l'ordre de l'esprit en même temps qu'une ingratitude ?

Dois-je rappeler que la religion juive est la mère de la religion chrétienne, et qu'avant la chrétienne, elle a proclamé l'existence du vrai Dieu : Dieu unique, pur esprit, créateur du ciel et de la terre, créateur de tous les hommes ; la fraternité humaine : tous les hommes ayant pour père commun Adam, le premier homme ; le respect de la personnalité humaine : Dieu ayant créé l'homme à son image ; l'amour du prochain : la Loi de Moise ordonnant d'aimer son pro-chain comme soi-même ; les Dix Commandements : la charte morale et religieuse de l'humanité civilisée.

Il me serait facile de poursuivre cette énumération. Je me borne seulement à déclarer – et c'est pour moi la plus précieuse déclaration de biens – que la plupart des grandes idées religieuses et morales de notre temps ont été enseignées aux juifs et aux autres hommes par le Livre d'Israël.

Vous convaincrais-je plus encore de la haute valeur de la loi de Moise et de la religion juive en invoquant le témoignage des plus grands écrivains français ? C'est un magnifique hommage qu'ils rendent au judaïsme :

Pascal a dit : « *Cette loi est sainte et juste.* »

Fénelon a dit : « *Le peuple juif a formé la société religieuse idéale.* »

Montesquieu a dit : « *La religion juive est un vieux tronc qui a produit deux branches qui ont couvert toute la terre.* »

Rousseau a dit : « *La législation de Moise est à l'épreuve du temps.* »

Chateaubriand a dit : « *La loi du Sinaï est la loi de tous les peuples.* »

Guizot a dit : « *Le Décalogue unit intimement la religion et la morale.* »

Renan a dit : « *Israël a été la tige sur laquelle s'est greffée la foi du genre humain.* »

Répondrez-vous que ce n'est pas leur religion que vous reprochez aux juifs, mais leur race ? Tout en formulant les plus expresses réserves sur ce terme « race » appliqué aux juifs, permettez-moi de vous demander : Croyez-vous vraiment, Monsieur le Commissaire général, que ce soit une tare d'appartenir à la « race juive », à la race de Jésus et des apôtres ? Oublie-t-on que Jésus a été juif, qu'il a été circoncis comme tout enfant d'Israël et que le souvenir de sa circoncision est conservé dans le calendrier civil qui en commémore la date le 1er janvier de chaque année ?

Peut-on ignorer qu'en attaquant la « race juive » on atteint en même temps les fondateurs du christianisme ?

Écoutez ce qu'en pense Léon Bloy : « *Supposez que des personnes autour de vous parlassent continuellement de votre père et de votre mère avec le plus grand mépris et n'eussent pour eux que des injures ou des sarcasmes outrageants, quels seraient vos sentiments ? Eh bien, c'est exactement ce qui arrive à Notre Seigneur Jésus-Christ. On oublie, ou plutôt on ne veut pas savoir que Notre Dieu fait homme est juif, le Juif par excellence de nature, le Lion de Juda, que sa mère est une juive, la fleur de la race juive, que les apôtres ont été des juifs ainsi que tous les prophètes, enfin que notre liturgie sacrée tout entière est puisée dans les livres juifs. Dès lors, comment exprimer l'énormité de l'outrage et du blasphème qui consiste à vilipender la race juive ?* »

La race juive, enfin, est celle des patriarches : Abraham, Isaac et Jacob, trois grands juifs que nos compatriotes non israélites honorent dans leurs églises et dans leurs temples et dont ils se font gloire d'être les descendants spirituels.

Une tare, alors, la race juive ? Je pourrais le craindre, si je n'avais comme garants, pour m'assurer que je ne me trompe pas, d'éminents chrétiens tels que Ignace de Loyola (le fondateur de l'ordre des jésuites) souhaitant d'être juif pour ressembler davantage à Jésus, et le pape Pie XI disant : « *Nous sommes spirituellement des sémites.* »

Préférez-vous que je vous cite, sur ce point, de grands écrivains français. Voici :

Lacordaire, qui a parlé « *des grâces magnifiques que le peuple juif a reçues dans l'ordre de l'esprit* », et de Sacy qui a dit : « *Je pense que ce petit peuple juif... est le plus grand des peuples, la plus noble des familles entre les familles humaines, la race vraiment choisie de Dieu.* »

Conformément au questionnaire, j'ai indiqué mes services militaires...[suivent les titres militaires].

Je puis ajouter que, dans cette dernière guerre, mes trois frères ont été mobilisés : un d'entre eux est prisonnier, un autre a été décoré de la croix de guerre. En outre, sur six autres membres de ma famille également mobilisés, deux d'entre eux, officiers, sont encore prisonniers.

Je suis persuadé que tous mes coreligionnaires français, dans leur immense majorité, ont servi la patrie avec le même amour et la même abnégation. Aussi rien ne m'est-il plus douloureux que de voir mettre en doute notre patriotisme. La participation des juifs à la guerre de 1939-1940 ne peut être établie encore d'une manière précise. Quand elle le sera, elle prouvera que les juifs ont rempli leur devoir à l'égal de tous les autres citoyens.

Mais notre participation à la guerre de 1914-1918 est connue, elle a été proclamée officiellement au nom du gouvernement français par M. Campinchi, ministre de la Marine, le 19 juin 1938, à l'inauguration du monument israélite de Douaumont. Il a déclaré : « *Sur 190 000 Israélites de France et d'Algérie, 32 000 ont été mobilisés, 6 500 ont été tuées, 12 000 volontaires juifs étrangers se sont offerts pour défendre cette terre de France qui leur avait donné asile. Plus de 2 000 sont morts dans les rangs de la Légion étrangère.* »

Et sur le patriotisme des juifs, je me contente de rapporter, entre tant d'autres, deux témoignages de grands écrivains français :

D'abord cet émouvant aveu de Maxime Du Camp : « *On a dit et j'ai dit moi-même que les israélites n'avaient qu'un sentiment incomplet de la Patrie..., pardonnez-moi* »

Ensuite le mot de Barrès, qui, à propos de la mort héroïque du Grand rabbin Abraham Bloch, tué le 29 août 1914, en apportant un crucifix à un soldat mourant, s'est écrié : « *Ici, la fraternité trouve spontanément son geste parfait : le vieux rabbin présentant au soldat qui meurt le signe immortel du Christ sur la croix, c'est une image qui ne périra pas* ».

Hélas ! En 1941, les lois d'exception contre les juifs, comme toute la campagne menée contre nous, prouvent que l'image que Barrès croyait impérissable a bien vite été effacée.

Je terminerai sur une parole d'un auteur français très justement en vogue aujourd'hui : Péguy. La révolution nationale cite avec honneur ses écrits où elle reconnaît la voix même de la France. « *Les antisémites ne connaissent pas les juifs* » a dit Péguy.

Entre les écrivains nommés au cours de cette lettre, qui représentent l'élite de la pensée française, et les antisémites « qui ne connaissent pas les juifs », un Français sincère peut-il hésiter ? Je ne puis croire que ce ne soit également votre sentiment et que vous ne reconnaissiez avec moi que le jour où la raison reprendra ses droits (et elle les reprendra sans aucun doute dans le pays de Descartes et de Bergson) l'antisémitisme, lui, perdra les siens.

LE SERVICE COMMÉMORATIF DES « CROIX DE FEU »
au Temple de la Victoire

Ainsi qu'elle le fait chaque année, l'Association « Les Croix de Feu » o fait célébrer un service commémoratif au temple de la Rue de la Victoire.

Les « Croix de Feu », ayant à leur tête le colonel de la Rocque et les membres du Comité directeur, étaient représentés par une nombreuse délégation, qui, avec ses drapeaux, avait pris place dans le chœur.

Aux premiers rangs de l'assistance nous avons remarqué la présence de M. le baron Robert de Rothschild, Président du Consistoire de Paris. Étaient également présents plusieurs membres du Rabbinat, du Consistoire central, du Consistoire de Paris et de l'Administration des temples.

Après le chant de la Marseillaise, un défilé eut lieu devant le monument aux morts.

A la sortie, au moment où le colonel de la Rocque est monté en voiture, des incidents se sont produits entre partisans des « Croix de Feu » et membres de la Ligue et du Front populaire, auxquels le service d'ordre a mis fin aussitôt.

Au cours de cette cérémonie, M. le rabbin Kaplan a prononcé une vibrante allocution dont nous donnons le texte ci-après:

Mes frères,

Comme les années précédentes, les Croix de Feu organisent ce service funèbre à la mémoire des morts de la Grande Guerre. Cette cérémonie a lieu à la synagogue, comme elle a lieu à l'église et au temple. En honorant les morts au sein de leur famille spirituelle, les Croix de Feu affirment leur aversion aux doctrines de haine qui divisent les Français.

Aussi bien, une telle cérémonie pourrait-elle avoir un autre signification ? L'évocation des morts de la guerre est inséparable du souvenir des sacrifices consentis en commun et, parce que ce souvenir rappelle la communion des âmes, il est incompatible avec toute parole de dissension et de discorde. Souvenez-vous : l'union sacrée alors n'était pas un vain mot, mais une réalité vivante. La guerre a pris nos âmes, les a fait passer dans son creuset, et les débarrassant de leurs scories : les haines, les préjugés, les jalousies, les égoïsmes, en a fait une âme unique, une âme nouvelle, ardente, généreuse, vraiment digne de ce magnifique pays l'harmonie que fut la France. Une âme unique, une âme nouvelle. C'est elle qui vibrait en nous quand fraternellement nous partagions nos vivres et nos abris, quand fraternellement nous partagions nos risques et les périls, quand, oubliant nous-mêmes, nous étions tout entiers au service de la France. Les anciens combattants tressailliront à ce rappel, car ils le savent mieux que quiconque que, plus que les souffrances et plus que les blessures, c'est ce qui caractérise l'ancien combattant, c'est d'avoir senti passer dans son âme la grande âme de la France.

Aujourd'hui, moins de 18 ans depuis la fin de la guerre, cette âme unique, d'un si pur métal, la voilà en tronçons. A l'entente a succédé la désunion, à la confiance la méfiance, à l'entr'aide la violence. Quand ce sont les citoyens de ce beau pays qui donnent ce douloureux spectacle, on est pris d'une infinie tristesse; mais quand il s'agit des anciens combattants, on ne peut s'empêcher de frémir d'horreur, car ils renient ce qu'il y a de plus pur en eux, car ils trahissent la mémoire de nos morts. Ceux-ci nous le pardonneront-ils seulement ? Oui, nous le pardonnerez-vous, vous qui reposez fraternellement côte à côte dans les grands cimetières du front et vous surtout dont les pauvres ossements, dans les grands ossuaires nationaux, sont mêlés, rapprochés, dans un anonymat qui confond l'imagination ? Dites-nous : sommes-nous encore dignes de prier pour vous ? Sommes-nous encore dignes de nous réclamer de vos exemples et de vos vertus ?

Questions terribles dont il y a lieu de craindre la réponse. Dans un épisode tragique de la guerre, cette parole historique a été prononcée : Debout les morts ! Ce même cri : Debout les morts ! nous devons le pousser dans l'épisode non moins tragique que nous vivons. Et si mon appel était suivi d'effet, si ma voix, comme celle du prophète Ézéchiel, pouvait aller réveiller leurs ossements desséchés, les mettre en mouvement, les emboîter les uns dans les autres, si, en un mot, Dieu m'accordait le pouvoir de faire surgir nos morts, vivants, de la tombe, je ne nous vois pas affronter leurs regards chargés de lourds reproches. Si les vivants oublient, les morts n'oublient pas. Si, pour nous, le temps a continué sa course, pour eux, il s'est immobilisé pour toujours. Et il s'est arrêté sur le moment où l'âme française a été la plus belle et la plus grande. Ce moment, en eux, ils l'ont éternisé, ils l'ont immortalisé. Ils n'en connaissent pas d'autre, ils ne veulent pas en connaître d'autre et ils exigent de nous, si nous ne voulons pas démériter d'eux, le maintien intégral de la fraternité de jadis.

Cette fraternité, nous n'avons pas de mission plus urgente que de la recréer. Sans doute, le demain un péril extérieur nous menaçait, nous nous retrouverions rapprochés coude à coude, comme en 1914. Mais l'union des citoyens est-elle moins belle, est-elle moins nécessaire dans la paix que dans la guerre ? Qui oserait le prétendre ?

Je dirai plus, je dirai qu'elle est une de nos garanties de paix, une de nos dernières garanties de paix. Nous en avions plusieurs, inscrites dans les traités; on les a arrachées l'une après l'autre et nous porterions nous-mêmes la main sur l'une des plus précieuses qui nous restent ? Cela n'est pas possible. Vous qui suivez les événements, vous savez qu'à l'heure actuelle, sur le plan international, il ne suffit pas d'être un peuple pacifique pour éviter une agression comme il ne suffit pas d'être un passant paisible et inoffensif pour être à l'abri de l'attaque d'un rôdeur. Encore faut-il être fort, encore faut-il être uni ; il faut la puissance matérielle, certes, il faut aussi la puissance morale. Prenons garde alors à ne pas laisser croire que celle-ci est minée parce que les anciens combattants eux-mêmes sont divisés ! Pensons aux idées dangereuses que cela pourrait faire naître dans l'esprit des ennemis de la France, pensons aux entreprises auxquelles ils pourraient être tentés et n'allions pas nous-mêmes l'irréparable sur nos têtes !

Pour la paix, pour la France et j'ajouterai à l'adresse des croyants qui sont ici : pour Dieu — car si au-dessus des partis il y a la France, au-dessus des confessions particulières il y a Dieu — pour tout ce que nous avons en commun de plus cher, l'ancien combattant que je suis vous adjure, mes frères, de faire triompher en vous et autour de vous l'union sacrée. Je n'oublie pas cependant que je ne parle pas dans cette synagogue comme ancien combattant, mais comme rabbin, au nom du Judaïsme. Soyez assurés qu'il n'y a rien dans mes paroles que le Judaïsme ne puisse approuver et ne puisse recommander à ses fidèles. L'amour de la France ? Il n'y a pas de samedi, il n'y a pas de jour où nous ne prions solennellement pour la République Française et le peuple français, où nous ne demandons à Dieu de maintenir la France grande et forte, grâce à l'union et la concorde. L'amour de l'humanité? Le Judaïsme est la première religion qui a fait entendre la parole célèbre : « Aime ton prochain comme toi-même » ; vous la trouverez au troisième Livre de Moïse. Le respect des autres cultes ? Notre croyance est tolérante, elle dit : Les justes de toutes confessions ont droit au salut éternel. L'amour de la paix ? Le Judaïsme avant tout mettre à annoncer la paix aux hommes et nos espérances messianiques font battre le cœur de l'humanité entière.

Peut-être ceux d'entre vous qui assistent pour la première fois à cette cérémonie éprouveront-ils quelque surprise. Ce qu'ils viennent d'entendre est tellement différent de ce qu'ils croyaient du Judaïsme. Que ne leur a-t-on pas dit sur nous ? Que le Juif travaille à la désagrégation de la France, qu'il est l'ennemi du genre humain, qu'il est intolérant, qu'il pousse à la guerre ! Exactement le contre-pied de nos doctrines les plus sûres et les plus saintes.

Pour moi, j'ai confiance en la bonne foi de ceux qui m'écoutent. Ils sauront discerner la vérité, ils ne donneront pas créance aux préjugés intéressés que l'on entretient contre Israël, ils rendront justice au Judaïsme et reconnaîtront, comme l'a dit dernièrement une voix plus autorisée que la mienne, que, sur le plan national, il n'y a ni juifs, ni protestants, ni catholiques, il n'y a que des Français.

Discours du rabbin Kaplan à la grande synagogue de la Victoire pour l'office organisé pour les Croix de feu en hommage aux morts pour la France en 1936.

GOUVERNEMENT PROVISOIRE
de
RÉPUBLIQUE FRANÇAISE

RÉPUBLIQUE FRANÇAISE

Ministère des Affaires Étrangères

Paris, le 2 Novembre 1944

ORDRE DE MISSION

Le Ministre des Affaires Étrangères ordonne à

M. (nom) KAPLAN (prénom) Jacob

(qualité) Grand Rabbin de France (adresse complète)
par intérim
né le 7 Octobre 1895 à PARIS département Seine

de se rendre en mission à New-York via GRANDE BRETAGNE

pour (objet complet de la mission) Membre de la Délégation du "Comité Représentatif des Juifs de France" au Congrès Juif mondial

MOYENS DE TRANSPORT :
DATE DE DÉPART : 8 Novembre
DATE DE RETOUR : 31 Décembre

Les Frais de mission seront imputés sur le budget du Ministère des affaires Étrangères.

Les Autorités Françaises et Alliées, civiles et militaires, sont priées de faciliter à M. KAPLAN Jacob, l'accomplissement de sa mission.

Pièce d'identité ou Passeport français Délivré à Paris le 9.7.1931
Nº du Passeport : Nº 35667 Préfecture de Police

Le Secrétaire Général du Gouvernement,
Vu au Secrétariat Général du Gouvernement

Le Ministre des Affaires Étrangères
Le Directeur Adjoint du Cabinet

Ordre de mission officiel du gouvernement qui envoie Jacob Kaplan aux États-Unis en novembre 1944.

Ste Foy lès Lyon, le 28 Mai 1945.

CC

Cher Monsieur,

Étant jusqu'à ce jour sans réponse au sujet de ma demande de déplacement des dates d'agrégation, je ne sais si vous avez pu entreprendre voire atteindre quelque chose. Le concours étant proche (4 juin), je vous serais très reconnaissant de bien vouloir me fixer par un mot.

Je vous prie, cher Monsieur, de croire en mes sentiments respectueusement dévoués

A. Neher,
Professeur au Lycée Ampère
8, Chemin-Pivort
Ste Foy-lès-Lyon (Rhône).

Lettre d'André Neher s'inquiétant, dès 1945, de la possibilité de déplacer une date des concours d'agrégation, dont une épreuve avait lieu le samedi.

La plaidoirie de l'avocat du Grand Rabbin Kaplan [1] en 1948.
(Le nom de Meiss figure sur le document)

Le Grand Rabbin Kaplan habitait avec sa famille au 1 de la rue Andrieux dans le huitième arrondissement de Paris avant la guerre.

Simone Berriau, dont le nom figure toujours sur son théâtre du boulevard Sébastopol et qui fut une collaboratrice très active, était la propriétaire. Elle dénonça la famille qui continuait toujours de payer les loyers bien qu'étant repliée en province, et l'appartement fût vidé de ses meubles. Prétextant qu'elle ne recevait pas les loyers, elle vendit l'appartement vers la fin de la guerre, et juste avant que l'acheteur ne s'y installe, le Grand Rabbin rentre et début septembre 1944 se réinstalle « *manu militari* » chez lui malgré une pièce pleine des affaires du futur nouvel occupant. Celui ci fait annuler la vente et se fait rembourser. Le Grand Rabbin Kaplan entre en procès contre Simon Berriau, ce qui n'est pas aisé car elle disposait du soutien des allemands pendant l'occupation, et d'autres après.

Finalement, après de longues années de procédure, une solution transactionnelle est trouvée et le Grand Rabbin Kaplan achète l'appartement.

Ce qui est intéressant dans ce document, c'est l'impudence des arguments développés contre le Grand Rabbin. Voici le compte rendu d'audience en appel qu'en fait l'avocat du Grand Rabbin :

M. le Président Degouy m'interrompt : « Maître, nous sommes en 1948. Il y a des choses que l'on ne plaide plus ».

Je réplique : « Si je comprends bien, Monsieur le Président, je n'ai plus le droit de rappeler, en 1948, qu'un locataire juif, décoré de la Croix de Guerre en 14/18 ayant repris volontairement du service en 1939, malgré ses cinq enfants, et qui a reçu la Légion d'Honneur à titre militaire en 1940, du gouvernement de Vichy, alors que celui-ci paraissait vouloir donner des gages aux israélites français patriotes, s'est vu évincé de son appartement grâce à l'occupation ennemie, parce que sa propriétaire entretenait avec l'armée allemande les meilleures relations.

---

1. CDJC, fonds Kaplan.

Je me permettrais d'ajouter que vous n'avez pas interrompu l'avocat de mon adversaire lorsque tout à l'heure, faisant allusion à une période que sa cliente paraît regretter, celle de la Libération, il visait, en le déformant, un document du Colonel Rendrickx, chef du service central des réquisitions immobilières, octobre 1944 était pourtant plus près de 1942, date que j'évoquais comme celle d'une violation de domicile qui n'aurait pas manqué d'être sanctionnée si un israélite avait pu se plaindre alors d'un délit commit à son encontre à Paris avec le concours de l'armée Allemande, que de la date à laquelle nous plaidons aujourd'hui.

Et comme je prenais un temps, Monsieur le Président Degouy me dit alors : « Continuez Maître ».

Je développai le reste de mon argumentation, rappelant que M. le Grand Rabbin Kaplan n'avait eu qu'un tort, celui de faire confiance à la justice française pendant la guerre : soucieux de ses obligations, alors que comme tant de nos coreligionnaires il aurait pu se dispenser de payer le loyer d'un appartement dont il était éloigné par l'ennemi, et dont il pouvait différer le règlement jusqu'à la Libération, considérant que ses ressources étaient diminuées du fait de la guerre et qu'il avait dû se loger à Lyon avec les siens, M. Kaplan, respectueux de ses obligations contractuelles, avait demandé à bénéficier d'une diminution de loyer en vertu du décret du 25 septembre 1939.

C'est parce que le 1ᵉʳ juge, au mépris de cette instance, avait ordonné son expulsion en référé, validant une clause résolutoire insérée au bail, que Mme Berriau avait couvert, par une décision de justice, la voie de fait et le délit qu'elle avait commis antérieurement en s'emparant du foyer de son locataire.

La Cour de Paris, par un arrêt du 19 mai 1944, devait confirmer l'ordonnance.

Mais M. le Grand Rabbin Kaplan n'avait cependant pas eu tout à fait tort de faire confiance à la justice française puisque trois jours après, toujours sous l'occupation, un autre arrêt du 22 mai 1944, de la même chambre des référés de la cour, mais de l'autre section, lui accordait une réduction de loyer et un délai de un an pour payer les termes arriérés ce qui implique le maintien de plein droit dans les lieux. Ledit arrêt de la cour de Paris du 3 février 1946 ayant annulé l'arrêt du 19 mai 1944, seul subsiste celui du 22 mai en vertu duquel M. Kaplan a droit au maintien dans les lieux.

Si je ne plaidais pour un client de la valeur morale de Monsieur le Grand Rabbin Kaplan, je ferais observer que nos adversaires demandent aujourd'hui, en vérité, par la voie d'un référé, l'exécution d'un nouvel arrêt de la cour de Paris du 28 avril 1948, mais que cet arrêt n'ayant pas été signifié est sans valeur juridique.

Je n'entends pas en nier l'existence puisque j'y ai été partie. Mais je suis fondé à me prévaloir de ce défaut de signification puisqu'il résulte d'une lettre de Me de Lavergne, avocat à la cour de cassation, qui est à mon dossier, qu'il ne pourra régulariser le pourvoi en cassation en vue duquel une consultation par lui rédigée relate plusieurs moyens sérieux, qu'en joignant à son recours la copie signifiée de l'arrêt.

Sans doute ce recours ne sera pas suspensif. Mais je pense avoir démontré qu'il n'y a pas urgence en la circonstance à jeter à la rue sept personnes.

Je termine mon exposé en rappelant qu'il y a quelques semaines, M. le Président Degouy a refusé de faire droit à une demande d'expulsion que je lui présentais au nom de M. Bernard Lévy contre M. Laugier ; ce dernier, expulsé par un arrêt de la cour qui avait annulé l'acquisition par lui faite pendant la guerre de l'appartement de M. Bernard Lévy, et à qui un délai avait été expressément refusé par une ordonnance de référé, avait pour faire échec à ses décisions de justice renouvelées, fait réquisitionner à son profit l'appartement qu'il occupait sans titre.

M. le Président Degouy, pour refuser de faire droit à ma demande, m'avait dit alors :

« Pas de voie de fait et pas d'urgence. »

Fort de cette jurisprudence, encore que deux espèces ne soient jamais identiques et que la situation de M. le Grand Rabbin Kaplan fût particulièrement favorable, je faisais confiance à M. le Président Degouy pour débouter Mme Berriau de sa demande.

Le reste de mon argumentation est résumé par les conclusions que j'ai rédigées après l'audience, dans le délai que m'avait imparti M. le Président Degouy pour lui faire parvenir une note dans l'intérêt de mon client.

En effet, après m'avoir entendu, et avant de suspendre l'audience, M. le Président Degouy déclare : « Je rendrai mon ordonnance à quinzaine. Vous me ferez passer une note, si vous voulez. »

EXAMENS ET CONCOURS

110 — Su

Dispositions générales
— N° 5 (20-2-53) —

Circulaire du 20 février 1953

(Supérieur, 2ᵉ Bureau)

aux Recteurs

Objet : Dates des examens ou concours d'enseignement supérieur en 1953.

M. le Grand Rabbin de France m'a demandé d'envisager la possibilité de ne fixer aucune épreuve écrite d'examen ou de concours les samedis et jours de Grande Fête du culte israélite.

Ces jours sont les suivants pour l'année 1953 :

Pâque : 31 mars et 1ᵉʳ avril ; 6 et 7 avril.
Pentecôte : 20 et 21 mai.
Jour de l'An : 10 et 11 septembre.
Grand Pardon : 19 septembre.
Fête des Cabanes : 24 et 25 septembre ; 1ᵉʳ et 2 octobre.

Je vous serais obligé de bien vouloir donner satisfaction à ce vœu chaque fois qu'il sera possible de le faire sans nuire à la bonne organisation des épreuves.

Le Ministre de l'Éducation Nationale,

Pour le Ministre et par délégation

Le Directeur du Cabinet :

M. BOUISSET

B.O.E.N. N° 10 (5-3-53)　　　　　　　　　　733

Le grand rabbin Kaplan obtient gain de cause pour la concomitance des examens avec des sollenites du calendrier juif, et une circulaire de 1953 du Bulletin officiel de l'Éducation nationale qui lui donne satisfaction.

LE GÉNÉRAL DE GAULLE

PARIS, le 10 janvier 1959.

Monsieur le Grand Rabbin,

Au seuil de cette année nouvelle, chargée d'espérance mais lourde aussi de tâches à remplir, vos voeux m'ont tout particulièrement touché.

Je vous remercie de l'expression que vous leur avez donnée et je vous adresse mes souhaits les meilleurs et les plus sincères.

Veuillez agréer, Monsieur le Grand Rabbin, l'expression de mes sentiments respectueux.

Monsieur Jacob KAPLAN
Grand Rabbin de France
1, Rue Andrieux
P A R I S 8ème

Le général de Gaulle répond en 1959 aux vœux du grand rabbin Kaplan.

Le 17 septembre 1963

Monsieur le Grand Rabbin,

Faisant suite à la correspondance que j'ai eu l'honneur
d'échanger avec vous au mois de juillet relativement à notre
"Pèlerinage National pour la Réconciliation", je crois de mon devoir
de vous informer que S. Exc. Si Hamza Boubakeur, Président Directeur
de l'Institut Musulman de la Mosquée de Paris, a bien voulu
m'autoriser à rendre public le message suivant :

"Son Excellence Si Hamza Boubakeur, Président Directeur
de l'Institut Musulman de la Mosquée de Paris, se fait un devoir
d'inscrire son nom aux côtés de ceux qui patronnent déjà la noble
entreprise du Pèlerinage National pour la Réconciliation, annoncia-
trice d'une ère de tolérance et de compréhension dont le pays a un
impérieux besoin, et pour le succès de laquelle il forme ses voeux
les plus ardents. Il sera de coeur avec vous lors de la célébration
de la solennité qui groupera, le 29 septembre, dans un même élan
d'union, les participants au pèlerinage de la cathédrale de Chartres"

J'ai très bien compris, Monsieur le Grand Rabbin, les
raisons qui vous empêchaient de me permettre d'inscrire votre nom
dans notre Comité de Patronage. Mais, avant-hier, j'ai pu vous
voir officier à la Grande Synagogue de Paris, lors de la cérémonie
célébrée à la mémoire des millions d'Israélites morts dans les camps
nazis, et parmi lesquels j'ai compté tant de chers amis. Dans la
prière que vous avez prononcée, si belle et si haute, j'ai retenu
ces mots : "Que la France soit grande et forte par l'union et la
concorde". Si vous vouliez bien m'autoriser, Monsieur le Grand
Rabbin, à demander qu'ils soient répétés sous votre référence le
dimanche 29 septembre, je suis convaincu que leur retentissement
serait profond. La France est notre mère commune, et nous adorons
le même Dieu. Et puis, Monsieur le Grand Rabbin, les années de la
clandestinité m'ont trop bien appris à connaître et à aimer vos
frères, qui sont aussi les miens, pour que je ne me sente pas poussé
à insister près de vous. Si vous voulez bien me permettre d'aller
un jour vous saluer, je vous conterai la plus belle histoire d'amour
que je connaisse au monde : elle vient d'un de mes frères juifs.

*Agréez, je vous prie, Monsieur le Grand Rabbin,
l'hommage de mes sentiments respectueusement
dévoués.*

"Rémy"

à Monsieur Jacob KAPLAN
Grand Rabbin de France

Le colonel Remy sollicite le grand rabbin Kaplan afin qu'il participe
symboliquement à la cérémonie plurireligieuse qu'il organise en 1963.

Le 25 septembre 1963

Monsieur le Grand Rabbin,

C'est avec une émotion profonde que je vous remercie de la confiance que veut bien me témoigner votre lettre. Cette confiance dépasse de beaucoup ma modeste personne, qui n'est rien de mieux que celle d'un homme de bonne volonté, ou qui essaie de l'être. Je suis sûr que la lecture de la phrase si simple et si belle dans sa plénitude : "Que la France soit grande et forte par l'union et la concorde", répétée à Chartres sous votre haute référence aura dans les coeurs de tous, et bien au-delà de notre pèlerinage, une répercussion dont j'attends beaucoup.

Je vous l'ai dit, Monsieur le Grand Rabbin, c'est dans le combat clandestin mené pendant l'occupation que j'ai appris à connaître, à aimer, à admirer vos frères en religion, dont j'ose dire que je suis, moi, catholique, le demi-frère. Mon plus cher désir est que nous nous retrouvions tous en Dieu, face à l'immense vague de matérialisme qui menace d'engloutir le monde, et je n'aurai pas, en mourant, de plus beau motif de fierté que d'avoir essayé de coopérer dans la limite très réduite de mes moyens à cette grande oeuvre dont je me sens certain qu'elle est dans la ligne de l'Eglise à laquelle j'appartiens. Voilà des années que je répète autour de moi cette phrase qui vient de Léon Bloy : "Etre anti-sémite c'est gifler le Christ sur le visage de sa Mère". Elle résume à mon sens tout ce vers quoi nous devons tendre : après tant de siècles, tant de déchirements, tant d'incompréhensions, nous retrouver unis dans l'adoration et l'amour de Dieu, du Dieu qui pour se faire reconnaître des hommes après la nuit qui suivit le péché original, a choisi entre tous le peuple juif dont le Christ est le Fils. Peut-être tout cela vous paraîtra-t-il bien naïf, ou bien utopique, mais je ne le pense pas, car je vous ai vu l'autre jour et entendu prier.

En attendant d'avoir le grand honneur de vous saluer, je vous prie, Monsieur le Grand Rabbin, d'agréer l'expression de ma vive gratitude et de mes sentiments très respectueusement dévoués.

à Monsieur le Grand Rabbin de France

"Rémy"

L'Hommage du colonel Remy à l'engagement du grand rabbin Kaplan, et plus largement, des juifs au service de la France.

INSTITUT MUSULMAN
DE LA
MOSQUÉE DE PARIS

Rue Quatrefages
PARIS (5e)
Téléphone : GOBELINS 59-95
————·◦·————

N°

PARIS, le   13 octobre 1969

Le Révérendissime
Grand Rabbin KAPLAN

1, rue Andrieux
PARIS VIIIème

Monsieur le Grand Rabbin et bien Cher Ami,

        Je n'ai trouvé qu'à mon retour de Berlin votre lettre
du 24 août, par laquelle vous avez bien voulu me dire l'émotion que
vous avez ressentie à l'occasion de l'incendie de la Mosquée d'EL
AKSA.

        Votre lettre ne m'a nullement étonné, car je connaîs
la noblesse de vos sentiments et le respect que porte le monde
israëlite à tout ce qui est sacré. Je suis persuadé, d'ailleurs,
que votre tristesse est partagée par toute la Communauté Israëlite
de France et, en particulier, par le Grand Consistoire auquel m'u-
nissent les sentiments d'estime et de sympathie réciproques que
vous connaissez vous-même, mon Cher Ami.

        Le monde vit d'incompréhension et s'abreuve volontiers
de haine, d'ingratitude, d'injustice, d'intolérance et d'autres idées
aussi malsaines qu'incompatibles avec l'idéal spirituel de l'Islam et
du Judaïsme. J'en souffre personnellement et je suis persuadé que vous
partagez ma souffrance. Le siècle est ainsi fait; les générations sont
en pleine escalade les unes par rapport aux autres et les frères, que
tout doit unir, s'entre-déchirent pour des fins éphémères en tournant
insolemment le dos à l'Eternel.

        Dieu nous vienne en aide pour que l'humanité, retrouvant
sa vocation, puisse communier dans la même Espérance et unir ses efforts pour devenir plus fraternelle et plus juste.

                                       ../.

Lettre du recteur de la Mosquée de Paris en 1969.

La Mosquée d'EL AKSA a été incendiée par un chrétien illuminé. Je me demande, depuis longtemps, si de pseudo-chrétiens ne cherchent pas à maintenir et à aggraver hypocritement le conflit sanglant qui oppose juifs et arabes. Dans cette Mosquée, du moins, j'ai toujours interdit - parfois au péril de ma vie - que des diatribes haineuses soient substituées, par des irresponsables et des aventuriers, aux thèmes de paix, d'amour, de compréhension et de glorification de notre Dieu commun.

Croyez-moi Fraternellement Vôtre *et avec un meilleur souven*

[signature]

S.E. Si HAMZA BOUBAKEUR

N.B.- Je prends sur moi-même - et sans la faire dactylographier - d'afficher votre lettre dans le hall de l'Etablissement, pour bien montrer que par-delà les propagandes outrancières, il y a des âmes attachées au Bien et à la Concorde, et hostiles au mal et au fanatisme.

Ma présente lettre ne doit pas être publiée, bien entendu dans une quelconque publication.

MINISTÈRE DE L'INTÉRIEUR
ET DE LA DÉCENTRALISATION

RÉPUBLIQUE FRANÇAISE

8 8 ans

GOLH 75

MÉMOIRE DE PROPOSITION

pour le grade de GRAND CROIX de l'Ordre National
du Mérite

(Nom et prénoms) KAPLAN Jacob

(Date et lieu de naissance) 7 Novembre 1895 à PARIS 4ème   (Nationalité)
Française

(Adresse) 1, rue Andrieux - 75008 PARIS -

Fonctions exercées : Grand Rabbin du Consistoire Central
Membre de l'Institut

Grades universitaires : Licencié ès lettres (Philosophie) Paris 1919 - Docteur
honoris Causa du Séminaire Théologique de New-York, chargé de cours à
l'Institut d'Etudes Politiques de Paris
(1) Services militaires (paix) du :   au :

(2) Services militaires (guerre) du :   20.12.1914   au   17.09.1919
Blessé en 1916 (Croix de Guerre)
5.09.1939   13.11.1940
(3) Services civils du :   Résistance Croix de Guerre 1946 (Cité à l'Ordre de la Brigade)
1922   au   1er janvier 1984

Total des services (1+2+3) :   66 ans 9 mois

Activités diverses :

1922 - Rabbin à Mulhouse

1929 - Rabbin au Temple rue Notre Dame de Nazareth à Paris

1933 - Rabbin de la Grande Synagogue de la rue de la Victoire à
Paris

1939 - Auxiliaire du Grand Rabbin de France

Octobre 1950 - Grand Rabbin de Paris

Janvier 1955 au 8 Juin 1980 - Grand Rabbin de France

Mémoire de proposition à la dignité de Grand Croix de l'Ordre National
du Mérite pour Jacob Kaplan en 1984.

EXPOSE DETAILLE DES SERVICES QUI MOTIVENT LA PROPOSITION :

M. Jacob KAPLAN, Grand Rabbin de France de 1955 à 1980 est un très haut dignitaire de la religion juive et jouit à ce titre d'un grand prestige et d'un grand rayonnement.

Aumônier militaire pendant la seconde guerre mondiale sa conduite courageuse lui vaut d'être fait Chevalier de la Légion d'Honneur à titre militaire en 1940 avec attribution de la Croix de Guerre (pour la deuxième fois) en 1946 pour faits de résistance. Il faut rappeler qu'il avait en effet déjà reçu la Croix de Guerre en 1916 pour sa conduite glorieuse durant la guerre de 1914-1918 à Verdun.

Les divers ministères qui lui ont été confiés l'ont appelé successivement à Mulhouse en 1922, à Paris au Temple de la rue Notre-Dame de Nazareth en 1929. Il a été ensuite nommé Rabbin de la Grande Synagogue de la rue de la Victoire en 1933 puis auxiliaire du Grand Rabbin de France en 1939.

En 1941, alors qu'il exerce ses fonctions à Vichy, il adresse une lettre rendue publique au Commissariat Général aux questions juives où il proteste courageusement contre "l'antisémitisme d'Etat". Il rejoint à Lyon le Grand Rabbin de France et prend une part active à l'adoption des mesures de sauvegarde de la Communauté Juive menacée.

Elu Grand Rabbin de Paris en Octobre 1950, il devient en Janvier 1955, Grand Rabbin de France.

En 1962 après la proclamation de l'indépendance de l'Algérie il s'est préoccupé de doter les communautés de rapatriés d'institutions culturelles en métropole. Il a permis ainsi l'accueil fraternel dans les communautés juives françaises des communautés algériennes qui comptaient plus de 130 000 Juifs.

Il a par ailleurs, déployé une action suivie et efficace en vue de l'amélioration des relations entre chrétiens et Juifs depuis Vatican II.

Homme d'une grande culture le Grand Rabbin Jacob KAPLAN a publié de nombreux ouvrages sur les origines du Judaïsme et ses rapports contemporains (Témoignage sur Israël, Racisme et Judaïsme, le Temps d'Epreuve, le Judaïsme dans la Société contemporaine, Présence de la Culture Française en Israël...).

Elu en 1967 au siège qu'occupait l'écrivain Georges DUHAMEL à l'Académie des Sciences Morales et Politiques il devient de ce fait le premier haut dignitaire de la religion juive qui soit entré à l'Institut de France.

M. le Grand Rabbin Jacob KAPLAN a été élevé à la Dignité de Grand Officier de la Légion d'Honneur juste avant sa retraite.

Remplacé dans ses fonctions de Grand Rabbin de France, il n'en demeure pas moins une très illustre figure de la Communauté Juive Française, de réputation mondiale, Membre de l'Institut, personnalité de très grande culture et de très grande ouverture intellectuelle et morale, qui mérite d'être élevée à la Dignité de Grand Croix dans l'Ordre National du Mérite.

Voici comment la Grande Chancellerie décrit son action dans le même document à vocation interne.

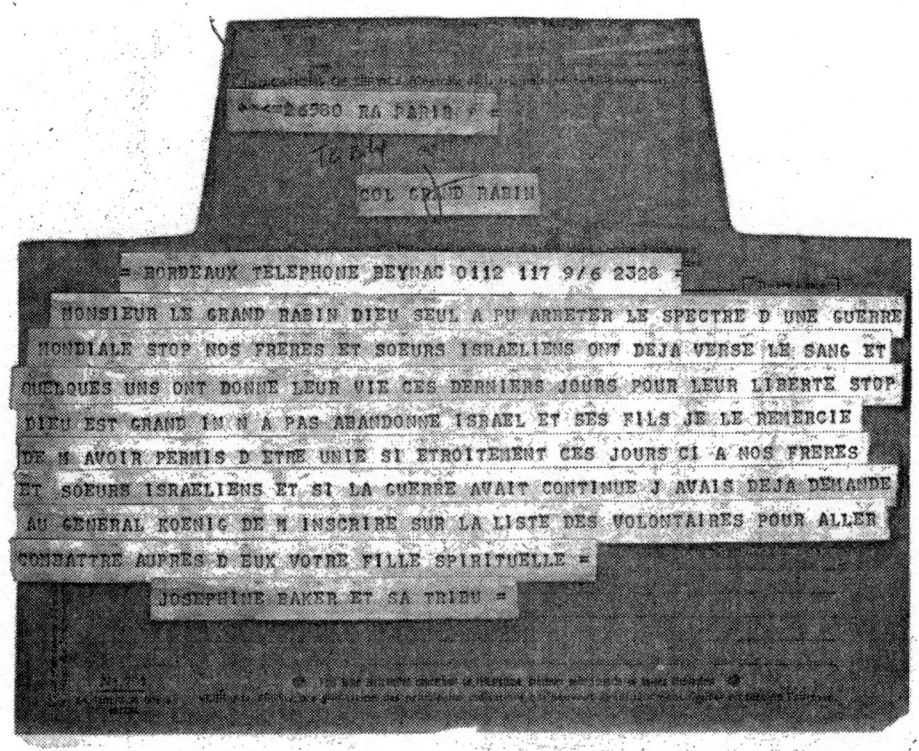

Télégramme de Joséphine Baker, très philosémite, au grand rabbin Jacob Kaplan juste après la guerre des Six-Jours.

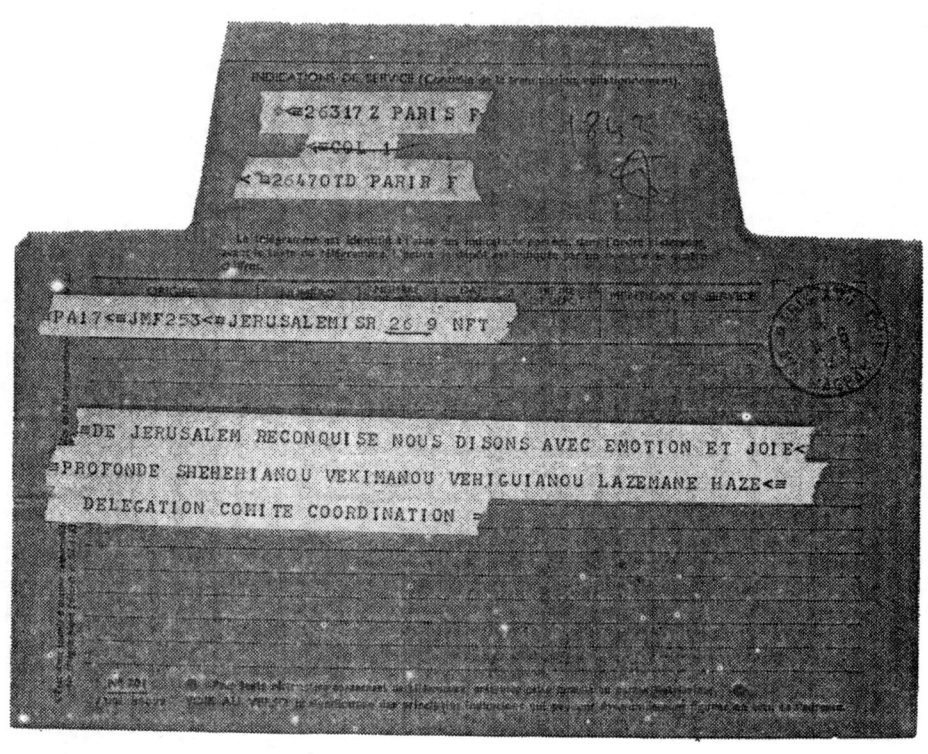

Télégramme du 11 juin 1967 sur jérusalem.

Chronologie

Cette rapide chronologie a été élaborée par Francis Kaplan pour le Livre du centenaire du grand rabbin Kaplan. Nous la reprenons pour faciliter la compréhension de certains événements.

1895 : 5 novembre, naissance à Paris de Jacob Kaplan.

1908-1913 : Études au Talmud-Torah de la rue Vauquelin à Paris : préparation du baccalauréat de philosophie et études proprement juives (Bible, Talmud, histoire juive, étude des lois religieuses).

1913 : Entre au séminaire.

1913 : Mobilisé comme fantassin, simple soldat.

1915 : Refuse d'être nommé aumônier (à l'époque assimilé à un capitaine) pour éviter vis-à-vis de ses camarades d'avoir l'air de s'être « planqué ».

1916-1917 : Verdun (de mai 1916 à août 1917).

1916 : Blessé, cité et décoré de la croix de guerre.

1919 : Adjudant de bataillon, affecté à une compagnie polonaise en France, fait des démarches pour s'engager comme militaire français encadrant l'armée polonaise en Pologne, pensant pouvoir y aider les juifs en butte à l'antisémitisme ; s'apercevant que cette possibilité était très aléatoire, renonce à l'engagement. Démobilisé, reprend ses études au séminaire, tout en préparant une licence de philosophie.

1921 : Licence de philosophie, diplômé rabbin.

1922 : Élu rabbin à Mulhouse. Crée un groupe de jeunes Chéma Israël et une section d'Éclaireurs israélites.

1925 : Mariage avec Fanny Dichter dont il aura cinq enfants.

1926 : Prend la direction, à l'échelle nationale, des publications et des conférences de Chéma Israël.

1927 : Article sur L'école juive et le judaïsme français dans *L'Univers israélite*.

1928 : Nommé rabbin de la synagogue de la rue Notre-Dame-de-Nazareth à Paris.

1933 : Nommé rabbin de la synagogue de la rue de la Victoire.

1936 : En tant que rabbin de la synagogue de la rue de la Victoire et à la demande du consistoire, prononce un discours aux cérémonies religieuses organisées par les Croix-de-feu en cette synagogue à la mémoire des anciens combattants juifs. Attaqué par la LICA, ce qui n'empêche pas celle-ci de lui demander de participer à ses propres manifestations, ce qu'il fait.

1937 : Publie « Le judaïsme et la justice sociale » (*Cahier de la Voix d'Israël*). Le 2 avril, sermon sur le sionisme.

1938 : Publie *Témoignages sur Israël dans la littérature française* qui, pendant l'Occupation, sera inscrit sur la liste Otto des livres interdits à la vente et mis au pilon.

1939 : Auxiliaire du grand rabbin de France.
Mobilisé comme aumônier à sa demande, bien que père de cinq enfants.

1940 : Publie *Racisme et Judaïsme* (éd. Fernand Sarlat) qui, comme *Témoignages sur Israël*, sera inscrit sur la liste Otto et le fera dénoncer comme « provocateur à la guerre » dans le livre de Paul Allard *Les Provocateurs à la guerre*. Le 11 juin, il reste à Metz à cause de la fête de Chavouoth alors que le service de santé militaire dont relève l'aumônerie se replie vers le sud. Le lendemain de la fête, le service militaire de santé ne pouvant venir le chercher comme prévu, il prend la direction d'un train de blessés. Le 15 juin, il réussit à faire admettre les grands blessés dans les hôpitaux de Lunéville, prend des dispositions pour que les autres blessés soient soignés et ravitaillés et, le 16, le train se trouvant dans une région où les

Allemands ont déjà pénétré, pour éviter d'être fait prisonnier par eux, trouve un camion qui l'emmène vers le sud.

Rejoint à Vichy le grand rabbin de France et se trouve démobilisé.

Légion d'honneur à titre militaire dont le décret paraît au Journal officiel le lendemain du statut des juifs.

15 novembre, discours à la synagogue de Vichy, « La justice d'Abraham et le statut des juifs ».

1941 : Démarche de protestation auprès de Xavier Vallat, commissaire aux questions juives, avec une délégation de 18 anciens combattants ayant tous la Légion d'honneur à titre militaire et rédaction de sa lettre de protestation à Xavier Vallat.

1942 : Juin, expulsé de Vichy, s'installe à Lyon.

17 août, démarche auprès du cardinal Gerlier pour qu'il intervienne auprès du gouvernement de Vichy contre les arrestations des juifs et leur déportation en Pologne, en lui affirmant qu'il s'agit non de les regrouper dans ce pays mais de les y exterminer. Il veut faire publier un ouvrage (tiré des *Témoignages sur Israël*) intitulé *Quelques témoignages d'auteurs français sur la religion juive et les juifs*, la censure refuse l'autorisation.

1943 : 10 décembre, attentat à la synagogue. La fille du gardien reconnaîtra plus tard Touvier comme un des membres du commando. Fin décembre, le grand rabbin de France Isaïe Schwartz est menacé et il quitte Lyon.

1944 : Il est nommé grand rabbin de France par intérim.

1945 : Il publie « French jewry under Occupation » dans l'*American Jewish Year Book*.

Docteur honoris causa du Jewish Thelogical Seminary of America.

1947 : 3-5 juillet, conférence de Seelisberg.

23 septembre, sermon « Réponse aux convertisseurs ».

Nommé professeur à l'Institut d'études politiques.

1948 : Membre fondateur de l'Amitié judéo-chrétienne.

Il fonde l'École Yavné à Paris.

Il publie *Le Judaïsme dans la société française contemporaine* (éd. Les Cours de droit).

1949 : Il republie *Témoignages sur Israël* (éd. Regain) auxquel il ajoute les témoignages sur Israël dans les littératures étrangères.

1950 : Il est élu grand rabbin de Paris.

1952 : Il publie *Les Temps d'épreuves* (Éditions de Minuit).

1953 : Il assure l'intérim du grand rabbin de France avec le grand rabbin Schilli, intervient dans l'affaire Finaly et conclut un accord avec l'Église qui permet le retour des enfants Finaly et modifie le climat des relations entre les juifs et les catholiques.

1955 : Il est élu grand rabbin de France.
Communication à l'Académie des sciences morales et politiques sur « La présence de la culture française en Israël ».

1957 : Communication à l'Académie des sciences morales et politiques sur « L'esprit de charité dans la Bible hébraïque ».

1961 : Août : attentat qui détruit la porte d'entrée de son immeuble.

1966 : Conférence avec le révérend père Daniélou, « Le concile et les juifs », qui paraîtra ensuite dans *Les Conférences des ambassadeurs*.

1967 : Protestation publique contre la déclaration du général de Gaulle dans laquelle celui-ci parle des juifs comme d'un peuple d'élite, sûr de lui-même et dominateur.
Il est élu à l'Académie des sciences morales et politiques en succédant à Georges Duhamel.

1968 : 1er janvier : il rencontre le général de Gaulle à l'occasion des vœux pour la nouvelle année et il déclare que celui-ci lui a précisé que les qualificatifs contestés sont un éloge justifié de la valeur des juifs et a reconnu, d'autre part, que la prise de position des juifs français en faveur d'Israël ne doit pas être interprétée comme un acte de double allégeance.
Notice sur la vie et les travaux de Georges Duhamel à l'Académie des sciences morales et politiques.

1970 : Polémique dans *Le Figaro* avec René Massigli, ambassadeur de France, sur la double appartenance.

1971 : Communication à l'Académie des sciences morales et politiques sur « Juifs et chrétiens après Vatican II ».

1975 : Attentat qui détruit la porte d'entrée de son appartement rue Andrieux.

1976 : Publie *Judaïsme et Sionisme* (éd. Albin Michel).

Publie *Le Vrai Visage du judaïsme* (éd. Berger-Levrault).

1977 : Publie *Justice pour la foi juive*, dialogue avec Pierre Pierrard (éd. Le Centurion).

1980 : Communication à l'Académie des sciences morales et politiques : « Où va le judaïsme ? ».
Quitte ses fonctions de grand rabbin de France et prend le titre de grand rabbin du consistoire central.

1982 : Publie *Un enseignement de l'estime* (éd. Stock), réédition fortement augmentée des *Témoignages sur Israël dans la littérature française*.
Une forêt est plantée en son honneur en Israël.

1984 : Grand croix de l'ordre national du Mérite.
Publie *N'oublie pas* (éd. Stock).

1985 : Communication à l'Académie des sciences morales et politiques sur « La religion israélite face aux menaces qui pèsent sur la France et sur le monde ».

1987 : Publie *Le Vrai Visage du judaïsme* (éd. Stock), réédition fortement remaniée de l'ouvrage de 1976.

1988 : Grand croix de la Légion d'honneur.

1989 : Communication à l'Académie des sciences morales et politiques sur « Les origines juives des droits de l'homme et du citoyen ».

1993 : Publie *L'Affaire Finaly* (éd. du Cerf).

1994 : Le 5 décembre, il décède.

Remerciements

Je me dois de remercier tous ceux qui m'ont permis de comprendre qui était réellement Jacob Kaplan, et en particulier sa famille. Une pensée pour Pierre Pierrard, très récemment décédé, qui dans un ouvrage lumineux montra le génie et la grande spiritualité de Jacob Kaplan.

Merci à ceux qui m'ont permis d'accéder à des documents rares, comme le préfet Blangy, le préfet Mutz, le préfet Massoni, Martine de Boisdeffre, et Jean-Marc Lévy, sans oublier Francis Kaplan.

Merci au professeur Paul Lévy pour son aide, et au professeur Gérard Nahon pour sa présence si rassurante et si exigeante.

Merci à Christophe qui, avec la bénédiction de Régis, me donne de son temps. À travers eux, merci à ADP.

Merci à Sandrine Mary et Jean-Yves Tallec et surtout à Yves Bruley pour sa relecture si constructive.

Merci à Yamini et Géraldine pour l'idée, à Guy pour son génie de la simplicité et à Mariane et les quatre mousquetaires qui simplifient tout.

Merci à Stéphanie qui a supporté mes quatre ans de vie avec Jacob Kaplan et mon ordinateur.

Merci à Monsieur le Président Jacques Chirac pour cette superbe préface qui est un hommage à Jacob Kaplan et un geste d'affection fort à mon égard.

Merci à André Damien qui m'offre un prologue posant parfaitement la question centrale de cet ouvrage.

Bref, merci à tout le monde, et surtout, merci à Jacob Kaplan,
qui recevait le très jeune homme que j'étais, puis le jeune rabbin
qui débutait, et qui me guidait et m'engageait à ne pas être un
planqué. J'ai retenu la leçon.

Bibliographie

Henri AMOUROUX, *40 millions de pétainistes*, Robert Laffont, 1977.

Daniel AMSON, *De Gaulle et Israël*, PUF, 1991.

Hannah ARENDT, *Les origines du totalitarisme*, tome 1 : « Sur l'antisémitisme », Seuil, 1998.

Raymond ARON, *Le Spectateur engagé*, Julliard, 1981.

Raymond ARON, *Mémoires. Cinquante ans de réflexion politique*, Julliard/Pocket, 1983.

Maurice BARRES, *Les Diverses Familles spirituelles de la France*, Émile-Paul, 1917.

Marc-Olivier BARUCH, *Servir l'État français : la haute fonction publique sous Vichy*, Fayard, 1997.

Jules BAUER, L'École rabbinique de France (1830-1930), PUF, 1931.

Nicolas BAVEREZ, *Raymond Aron, un moraliste au temps des idéologies*, Flammarion, 1993.

François BEDARIDA, *Le Génocide et le Nazisme*, Pocket, 1992.

Roger BERG, *Histoire du rabbinat français (XVIᵉ-XXᵉ siècle)*, Cerf, 1992.

Alain BESANCON, *Le Malheur du siècle, sur le communisme, le nazisme et l'unicité de la Shoah*, Fayard, 1998.

Pierre BIRNBAUM, *Histoire politique des Juifs de France, entre universalisme et particularisme*, Presses de la Fondation nationale des sciences politiques, 1990.

Marc BLOCH, *L'Étrange Défaite 1940*, Gallimard, 1946, ouvrage réédité dans la collection « Folio histoire », 1990.

Bernhard BLUMENKRANZ (sous la direction de), *Histoire des Juifs en France*, Privat, 1972.

Xavier BONIFACE, *L'Aumônerie militaire française* (1914-1962), Cerf, 2001.

Jean-Denis BREDIN, *L'Affaire*, Julliard, 1983.

René CASSIN, *Les Hommes partis de rien*, Plon, 1987.

Samy COHEN, *De Gaulle, les gaullistes et Israël*, A. Moreau, 1974.

Michèle COINTET, *L'Église sous Vichy 1940-1945 - La repentance en question, Vérités et légendes*, Perrin, 1998.

Éric CONAN, et Henry ROUSSO, *Vichy, un passé qui ne passe pas*, Fayard, 1994.

Charles DE GAULLE, *Mémoires d'espoir*, Presse pocket, 1980.

Simon DOUBNOV, *Histoire moderne du peuple juif*, Cerf, 1994.

Jean DUTOUR, *Le Séminaire de Bordeaux*, Flammarion, 1987.

Jean d'ESCRIENNE, *Le Général m'a dit*, Plon, 1973.

Philippe FABRE, *Le Conseil d'État et Vichy, le contentieux de l'antisémitisme*, Publications de la Sorbonne, « De Republica », 2002.

Alain FINKIELKRAUT, *Le Juif imaginaire*, Seuil, 1983.

Raul HILBERG, *La Destruction des Juifs d'Europe*, Folio-Histoire, 1992.

Paula HYMAN, *De Dreyfus à Vichy, l'évolution de la communauté juive en France 1906-1939*, Fayard, 1985.

Joseph ILLIG, *Le Commissariat général aux questions juives (1941-1944)*, Éditions du CDJC, 1955-1957.

Jules ISAAC, *Expériences de ma vie*, Péguy, Calman-Lévy, 1959.

André KASPI, *Les Juifs pendant l'Occupation, XXᵉ siècle*, Le Seuil, 1991.

Serge KLARSFELD, *La Shoah en France*, Fayard, 2001, Tome 1, 2 et 3.

Annie KRIEGEL, *Réflexions sur les questions juives*, Hachette, 1984.

Pierre LABORIE, *L'Opinion française sous Vichy*, Seuil, 2001.

Philippe LANDAU, *Les Juifs de France et la Grande Guerre ; un patriotisme républicain*, CNRS Histoire, 1999.

Lucien LAZARE (sous la direction de), *Dictionnaire des Justes de France*, Fayard, 2003.

Anatole LEROY-BEAULIEU, *Israël chez les nations*, rééd. Calmann-Lévy, « Diaspora », 1983.

Didier LESCHI, *L'Étrange cas La Rocque*, in Michel DOBRY, *Le mythe de l'allergie française au fascisme*, Albin Michel, 2003.

Paul LEVY, *Hommes de Dieu dans la tourmente. L'Histoire des rabbins déportés*, Safed Éditions, 2005.

Jacques MARITAIN, *L'Impossible antisémitisme*, précédé de *Jacques Maritain et les Juifs*, par P. Vidal-Naquet, Desclée de Brouwer, 2003.

Michael MARRUS, et Robert O. PAXTON, *La France de Vichy, 1940-1944*, Seuil, 1974.

Roger MEHL, *Le Pasteur Marc Boegner*, Plon, 1987.

Richard MILLMAN, *La Question juive entre les deux guerres. Ligues de droite et antisémitisme en France*, Armand Colin, 1992.

Pierre MILZA, *Les Fascismes*, Seuil, 1991.

Henri MINCZELES, *Vilna, Wilno, Vilnius : la Jérusalem de Lituanie*, La Découverte, 2000.

Maurice MOCH, Alain MICHEL, *L'Étoile et la francisque, les institutions juives sous Vichy*, Cerf, 1990.

Gérard NAHON, *Juifs et judaïsme à Bordeaux*, Mollat, 2003.

Jacques NOBECOURT, *Le Colonel de La Rocque, 1885-1946 ou les pièges du nationalisme chrétien*, Fayard, 1996.

Alain PEYREFITTE, *C'était De Gaulle*, Fayard, 1994, 2000.

Béatrice PHILIPPE, *Être juif dans la société française*, Éditions Montalba, 1979, repris en 1981 dans la collection de poche Pluriel.

Pierre PIERRARD, *Juifs et catholiques français*, d'Édouard Drumont à Jacob Kaplan 1886-1994, Cerf, 1997.

Léon POLIAKOV, *Bréviaire de la haine : le IIIᵉ Reich et les Juifs*, Calmann-Lévy, 1979.

Révérend père RIQUET, *Un Chrétien face à Israël*, Robert Laffont, 1975.

Dominique SCHNAPPER, *Juifs et Israélites*, Gallimard, « Idées », 1980.

Simon SCHWARZFUCHS, *Aux prises avec Vichy, histoire politique des Juifs de France (1940-1944)*, Calmann-Lévy, 1998.

Johan SFAR, *Le Chat du rabbin*, Dargaud, 2004.

David WEINBERG, *Les Juifs à Paris de 1933 à 1939*, Calmann-Lévy, 1974.

Annette WIEVIORKA, *Le Procès de Nuremberg*, Éditions Ouest-France, 1995, Mémorial, Caen.

Michel WINOCK, *La France et les juifs, de 1789 à nos jours*, Seuil, 2004.

Table des matières

I

Une personnalité prometteuse

II

La résistance à Vichy

Parus aux éditions Privé

Sébastien Fontenelle
Un juge au-dessus des lois, janvier 2005.

Élise Galand et Romain Icard
Suzy contre mon gros loup, janvier 2005.

Monsieur X
Au secours ! Lionel revient, janvier 2005.

Bertrand Delais
Le Pire d'entre nous, février 2005.

Kevin Wells
Ma fille s'appelait Holly, mars 2005.

Guy Benhamou
Le Pacte, avril 2005.

Guillaume Dasquié
Al-Qa'ida vaincra, avril 2005.

Pierre Martinet
DGSE Service Action, un agent sort de l'ombre, avril 2005.

Camille Pouzol
Mon âge, mai 2005.

Jean-Claude Dague
Il ne me reste que l'honneur, juin 2005.

Jim Dwyer et Kevin Flynn
102 minutes, août 2005.

Emmanuelle Guilcher
Signoret, une vie, septembre 2005.

Pierre-Louis Basse
Séville 82, septembre 2005.

Composition PCA
44400 – Rezé

Impression réalisée sur CAMERON par

BRODARD & TAUPIN
GROUPE CPI
La Flèche

pour le compte des Éditions Privé
en mai 2006

Couverture : Pierre Gay, 2006

Imprimé en France
Dépôt légal : mai 2006
N° d'impression : 35743
ISBN : 2-35076-023-5